Siegfried Bernfeld in den 20er Jahren

Siegfried Bernfeld · Sämtliche Werke
Band 11

Siegfried Bernfeld
Sämtliche Werke in 16 Bänden

Herausgegeben
von Ulrich Herrmann

Band 11

Siegfried Bernfeld

Sozialpädagogik

Schriften 1921–1933

Herausgegeben
von Ulrich Herrmann

Beltz Verlag
Weinheim und Basel

Die Deutsche Bibliothek – CIP-Einheitsaufnahme

Bernfeld, Siegfried:
Sämtliche Werke : in 16 Bänden / Siegfried Bernfeld. Hrsg. von Ulrich Herrmann. – Weinheim ; Basel : Beltz.
NE: Herrmann, Ulrich [Hrsg.]; Bernfeld, Siegfried: [Sammlung]
Bd. 11. Sozialpädagogik : Schriften 1921–1933. – 1996
ISBN 3-407-54990-3

Lektorat: Peter E. Kalb

Herstellung: Lore Amann
Satz: Satz- und Reprotechnik GmbH, Hemsbach
Druck: Druck Partner Rübelmann, Hemsbach
Umschlaggestaltung: Kalle Giese Grafik, Overath-Landwehr
Printed in Germany

ISBN 3-407-54990-3

INHALT

Abhandlungen

Anzeigen

***

Abhandlungen

DR. SIEGFRIED BERNFELD

KINDERHEIM BAUMGARTEN

BERICHT ÜBER EINEN ERNSTHAFTEN VERSUCH MIT NEUER ERZIEHUNG

1 9 2 1
JÜDISCHER VERLAG / BERLIN

KINDERHEIM BAUMGARTEN

Bericht über einen ernsthaften Versuch mit neuer Erziehung (1921)

Vorwort

Die vorliegende kleine Schrift wendet sich zunächst an solche, die an Verwirklichungsversuchen mit neuer Erziehung Interesse nehmen, also vor allem an Pädagogen. Darum ist ihr Hauptinhalt die sachliche und möglichst konkrete Darstellung der Erfahrungen, die im Kinderheim Baumgarten (Wien XIII, ehemaliges Kriegsspital II) des *American Joint Distribution Comittee for Jewish Worshipers, Vienna Branch*, gemacht wurden. Dieses wurde im August 1919 gegründet und war, solange es unter meiner pädagogischen Leitung stand, bis April 1920 die erste jüdische Schulgemeinde und darum sicherlich von einer gewissen Bedeutung für alle jüdischen Pädagogen. Zugleich aber haben wir manches versucht und erlebt, das in dieser Weise ein einzigartiges Erfahrungsmaterial darstellt und wohl ein Recht hat, einen weiteren Leser- und Beurteilerkreis zu erwarten. Im Kinderheim Baumgarten waren wir bemüht, in Kindergarten, Schule und Heimleben die Erziehungsideen und Unterrichtsgrundsätze Maria Montessoris, Berthold Ottos und Gustav Wynekens[1] zu einer lebendigen Synthese untereinander und

---

1 Die folgenden Erziehungsideen, die Unterrichtsgrundsätze und die Organisationsprinzipien sollten im Kinderheim Baumgarten gelten: die erziehende Wirkung einer geordneten Umgebung, die entwicklungspsychologische Orientierung am Werdegang der kindlichen Persönlichkeit, Lernen als Selbstbetätigung (Maria Montessori, 1870–1952); „Gelegenheits"-Unterricht als „geistiger Verkehr" mit Kindern, Orientierung an den Fragen und Interessen der Schüler (Berthold Otto, 1859–1933); Leben in sich selber regulierenden und erziehenden Gleichaltrigen-Gruppen im Rahmen einer autonomen „Schulgemeinde" (Gustav Wyneken, 1875–1964).

mit den Notwendigkeiten zu bringen, die sich aus den Eigenarten der Kinder, der Lehrer und aus den tausenderlei Zufälligkeiten ergeben, die jedem Lebendigen anhaften. Zudem war dieser Versuch meines Wissens der erste, der an der beträchtlichen Zahl von fast 300 proletarischen Kindern beiderlei Geschlechts, des Alters von 3 bis 16 Jahren, im Internats- und Schulbetrieb unternommen wurde.

Da ich Leser erwarte, die aus den Ergebnissen unseres Tuns Bestätigung, Korrektur, Ergänzungen oder Widerlegung theoretischer Meinungen, Urteile und Vorurteile zu empfangen bereit und imstande sind, soll die Darstellung sich so weit wissenschaftlicher Objektivität befleißigen, als der kurze Raum und das vielfach subjektive Wesen mancher Erziehungsmaßnahme und deren Beurteilung es erlauben.

Leider wird es ganz und gar unvermeidlich sein, zuweilen diese Vorsätze zu durchbrechen. Die Einfügung des Kinderheims in das erhaltende *Comittee* war von Anfang an so unglücklich und ist aus allerhand – meist persönlichen – Gründen und Triebkräften so streng beibehalten worden, daß zahllose Störungen der pädagogischen Entwicklung Tag für Tag bemerkbar, und auch unmerklich, einwirkten und Niederschläge anhäuften, die schließlich zu einem scharfen Konflikt zwischen „Pädagogik" und „Verwaltung" führten, dessen Ende die solidarische Kündigung aller irgendwie wesentlich mit der Schule verknüpften Menschen war. Nichts liegt mir ferner als Polemik, die angesichts der Unsachlichkeit und Unzuständigkeit der Gegenpartei nichts anderes als ein Akt sinnlosen Ressentiments wäre. Dennoch muß zusammenfassend auch dies berichtet werden – gewiß so kurz, als dieser Zwischenfall in der pädagogischen Bewegung des heutigen und künftigen Judentums es verdient (in Kapitel I und VIII). Denn irgendwo muß eine richtige Darstellung jener Vorgänge (oder besser Vorschiebungen) zu finden sein, damit nicht auch unsere Freunde irre werden an uns, unserem Wollen und Können, wenn wir schweigen, indes der öffentliche Meinungsapparat des Wiener Zionismus klappert, um uns und unsere Ideen durch Herabsetzung unserer Leistungen und Tendenzen zu diskreditieren.

Sanatorium Parsch-Salzburg, Juli 1920

I. Vorgeschichte: Die Schulsiedlung

Unter den ersten Arbeiten, die ich schrieb, nachdem ich mich im Juni 1914 entschlossen hatte, mein bescheidenes, aber doch all mein Tun und Denken in den Rahmen des jüdischen Volkes einzustellen, finden sich detaillierte Entwürfe für eine großzügige, sowohl allen pädagogischen als auch allen jüdischen Bedingungen und Forderungen entsprechende Organisation der Kriegswaisenpflege. Was an Erziehungsethos hinter diesen konkreten Erwägungen stand, wurde bald darauf formuliert und im Juli 1916 in der Zeitschrift „Der Jude" publiziert, als Glosse „Die Kriegswaisen"[2]. Sie stehe hier als Einleitung und Hintergrund für den Erziehungsbericht, den zu geben meine Aufgabe ist.

„In den mährischen Flüchtlingslagern wurden 1.000 jüdische Waisenkinder gezählt; 18.000 etwa irren – wörtlich – in den Straßen der Städte und Dörfer Galiziens umher. Aus der Bukowina, aus Polen und Rußland ist noch nichts Genaues bekannt, aber zweifellos, wir müssen die Zahl 20.000 vervielfachen. Kaum vermögen wir uns diese Zahlen vorzustellen; wir haben kein Organ, das Elend dieser Tausenden nachzufühlen; nur der dumpfe Wunsch steigt auf: Brot, Wohnung, Kleidung, Licht und Lehre muß ihnen werden. So sind Komitees entstanden, die Gelder sammeln; Organisationen wollen Heime bauen; es regen sich Kräfte, diese verlassenen Kinder ‚in den Traditionen ihrer Väter und Mütter zu tüchtigen Menschen zu erziehen'. Und wir dürfen gewiß sein, die vielberühmte jüdische Wohltätigkeit wird sich auch hier, hier erst recht, bewähren; Hunderttausende, vielleicht Millionen werden an kleinen und großen Spenden sich häufen, und die primitivste Notdurft wird den jüdischen Waisen gedeckt werden; sie werden ihre physische Erhaltung als Einzelwesen gesichert bekommen.

Keinesfalls mehr. Das sagen wir nicht, um durch Verbreitung übler Laune auch dies Wenige, dies Mindeste zu verhindern, sondern aus der Hoffnung heraus, vielleicht in

2 In: Der Jude 1 (1916/17), S. 269–271. – Der Text ist von Bernfeld vollständig in den vorliegenden aufgenommen worden, vgl. S. 11–15.

Einigen die deutliche Einsicht zu erwecken, daß viel mehr unerläßlich nötig ist. Man wird Waisenhäuser bauen. Ein Verein wird wünschenswert finden, daß die Kinder streng jüdisch-gläubig, ein anderer aus Sorge für ihre materielle Zukunft, daß sie polnisch-assimilatorisch, ein dritter aus Sympathie für das Deutschtum, daß sie deutsch-assimilatorisch erzogen werden. Die eine Gruppe wird Handwerker, die andere Kaufleute, die dritte Lehrer aus ihren Zöglingen machen wollen. In engen Schlafräumen, in überfüllten Klassenzimmern, in Großstädten oder stagnierenden Kleinstädten, mit unzulänglichen, schlecht bezahlten und vergrämten Lehrern werden sie im bekannten Kasernenbetrieb des Waisenhauses die Armeleuteluft, um nichts gesünder und befreiender gemacht durch aufdringliches Mitleid, ein paar Jahre lang einatmen, um sich dann als fremdartige Juden oder als ausgestoßene Anähnler ohne Grundlagen, ohne Stütze, Hilfe und Perspektive in den Strom der Erwerbskonkurrenz hineingeworfen zu sehen. Der Hausierer, der Bettler, der jüdische Proletarier und der Auswanderer – das wird schließlich das gewisse Los der überwiegenden Mehrheit sein. Ein sinnloses Geschick hat sie in frühester Kindheit entwurzelt; ein sinnloses Geschick, Laune, Mitleid oder Ehrgeiz einzelner hat ihnen Leben und Brot zum sinnlosen Geschenk gegeben; als einzelne ohne Sinn, Bedeutung und Aufgabe stehen sie vor der Zukunft, vierfach arm, als Juden, Waisen, Mittellose und wohltätig Beschenkte. Andere werden sich in Familien untergebracht finden, und der wichtigste Zweck, der ihrem Leben gesetzt ist, wird sein, Dankbarkeit zu erweisen. Gehegt, verzärtelt, die einen von diesen, die der Zufall an reiche, kinderlose Leute verschenkte, kümmerlich beengt die anderen, die einer armen kinderreichen Witwe als Notpfennig beschert wurden, werden sie alle aus jeder wahren Gemeinschaft gelöst, als isolierte Wesen heranwachsen. Die jüdische Gemeinschaft wird ihnen repräsentieren der langweilende und kleinliche Religionslehrer oder zweimal im Jahr die inspizierende Schutzdame; das jüdische Schicksal wird ihnen symbolisiert sein durch ihre brutalisierten Eltern und die unbegründete Güte fremder Almosengeber; die jüdische Zukunft wird ihnen erscheinen im matten Licht ihrer eigenen: den ungeschickt in fremde Gemeinsamkeiten Eingefügten bleibt kein Heil, als ihr gemäß die Kanten zu schleifen, die Farben zu dämpfen und im übrigen ein eigenes Schäfchen zu scheren.

Um alles in eins zusammenzufassen: Das Problem der Kriegswaisenpflege wird lediglich als ein quantitatives gesehen werden. Wie man bisher hundert erzog, wird man künftig 20.000 erziehen. Zweihundert Waisenhäuser nebeneinander gestellt, wird heißen, die jüdischen Waisenkinder gerettet zu haben. Daß es so werden wird, fürchten wir. Viele Anzeichen sprechen dafür, keines gibt uns unrecht. Diese Kinder werden in Wahrheit dem Judentum und sich selbst verloren sein, wenn Judentum etwas Wesentlicheres ist, als im Machsor[3] lesen und überdies nicht verstehen können, warum die anderen einen als Fremden ausstoßen möchten; und wenn der am wenigsten sich selbst gehört, dessen Lebensinhalt er selbst ist und der im übrigen Machtwillen und Geldgier mit Glauben an Adonai[4] zu vereinen vermag.

Aber wird nicht keimhaft jeder dieser 20.000 in irgendeiner Stunde fühlen, daß in seinem eigenen Unglück seine Berufung für die Allgemeinheit liegen könnte? Daß der wohligen Bindungen der Familie verwaist zu sein heißt bereit sein zu strengerer, höherer Bindung; daß Waisenjugend ohne Mittler eingefügt ist in den weiteren, wesenvolleren Kreis der Nation; daß sie, der Nahverwandten beraubt, inniger, unbedingter den Nächstverwandten geweiht ist? Und vielleicht wäre Waisenerziehung, solch flüchtiges Fühlen zum Gedanken zu verfestigen; die Schrulle einer wirren Dämmerstunde zum System zu erweitern; das Empfinden eines einsamen Knaben zum Willen einer Jugendgemeinschaft zu erheben. Vielleicht könnte die Waisenjugend im Zentrum ihres Lebens die Erkenntnis wirkend fühlen, daß sie nicht Opfer einer sinnlosen Brutalität, sonder der tragischen Verflechtung des jüdischen Volks mit den Fehlern, Verbrechen und Schicksalen fremder Völker wurde. Und daraus käme ihr die Gewißheit, daß sie selbst aufgespart wurde, das Judentum aus dieser Verkettung zu lösen; daß sie ohne die schützende und verschleiernde Atmosphäre der Familie gleichsam nackt in das Leben der Nation gestellt

3 Das jüdische Gebetbuch für die Festtage.
4 Gebetsanrede („Mein Herr") für den alttestamentlichen Gott Jahwe.

wurde, damit es in ihr zur Unerträglichkeit anwüchse und ihrer eigenen Seele keine Rettung als die allgemeine bliebe; daß sie arm ist, damit durch sie das Volk reich werde, dem sie sein Land erpflügt; daß das Leben ihr geschenkt wurde, um ihm es wieder schenken zu können. Schwerer hatte sie zu leiden als Polen, Deutsche, Russen und Franzosen, weil ihre Eltern Juden waren. Schwerer ist auch ihr Werk. Denn gibt es diese jüdische Nation? Nicht einmal das. Selbst sie ist erst ihre Aufgabe. Hier Bücher mit ewigem Gehalt – dort ein verwaistes Land; und zwischen beiden die verwaiste Jugend, berufen, dieses blühend zu machen und was aus ihm neu auflebt, nach jenen zu gestalten.

Taten, von solchem Willen durchglüht, erwarten wir von der jüdischen Jugend, die irgendein Opfer an Kraft, Gut oder Gesinnung diesem Krieg gebracht hat. Und die Waisenjugend allein, vielleicht am härtesten betroffen, soll ausgeschlossen sein? Ihr allein soll verboten sein, sich freiwillig dem Größeren zu widmen? Und nur darum, weil es für ihre Pfleger näher liegt, einfacher, billiger ist in ausgefahrenen Gleisen hinzutrotten, weil es leichter, bequemer ist, ein längst untaugliches Erziehungssystem größeren Quantitäten zu adaptieren, als ein von Grund auf neues zu erschauen und wirklich zu machen? Es ist ein heiliges Recht der Waisenschaft, sinnvoll und bedeutsam in den Prozeß der jüdischen Erneuerung eingegliedert zu werden. Unsere Pflicht ist, dies ihr zu ermöglichen. Wir müssen ihr Geld und Boden schaffen; wir müssen die Kräfte leihen, die vieltausenköpfige Waisengemeinde nicht als Schule, nicht als Heim, sondern als lebendigen Organismus in der äußeren Begrenzung und in den inneren Lebensbeziehungen aus jener besonderen Aufgabe zu formen. Wir müssen in Palästina die Kinderdörfer und Jugendgemeinden[5] bauen, in denen die Jugend ihre Schönheit und Kraft entfalten, ihre Heimat lieben, die Schicksale des Volkes und der Menschheit kennen und die

5 Ludwig Liegle/ Franz-Michael Konrad (Hg.): Reformpädagogik in Palästina: Frankfurt a.M. 1989. – Franz-Michael Konrad: Wurzeln jüdischer Sozialarbeit in Palästina. Weinheim/München 1993. – Ders.: Berlin – Kowno – Ben Shemen. Siegfried Lehmanns Idee und Verwirklichung einer „jüdischen Erziehung". In: Jahrbuch des Archivs der deutschen Jugendbewegung, Jg. 1995. – Vgl. die Beiträge Bernfelds zu diesem Thema im 2. Band dieser Werkausgabe.

Zukunft wollen lernt; in denen jüdische Sprache und jüdischer Geist durch sie neu erstehen als Schöpfer und Bildner aller Beziehungen und Formen. Selbstverantwortlich und stolz verlassen sie erwachsen diesen Kreis, um als Bauern, Handwerker, Arbeiter und Kaufleute eigenen Boden vom Volk als Lehen anzunehmen; als Lehrer, Forscher, Künstler, Ärzte und Techniker sein geistiges Gut zu wahren, zu verbreiten und zu vertiefen. – Aber nicht als einzelne haben wir Almosen zu spenden, als Nation haben wir zu leisten, Steuer für unsere Jugend, Tribut für das Judentum der Zukunft. Ihm dürfen diese Menschen nicht verlorengehen; denn es kann nicht werden, es stirbt unwiederbringlich, wenn ihm nicht die Schar der unbedingt ihm Hingegebenen ersteht. Die Wunde darf ihm nicht geschlagen werden, daß seine vom Schicksal Gezeichneten, ihm Geweihten in allerhand Länder verstreut, an allerhand Kulturen verkauft, unheimlich schnell abtragen, was Jahrhunderte ineinander fügten. Soll jüdische Kultur kein leeres Wort, nicht bloße wehmütige Erinnerung bleiben, so muß, in eine große Gemeinschaft konzentriert, die Jugend erwachsen, die bereit, die gezwungen ist, sie zu neuem Leben zu pflügen, zu denken, zu bilden. Und dessen ist die Waisenschaft vor allen andern fähig. Sie wird die Glücklicheren aufrufen zur Nachfolge."

Niemals war dieser Aufsatz von mir als literarische Arbeit gedacht, vielmehr als Stück eines Tatprogramms konzipiert, geschrieben und schließlich als Versuch zum Aufruf publiziert worden. Ebensowenig aber war mir unklar, daß niemals das volle Ausmaß der Pläne und Berechnungen, die dahinter standen, würde erfüllt werden können. Sondern es schien mir Pflicht, den widerstrebenden Mächten – der jüdischen Wohltäterei und Beschränktheit und dem Weltkrieg, der inzwischen als zwar bedeutungslosestes, aber lähmendstes Symptom seiner Gewalt mich und alle, die dem Werke hätten dienen können, in Fron genommen hatte – soviel an jüdischen Waisenschicksalen abzutrotzen, als uns gegönnt sein mochte. So sehr es aber tatsächlich um diese durch Not und Rettung gleich gefährdeten Kinder ging, handelte es sich doch zugleich um mehr noch: um das jüdische Erziehungswesen überhaupt. Dieses vor Assimilation an alles Überlebte in Europa zu bewahren, ist die absolute Aufgabe für uns sozialistische Erzieher. Die Kriegswaisenerziehung als nächstliegende Forderung des Augenblicks hätte, an einer Stelle schöpferisch gestaltet, um so sicherer als Vorbild und Antrieb der neuen Erziehungsbewegung eintreten können, als mir wenigstens von Anfang an feststand, daß die auf alle Fälle nötigen Millionen vom wohltätigen und nationalen Judentum würden bereitgestellt werden.

Dieser Plan blieb unausgeführt; warum, wird begreifen, wer diese Schrift aufmerksam liest, obwohl es nicht meine Aufgabe ist, das Schicksal dieser pädagogischen Idee im Zionismus der Diaspora darzustellen. An anderer Stelle werde ich ausführen, was ich von seinen Verwirklichungsmöglichkeiten heute oder in irgendeiner Zukunft meine. Hier aber seien mehr als drei Jahre übergangen und sei mitgeteilt, daß im Februar 1918 der neugegründete Verband für jüdische Jugendfürsorge in Deutschösterreich (dem so gut wie alle bezüglichen Institutionen und Vereine sich angeschlossen hatten[6]) mit Enthusiasmus, wie es im Berichte hieß, als seine erste und wichtigste Aufgabe die Schaffung einer „jüdischen Schulsiedlung" in der Nähe Wiens zur Erziehung von Waisen beschloß.[7]

Um diese Zeit war allen Sachverständigen die Ahnung von dem eingetretenen vollkommenen – oder wie man heute noch furchtsam und unsicher sagt: bevorstehenden – Bankrott der Jugendfürsorge, besonders der jüdischen, bedrükkend lebendig geworden. Da seitdem die Tatsachen immer deutlicher, deren Erkenntnis und richtige Wertung aber in den genannten Kreisen nicht wesentlich tiefer wurde, kann hier kurz der gegenwärtige Zustand für den vorjährigen geschildert werden. Für den Bankrott des jüdischen Jugendfürsorgewesens sind vor allem bezeichnend: das ungeheure

6 Der Verband für jüdische Jugendfürsorge in Deutschösterreich wurde ein Jahr früher, im Februar 1918, gegründet. Bernfeld fungierte als Obmann des von ihm gegründeten Zentralverbandes der jüdischen Jugendgruppen. Dem Verband für jüdische Jugendfürsorge gehörten außer der Wiener Israelitischen Kultusgemeinde und dem Armenrat der Stadt Wien 10 weitere Vereine und Institutionen an.

7 Geplant war ein Landgut bzw. eine „Schulsiedlung" für 1000 bis 2000 Waisenkinder, die handwerklich und in der Landwirtschaft ausgebildet werden und dadurch auf die Ausreise nach Palästina vorbereitet werden sollten. Die Finanzierungsbemühungen und detallierten Planungen zogen sich bis in den Frühsommer 1919 hin.

und in nichts gemilderte oder gar gebändigte Anwachsen des Elends auf der einen Seite und das fast völlige Versiegen aller bisherigen Spendenquellen auf der anderen Seite. Es liegt uns fern, den wohlhabenden Juden darüber Vorwürfe zu machen, daß sie bei vielhundertprozentiger Steigerung aller Preise, ihres eigenen Ausgabenbudgets und ihrer Einnahmen nicht die adäquate Steigerung ihres wohltätigen Spendenanteils vorgenommen haben, sondern sogar mit dem Bedeuten, daß sie eben Hunderttausende für Steuern abgeben mußten (die Ärmsten!) und nicht wüßten, wieviel ihnen die bevorstehende Vermögensabgabe übriglassen werde, auch das bisher beigetragene Scherflein verweigern oder verringern, als stünden ihre Angelegenheiten so schlecht, daß sie sich durch eine Abgabe vom dem „für die Armen" bestimmten Teil ihres Vermögens einen arbeitslosen Lebensrentenabend sichern müßten. Vorwürfe würden nur schaden; sie verschleierten die wahren Gründe dieses Verhaltens, daß nämlich der Klassenkampf in die jüdische Gasse, in die jüdische Gemeinde eingezogen ist; der Klassenkampf – diesmal und hier deutlich von der „herrschenden Klasse" ausgehend. Seit die Wohltätigkeitsanstalten bedrängt werden von ostjüdischen Flüchtlingen, leibhaftiger jüdischer Proletariermasse, verweigert das Bürgertum allen Ernstes jede ernsthafte Abgabe, von dem richtigen Gefühl geleitet, diesen Massen gegenüber nütze kein Spenden mehr (als Vereinsmitglied K. 5,- oder als Stifter einer goldenen Inschrift für K. 1000,-). Diese Massen wollen mehr, maßlos anmaßend mehr; sie wollen das ganze Vermögen, die ganzen Vermögensmöglichkeiten – sonst ist ihnen nicht geholfen. Und zu dieser Säkularisierung ihrer Mittel sind sie keineswegs – und von ihrem Standpunkt aus vielleicht mit Recht – bereit. Ein Weniger aber ist sinnlos, im vollen Gewicht des Wortes. Unvergleichlich sinnloser als vor dem Krieg, weil eine neue psychologische Tatsache hinzukam: alle Dankbarkeit des Beschenkten hat aufgehört. Die „Armen" nehmen schon, als gebührte es ihnen, nicht als wäre es objektiv grundlose, mitleidvolle Güte des Gebers. Bis zu einem gewissen Grad fühlte der jüdische Schnorrer schon immer so: „Werd' ich dem Rothschild die Krone schenken? Wer schenkt mir was?" Aber jetzt ist es wahrhaftig zu viel geworden. Und schließlich, es gibt noch unangenehmere Symptome. Der Vorsitzende des Jüdischen Nationalrats in Österreich mußte sich in einer Sitzung dieser Körperschaft wehren gegen die Argumente und Ziele zweier Nationalratsämter, des Erziehungsamtes und des Berufsamtes (Wirtschaftsamtes).[8] „Wir Juden, und wir Nationaljuden insbesondere" – so ungefähr hieß es – „sind zum größten Teil Kaufleute; darum dürfen wir uns nicht selbst ins Gesicht spucken durch das ständige Reden von der nötigen Produktivierung des jüdischen Volkes und seiner Jugend." Man höre gut hin, und man wird verstehen, es ist keine beiläufige Redeblüte eines vermittelnden Politikers, sondern tiefster Ausdruck unserer wirtschaftlichen, politischen und vor allem pädagogisch-kulturellen Paradoxie: Was einzige Rettung für den proletarischen Teil des jüdischen Volkes, also für das Volk wäre, was demnach notwendigerweise Inhalt und Ziel des gesamten Erziehungs- und Fürsorgewesens wäre, davon soll nicht zu viel geredet werden; denn es schädigt die Interessen der vorgeblichen Repräsentanz des ganzen Volkes. Wie soll man da hoffen, wenn schon das Reden schadet, Geld und Hilfe zu erhalten, falls man mehr, also viel Gefährlicheres als Reden, unternehmen wollte?

Es ist unbezweifelbar – und das Beispiel unseres Kinderheims wird es ganz deutlich am Konkreten zeigen –: je größer das Elend der jüdischen Masse wird, um so weniger wird das jüdische Bürgertum die mindeste Anstrengung machen wollen zu retten; denn um so klarer wird links und rechts, daß nur dessen völlige Aufhebung das mindeste helfen kann. Die deutsch-bürgerlichen österreichischen Staatsangehörigen jüdischer Konfession reagieren schon seit längerem durch immer sichtbarere Abstinenz. Die Jüdisch-Nationalen können sich damit nicht begnügen. Sie werden mit Notwendigkeit jede ernsthafte und radikale Fürsorgein-

---

8 Das Erziehungsamt geht zurück auf Bernfelds Bemühungen innerhalb des 1917 gegründeten Zionistischen Zentralrats für Niederösterreich und der 1918 gegründeten Zentralstelle für die jüdischen Jugendgruppen. Es ging um die Einrichtung eines Arbeitskreises „Jüdische Erziehung", pädagogische Kurse, die Einrichtung von Kinder- und Jugendheimen sowie die Herausgabe der Zeitschriften „Blätter aus der jüdischen Jugendbewegung" und „Jerubbaal". – Das Berufsamt sollte vor allem Berufsberatung und -vermittlung betreiben, ebenfalls in engem Kontakt zum Palästina-Amt.

stitution bekämpfen – sie beginnen bereits damit –, und ihre Argumente werden sein: „assimilatorisch" und „bolschewistisch". Nur gutmütige und kurzsichtige Toren können hoffen – was freilich derzeit recht beliebt ist –, daß hier die jüdisch-nationale Kultusgemeinde hilft, da sie statt der Spenden Steuern bringen wird. Man wird bald sehen, daß die Steuern billiger sein werden als die Spenden waren, und daß mit ihnen übelstes Flickwerk, zur Wahlkampagne zierlich aufgeputzt, geschaffen werden wird.

Wir[9] argumentierten freilich nicht so, als wir um das Projekt der Schulsiedlung kämpften. Dies wurde uns alles erst am Schicksal dieses Projekts formelhaft klar. Aber es war uns deutlich: Man müßte das Jugendfürsorgewerk der passiven Resistenz und Sabotage des jüdischen Bürgertums entreißen, sollte es irgend etwas anderes werden als ein grauenhafter Apparat, der winzige Teile der verelendeten Kindermasse zum Dasein des Händlers und Kleinbürgers rettet, der aus Menschenpotentialen Wähler der jüdisch-nationalen Partei erzieht. Und das hätte dreierlei Voraussetzungen bedurft: ein organisches, mit eigener Gesetzlichkeit und zum Hauptteil mit eigenen Mitteln sich entwickelndes Schulganzes; eine Institution von imponierender und im gegebenen Fall Hilfe erzwingender Größe; schließlich eine still und unsichtbar im Schatten beliebter und unwiderleglicher Schlagworte produktivierende Erziehung. Konkret: ein großes Landgut, das einmal in Wirtschaft, die Wohn- und Verpflegungsgrundlage für einige tausend Kinder, Jugendliche und Erwachsene bieten könnte; fern genug vom Wiener Judentum, nah genug den Bildungs- und Erziehungsmöglichkeiten der Großstadt; Landwirtschaft, Werkstätten und Schulen zu einem organischen Bildungsganzen vereint, durch Schulgemeinde, befreite Jugend und gewählte Lehrer zu Autono-

9 Um diese Zeit war ich [S.B.] längst nicht mehr allein, sondern von teilnehmenden Freunden in so nahem Umgang umgeben, daß nicht mehr zu sagen wäre, was meine, was jeweils ihre Leistung war. – Vgl. die Abbildung am Anfang dieses Bandes und die Namen in der Bild-Legende, die in den Dokumenten in Band 2 dieser Werk-Ausgabe immer wieder auftauchen. – Dazu Willy Hoffer: Siegfried Bernfeld and „Jerubbaal". An Episode in the Jewish Youth Movement. In: Year Book X of the Leo Baeck Institute, London 1965, S. 150–167.

mie entschlossen und reif. Wir nannten diesen Plan: „Freie jüdische Schulsiedlung".[10]

Dabei war uns unentbehrlich wichtig, untrennbar zum Begriff gehörig – was selbst manchem, der energisch für die Sache eintrat, nie ganz klar geworden ist –: die große Landwirtschaft mit einem breiten System landwirtschaftlicher, gewerblicher und industrieller Lehrwerkstätten und eine von Grund auf durchgeführte, ernsthafte Schulgemeinde-Verfassung. Jenes vor allem aus zwei Gründen: (1) um die Möglichkeit einer weitgehenden Selbstversorgung sicherzustellen, und (2) um die über die Schulpflicht hinausgewachsenen – also eigentlich erst für alles Geistige erziehungsfähig gewordenen – Kinder in der Siedlung erhalten zu können und sie trotzdem, gerade dadurch, zu produktiven Berufen heranzubilden; dieses, um den künftigen Gliedern der jüdischen Gemeinschaft Gemeinschaftsgeist und -willen dauernd zu vermitteln, und um eine für ihr Jugendleben, ihre Ideen, ihre Erziehung wehrhafte Jugend zu erzeugen.

Daß dieser Plan ein gewisses, sogar bis zu Verwirklichungsversuchen reichendes Interesse fand („Kommission Schulsiedlung" des genannten Verbandes, die Verhandlungen mit Gutsbesitzern führte), verdankt er der Tatsache, ein wirklich diskutables Projekt zu sein. Denn seine materielle Basis ist vorhanden und einleuchtend. Es ist klar, daß die Erziehung und Erhaltung von einigen tausend Kindern, die ursprünglichen Investitionen abgerechnet, in einer großen Siedlung billiger und verhältnismäßig leichter ist als in einigen Dutzend Heimen mit je 50 oder 60 Kindern. Was ihn nicht zur Ausführung kommen ließ, war die erwähnte passive Resistenz der Geldgeber und eine mehr instinktive und dumpfe als überlegte Ablehnung, die durch alle Begeisterung hindurch sich als lähmende Skepsis und Saumseligkeit bemerkbar machte und ihre unbewußten Hintergründe sicherlich in der geschilderten bürgerlichen Einstellung auch entschlossener Jugendfürsorger findet.[11]

Auf die Gefahr hin, diese Einleitung allen nur allgemein pädagogisch interessierten Lesern zu lang und langweilig erscheinen zu lassen, muß hier noch zweier Faktoren Erwäh-

---

10 S.o. Anm. 7.

11 Die Pläne scheiterten wohl letztlich auch an der Inflation.

nung getan werden, die zum Verständnis der atmosphärischen Lage, wenn man so sagen darf, des kulturellen und politischen Raumes beitragen, in dem sich die Entwicklung der pädagogischen Bewegung im Diaspora-Judentum abspielt und in der nächsten Zeit abspielen wird.

(1) Die *Idee der Schulsiedlung* ist national, denn sie bejaht die Zukunft des jüdischen Volkes, Palästina und die jüdische wirtschaftliche Reproduktivierung und kulturelle Wiedergeburt. Dies alles ist ihre Voraussetzung, ohne die sie nicht bestehen, nicht einmal konzipiert werden könnte. Und umgekehrt: Wie kann die jüdische Wiedergeburt irgend mehr oder anderes werden denn eine Wahlparole ohne die ihr entsprechende Erziehung? Und wir dachten darum, die tragende Unterstützung von den Zionisten und Jüdisch-Nationalen erwarten zu dürfen, um so mehr, als wir uns zutiefst als solche empfinden und uns bewußt waren, unsere Ideen und Vorschläge einzig aus dieser Zugehörigkeit in der entscheidenden Form und Farbe gefaßt zu haben. Aber es ereignete sich, was uns damals recht bitter erstaunte und was ich heute völlig verstehe: Während die assimilatorischen Kreise zustimmend, wenn auch wenig tätig waren, zeigte sich die überwiegende Zahl der maßgebenden zionistischen Personen untätig ohne Zustimmung oder sehr eifrig gegentätig. Man geizte mit Argumenten. Was aber zur Not formuliert werden konnte, war etwa: man sei gegen Zeit und Arbeitskraft raubende Phantasmen; man sei gegen alle Erziehungsexperimente; man habe das bisher Übliche mit nationaler Farbe zu unternehmen; man brauche die Assimilanten nicht; man könne das alles allein machen; man werde es auch machen, aber unter Parteikontrolle; die Jugend müsse zum Zionismus der jüdischen Nationalpartei erzogen werden; erst müsse man politisch die Autonomie erhalten; man dürfe die Jugend durch eine sozialistische Erziehung nicht entwurzeln usw.

In solchen Reden und in Aufschiebungen von nötigen Beschlüssen erschöpfte sich die Tätigkeit der offiziellen zionistischen Kreise. Auch dies alles ist keineswegs als Vorwurf gegen irgendwen oder zur Kritik irgend jemandes Verhaltens gesagt, sondern zur Kritik der kulturellen Funktion dessen, was heute Zionismus in der westlichen Diaspora heißt. Der Streit ist alt in der zionistischen Partei, ob die Schaffung kultureller Tatsachen dem Kampf um deren staatsrechtliche Anerkennung vorausgehen soll; und die bloßen Kämpfer haben die Formel gefunden, beide Bewegungen hätten ineinander und zugleich zu verlaufen. Aber sowie sie die Oberhand gewinnen, ist dies Ausflucht; denn was man so Kampf um die Anerkennung des Rechts der jüdischen Nation, ihrer Schule, ihrer Sprache usw. nennt, ist, solange sie keinerlei irgendwie anerkennenswerte kulturelle Leistungen und Schöpfungen an einem Orte aufzuweisen hat, lächerlich, als gelte es um das Recht zu kämpfen, an den Gasthäusern „koscher" anbringen zu dürfen, solange dies nämlich die einzige merkbare Manifestation des Judentums ist. Während aber die Schaffung kultureller Tatsachen, z.B. einer Schulsiedlung, notwendigerweise zum Kampf um die Anerkennung mit gewichtigen Waffen führt, da es in diesem Fall um den Bestand geht, so ist die Organisierung tausender von Wählern um eine Parole ein gar paradoxer und problematischer Umweg zur Gründung einer Winkelbibliothek, eines Realgymnasiums (mit fraglichem Bildungswert) und einer Schlosserwerkstätte. Ein Umweg, von dem heute schon sonnenklar ist, daß er überhaupt niemals zum Ziel führt. Denn *erstlich* erzeugt er eine Gegenauslese der führenden und tätigen Männer. Die Unschöpferischen erhalten bestimmendes Gewicht; die Redner, Agitatoren, Disziplinierten erhalten hauptberufliche Stellen und Ämter, während die Fachleute auf allen Kulturgebieten sich anderen Parteien oder Völkern verkaufen müssen, wollen sie leben und Stunden im Monat ihrer eigenen, der jüdischen Arbeit widmen; der Wahlfonds, die Zeitung verschlingen Unsummen in kulturell unproduktiven Anlagen. *Zweitens:* Man sagt gern Gutes von der fruchtbaren Tätigkeit der Abgeordneten, der Gemeinde-, Bezirks-, Armen-, Schulräte, die wenigstens, statt des Ministers für jüdische Angelegenheiten, als vorläufiges Ergebnis der Autonomie-Kämpfe dem Volke geschenkt sind. Ja, sie leisten gute Arbeit: Die Wähler sind mit ihnen zufrieden, und das muß der Gewählten oberster Maßstab sein. Was aber wollen die Wähler? Die Verteidigung ihrer Interessen. Gewiß, auch jene berühmte Anerkennung, wenn auch nur recht theoretisch; aber vor allem den Schutz ihrer gegenwärtigen wirtschaftlichen, sozialen und zuallerletzt ihrer kulturellen Bedürfnisse. Und dadurch wird die Partei, deren Leitung den Mandataren anvertraut ist, ja die mit ihnen auch nur in wesentlichem Zusammenhang steht, in ihrer ursprünglich revolutionierenden geistigen Kraft gebrochen. Denn es kommt in kulturellen Dingen gar nicht darauf an, deren allgemeine Anerkennung, ihr Bestandsrecht im allgemeinen zu verteidigen – ja es ist dies schlechterdings unmöglich –, sondern es kommt darauf an, welches ihre Inhalte sind, aus welcher sozialen Stimmung, in welcher sozialen Perspektive sie geschaffen werden. Die Mandatare der bürgerlichen und kleinbürgerlichen jüdischen Wählermassen müssen erst entscheiden, ob eine Schöpfung wertvoll genug ist, gefördert, unterstützt, verteidigt oder geschaffen zu werden, ehe sie ihr – ohnehin geringfügiges – Teilnehmen beschließen können. Und sie sind unzuständig, dies zu entscheiden. Sie werden immer, wenn es um irgendwie Wesentliches geht, die falsche Entscheidung treffen. Denn alles, was geschehen muß in jüdisch sozialen und kulturellen Dingen, muß entgegen der Richtung des bewußten Wollens und vermeintlichen Interesses der Wähler geschehen, sie müssen national, kulturell, und als Voraussetzung für beides sozial und kulturell revolutioniert, erzogen werden. Die Mandatare aber dürfen nur tun – in allem Wichtigen –, was in der Richtung jenes falschen Wollens, jenes unklaren, undurchdachten und verschleiernden Interesses liegt. Sie müssen vertreten anstatt zu erziehen.

So erfüllt das ungeheure Wachsen des zionistischen Parteileichnams – ein Wachsen durch Apposition wie bei allem Toten – eine wichtige Funktion im Judentum: die Scheidung des jüdischen Volkes nicht mehr in Nationale und Assimilanten – denn diese Scheidung ist vollzogen worden (wenn auch an einzelnen Orten der Diaspora noch gewisse Nachwirkungen der früheren Zeit bemerkbar sind) dadurch, daß die einen unentwegt sich taufen lassen, „Nichtjuden" nennen und ausschließlich nicht-jüdische Arbeit, die anderen aber jüdische Arbeit tun –, sondern die Scheidung nach den Prinzipien des jüdischen Lebens, der jüdischen Arbeit, Gesellschaft und Politik. Das imperialistische Europa und die Zweite Internationale haben gelernt, die Juden als Volk zu betrachten; die Dritte Internationale, was vielleicht in Kürze viel wichtiger sein wird, ist im Begriff, es zu tun; wir selbst tun es nunmehr ganz und gar. Es hat keinen Sinn mehr, sich als jüdisch-national zu bekennen, wo sich Jude nennen bereits heißt, sich zum jüdischen Volk zählen, in ihm arbeiten, es entwickeln. Und von diesem Augenblick an werden die Trennungen im Judentum, vor allem die sozialkulturellen, viel wichtiger als dies Bekenntnis zur Einheit. Wir brauchen die Einheitsfront der gemeinsamen Resolution nicht mehr, wo wir den Einheitsakt des gemeinsamen Volkes haben – ob dies nun von dieser oder jener ephemeren Regierung einer sterbenden Klasse, in einem sterbenden Lande anerkannt wird oder nicht. Der Kampf der inhaltlich geschiedenen Parteien im Judentum ist der lebendigere, zukunftsvollere Beweis unserer Einheit als Volk, als lahme Koalitionen und feige Kompromisse. Man muß aufhören, das Judentum als eine einheitliche Partei im nicht-jüdischen Staat zu betrachten; es kann daher nicht genügen, dieser Partei beizutreten, sondern alles kommt darauf an, wo man innerhalb ihrer steht. Die Parteidisziplin muß abgelöst werden von der Verantwortlichkeit vor der Zukunft des Volkes. Und man darf sich vor Einheitsgeschwätz nicht fürchten. Wird einmal wirklich ein allen gemeinsames Interesse verletzt, so werden die Getrennten sich im Augenblick finden.

Diese Andeutungen waren nötig, um zu zeigen, in welcher Richtung ein Neudenken der Zusammenhänge von uns jüdischen sozialistischen Erziehern gründlich und unabhängig vorgenommen werden muß, sollen wir wissen, was wir zu erwarten und was wir zu tun haben. Von hier aus wird das Schicksal unserer Pläne und Versuche, über die in dieser Schrift berichtet wird, nicht als Zufall der persönlichen Konstellation, sondern in ihrem notwendigen, soziologischen, kulturellen Anteil verständlich. Und der Weg zu geschickteren, konsequenteren, fruchtbareren Maßnahmen wird frei.

(2) Das zweite Faktum, von dem episodisch eingeschaltet die Rede sein muß, ist das *American Joint Comittee, Vienna Branch.* Gerade als wir die ersten Verhandlungen mit einer Gutsverwaltung wegen der Gründung der Schulsiedlung führten, erweckte der amerikanische Delegierte des *Joint* in Wien

durch seine Reorganisationsversuche der *Vienna Branch* Hoffnungen. War bisher die amerikanische Hilfe als Almosen verteilt worden, so sollten jetzt neue, produktivere Wege eingeschlagen werden, in großzügiger Weise Hilfsinstitutionen geschaffen werden, freilich als Hilfe und nicht als Aufbau. Und zwar waren die in Aussicht gestellten – und später auch eingelangten – Mittel mehr als beträchtlich und durchaus genügend, wirkliche Hilfe zu bringen, wenn sie nur sachgemäß, weitsichtig und konsequent verwendet worden wären. Für die Schulsiedlung erhofften wir uns die fehlenden einigen tausend Dollar zu den von mir aufgebrachten mehr als 1,5 Millionen Kronen für den Investitionsfonds. Und wir bemühten uns bis in die jüngste Zeit (März 1920), dem amerikanischen *Comittee* klar zu machen, daß eine produktivere und ökonomischere Verwendung für die ohnehin den Kindern und Lehrlingen bestimmten Summen nicht möglich sei als die Erwerbung und Adaptierung einer genügend großen Landwirtschaft, auf der die betreffenden Fürsorgeinstitutionen konzentriert würden. Man kann nicht einmal sagen, daß das *Comittee* solchen Vorschlägen ablehnend gegenüberstand. Man war dafür; man sah wenigstens ein, daß dies eine erwägens- und versuchenswerte Möglichkeit wäre; man wollte es sogar tun – aber es geschah nichts. Und zwar aus einer, über den Einzelfall hinaus bemerkenswerten Tatsache.

Es soll vorweg festgestellt werden, daß die weitaus überwiegende Zahl der *Comittee*-Mitglieder – es sind etwa 100 – gute und anständige, auf ihrem Gebiet vortreffliche und fähige Menschen sind, die vielleicht selbst eine Ahnung von der Größe ihrer Verantwortung und jedenfalls den Willen haben, mit dem amerikanischen Geld möglichst Großes und Fruchtbares zu tun; die zum Teil überdies ein recht beträchtliches Gefühl von der Minderwertigkeit dessen, was geschieht, besitzen; es sei auch festgestellt, daß der Direktor und seine Beamtenschaft fleißig sind. Und dennoch muß konstatiert werden: Es sind Millionen in gänzlich sinnloser, unfruchtbarer, durchaus schädlicher Weise vertan worden, und bloß ein winziger Bruchteil der Mittel ist zufällig und nebenbei mehr gewesen, als Schnorrergeld und Nothilfe für einen kurzen Augenblick. Schuld trägt die grauenhafte Unzulänglichkeit der an diesem Werk beteiligten Menschen.

Vor allem der Beamtenschaft. Ich spreche nicht von den menschlichen Qualitäten, für die vielleicht nicht symptomatisch ist die Unbekümmertheit um die Realität, die sich in tausend Imponderabilien des Verkehrstones mit den „Petenten" äußert: sie müssen eine steile, kahle Nebentreppe im Hofe benützen, während die Herrschaften die teppichbelegte Luxustreppe hinaufsteigen; sie müssen stundenlang stehen und warten, angeschnauzt, gestoßen, hin- und hergewiesen, als sehr unbequeme Nebenerscheinung eines im übrigen recht behaglichen Einkommens behandelt. Ich spreche nicht davon, daß es menschlich schlecht stehen muß um eine Beamtenschaft, in deren Klientel durchaus das Gefühl herrscht – und zwar heute noch, nach einem Jahr –, daß Protektion nötig sei, um etwas zu erreichen; es stimmt etwas nicht im Menschlichen der Beamtenschaft einer sozialen Institution, wenn die Klienten sich über die Nebengeschäfte der Sekretäre unterhalten, indessen sie auf die Erledigung ihrer Angelegenheiten in langen Reihen warten. Aber man kann von diesen menschlichen Mängeln nicht sprechen; denn diese Symptome sind nicht Beweis dafür, daß die Beamten tatsächlich Geschäfte machen und Protektion dulden oder üben, sondern sie zeigen nur an, daß irgendeine andere Qualität in ihnen fühlbar ist, die solche Gerüchte zuläßt, jahrelang zuläßt. Gewiß ist: als jüdische Beamte sind sie unzulänglich. Nach einem Jahr Tätigkeit des reorganisierten *Joint* müssen Präsidialmitglieder gestehen: wir haben keine Projekte, wir „wurschteln nur weiter". Und das ist es: Diese Beamten, die einmal Juristen, Sekretäre allerhand jüdischer Vereine, Redner, Journalisten waren, wissen nichts Inhaltliches für ihr Amt, haben keine Wertungen innerhalb ihres jüdisch-nationalen oder poale-zionistischen[12] Bekenntnisses, es fällt ihnen darum nichts ein, nicht einmal etwas Unschöpferisches, bescheiden Sachliches, gar nichts. Sie erledigen Akten nach der Geschäftsordnung. Und entledigen sich der Menschen und Ideen, indem sie aus ihnen Akten machen. Und das Grauenhafteste, in unserem Zusammenhang Entscheidende, ist: Man könnte vielleicht den einen oder anderen auswechseln; man könnte vielleicht, wenn es schon auf

12 Poale Zion: „Zionsarbeiter"; sozialistisch-zionistische politische Partei in den jüdischen Siedlungen Palästinas, gegründet 1905.

Akten ankommt, Leute finden, die sie sorgfältiger behandeln, pünktlicher, zuverlässiger und liebenswürdiger erledigen. Aber wir haben nicht genug solcher, die etwas Brauchbareres als Reden zu halten und Leitartikel zu schreiben gelernt haben; solcher, die Einsicht, Willen, Mut besitzen, das Nötige zu schaffen: Institutionen, die uns aus dem heutigen Zustand herausheben würden.

Dies ist die Frucht zwanzigjähriger jüdischer Bewegung. Muß sie nicht an einer inneren Unklarheit, an einem inneren Widerspruch gelitten haben, wenn sie nun, wo sie sich bewähren sollte, in steriler Unzulänglichkeit versandet? Muß nicht irgendwie dieser unheimliche Bann gebrochen werden? Und wie anders als durch eine Revolte der Jugend und ihrer Erzieher, einer Kette von Revolten, die schließlich zur Revolution der Erziehung führt? Und muß uns hier nicht die Frage zu einer lichten Antwort führen: Wer hindert diese Revolten, wer fängt sie ein zu seinen Zwecken, bricht sie und triumphiert?

II. Einrichtung

Unter denen, die sich ohne tieferes Verständnis für das Projekt „Freie Schulsiedlung“ interessierten, war auch die spätere Leiterin unseres Kinderheims. Sie hatte seit Jahren sich immer wieder einmal mit jüdischen Kindern beschäftigt und einiges vom Standpunkt der üblichen Jugendfürsorge Anerkennenswerte geleistet und durchgeführt. Ihre eigentliche Tätigkeit war und ist aber die persönliche Wohltätigkeit, die sieht, was sie tut, die ihren Schützling beschenkt, für ihn selbst wenigstens als Geschenk bemerkbar, und die mindestens im unbewußten Hintergrund als Effekt des Tuns Dankbarkeit erwartet; wäre es auch in der sublimen Form, daß man die deutliche Beglücktheit sehen möchte. Eine Beglücktheit, die letztlich die Wohltäterin nur dann befriedigt, wenn sie von ihrer Gabe oder Tat ausgeht, aber immer einen Rest von Mißstimmung erzeugt, wenn sie von ihr unabhängig auf dem Kindergesicht aufleuchtet. Eine Verhaltungsweise, die – kultiviert in einer früheren, eben erst vergehenden Periode der jüdischen Gesellschaftsentwicklung sehr schätzenswert gewesen sein mag und in Zukunft vielleicht auch wieder ihre Stelle haben wird – in unserer heutigen klassenmäßigen Elendslage aber zur grotesken, peinlich berührenden Tantenhaftigkeit mit all ihrer Unmotiviertheit, Unruhe und Unfruchtbarkeit sich verzerrt. Und je ideenloser und unsachlicher die Gutmütigkeit solcher Menschen, um so verzerrter ihre Wirksamkeit; um so unbegreiflicher ihnen selbst ihre Lage, um so geringer ihre subjektive Schuld, aber um so mehr sind sie schädlich – objektiv schuldig – wenn sie die enge, allzu enge Grenze ihrer Möglichkeiten überschreiten wollen.

Ende Juli 1919 – es war gerade der dritte Versuch, ein geeignetes Objekt für die Schulsiedlung zu kaufen, durch die Zaghaftigkeit des Verbandes für Jugendfürsorge (neuerliche Überweisung an eine zweite Gutachterkommission) gescheitert – teilte mir nun jene Leiterin mit, sie habe fünf Baracken im Baumgartner Kriegsspital erworben und bäte mich, die Leitung der Schulsiedlung zu übernehmen, die dort aufrichten zu lassen ihr Wille sei.[13] Nach längeren Verhandlungen, die von mir mit jenem Mißtrauen geführt wurden, das mir dem Vorschlag gegenüber, in einigen Baracken innerhalb Wiens ohne Landwirtschaft mit 200 bis 300 Kindern eine Schulsiedlung zu machen, nötig schien, von ihr aber mit jenem Entgegenkommen, das meine wichtigsten Bedenken schließlich zerstreute, wurde festgestellt: In Baumgarten wird keine Schulsiedlung, sondern ein eigenartiger Typus Kinderheim geschaffen, der bewußt als Kader für eine künftige größere, vollkommenere und organischere Unternehmung eingerichtet wird.

Was meine eigene Stellung angeht, hatte ich mir ausbedungen: (1) ich bin der oberste Beamte in der ganzen Unternehmung; alle in Baumgarten tätigen Personen, das pädagogische und Verwaltungspersonal unterstehen ausschließlich mir; sie werden von mir angestellt und von mir entlassen; (2) in allen pädagogischen und organisatorischen Dingen bin ich völlig unabhängig; (3) in finanziellen Dingen unterstehe ich der Leiterin; (4) in wirtschaftlichen Dingen wird sie mir helfend zur Seite stehen, jedoch geschieht alles unter meiner Verantwortung, daher unter meiner Entscheidung; (5) Kinder werden von mir, mit entscheidender Zustimmung der Leiterin, aufgenommen und nur von mir allein entlassen. Diese Forderungen wurden von mir gestellt, weil ich überzeugt bin, daß eine Stätte neuer Erziehung nur dann geschaffen werden kann, wenn alle darin lebenden und tätigen Erwachsenen, vom Direktor bis zu den Dienstmädchen, über ihre sachliche Eignung hinaus in ihren menschlichen Qualitäten ein einheitliches, sagen wir mit einem vielleicht mißverständlichen, aber prägnanten Wort, unbürgerliches, gemeinschaftsbildendes Gefüge geben. Überdies ist die neue Erziehungsgesinnung, die wir vertreten und die sozialistisch ist, d.h. auf Massen ausgeht und Wirtschaft mit einbezieht, charakterisiert durch die Notwendigkeit, sich einen Verwaltungs- und Wirtschaftskörper zu

13 Vgl. die nähere Beschreibung unten S. 32ff. – Die Vorbereitungen gingen zurück bis 1917 im Rahmen des Wohltätigkeitsamtes der Wiener Israelistischen Kultusgemeinde, als infolge der Pogrome während der Kriegshandlungen im Osten der Zustrom der Flüchtlings- und Waisenkinder einsetzte.

bauen, der bis ins letzte durch die geistigen Forderungen der Erziehung bestimmt ist. Daher muß der technische und der Verwaltungsapparat ganz und gar untergeordnet sein der pädagogischen Instanz. (Es wird im Verlauf dieses Berichts noch Gelegenheit sein, auf diese sehr wichtige, bisher völlig vernachlässigte Seite der Erziehungslehre konkret einzugehen.) Die Leiterin nahm diese Forderungen an, weil ich sie als unumgängliche Bedingung für meine Mitarbeit stellte, und sie behielt somit die Funktion der Vertretung der Anstalt im *Joint*, das die nötigen Geldmittel sicherstellte, der Kontrolle der Finanzgebarung und der Mithilfe in den wirtschaftlichen Angelegenheiten.

So konnte ich im Monat August mit meinen Freunden an die Arbeit gehen.[14] Zunächst wurde, nach reiflicher Überlegung der Möglichkeiten des Unternehmens, der folgende Grundriß entworfen und von der Leiterin angenommen. (Ich bringe hier nicht das Originalmanuskript, sondern eine Darstellung, die zugleich die entscheidenden Überlegungen mitenthält.) Wir hatten die Aufgabe, zwei verschiedenen Zielen gerecht zu werden. *Erstens* sollte in Baumgarten ein gutes jüdisches Kinderheim entstehen, *zweitens* die Vorbereitung für die Schulsiedlung. Jenes ist bis zu einem gewissen Grad gelungen und wird uns im weiteren Verlauf des Berichts ausschließlich beschäftigen; dieses ist Plan geblieben, seine Darlegung soll vorausgeschickt werden.

Für das pädagogische Gelingen einer großen Schulsiedlung ist entscheidend, ob von Anfang an ein Kern für Freiheit und Verfassung reifer Kinder; ob eine – und wäre es nur eine kleine – Anzahl von arbeitenden Jugendlichen vorhanden ist, die fähig sind, Verpflichtungen im Schülerausschuß und in den Werkstätten auf sich zu nehmen; ob eine Gruppe da ist von Lehrern, die es gelernt haben, persönliche Ambitionen auf Würde und unfehlbare Befehlsgewalt abzulegen und sich mit Kameradschaftsführerschaft zu bescheiden; schließlich, ob in dem Ganzen eine leidenschaftliche Arbeitsgesinnung herrscht, die ausgeht von den eigentlich arbeitenden Menschen in der Siedlung. Darum sollte Kinderheim Baumgarten entsprechend den räumlichen Verhältnissen aufge-

14 Siehe das Foto am Anfang dieses Bandes.

baut sein aus 60 Knaben und 60 Mädchen des Alters von 6 bis 14 Jahren, für die eine achtstufige Schule dienen sollte; aus etwa 25 männlichen Jugendlichen über 14 Jahren, die in der Tischlerei, Buchbinderei und Schusterei, etwa 25 Mädchen über 14 Jahren, die im Gemüsegarten, Kleinviehhof, Haushalt, in der Küche, Buchbinderei, Nähstube eine richtige Lehrzeit absolvieren sollten; Unterrichtskurse, dem Stoff der höheren Schule entsprechend, sollten ihnen die Möglichkeit zu geistiger Ausbildung geben. Die gesamten Verwaltungsdienste und Schwerarbeiten sollten nicht von Dienstmädchen und Dienern, sondern von Chaluzim und Chaluzoth[15] geleistet werden. Die Lehrer sollten nach zwei Prinzipien ausgewählt werden: *erstlich* solche, die vorzügliche Didaktiker der neuen Methoden sind; *zweitens* junge Leute, vor allem Hörer des Jüdischen Pädagogiums[16], die mit jüdischer Bildung Kinder- und Jugendführerqualitäten verbinden, und von jenen die Methodik praktisch erlernen sollten, um später als Schulsiedlungslehrer fungieren zu können. Möglichst viele von ihnen sollten in den Baracken wohnen, durch Bibliothek, Musik- und Gesellschaftszimmer sollte ihnen freier Verkehr untereinander und mit Bildungsmöglichkeiten gegeben sein. Die konkreten räumlichen Verhältnisse hätten überdies gestattet, in einer gesonderten Baracke ein Kleinkinderheim für 60 vorschulpflichtige Kinder einzurichten.

Dies war der organisatorische Grundriß, von dem wir ausgingen, und der im Laufe der Zeit so mannigfaltige wesentliche Veränderungen erfuhr, daß für die Vorbereitung

---

15 Chaluz (Pl. Chaluzim), „Pionier", im zionistischen Sinne Pionier der Arbeit bei der landwirtschaftlichen Erschließung Palästinas. – 1915 in den USA gegründeter Verband sozialistisch-zionistischer Jugendgruppen für die Vorbereitung und Durchführung der landwirtschaftlichen Siedlungsgründungen in Palästina.

16 Seit Herbst 1917 wurden jüdisch-pädagogische Kurse durchgeführt, im Oktober 1918 wurde das Jüdische Pädagogium eröffnet. Es bot folgende Kurse für angehende Lehrer/innen: Unterrichtslehre und Methodik (allgemein und für Kinderheime/-horte; Jugendkunde [von S.B.]; Lektüre, Sagen und Märchen, Spiele und Feste; Hebräisch und Jiddisch, Bibellektüre; Geschichte und Heimatkunde der Juden in Europa/Österreich/Wien, in Palästina; Kulturgeschichte des Judentums; handwerklich- und landwirtschaftlich-praktische Ausbildung.

der Schulsiedlung direkt in Baumgarten nichts geschehen konnte. Zunächst verbot einer der zionistischen Präsidenten des *Joint*, daß meiner Erziehung männliche Jugendliche über 14 Jahre anvertraut würden; an Kindern und Mädchen sei er nicht interessiert, aber männliche Jugendliche könne er nicht zulassen, denn er wisse, daß sie von mir nicht im Sinne der Partei erzogen würden. Also fielen alle Werkstätten weg (bis auf eine kleine Schulwerkstätte). Dann erklärte das *Joint*, es könne keine Pädagogiumshörer und freiwilligen Hilfskräfte dulden; ohne Begründung, unzweifelhaft auf Betreiben der Leiterin, die nur Angestellte oder wohltätig Beschenkte in ihrem Bereich verstehen und daher dulden konnte. Es waren zwar bis zur letzten Stunde ebenso wie einige Jugendliche auch solche Hörer und Freiwillige in Baumgarten, aber gegen die Anordnungen, und an eine ruhige, ausbauende Entwicklung ihrer Tätigkeit war nicht zu denken. Jeder Einfluß auf Verwaltungsagenden wurde mir, entgegen allen Vereinbarungen, alsbald verwehrt und ausschließlich der Leiterin übertragen, und es war mir nach wenigen Wochen deutlich geworden, daß es unverantwortlich wäre, dieser Verwaltung Lehrlinge anzugliedern, da sie nur Desorganisation gelernt und eine unwürdige, ja schmähliche Behandlung erfahren hätten. So fielen die auszubildenden Mädchen weg. Der unbequemen Chaluzim entledigte sich die Verwaltung schnellstens und engagierte christliches Personal. Schließlich waren die Verpflegungs-, Gesundheits-, Heiz- und Wohnverhältnisse insbesondere für Erwachsene derart, daß ich nicht den Mut hatte, jemanden einzuladen, geschweige von ihm zu verlangen, er sollte Wohnung in den Baracken nehmen; die Lehrer wohnten daher fast ausnahmslos auswärts, und darum entwickelte sich keinerlei angeregtes und anregendes Gemeinschaftsleben von Erwachsenen an unserer Schule.

Doch nun genug von dem erzählt, was geplant und nicht gelungen war; und endlich berichtet, was positiv geworden ist!

Das Kinderheim Baumgarten besteht aus fünf aneinandergrenzenden, sehr gut erhaltenen, betonierten Gipsdielen-Doppelbaracken mit Holzverkleidung im ehemaligen Kriegsspital 2, Wien XIII, Linzerstraße 299; anschließend befinden sich ein großer Spielplatz, zwei Wiesen und ein Stück

Kinder- und Jugendheim Baumgarten

Baracke 17 :	60	Betten	~~6—14~~ 3 — 6		60
Baracke 28 :	120	"	6 – 14		200
Baracke 29 :	120	"			
Gradnitz 50 :	50		14 – 18	ca	70
	350		~ 18		30
				ca.	360

Baracke 17 : 60 Kleinkinder : Kindergarten Montessori-Fröbel…
Hebräischer Sprach-, Spiel-Unterricht

Personal: 1 Hauptkinderg. Fl. Gute Obernik
1 Kinderg. Helferin. Fl. ~~[illegible]~~ Jenna Singer
1 Kinderpflegerin

Baracke 28 : 120 Mädchen 6 – 18 : Schlafräume

Personal : 1 Kinderpflegerin (Schwester)
2-3 Pädag. Monitoren als Präfekt.

Baracke 29 : 120 Knaben 6 – 18 : Schlafräume

Personal : 1 Kinderpflegerin (Schwester)
2-3 Pädag. Männer als Präfekten

Baracke 30 : Lehrbaracke.

6 – 10: Volksschule nach dem übl. Lehrplan, mit Werkunterricht und Werken im Sinne der Schulreformklassen von Glöckel.

Personal: 5 Volksschullehrerinnen; 2 Assistentinnen.

I. Kl. Hanna Steiner ; Beate Kupfermann [illegible]

II. Kl. Lilli Bernfeld

III. Kl. Anna Freud

IV. Kl. Käthe Neumann vorgl. Oberlehrer

F. Kl. Dr. Hilde Geringer (vorgl. Mathematik)

Hebr. s. u.; Arbeit im Garten; Hauswirtschaft; nach Alter in den Werkstätten; Turnen, Sport, Spiel; Spaziergänge.

Unterrichtssprache deutsch. Hebräisch soweit als möglich Umgangssprache, Unter. der jüd. Lehrfächer; bis dahin, je nach dem Alter 5 – 8 Wochenstunden: Hebr. Bibel u. dgl.

10 – 14: 3 Kl. Bürgerschule, womögl. in Form der [illegible] schule.

Personal: 3 Bürgerschulfachlehrer bezw. 3 Mittelschulfachlehrer. [illegible] zum Lehrpersonal die [illegible] Befähigungsnachweise haben.

[illegible] Volksschul. Musik, Zeichnen, [illegible] Handarbeitsunterr.

zu 14.

a) 20-30 Mädchen: Hauswirtschaftsschule, Gemüsebau, [illegible]; Schneiderei u. andere Frauengewerbe.

Personal: 1 Gartenbaulehrerin,
1 Industriallehrerin
u. nach Bedarf Fachlehrer auf Stunden

. . – – – – – – – –

c) 20-30 Knaben: Lehrwerkstätte: Tischlerei; Pappearbeit; Buchbinderei; [illegible]; eine ~~[illegible]~~ in Ehre
Personal: Lehrmeister

Teilnahme an ~~[illegible]~~ spezifischen Jugendlichenkursen vom [illegible].

Hebräisch	1 Leiter des Hebr. Unterricht	[illegible]
	1 Sprachlehrer	Schwarz
	1 Sprachlehrer:	Roffler, ~~[illegible]~~, od. Dr. Mayer
	Hörer des Pädagogiums.	
	1 Lehrer für jüd. Geschichte.	
Hygiene	1 Ärztin	Dr. Bernfeld
	1 Krankenschwester	

Obstgarten zum Komplex des Kinderheims gehörig. Die Baracken tragen die Nummern 27, 28, 29, 30, nebeneinander an einer Seite der letzten Barackenstraße stehend, und 17 gegenüber 27 auf der anderen Seite der Straße. Baracke 18 gegenüber 28 war uns leihweise überlassen worden (und diente als Depot). Der Spielplatz erstreckt sich hinter Baracke 27 und 28, eine Wiese hinter 29 und 30, die andere längs Baracke 30, vor ihr, sie teilweise umgebend, der Obstgarten. Zwischen den Baracken führen breite, von Beeten eingesäumte Straßen; die Straße zwischen Baracke 28 und 29 war von uns umgepflügt und der ganze Raum als Gemüsegarten eingerichtet worden. Die Landschaft, an der Peripherie des Wienerwaldes, ist hügelig und anmutig, kurze Spazierwege führen tief in den Wienerwald hinein. Durch Umbau und Adaptierungen wurde dieser Komplex in folgender Weise eingerichtet:

Baracke 17: Kleinkinderheim, erhielt einen großen Schlafsaal für 60 Kinderbetten, einen Speisesaal zugleich als Tagraum für Bewegungsspiele und vier kleinere Räume für die ruhigen Spiele der Kleinen; drei Krankenzimmer, die ärztliche Ordination, drei Wohnzimmer und allerhand Nebenräume wurden hier untergebracht.

Baracke 27: enthält die Küchen- und Wirtschaftsräume, Verwaltungskanzlei, Nähstube, eine Angestelltenwohnung, den großen Speisesaal und zwei große Säle, die anfangs als Tagräume für die schulpflichtigen Kinder, jetzt als Festsäle benützt werden.

Baracke 28: Baracke der Knaben, enthält einen Schlafsaal mit fünfzig, einen Saal mit zweiunddreißig und einen mit zehn Betten, drei Tagräume (einen größeren, zwei kleinere), eine Wohnung und die Nebenräume.

Baracke 29: Baracke der Mädchen, besteht aus einem Schlafsaal mit fünfzig, einem mit zweiunddreißig, einem mit zehn Betten, einem kleinen Aufenthaltsraum und den Nebenräumen.

Baracke 30: Schule, enthält neun Klassenzimmer, Werkstätte, Lesezimmer, Physikzimmer, Lehrerzimmer, Halle, Archiv, Direktion und meine eigene Wohnung, Nebenräume.

Da niemals ganz eindeutig festzustellen war, in wessen Kompetenz die Einteilung der Räume stand, ergaben sich mancherlei Konflikte mit ungeschickten Lösungen, manche unmotivierte Umzüge und Veränderungen. Zudem wurde jede vernünftige, sachgemäße Einteilung der Räume durch das völlige Versagen der Verwaltung in der Heizungsfrage und durch parteiische Gesichtspunkte bei der Raumeinteilung verhindert. Es war den beteiligten Personen nicht klarzumachen, wie ungeheuer wichtig die Raumfrage für die Pädagogik ist. Daher mußte schließlich so gut wie auf alle erzieherischen Einflüsse verzichtet werden, die sich aus einer guten „Zimmerpolitik" hätten erzielen lassen. Dreierlei haben wir dabei als sehr wichtig erfahren:

(1) Große Schlafsäle bewähren sich bei Kindern bis zum 12. Lebensjahre durchaus. Man kann unbedenklich deren auch 50 oder 60 in einem Saal vereinigen, wenn jedes der Kinder irgendeinen eigenen Bereich im Schlafsaal oder außerhalb desselben besitzt.

(2) Ein Kasten oder auch nur eine Lade, irgendein Kubikmeter muß als des Kindes völlig eigener Raum bezeichnet sein, und muß von ihm verteidigbar gegen alle Angriffspläne der anderen, also sichtbar begrenzt und absperrbar sein. Wir hätten den Kindern viel geistige Not ersparen und ihnen eine raschere und tiefere moralische Entwicklung sichern können, wenn es uns gelungen wäre, von der Verwaltung absperrbare Fächerkästen zu erhalten.

(3) Sehr wichtig zeigte sich uns auch, daß die Kinder außerhalb des Schlafsaals die Möglichkeit erhalten, bequem und allein zu sein; dies war ihnen erst im Frühjahr geboten, als sie sich im Freien lagern konnten. Wir haben bei unseren Kindern sehr deutlich das Bedürfnis nach einer gewissen zeitweiligen Absonderung von den anderen bemerken können. Und es ist sehr schädlich, wenn für das Kind die einzige Möglichkeit, diese Situation herzustellen, nur dann gegeben ist, wenn es sich in sein Bett kuschelt und die Decke über die Ohren zieht. Es muß Gelegenheit haben, auch im wachen Zustand an einem Sinne und Intellekt anregenden Ort zu träumen. Und Kinder lieben eine gewisse Konstanz im Träumereiort; es muß also in einem Internat eine genügende Anzahl solcher Plätze geben, da-

mit die Kinder einander nicht von ihren Lieblingsplätzchen verjagen müssen.

Man muß daher die großen Säle als Tagesaufenthaltsstätten der Kinder vermeiden und das um so mehr, je größer die Schlafsäle sind. Und auf alle Fälle muß jedem Kind ein gleiches Stück versperrbaren Raumes gegeben werden, wo es sein eigener, individueller Herr sein kann. Für die älteren Kinder und die Jugendlichen aber sind Schlafsäle absolut zu vermeiden. Sie leiden unter ihnen sehr stark und sinnlos. Anfangs hatte ich vorgesehen gehabt – und es wäre dies auch leicht durchzuführen gewesen –, die Kinder über 12 oder 13 Jahren in Räumen zu sechs bis zehn, die älteren in Einzelräumen oder zu zweit unterzubringen. Dies war den Knaben bekannt, und sie freuten sich darauf viele Wochen lang, machten Pläne für die Ausschmückung und Gesetze für den Gebrauch – bis ich ihnen die Hoffnung endgültig zerstören mußte. Die älteren Mädchen bezogen gleich in den ersten Tagen eines der Zehnerzimmer, und sofort begannen sie Gedanken, Phantasie und Arbeit an die Einrichtung des Raumes und seine Verschönerung zu wenden. Kurz darauf wurden sie auf wiederholten Befehl der Verwaltung, dessen Zurücknahme ich nur einige Male erreichen konnte, in den großen Schlafsaal verteilt. Ihre Betrübnis und Empörung war ganz außerordentlich und, wie die Verwaltung fand, sinnlos, hysterisch, übertrieben. Wir haben diese Tatsache immer wieder deutlich feststellen können und sahen auch immer, daß nur dann die kahle Nüchternheit, Unreinlichkeit und Unordnung von den Räumen gänzlich ferngehalten werden konnte, wenn sie jemandem gehörten. Nicht einmal immer dann stellte sich dies Ergebnis ein, aber ausnahmslos nur in diesem Fall.

Am 18. Oktober zogen an die 200 Kinder aus dem Flüchtlingsheim in der Engerthstraße [im II. Bezirk in Wien] in unsere, zum Teil unfertigen Baracken ein. Wenige Tage später kamen an die 50 Mädchen aus der Waisen-Heimstätte am Esteplatz [im III. Bezirk in Wien]. Diese blieben der Grundstock der Baumgartner Kinder. Im Monat November erhielten wir Zuwachs aus dem Nikolsburger Flüchtlingsheim [in Mähren], und die ganze Zeit hindurch traten einzelne Neue zu uns ein. Einzelne traten aus, und ungefähr 100 waren abwechselnd jeweilig im Ausland, in Holland, Italien oder in der Schweiz. Engerthstraße, Esteplatz, Nikolsburg bezeichneten sehr lange ziemlich scharf getrennte, einander sehr feindselige Lager; und was die Kinder subjektiv als Gegensatz empfanden, bestand auch objektiv als beträchtliche Verschiedenheit des Grades und der Art ihrer Verwahrlosung. Wir haben die Kinder natürlich nur langsam kennengelernt, indem sich uns ungezählte Einzelerfahrungen und Erlebnisse nach und nach zu einem Ganzen gestalteten. Und es wäre sehr reizvoll, die Struktur der Kinder auch vor dem Leser an Hand des Konkreten schrittweise zu enthüllen. Leider ist dies aber – von der Breite einer solchen Darstellung abgesehen – nicht möglich, da wir erst in den letzten Wochen unseres Baumgartner Aufenthaltes Ruhe und Sammlung fanden, an systematische Beobachtung und Registrierung auch nur ernsthaft zu denken. So muß ich auf Grund meiner und aller Lehrer unsystematischer Notizen und zusammenfassender Erinnerung berichten.

(1) *Engerthstraße.* Der physische Zustand dieser Kinder war weniger schlimm, als man hätte befürchten können; der Krankenstand war gering, das Untergewicht für Kriegs- und proletarische Verhältnisse durchschnittlich. Freilich hatten die Kinder Kopf- und Kleiderläuse und Ekzeme, doch waren sie, besonders die Mädchen, an ein gewisses Maß von Reinlichkeit – wie es schien – gewöhnt. Oberflächlich betrachtet, schienen sie beinahe erzogen. Dachte man sie sich in reinen und hübschen Kleidern, hätte man sich vorstellen können, in einer gesitteten Gesellschaft zu sein. Sie sagten brav „Küß' die Hand", und wenn sie einen Zionisten sahen, sogar „Schalom"; wenn sie etwas wollten, baten sie sehr demütig, sie konnten sogar danken, wenn sie es erhielten; fragte man sie nach ihrem Befinden, so klagten sie weinend und sehr gesprächig; verlangte man etwas von ihnen in energischem Ton, so taten sie es sofort, sogar unterwürfig: donnerte die Leiterin zum Beispiel „Ruhe", so wurde es totenstill – für ein paar Minuten. Einige schienen sogar sehr hilfsbereit, arbeits- und lernfreudig. Die Erziehungsmaßregeln, denen sie bisher unterworfen waren, sind einfach genug mitzuteilen. Taten sie, was ihren Erziehern nicht recht war, so wurden sie angeschrien, beschimpft, geohrfeigt oder bestraft. Die hauptsächlichste Strafe war Entzug der zahlreichen „Vergünstigungen", die ihnen gegönnt waren, vor allem des Essens, oder Einsperren in ein finsteres Kellerloch. Merkten ihre Erzieher nichts Tadelnswertes, so mochten sie tun, was sie wollten. (Die vorschulpflichtigen Kinder sahen bei uns zum ersten Mal Spielzeug!) Angeberei, Schmeichelei, Dienste, „Folgsamkeit" und „Bravsein" wurden belohnt durch „Protektion", besseres, reichlicheres Essen, „Vergünstigungen". Im übrigen ging es dem Personal recht gut. Es hatte besseres Essen, bessere Zimmer, Betten usw. und reichlichen Nebengewinn durch Schleichhandel mit den für die Kinder bestimmten Nahrungsmitteln, Liebesgaben, Kleidern, Wäschestücken, Schuhen, Lehrmitteln und was dergleichen mehr ist. Die Kinder besuchten die öffentliche Schule. Die Früchte dieser Erziehung haben

wir bald deutlich erkannt. Vor allem waren die Kinder zutiefst mißtrauisch; sie glaubten Worten gar nicht, sie glaubten sich von allen Erwachsenen bestohlen, betrogen, belogen, gequält, zurückgesetzt. Sie logen und stahlen skrupellos. Ihre Weltanschauung, ihre Reaktion auf die Welt, war ein überaus ausgeprägter, sehr intelligenter, ganz und gar hemmungsloser Egoismus, der auf einer sehr durchdringenden Kenntnis der für sie bestimmenden Personen aufgebaut war. Sie wußten, daß es in bezug auf die zur Durchsetzung eines Wunsches anzuwendenden Methoden dreierlei Arten Menschen gebe: den einen mußte man vorweinen; den anderen Stiefel putzen, Lasten tragen, Schmeichelworte sagen; von den dritten mußte man sich alles gefallen lassen, dafür konnte man sie hinter ihrem Rücken in allem betrügen. Untereinander waren sie nichts weniger als kameradschaftlich, sie bestahlen, betrogen, verprügelten und quälten einander. Ihr ausschließliches Bedürfnis war physischer Art. Von unbeschreiblicher Wehleidigkeit für sich selber, waren sie brutal gegen andere. Ihre spontane Belustigung war: Kartenspiel, Fußballspiel, Zank, Zerstören von Einrichtungsgegenständen, sinnloser Lärm – oder stundenlanges, völlig inhaltsloses Hindösen auf der Ofenbank. Für anale Hemmungen hatten sie keinerlei Sinn; Beschmutzen der Aborte, Wege, ja der Betten war ihnen selbstverständlich. Ein großer Teil ihrer affektiven Interessen konzentrierte sich auf die anale Zone, viele hielten sich gern auf den Aborten auf, sie vergnügten sich dortselbst in Paaren oder Gruppen, sprachen gerne davon. Masturbation, besonders mutuelle, war häufig. Das absolute Zentrum ihres bewußten Seelenlebens war aber zweifellos das Essen. Die Ausnahmen von dieser geschilderten Struktur waren sehr gering, und nur unter den älteren Knaben und vor allem Mädchen zu finden. Die Zahl der pathologischen Kinder von ausgesprochenem Schwachsinn bis zu leichten Psychopathien war erschreckend.

(2) *Esteplatz.* Diese Mädchen waren physisch nicht nur nicht verwahrlost, sondern sorgfältig gepflegt. Sie hatten als Heimmutter eine sehr sorgsame, aber pathologische Frau; hatten ein Übermaß von unmotivierter Zärtlichkeit und launischer Strenge genossen; waren phantasievoller, mannigfaltiger interessiert, affektiv mehr gebunden, kenntnisreicher und selbst in (immer nur kleinen) Diebstählen und vor allem im Lügen kultivierter, aber fast durchwegs mit starken, psychopathischen Zügen. Sie weinten, zankten, zeterten, waren mißvergnügt, launisch, zimperlich, wehleidig in einem Maß und einer Art, die sonst typisch für wohlverzogene Bürgerkinder ist. Es wird von diesen Kindern mehr zu sagen sein, wenn im Konkreten von ihrer Entwicklung die Rede sein wird.

(3) *Nikolsburg.* Der Trupp Kinder, der von diesem Flüchtlingslager ankam, übertraf an Verwahrlosung alles, was uns je bis dahin bekannt geworden war. Schmutzig, zerrissen, ohne Wäsche, mit Läusen und Ekzemen kamen die Kinder. Nur zu essen hatten sie mehr gehabt, als sie bei uns erhielten. Sie äußerten auch: In Nikolsburg war das Essen viel schlechter und alles war schmutzig, oft hat es gestunken – aber es war doch viel mehr. Durch zwei Tatsachen unterschieden sich die Nikolsburger von den anderen: Sie waren so verprügelt, daß sie verhältnismäßig still, geduckt und leise dasaßen und vor sich hin stierten; andererseits waren vollkommene Verbrechertypen unter ihnen. Diese wurden nach ernsten Gerichtsverhandlungen (von denen noch erzählt werden wird) nach Nikolsburg zurückgeschickt.

Im übrigen gilt für die Kinder vom Esteplatz und aus Nikolsburg, was von denen aus der Engerthstraße angedeutet wurde.

Vielleicht genügt das Gesagte, um eine Vorstellung von dem affektiven und moralischen Zustand der Kinder zu geben, mit denen wir entschlossen waren, von Anfang an und von Grund auf anders zu verfahren als die bisherigen Erzieher, die ihnen beschert waren. Und ich darf vorwegnehmend feststellen: Nach einem halben Jahr war jede Spur von Verwahrlosung von ihnen weggewischt; sie waren zwar nicht gebildet worden, und sie waren noch nicht erzogen, aber sie waren bildungs- und erziehungsfähig und -willig geworden. Aus drei Haufen von Egoisten ist eine wohlorganisierte Schulgemeinschaft, durchpulst von Liebe, Freundschaft, Gemeingeist, ja selbst von Aufopferung erwachsen. Dies gilt buchstäblich und ernstlich von allen, wenn von etwa einem halben Dutzend psychopathologisch gebliebener Kinder abgesehen werden darf.

III. Kinder und Lehrer

Wenn ich nun schildern soll, wie wir diese sehr wesentliche Veränderung, diesen sehr wesentlichen Fortschritt in der Entwicklung unserer Schüler erzielten – beiläufig: die Tatsache wird von niemand geleugnet, der die Kinder von den Anfangszeiten her kannte, auch nicht von Verwaltung und *Comittee* –, so ist eine sehr beträchtliche Schwierigkeit zu überwinden, denn wir haben im Grunde nur sehr wenig „getan". Dies macht den Vertreter der neuen Erziehung so wehrlos gegenüber den anderen, daß es nicht so sehr die einzelnen Maßnahmen sind, die ihn unterscheiden, als vielmehr seine ganze Gesinnung und Einstellung. Er „tut" überhaupt viel weniger, viel später, viel unauffälliger als der andere. Das aber aus einem ehrlichen Gefühl und nicht als pädagogischen Trick, weil er nicht die ichverliebte Überschätzung seiner eigenen Person und ihrer Handlungen – weder im Guten noch im Bösen – besitzt, weil ihn vor allem die primäre Affektstellung gegenüber der Kindheit und Jugend unterscheidet.

Man liebt es, in pädagogischen Schriften vom Garten der Kindheit zu sprechen und den Pädagogen dem Gärtner zu vergleichen. Man denkt dabei aber – im Grunde – an nebensächliche Hantierungen des Gärtners, als wären sie seine wichtigsten, ans Beschneiden der Äste, ans Ausgraben und Eingraben, ans Unkraut jäten, an das Veredeln mit dem Messer und der Schere. Man malt sich das Bild eines gar hysterischen Pflegers, der hin und wider rennt, bindet, gießt und schneidet, und der so tut, als mache er die Gräser wachsen und die Blumen blau und rot, die Äpfel reif; und kennt das wahre Bild des beschaulichen Mannes nicht, der all jenes auch tut, aber nebenbei, nicht damit die Pflanzen wachsen, sondern damit sie ein bißchen leichter wachsen und ein klein wenig mehr, wie es ihm gefiele, der aber wesentlich weiß: was sie brauchen, ist Regen, Luft und Erde, und wenn er die nicht schaffen kann, bleibt ihm nur bange Sorge oder Hoffen; dessen wesentliche Funktion ist, durch sorgsame Beobachtung seiner Pfleglinge diese selbst und ihre Bedürfnisse verstehen zu lernen und zu versuchen, ihnen die Bedingungen ihrer Bedürfnisbefriedigung zu schaffen; dies alles aber in Ruhe und Sicherheit, wie sie liebevoll verstehendes Beobachten erzeugt. Denn das wäre doch ein gar wunderlicher Gärtner, den jede Blattlaus oder Raupe ängstigt und zu Radikalkuren triebe. Der wahre Gärtner sieht sie zwar, aber er weiß, sie gehören dazu oder gefährden höchstens eine Liebhaberei von ihm, und erst Millionen ihrer schädigen seine Pflanzen selbst. So ist des neuen Erziehers Tun viel mehr ein Nichttun, viel mehr Beobachten, Zusehen, Leben, als ein stetes Mahnen, Strafen, Lehren, Fordern, Verbieten, Anfeuern und Belohnen. Und darum ist es uns, die wir solche Erzieher sind, oder wenigstens sein möchten, nicht ganz leicht zu sagen, was wir eigentlich taten; wir würden immer mehr zu erzählen haben, was die Kinder taten.

Man hat uns Vorwürfe wegen dieses Verhaltens gemacht, vor allem die Verwaltung, aber auch wir selbst waren oft genug unseres Tuns unsicher und haben unseren Maßnahmen jene gegenübergestellt, die sonst im gleichen Fall angeordnet zu werden pflegen. Wir dürfen heute sagen: Im Grundsätzlichen haben wir, hat das Neue in und unter uns recht gehabt. Es war nicht immer einfach, sich selbst dies klarzumachen, um so weniger als die Atmosphäre im Baumgarten keineswegs ganz die für selbstverständliches Wachsen neuer Erziehung günstige war. Aber dadurch, daß neben unserer Pädagogik die alte als Vorwurf, Forderung oder Unsicherheit immer nebenherlief, haben wir Notwendigkeit und Möglichkeit zu ständigem Vergleich gehabt. So seien zunächst einige Beispiele für unser abweichendes Verhalten gegeben, konkrete Kleinigkeiten, aber gerade als solche bezeichnend, denn aus Tausenden von ihnen setzt sich das pädagogische Leben zusammen.

Die Kinder machten vom ersten Tag an beträchtlichen Lärm im Speisesaal; sie schrieen, rückten mit den Tischen, klapperten mit Tellern und Löffeln, rauften sich, riefen stürmisch nach ihrem Essen, störten die austeilenden Pflegerinnen, und was dergleichen mehr ist. Die alte Pädagogik verlangte, daß dies sofort abgestellt werde. Die neue Pädagogik sagte: Auch wir wollen, daß die Speisestunde ruhiger, konzentrierter und für die Erwachsenen weniger aufreibend und abstoßend verlaufe; aber wir haben Zeit. Denn wir fragten uns: Wie könnte die Ruhe im Speisesaal hergestellt werden? Der Direktor müßte drohend erklären, er verlange völlige Ruhe, völliges Stillschweigen – bei zwei- bis dreihundert Kindern würde sich auch leises Summen zu einem beträchtlichen Lärm steigern; und die Kinder würden überdies unmöglich die Grenze zwischen gerade noch erträglicher Lautheit und deren Übermaß verstehen und einhalten können – und wenn sie nicht einträte, müßte er Strafen ankündigen und schließlich auch verhängen. Und zuletzt würden vielleicht die Kinder stillschweigend ihre Mahlzeit einnehmen, zur Freude des Direktors, der seine Forderung erfüllt sähe und zur staunenden Bewunderung eines plötzlich eintretenden Gastes. Die Lehrer aber und der Leiter wären wenigstens bei der Mahlzeit gezwungen, statt mit den Kindern zu sein, über ihnen zu stehen und aufzupassen, ob sie nicht mehr als gebührlich lärmen. Und daran ändert sich gar nichts, wenn der Direktor in seiner Rede motiviert hätte, warum er die Ruhe verlange, etwa: die Pflegerinnen könnten sonst ihren Dienst nur schwieriger versehen, die Lehrer seien müde und möchten eine halbe Stunde Stille haben und dergleichen mehr. Die Kinder hörten doch nur das Verbot eines lustvollen Tuns heraus, denn Lehrer und Pflegerinnen und deren Dienst und Wohlbefinden sind ihnen gleichgültig.

Wir machten es darum anders. Die Lehrer, unter den Kindern verstreut sitzend, „lärmten" mit, d.h. sie plauderten mit den Nachbarn und lernten so die Kinder kennen. Im übrigen waren wir aufmerksam auf die Bedingungen einer ruhigen und würdigen Ausspeisung. Und wir sahen bald, daß zunächst genügend Teller, Tassen, Löffel da sein mußten; daß rasch und gerecht in einer bestimmten Reihenfolge ausgeteilt werden muß; daß genügend zu essen da sein muß und so weiter. Was wir dadurch gewannen, daß wir nicht mit „Ordnung" anfingen, zeigt die folgende Stelle aus dem Bericht einer Lehrerin (Frau Gusti Bretter-Mändl):

„Beim Essen z.B. wurde wieder gerauft, um den Löffel, wer zuerst Brot bekam usw. Ich nahm mir nie einen Löffel; wenn ich einen bekam, ‚als Lehrerin', gab ich ihn den Kindern, mein Brot ebenso usw. – erst wenn alle alles hatten, begann ich zu essen. Die Kinder schauten mich zuerst verwundert und mißtrauisch an, dann nahmen sie den Löffel mit einer gewissen verschämten Gebärde – das war schon ein großer Fortschritt, sie ahnten schon etwas. Und schließlich kam es soweit, daß keines von mir etwas annehmen wollte und sie sich sogar darin überboten, mir ihren Löffel zu geben. Damit hatte ich gewonnenes Spiel. Wir liebten uns. Da das Essen das Wichtigste in ihrem Leben war, konnte ich sie nur durch mein Verhalten dabei packen. Sie sahen, daß ich wenig aß, sie haben mich überredet zum Essen oder: ‚Heute müssen Sie bei uns essen'. Das war mit der größte Liebesbeweis. Jetzt konnte ich mit dem Unterricht im eigentlichen Sinne beginnen. Ich habe es erfahren, wie unerläßlich es ist, daß der Lehrer mit den Kindern lebe, daß seine Persönlichkeit in jeder praktischen alltäglichen Lage wirke; wenn ich abends und immer hätte bei den Kindern sein können, wäre es noch anders gewesen…"

Und so erging es jedem von uns. Langsam, sehr langsam, aber ebenso merklich entstand Ordnung und Ruhe im Speisesaal, die von einzelnen Punkten, den Plätzen der Lehrer ausgehend, immer größere Kreise zog. Bis dann die Schulgemeinde eine Reihe von Speisesaalgesetzen schuf und musterhaft durchführte, da wurde bereits in den Diskussionen mit vollem Verständnis aller Kinder betont, daß man auch auf die Pflegerinnen Rücksicht nehmen müsse, und daß es sich nicht „gehöre, zu fressen wie die Tiere". Und wir haben nach drei oder vier Monaten tadelloseste – auch von der Verwaltung anerkannte – Tischordnung gehabt, ohne daß auch nur ein einziges Mal ein verärgertes „Ruhe!" von einem von uns gerufen worden wäre: Ordnung, nicht als zweckmäßig durchgesetzte und unmotivierte Forderung des Herrn Direktor, der eben die Macht hat, auch dies zu verlangen und zu erzwingen, sondern als Ausdruck einer gesitteter und einsichtsvoller gewordenen Gemeinschaft junger und erwachsener Menschen. Manches war dabei bis zuletzt nicht so gewesen, wie dieser oder jener es gerne gewollt hätte; es wäre uns ein Leichtes gewesen, auch dies nach unserem Willen und unserem Niveau durchzusetzen; wir taten es aber nicht, weil für uns Formen nur dann einen Sinn haben, wenn sie Ausdruck der Affekte oder Gesinnung sind, und die fortschreitenden Veränderungen der Tischordnung Symptome der forschreitenden Verfeinerung des sozialen Bewußtseins waren, die zwar weit, aber nicht ans Ende gediehen war, als wir Baumgarten verlassen mußten.

Oder: Die Kinder schrieben auf Tische, Bänke, Türen allerhand Zeichnungen, Worte, Verzierungen. Gewiß, wir waren einig mit der Verwaltung: das gehört sich nicht in einem guten Kinderheim. Aber wir schimpften und straften nicht; wir verboten es nicht einmal und hatten vielfachen Vorteil davon. Zunächst, die Kinder taten es vor unseren Augen; wir wußten, was sie dachten, wir sahen, wer es tat, wir beobachteten, in welcher Situation. Wir lernten auch jene kennen, die gegen solche sinnlose Zerstörung waren, und unterstützten sie, gaben den Kindern Papier zum Zeichnen, spannten an manche Wände bei den Kleinen Zeichenpapier. Und die Unart hörte langsam auf, so wie die Kinder langsam die Empfindung bekamen, daß sie selbst die Herren im Kinderheim sind, daß die Möbel ihnen gehören, daß sie durch deren Beschädigung niemand anderen ärgern, kränken, schädigen als sich selbst.

Oder: Eine Gruppe der Knaben spielte in einer maßlosen, exzessiven und übertrieben leidenschaftlichen Art Fußball. Dies war uns aus manchen Gründen wenig recht. Ein mäßiges und kultiviertes Spiel hätten wir noch gebilligt, wenngleich uns andere sportliche Betätigungen von größerem erzieherischen und sozialen Wert zu sein schienen. Das Ausmaß und die Art, wie unsere Baumgartner Knaben das Spiel betrieben, schien uns doch zu sehr die Gefahr in sich zu schließen, daß die Kinder, die ohnehin nur sehr geringe intellektuelle Interessen besaßen, diese in dem hemmungslosen Bewegungs- und Kampfrausch völlig ertränken würden. Wir hätten natürlich die Benützung des Spielplatzes zeitlich beschränken, wir hätten Überschreitungen bestrafen, wir hätten zu Geländespielen, Dauerlauf und dergleichen zwingen können – und hätten damit jedenfalls eines nicht erzielt: eine Kultivierung des Sports und der Körperpflege, eine Bändigung des Spieltriebs, eine Sublimierung der Kräfte, die hinter Kampf, Roheit, Wetteifer, unbändigem Tollen drängen, und all dies von innen heraus. Wir haben nicht gestraft, nicht geschimpft, nicht gepredigt, sondern eifrig mitgespielt; wir haben uns mit den Knaben gefreut, wenn die Mannschaft des benachbarten Knabenhortes geschlagen war; mit ihnen uns vorgenommen, besser und schöner spielen zu lernen, wenn wir geschlagen wurden. Wir haben dabei freilich den Grundsatz vertreten, daß man richtig, gut, schön und anständig spielen müsse, wenn man es schon überhaupt tue. Im Gruppen- und Einzelgespräch haben wir unsere Meinung natürlich offen gesagt; wir heuchelten keine Begeisterung, wo wir angewidert waren; aber wir sprachen nie in jenem falschen, liebenswürdigen, ermahnenden und scheinbar frei überzeugen wollenden Ton, den fixe Pädagogen gern anschlagen, wenn sie wissen, geht es so nicht, so werde ich eben zwingen. Sondern unsere Anschauungen wurden wirklich vorgebracht, als zwar abweichende, aber den Kindern gleichberechtigte. Und wir fanden Anhänger. Gerade unter den leidenschaftlichen Spielern. Freilich sehr spät und langsam.

Unsere Zuversicht in die Entwicklungsgesetze der kindlichen Seele wurde gerade in dieser Frage auf eine harte Probe gestellt, um dann um so glänzender gerechtfertigt zu werden. Es ist uns nicht eingefallen, irgendeine Zwangsmaßnahme zu ergreifen oder in der Schulgemeinde eine scheinbar demokratische Entscheidung herbeizuführen, auch dann nicht, als wir sahen, die Kinder bleiben bei ihrer Art selig zu werden und wollen von unseren Spielbeglükkungen nichts wissen. Und dann ging es auf einmal fast sich überstürzend. Sie gründeten einen Fußballklub, und zwar gerade jene, die sich unseren Anschauungen angenähert hatten, spontan, ohne unser Vorwissen; brachten Spielzeit und -art in Regeln und überbrachten mir selbst den Fußball mit der Bitte, ihn nur dem zur Übernahme Berechtigten für die Zeit der festgesetzten Spielstunden zu übergeben. Turnen, Dauerlauf, Geländespiel und ganz zuletzt Leichtathletik wurden reger geübt. Die Mitglieder des Fußballklubs begannen auf guten Ton und vornehmes Spiel zu sehen; der enge Klüngel der Spieler wurde durchbrochen, Fußball begann ein – freilich noch immer sehr bevorzugtes – Glied im System der Spiele und Übungen zu werden, die dem Heim als Ganzem und nicht einer Horde in ihm zugehörten. Wir haben aber noch mehr gewonnen durch unsere Pädagogik des scheinbaren *laissez aller, laissez faire*. Die Knaben haben in den mit ihnen spielenden Lehrern sich Führer gewonnen. Und sie haben ein sehr feines Gefühl der Ritterlichkeit erleben und sich bewähren gelernt, wenn sie auf die geringeren Fußballgeschicklichkeiten eines mitspielenden, sonst geliebten Lehrers oder einer sehr verehrten Lehrerin Rücksicht nehmen mußten; und diese Ritterlichkeit begann zuletzt sichtbar auch auf die schwächeren Kameraden sich zu beziehen.

Oder: Am zweiten Tag teilte ich mit, daß alle Kinder über neun Jahren unter gewissen Bedingungen Ausgang erhalten könnten. Ich notierte von jedem Kind, das ausgehen wollte, sein angebliches Alter und das Ziel, und wußte durch Vergleich mit unseren Daten nach einer halben Stunde, daß die meisten gelogen hatten; sie hatten sich zur Vorsicht um ein paar Jahre älter gemacht, waren alle „um Brot zur Tante" gegangen. Der von mir unterschriebene Ausgangsschein war die Anweisung an die Verwaltung für Fahrgeld, das nur jene beanspruchen sollten, die gar keines hätten. Keines der Kinder verzichtete auf die wenigen Heller, obwohl sehr viele verhältnismäßig viel Taschengeld besaßen. Nun hätte ich mich in meiner ganzen direktorialen Machtfülle zeigen sollen – so verlangte die Verwaltung und mein beleidigtes Pädagogengemüt. Ich sagte den Kindern aber bloß, daß die meisten gelogen hätten, und daß dies überflüssig sei, denn sie hätten Anrecht auf Ausgang, einerlei, wohin sie gingen, und wir brauchten die Adresse nur, um für den Fall ihres Ausbleibens zu wissen, wohin wir uns zu wenden hätten. Und augenblicklich wurde die Zahl der Lügen geringer, aber sie glaubten mir nicht recht, und ein paar Mutige führten mich in Versuchung. Einer sagte, er gehe ins Kino, ein anderer, er wolle „so ein bißchen in die Stadt" gehen. Das maßlose Staunen der anwesenden Kinder, als ich einfach dem einen gute Unterhaltung wünschte, und den anderen auf die Kompliziertheit des Stadtanschlusses der Tramway aufmerksam machte, läßt sich nicht beschreiben. Ihre Weltanschauung ging in Brüche, denn sie waren sich sicher gewesen, nun endlich das Donnerwetter hereinbrechen zu sehen, dessen Fehlen sie seit dem Betreten des Baumgartner Lagers in eine unheimliche, noch nicht dagewesene Situation versetzt hatte; eine Situation, deren völliger Uneinordnenbarkeit gegenüber „kein Rat bleibt, als grenzenlos zu lieben". In erstaunlicher Kürze hat alles Lügen bei der Ausgangserteilung ganz und gar aufgehört.

Und dieser amoralische, aber sehr sachliche und richtige Zustand wurde bald zu einem wahrhaft moralischen, als ich mich, bald nachdem die organische Entwicklung der Schulgemeinde klar sichtbar wurde, dieser meiner letzten Willkürmachtposition entäußerte und die Schulgemeinde Ausgangsordner wählte und leicht und gerecht auch die finanziellen Probleme, die mit den Ausgängen verknüpft waren, löste. Mit Schaudern hatte die alte Pädagogik erfahren, daß ich Kinobesuch gestatte, und mir bittere Vorwürfe gemacht. Die Leiterin traf einmal zwei Kinder beim Tore und fragte natürlich, wohin sie gehen – denn solche wertlose und unnütze Fragerei gehört zu den Grundsätzen aller Pädagogik, die aus taktlosem Gestammel, wie es sich bei der Begegnung mit Kindern aus der Verlegenheit und Unfähigkeit, ein natürliches „guten Tag" zu sprechen, ergibt, Lehrsätze macht. Die Kinder sagten einfach „ins Kino", so wie sie es mir gesagt hatten. Die Leiterin „wollte nicht glauben", daß ich das erlaubt hatte, und verbot es auf alle Fälle von sich aus. Ich konnte, von dieser Pädagogik zur Rede gestellt, nichts anderes als zynisch antworten: ich gehe auch ins Kino; würde zwar gern einmal mit den Kindern über den Wert dieser Anstalt diskutieren, aber dazu sei noch Zeit; vorläufig sei ich froh, daß die Kinder mich nicht mehr belügen, und aus Joe Deebs keine gute Tante machen, die ihnen Brot schenkt. Den Kindern aber erklärte ich (wovon die Verwaltung natürlich verständigt wurde), daß gar niemand ihnen irgend einen Gang verbieten könne, wenn sie im Besitz des ordnungsgemäßen, von der Schulgemeinde ausgefüllten Ausgangsscheins wären: niemand, weder die Leiterin, noch ich, noch sonst wer. Man begreift, daß solche Vorfälle geeignet waren, Ressentiments in der Seele derer anzuhäufen, die der Meinung sind, Kinder wären da, um ihre unbewußten Macht- und Wertbedürfnisse anmutig und ungefährlich, überdies mit in Aussicht stehender Generalbelohnung (guter – strenger Pädagoge zu sein) zu befriedigen; und die die Schulgemeinden gerne sehen, wenn sie ihnen ihr ohnehin schweres Amt erleichtern, aber sie hassen, wenn sie an ihre Stelle in allen Autoritätsfragen treten wollen.

Vielleicht genügen diese Konkreta dem Leser als Illustration für unsere allgemeine Einstellung Kindern überhaupt und gegenüber den uns anvertrauten Kindern im besonderen. Und ich meine, wenn uns etwas gelungen ist, so sicher der neue Ton im Verkehr mit Kindern. Gewiß waren wir nicht alle gleichartig. In den verschiedenen Personen, aus denen sich der Lehrkörper zusammensetzte, waren sehr beträchtlich differente Weltanschauungen und Haltungen, Grundsätze, Einsichten, Erlebniskreise und Formen verkörpert; ein und der andere vermochte auch niemals den Schulmeister ganz abzulegen: wir Erwachsenen haben uns auch viel zu wenig um innere und äußere Einheitlichkeit bemüht; trotzdem war zweifellos das auffallendste Charakteristikum unserer Schule eine wirklich ernsthafte und weitgehende Gestaltung des neuartigen Verkehrs der Erwachsenen (Lehrer) mit den Kindern. Seine allgemeine Formel könnte sein: unbedingte Liebe und Achtung gegenüber den Kindern; rücksichtslose Hemmung aller Macht-, Eitelkeits-, Herrscher-, Erziehungsgelüste in sich selber.

So alt diese Forderung im Grunde, so modern sie heute unter dem Schlagwort des kameradschaftlichen Verhältnisses zwischen Lehrern und Schülern ist, so selten findet man sie auch nur in ihren selbstverständlichen Voraussetzungen verwirklicht. Kriterium dafür wäre zunächst vielleicht ein negatives: Kameradschaftlichkeit darf nicht heißen, sich auf das Niveau der Kinder zu begeben, denn in diesem Fall wird der Erwachsene läppisch; und es heißt nicht, den Kindern gefallen zu wollen, denn in diesem Falle wird er heuchlerisch und richtungslos. Sondern der Lehrer muß durchaus bleiben, was er ist, er muß nur so sein, daß ihn einige Kinder lieben können. Und das hat, positiv, zur Voraussetzung, daß er selbst einige der Kinder ganz einfach liebt, und daß er im allgemeinen mit sich selbst, seinem Wollen und Können so weit im klaren und ausgeglichen ist, um nicht von eines Kindes Wort, Miene oder Gefühl die Entscheidung über seinen Wert oder die Erschütterung seines Wertgefühls zu erfahren. Dennoch aber muß er wahrhaft frei sein von der üblichen Überschätzung seines Wertes, die zur fundamentalen Verachtung des kindlichen Zustandes führt. Er muß zu seiner eigenen Kindheit in einem ruhigen, klaren Verhältnis stehen, um nicht sich selbst in den anderen bestrafen, verurteilen, erziehen, d.h. verdrängen zu wollen, – und wenn er schon befangen bleibt im Hochgefühl, was er doch für ein Kerl, wie gescheit und wertvoll er doch sei, so muß er doch lebhaft spüren, daß er genau so angefangen hatte wie dieses Kind vor ihm, und daß es ebensoweit kommen wird, wenn man ihm nur Zeit läßt. Er soll mit seinen Meinungen, Neigungen, Abneigungen, mit seinen Forderungen nicht zurückhalten – die Kinder verlangen es und mißtrauen im anderen Fall –, aber nicht so, als wäre sein Meinen und Wollen von dem anderer dadurch unterschieden, daß seiner Äußerung die ihr entsprechende Tat der Kinder auf dem Fuße folgen müßte. Sichere Ruhe und wissende Geduld sind die Grundlagen der Kameradschaftlichkeit, die wir meinen, und die in einer Schule, einmal wirklich lebendig, sie von Grund auf umgestalten; sie zu einer schöpferischen pädagogischen Leistung machen, auch wenn in ihr aus irgendwelchen Gründen die beliebten modernen Institutionen Schulgemeinde, Gericht u.dgl. fehlen. Fehlt diese Kameradschaft, so bleiben Schulgemeinde und alle übrigen Einrichtungen elende Stümperei.

Was die richtige Kameradschaft von seiten des Lehrers, ist das Vertrauen von seiten der Kinder. Auch dieser Begriff ist heute sehr beliebt, in einer unerträglich süßlichen und sentimentalen Fassung. Ich glaube die volle Wahrheit zu sagen, wenn ich feststelle: So wie die meisten unserer Lehrer die rechte Kameradschaftlichkeit getroffen haben, so hatten die meisten Kinder das rechte Vertrauen zu ihnen. Dies ging in Etappen vor sich. Wir haben die Kinder in dem bereits geschilderten Zustand übernommen, der noch verschärft war durch ihre Unruhe und Sorge, welch neue Leiden die neue Situation, die neuen Menschen ihnen bringen würden. Ihre bisherigen Pfleger und Erzieher, deren Gesuche um Aufnahme ins neue Kinderheim ich rundweg und allgemein abgeschlagen hatte, waren sehr empört und erzählten den Kindern Schauermärchen über uns und unsere Absichten; die Leiterin hingegen hatte den Kindern vor der Übersiedlung Paradiese in Baumgarten versprochen. Nun sahen sie in der ersten Stunde, daß sie in bezug auf Essen, Wohnen und dergleichen belogen worden waren. Und sie rüsteten sich, nicht auch uns auf den Leim zu klettern, die wir ihnen durch Jugend, Ruhe und Freundlichkeit vom ersten Augenblick an sympathisch waren. Sie trauten uns nicht über den Weg. Als wir zum Mittagessen unter ihnen Platz nahmen, als wir nach ihnen unser Essen bekamen, genau das gleiche und genauso viel wie sie selbst, war ihnen das überaus unheimlich: was für neue Schikane ist nun dies ungewöhnliche Verhalten? Und so ging es uns mit jeder Maßnahme, von der wir uns einen Sympathieerfolg versprochen hatten. Zum Glück taten wir nichts, um uns damit Sympathien zu erwerben, sondern weil wir es für richtig hielten. Sonst wäre es uns ergangen wie den Lehrern, die nach unserem Konflikt mit dem *Joint* das Heim übernahmen. (Ich erinnerte in den letzten Tagen im Privatgespräch einige der neun- bis elfjährigen Knaben, wie mißtrauisch sie uns gegenüber in der Anfangszeit gewesen waren, um sie vor boshaftem Verhalten gegenüber den neuen Lehrern zu warnen. Da sagte einer der Kleineren: „Ja, das war doch ganz anders. Das haben wir bald gesehen, daß Ihr lieb mit uns seid. Die Neuen sind ja sehr lieb mit uns, gar nicht streng, aber sie verplaudern sich immer." Was sollte ich so scharfer Menschenkenntnis, so strengem und richtigem pädagogischem Urteil erwidern?)

Der erste entscheidende Schritt geschah durch etwas, das uns so selbstverständlich war, daß wir nie daran gedacht hätten, es könnte überhaupt anders getan werden. Wir hielten Wort. Wenn wir etwas versprochen hatten, wurde es ganz selbstverständlich erfüllt, ohne Anspruch auf Dank. Und konnte es nicht geschehen, so entschuldigten wir uns bei den Kindern. Fast jeder von uns erinnert sich, welch ungeheuern Eindruck dies auf die Kinder machte. Es waren meistens nur Kleinigkeiten, aber ihre Summierung durch mehrere Tage hindurch erzeugte bei den Kindern die erste Stufe von Vertrauen. Sie glaubten dem, was wir sagten. Fast drei Monate lang hat dieses Verhältnis keine wesentlichen Fortschritte gemacht. Freilich gab es von den ersten Tagen an einzelne Kinder, die zu einem oder dem andern von uns eine tiefere Neigung gefaßt hatten und diese entwickelten und verfeinerten. Die Zahl dieser Fälle wurde langsam immer größer; mit dem entscheidenden ersten Vertrauen schwand auch den meisten Lehrern gegenüber die aprioristische Feindschaft.

Aber im großen und ganzen war das Verhalten der Kinder uns gegenüber recht kühl, mit einem leisen Rest von Mißtrauen. Sie glaubten uns und vor allem der sich indessen entwickelnden Schulgemeinde genug, um im letzten Grunde uns freundlich gegenüberzustehen. Die breite Sphäre ihres Bewußtseins aber, und damit der Inhalt ihres Verkehrs mit uns war Unzufriedenheit, Wehleidigkeit, Klagen. Ihr eigentliches Gesprächsthema war: wir haben Hunger; uns ist kalt; wir sind krank; unsere Schuhe sind zerrissen; wir haben keine Taschentücher, Mäntel, Zahnbürsten, Schuhbürsten; wann werden wir endlich nach Holland oder in die Schweiz kommen? Sie betrachteten sich durchaus bloß transenal in Baumgarten. In wenigen Wochen oder Monaten werde das große Glück kommen, das war die zehrende Phantasie so gut wie aller. Keineswegs aber wurde all dies von ihnen geäußert, wie man einem Freund geheimes Leid klagt, sondern aggressiv, feindselig. Manchmal mag jeder von uns einer Art von Verzweiflung nahe gewesen sein, wenn alle seine Liebe und Freundlichkeit keinen anderen Widerhall in den meisten Kindern fand als die oft sehr ungerechten und übertriebenen, fast immer gehässigen, fordernden Klagen. Dazu kam, daß sich die Kinder, sowie sie erfahren hatten, daß wir den Ton, der uns gegenüber angeschlagen wurde, niemals bestraften, ja nur selten erwiderten, uns gegenüber „frech" und „anmaßend", wie die alte Pädagogik es nannte, jedenfalls aber unfreundlich und unhöflich benahmen. Wem Kameradschaft nur ein pädagogischer Trick war, der hat sie in diesen Monaten völlig verlernt. Den meisten von uns aber war sie Natur und Affektstellung zu den Kindern, darum haben wir mit unserem Ton durchgehalten, da wir ja auch als Körper in Baumgarten geblieben waren. Wir haben sehr deutlich gefühlt, daß die Kinder einfach recht hatten. Es gab viel zu wenig zu essen, es war bitter kalt, die primitivsten Anforderungen an Wäsche, Kleidern, Wohnlichkeit, Ausstattung blieben von der Verwaltung lange Zeit völlig unbefriedigt, und als sich eine leise Besserung einstellte, hatten wir sie nicht mehr aus psychologischen Gründen nötig. Wir waren in allen diesen Dingen rückhaltlos auf seiten der Kinder. Gewiß erzählten wir ihnen von den mannigfaltigen Schwierigkeiten, von der Kriegsnot und dem sozialen Elend, natürlich erzählten wir ihnen von Kindern und Menschen, die es noch schlechter haben, aber im wesentlichen anerkannten wir ihr volles Recht auf physisches Glück. Wir froren ebenso wie sie; wir haben nie in Baumgarten vor den Kindern oder hinter ihrem Rücken bessere oder reichere Kost gehabt; wir haben ihnen aber auch nie vorgelogen über unsere häuslichen Verhältnisse, und sie wußten, daß einige von uns zu Hause nachholten, was sie in Baumgarten versäumten.

Selbstverständlich hat dies Verhalten der Kinder – wir hatten nie daran ernsthaft gezweifelt – völlig aufgehört. Dies war ein Umweg, der uns und den Kindern in keiner Weise hätte erspart werden können, ohne das Endergebnis zutiefst zu gefährden. Indem die Kinder wochen-, ja monatelang über ihr aktuelles Elend klagten, haben sie ihr latentes und durch Jahre aufgespeichertes Unglück „abreagiert", haben sie jene psychischen Wunden gründlich geheilt, die ihnen die Vergangenheit geschlagen hatte und die zur Quelle ihrer Entartung und Verwahrlosung geworden waren. Ein völlig abnormales, unkindliches, selbst pathologisches Affektleben ist in den Prozeß der alters- und geschlechtsgemäßen Verschiebung und Verteilung eingetreten. Die Mittel dieses Heilungsvorgangs, seine manifesten Symptome, konnten natürlich nur der Sphäre bisherigen bewußten Seeleninhaltes entnommen, nur in den Formen des bisherigen Affektausdrucks sich vollziehen. Während dieser Zeit der Abreaktion begannen ganz leise, unbewußt und unartikuliert, die bisher völlig gehemmten oder falsch (z.B. auf das Essen) fixierten, und in dieser Zeit sich lösenden und freigewordenen Affekte neu zu binden, an die Lehrer, an die Freunde, an die Schulgemeinde, die Histadruth[17], an die Kwuzoth[18], an das Kinderheim ganz allgemein. Erst als die Masse der Kinder so weit war – man kann geradezu ein Datum nennen: die erste Hälfte Jänner 1920 –, entwickelte sich mit größter Schnelligkeit die äußere Sichtbarkeit und die Gestaltung der neuen Affektlage.

Nun erst hatte das schon seit längerem veränderte Gefühl zu uns auch seine Inhalte und Formen geändert. Die bisherigen Themen traten völlig in den Hintergrund oder verschwanden. Wurde aber je von Klagen gesprochen, dann mit der wesentlich verringerten, ihnen an sich adäquaten Affektbesetzung. Die Kinder begannen, ihren Lehrern wesentlichere und feinere Dinge zu sagen, die zum Teil durch dieses Sagen erst bewußt wurden, entstanden, sich entfalteten. Und jede „Frechheit" und alles Rüde im Verkehr mit uns schwand völlig. Freilich, die Knaben sind niemals „Schmeichelkatzen" – wie sie selbst es verächtlich nannten – geworden. Sie waren rückhaltlos offen und frisch, als Menschen zu Menschen, mit ungeahnter Wärme und verhaltener Zärtlichkeit. Viele der Kinder sind ritterlich, hingebend, aufmerksam und überhöflich geworden; viele behielten noch ein brummiges und aggressives Oberflächenwesen, das zuweilen von impulsiver Liebe und Zärtlichkeit durchbrochen wurde; viele verbargen vor sich und den anderen nur allzu sichtbar hinter

17 „Organisation", Bezeichnung für die Arbeiter-Gewerkschaft.
18 Plural von Kwuza: Gruppe, Kameradschaft.

überlegener Ironie und Schelmentum die wahre Richtung ihrer Affekte.

Im zweiten und dritten Monat nach jenem Stadium, also Ende Februar / Mitte März, war vollständig erreicht, was von jeder Pädagogik als letztes Ziel erstrebt wird und von keiner durch irgendwelche andere Maßnahmen und Mittelchen erreicht werden kann, als durch die richtige Einstellung zu den Kindern und die nötige Geduld: die Kinder hatten ein Affektleben gewonnen und sehr beträchtliche Quantitäten der freigewordenen Libido an die Lehrer, an das Heim fixiert und begannen, ihr immer reicher werdendes Gefühlsleben auch an die Kameraden zu binden. Ein äußerer, aber sehr deutlicher Gradmesser dieser Entwicklung war ihr Verhalten zu den Auslandsreisen. Anfangs war Holland Stern und Kern all ihres Sehnens; es gab wilde Szenen, wenn eines der Kinder, das für sicher gehofft hatte unterzukommen, abgewiesen wurde; die raffiniertesten Schleichwege wurden skrupellos begangen – auch von solchen, die im übrigen bereits deutliche Ansätze von Rechtsempfinden zeigten –, um mitgenommen zu werden; die Ausgewählten waren selig, die Zurückbleibenden tief niedergeschlagen, nur von der einen Hoffnung aufrecht gehalten: das nächste Mal. So war es beim ersten Transport im November. Beim zweiten war es noch ähnlich. Immerhin gab es nicht wenige, die erklärten, durch Schwindel würden sie nicht versuchen mitzukommen, und sie zeigten sich standhaft und recht streng in der Auslegung des Begriffs „Schwindel“. Die Wegfahrenden nahmen oft und lange Abschied, erbaten eine eigene Abschiedsschulgemeinde, waren sehr gewissenhaft und elegisch bei der Übergabe ihrer Ämter, waren sehr interessiert an der vermutlichen Gestaltung der Dinge während ihres Fernseins und freuten sich beim Gedanken an die Rückkehr; die Zurückbleibenden waren keineswegs mehr fassungslos und untröstlich, sie freuten sich, daß sie bleiben konnten, „daß es halt so geworden sei“. Der dritte und vierte Transport sah eine beträchtliche Zahl solcher, die sich absolut weigerten, zur ärztlichen Untersuchung zu gehen, und beinahe niemand wollte weg; ausnahmslos aber war keines der Kinder gekränkt oder betroffen, das abgewiesen wurde.

IV. Die Schulgemeinde

Den Abschnitt, der über unsere allgemeine pädagogische Einstellung handelt, habe ich, ebenso wie die beiden nun folgenden über die Schulgemeinde und die Gemeinschaften (Kwuzoth), breit und ausführlich angelegt, weil auf diesem Gebiet, trotz aller Schwierigkeiten, Schöpferisches und Vortreffliches gelungen ist, wie man es bisher gewiß noch nie an einer jüdischen Schule gesehen hat, das sich aber auch – in dieser einen Hinsicht –, wie wir überzeugt sind, den besten Leistungen anreiht, die in der Freien Schulgemeinde Wikkersdorf, in der Hauslehrerschule Berthold Ottos und in den sehr wenigen ähnlichen Schulen in Deutschland erreicht wurde. Und ich bin überzeugt, daß es notwendig und fruchtbar ist, der jüdischen Erziehung einen nachhaltigen Impuls in der von uns eingeschlagenen Richtung zu geben.

Palästina wird sozialistisch sein, oder es wird gar nicht sein. Wir glauben so. Aber wir machen uns nicht klar, daß die jüdische Erziehung sozialistisch sein müsse, ehe Palästina es wahrhaft werden kann. Und es gilt dies gewiß nicht für Palästina und das Judentum allein, sondern für den Sozialismus der ganzen Welt. Freilich soll das nicht heißen, daß in der kapitalistischen Welt ein kommunistisches Erziehungswesen geschaffen werden soll und erst mit den in ihm erzogenen Menschen die klassenlose Gesellschaft gebaut werden kann. Es kann dies auch nicht im entferntesten für das Judentum gewollt oder auch nur gedacht werden; sondern zweifellos wird erst in der Ordnung, die die soziale Revolution bereiten wird, Raum und Luft für jene Erziehung sein, die die neue Ordnung erschaffen, entwickeln, erhalten wird. Wer aber aus dieser Überzeugung heraus zu den pädagogischen Schriften und Berichten, Kongreßdebatten und Jugendbewegungsforderungen Sowjetrußlands greift, wird trotz dieser oder jener bestechenden Tatsache, Formulierung oder Wertung, der tiefen Enttäuschung und Besorgnis nicht anders wehren können als durch die Erkenntnis: alles fehlt noch zum Mindesten. Die bürgerliche Ideologie, die kapitalistische Psychologie, an allen übrigen Orten gebrochen, vernichtet, beiseite geschafft, zeugt neue Hydrahäupter im Erziehungswesen und droht Herrschertum, Machtgier, Ichbesessenheit, den ganzen wilden und blutigen Imperialismus der Seele im neuen Wirtschafts-, Staats- und Proletkultgewand endgültig zu verewigen. Höre niemand aus diesen Worten Defaitismus der Revolution heraus, sondern Aufruf an uns jüdische Sozialisten. „Mit Diktatur des Proletariats oder ohne sie"; „Wenn wirklich eigenartige Bedingungen in unserem Lande es erlauben"; „Streik oder Pioniertum"; „England oder Sowjetrußland" – das sind nicht die Fragen des Erziehers, das entscheidet für ihn das übrige arbeitende Volk (oder besser, indem wir uns gewöhnen zu sagen, was wir ja doch empfinden und wollen müssen: die arbeitenden Völker) Palästinas. Aber: „Unter allen Fahnen wahrhaft sozialistische Menschen im Lande", das ist sein Ruf.

Und durch welch waghalsiges Capriccio der Natur soll dieser Mensch – etwa in Urzeugung aus dem seelischen Grundschlamm der eben vergehenden Periode? – entstehen, wenn nicht durch eine neue Erziehung? Man bejaht diese Frage gern, ohne sich des weiteren um die damit gesetzte problematische Allmacht der Pädagogik zu kümmern. Was man aber gemeinhin „Pädagogik" nennt, ist gar nicht fähig, Kinder für die Zeit ihrer Erwachsenheit bewußt und zielgerecht zu beeinflussen. Diese teleologischen Kräfte hat weder die alte noch eine neue Pädagogik. Vielmehr ist es so, daß die heutige Pädagogik ein ideologischen, wunschphantastischen, ethischen und intellektuellen Forderungen entsprechender, oberflächlich in ein System gebrachter Überbau ist über jene affektive Einstellung des Erwachsenen gegenüber Kindern, die denselben seelischen Kräften entspringt wie unser ganzer heutiger Kultur- und Wirtschaftszustand. Die Kinder wachsen in derselben Seelenluft auf, in der sie als Erwachsene arbeiten, leben, leiden und lieben müssen: Über- und Unterordnung; Willkür, Befehl und Gehorsam; würdevolle Autorität und ergebene Anerkennung; Egoismus, Strafe, Lohn und Rücksichtslosigkeit. In dieser Luft vollzieht sich die Auslese der Affekte, wird die Leidensart zur lieben Gewohnheit, die Herrschensart zur heißesten Wunschtriebfeder, die das Bestehende braucht zu seinem Bestand und durch die das Neue sogleich veraltet, wenn es schon für einen Moment der Weltgeschichte zur Wirklichkeit wurde. Und das genaue Gegenteil all dessen ist die sozialistische Pädagogik. Auch sie ist zwar nicht teleologisch, wenigstens in nächster Zukunft nicht. Aber sie kann, sie muß reale, konkrete sozialistische Tatsachen schaffen, indem sie die Kinder in einem Gemeinwesen aufwachsen läßt, das aus den antiegoistischen Seelenkräften aufgebaut ist, in dem sie mit Erwachsenen zusammen leben, die soziale Menschen sind; indem sie aufblühen in einer Luft, die jene Auslese der Affekte schafft, aus der die soziale Welt, aus der die Revolution gedacht wurde, aus der sie allein dauernd verwirklicht werden kann. Darum muß unser Kriterium für den Pädagogen vor allen anderen Eigenschaften und Fähigkeiten sein, ob er natürlich und unablenkbar jenes Verhalten im Verkehr mit Kindern hat, von dem wir wünschen würden, daß es das Kind, Mann, ja Macht-, Amts-, Würdeninhaber geworden, gegen seine Mitmenschen bewahren möchte. Ich sehe darin eine ganz wichtige Forderung der sozial orientierten Pädagogik, also der unsrigen, die wir Palästina im Geiste des Sozialismus aufbauen wollen.

Schulgemeinde und Kwuzoth sind Instrumente dieser sozialistischen Pädagogik. Und von hier erst bekommen sie ihren Wert. Wie alle Institutionen sind sie an sich im Grunde neutral. Sie können auch vergewaltigt werden, als Mittel zur antisozialen Täuschung. Deshalb sind sie nicht letzte Forderungen. Man kann sich schließlich eine Schule denken, die auch ohne sie eine belangvolle Tatsache würde; und es ist deshalb nicht richtig zu meinen, weiß Gott wieviel für Erziehung und Sozialismus erreicht wäre, wenn das Programm „Schulgemeinden, Kwuzoth" in jeder Schule durchgeführt würde. Es gilt für sie auch, wenngleich etwas eingeschränkt, was insbesondere von den so oft gehörten Prinzipien der sozialistischen Pädagogik zu sagen ist, von allgemeiner Einheitsschule, Arbeitsunterricht usw.: alles Gefäße, die Gift oder Heiltrunk enthalten können. Freilich, konzipiert wurden alle diese Einrichtungen aus der richtigen Gesinnung, während die anderen aus jener Einstellung erdacht wurden, die es zu bekämpfen gilt. So ist nur nötig, Schulgemeinde, Kwuzoth, Arbeitsunterricht wahrhaft ernst zu nehmen. Aber dies ist eben die Aufgabe, der wahrhafte Ernst, und ihn können nur Erzieher haben, deren Charakterologie, deren Einstellung und Handlungsweise wir genügend geschildert haben. Und es bleibt nur, anknüpfend an einiges im ersten Kapitel Angedeutete, hinzuzufügen: es gibt keine Inseln der Seligen in unserer unseligen Welt; man wird solche Erzieher nicht arbeiten lassen, wenn sie versuchen sollten, gemeinsam ein solches Werk zu schaffen; man wird sie zu hindern wissen, denn Vorwände gibt es genug, wo es sich um den Bestand des Bürgertums handelt – und gar des jüdischen. Und um dieses geht es allemal, wenn eine ganze Schule im neuen Erziehungsgeist gestaltet werden soll, einerlei, wie sie die für sie organischen, die sie fördernden Einrichtungen nennt oder im einzelnen aufbaut.

Unsere Schulgemeinde war so ernst, wie nur je eine. Ihre Wirkungen waren darum so tief und ungeahnt. Sie unterscheidet sich in vielen Punkten von den gleichbenannten oder gleichgemeinten Einrichtungen in Wickersdorf, bei Otto, in der *George Junior Republic*, der Odenwaldschule, den Deutschen Landerziehungsheimen und ähnlichen Anstalten.[19] Dies ist aber keineswegs bewußte Absicht gewesen, sondern wurde so aus ihrer Geschichte. Wir hatten überhaupt nicht etwas ganz Bestimmtes vor. Nur so viel war uns von Anfang an klar, daß die Kinder nicht die willenlosen Objekte unserer Macht, nicht die rechtlosen Opfer unserer Erziehungskünste sein dürften, daß sie selbstverständlich ihre Angelegenheiten selbst würden ordnen müssen. Aber ebenso klar war uns, daß es sinnlos und unrichtig wäre, irgendeine fertige Verfassung zu dekretieren. Es handelte sich ja nicht darum, die Kinder anmutig mit Abstimmungen, Protokollen und Paragraphen zu beschäftigen, sondern ihr Leben, ihr tägliches und das ganze zu gestalten, nach geistigen, sittlichen und sozialen Prinzipien – die sie noch gar

---

19 Freie Schulgemeinde Wickersdorf (bei Saalfeld im Thüringer Wald), die Gründung von Gustav Wyneken. – Die Privatschule von Berthold Otto in Berlin. – Der amerikanische Geschäftsmann und Philanthrop William R. George gründete am Ende des 19. Jahrhunderts eine „Junior Republic" zur Resozialisierung straffällig gewordener Jugendlicher. Darüber berichten: William Stern: Die Jugendrepublik. In: Zeitschrift für angewandte Psychologie und psychologische Sammelforschung 3 (1910), S. 334–345; Karl Wilker: The George-Junior-Republic. In: Die Deutsche Schule 17 (1913), S. 465–474; das Konzept wurde dann für Wilkers analogen Versuch im „Lindenhof" wichtig. – Die Odenwaldschule ist die Gründung von Paul Geheeb, der zuvor mit Wyneken die FSG Wickersdorf gegründet hatte. – Die Deutschen Landerziehungsheime vereinigen damals die Gründungen von Hermann Lietz.

nicht hatten, die sie gar nicht verstanden hätten, wenn wir sie ihnen erklärt, die sie bekämpft hätten, wenn sie sie begriffen hätten. So nahmen wir uns vor, auch hier möglichst wenig zu tun, möglichst aufmerksam zu sein und gegebenenfalls ein Organisches und Verständliches zu versuchen.

Am zweiten Tag versammelte ich die älteren Kinder (etwa 50) und sagte ihnen mit wenigen Worten, was sie zunächst wissen mußten: daß es in Baumgarten etwas anders sein würde als bisher; es sei ihnen bisher meist nicht gut gegangen; wir wollten uns bemühen, es ihnen so gut als möglich zu machen; Strafen würde ich keine geben; wer ohne sie unverbesserlich sei, würde aus dem Heim entlassen werden. Das Recht, sie zu schlagen, habe niemand. Sie sollten sich sofort bei mir beschweren, wenn dies einmal vorkommen sollte (ich traute dem Personal der Leiterin nicht); wenn ihnen irgend etwas nicht recht sei, so sollten sie es einfach sagen. Hierauf forderte ich sie auf zu fragen und zu sagen, was sie wollten. Ein bißchen schüchtern, aber immer lebhafter, beteiligten sie sich nun an der Diskussion. Sie wollten alle hauptsächlich wissen, ob sie hier in die Schule gehen würden, was sie lernen würden, ob es Ausgang geben würde, und ob man „gleich hinausgeworfen werden würde", wenn doch die einzige Strafe der Ausschluß aus dem Heim sei. Bei diesen Reden entstand ein ziemlicher Lärm, und eines der älteren Mädchen brüllte, ich möchte den Kindern doch sagen, daß nur eines reden solle. Ich fand das sehr vernünftig und die anderen auch. Man mußte freilich noch öfter darauf zurückkommen. Es waren längst nicht alle Fragen beantwortet, als ich weggehen mußte, und sie waren daher sehr einverstanden, als ich erklärte, ich würde täglich um diese Zeit in dieses Zimmer kommen, und es sollten alle da sein, die etwas zu fragen hätten oder die sich sonst dafür interessierten. So kamen wir ein paarmal hintereinander zusammen. Die Kinder fragten – ausschließlich aus dem engsten Kreise ihrer nächstliegenden Interessen, mit einer heuchlerischen Betonung ihrer Lust, etwas zu lernen –, und ich gab ihnen Antwort. Dabei ergab sich zuweilen Gelegenheit, auch eine allgemeine oder eine sozial-ethische konkrete Frage kurz zu erwähnen, so wenn eins etwas fragte und darauf ein paar riefen: „Frag doch nicht so dumm!" oder eins störte, während die andern lebhaft zuhörten.

Daß den Kindern diese Zusammenkünfte irgendwie wichtig waren, zeigte sich, als nach einigen Tagen die Mädchen vom Esteplatz ankamen. Sie waren erst wenige Stunden da, als sie von mir verlangten, ich solle auch ihnen die „Schule erklären". Dies ließ sich alles so gut und einfach an, daß ich meinte, es würde sich die Schulgemeinde von selbst aus diesen Zusammenkünften ergeben. Ich bekam aber mit Verwaltungsagenden soviel zu tun (es war unausgesetzt zu verbessern, was die Leiterin nicht nach meinem Wunsche getan hatte), daß die regelmäßige Fortführung dieser sehr zeitraubenden Besprechungen unmöglich wurde und ich mich begnügen mußte, zu den Speisezeiten das zu sagen, was alle anging. Dabei war natürlich Diskussion ausgeschlossen. So mußte ich mich bemühen, ein Vertretersystem, ebenso natürlich und organisch wie jene Zusammenkünfte aller, aber weniger zeitraubend und weniger an regelmäßige Zeiten gebunden, zustandezubringen.

Es herrschte in diesen ersten Tagen und Wochen unbeschreibliche Unordnung in Baumgarten. Bis zu einem gewissen Grad konnte dies nicht anders sein. Vor jeder Schöpfung war das Chaos, und es ist gewiß eine Begabungsprobe für den organisierenden Pädagogen, ob er den Mut zum Chaos hat oder nicht. Aber bei uns war des guten Übels reichlich zuviel. Die Übersiedlung des Engerthstraßen-Heims, auf dessen Inventar wir dringendst angewiesen waren, vollzog sich, von mir völlig unbeeinflußbar, ganz Domäne der Verwaltung, langsam und desolat. Es war nicht wie eine geordnete Übersiedlung, sondern wie das Auffischen von Strandgütern auf einer Insel: Die Möbelwagen brachten durch mehrere Wochen hindurch in unregelmäßigen Abständen einen sinnlosen Haufen von Dingen. Heute kamen Kasten, Tage später die zugehörigen Bretter und Verschlüsse; einmal kamen Laden, ein andermal die zugehörigen Tische. Indes wir sehnlichst auf 10 Betten warteten, kamen 100 Sessel, und wenn wir nach 300 Sesseln uns sehnsüchtig verzehrten, kam eine Kiste Lachs. Zudem waren unsere Baracken nicht fertig, und überdies herrschte das „schöpferische Chaos". Die Kinder litten natürlich unter dieser Unordnung, und sie hatten tausend Wünsche und Beschwerden an uns; wir hatten nicht viel weniger an sie. In Tischgesprächen war ihnen leicht klar gemacht, daß es unfruchtbar und unmöglich sei, wenn jedes sich einzeln an mich wendete, so gerne ich jedes einzeln anzuhören, zu befriedigen oder zu beruhigen wünschte. Und ich überlegte an Hand der sehr konkreten Fälle mit den älteren Knaben, in deren Mitte ich meinen Platz am Speisetisch hatte, wie dem abzuhelfen wäre. Und ich schlug ihnen mehrmals eine Organisation nach Schlafsaal-Zehnerschaften vor. Sie lehnten dies aber ab, teils mit Argumenten, teils aus irgendeinem ihnen unklaren Grund oder Unverständnis. Soviel aber war sicher: Alle wollten endlich Ordnung, und sie waren bereit, sie selbst zu schaffen oder bei ihrer Aufrichtung mitzuhelfen. Sie sahen sehr wohl ein, spontan oder von mir geleitet, wie die technische Ordnung bald hergestellt sein würde, auch ohne sie, wenn nur einmal alles übersiedelt oder angeschafft wäre, was wir brauchten, daß aber die moralische Ordnung von jedem einzelnen abhänge und daß wir Erwachsenen in dieser Beziehung machtlos und darum schuldlos seien, solange wir nicht zu strengen und schmerzhaften Strafen griffen.

Einige kannten aus eigenem Erlebnis die Prinzipien der Organisation, sie waren Mitglieder des Fußballclubs „Hakoah“[20]. Diese schlugen in einem solchen Gespräch vor, man sollte einen „Ausschuß“ wählen – sie meinten einen ihrer Kameraden – und dieser würde unter ihnen für Ordnung sorgen und mit mir verkehren; so würde es bald sehr gut werden können. Ich war nun gar nicht in diesem letzteren ihrer Meinung, da aber auch die Kleineren sehr begeistert von dieser Idee waren, sagte ich ihnen, sie sollten es nur so machen, wenn sie es wollten, wir würden ja dann sehen, wie es weiter ginge; ich versuchte aber sie zu überreden, mehrere Ausschußmitglieder zu wählen. Davon aber wollten sie absolut nichts wissen. Vielmehr dürfe es und könne es nur ein einziger sein, der K., wie wir ihn nennen wollen, 15 Jahre alt, ihr Fußball-Leader. Sie machten Miene, ihn sogleich in Amt und Würden einzusetzen. Davon riet ich ihnen ab, da wir ja doch in diesem Augenblick nur eine kleine Gruppe waren. Ich meinte, die anderen wären vielleicht anderer Meinung, und man dürfe sie nicht verkürzen, unter Ausnützung des zufälligen Umstandes, daß sie gerade nicht anwesend seien. Sie waren zwar überzeugt, daß alle mit K. begeistert einver-

20 Name eines jüdischen Fußball-Clubs in Wien.

standen sein würden, waren aber mit einer Wahl im Schlafsaal sehr zufrieden. Tags darauf teilten sie mir feierlich mit, daß die Knabenschlafsäle einstimmig K. zum Schülerausschuß gewählt hatten. Die Wahl war durch Zuruf, besser: durch ein allgemeines Gebrüll vorgenommen worden: die Vorschläge einiger, die auf Stimmzettel und eine gewisse pedantische Ordnung des Vorganges hingezielt hatten, waren niedergeschrien worden. Als die Mädchen davon hörten, wollten sie auch einen Ausschuß haben und besprachen die Sache mit Dr. Hilda Geiringer[21], der Lehrerin, die mit den älteren Mädchen speiste. Unter den Mädchen gab es Opposition: Einige wollten keinen Ausschuß haben; es war dies eine Minderheit, aber sie wehrte sich krampfhaft. Die Mehrheit setzte aber sogar eine regelrechte Wahl mit Stimmzettel durch (ohne Beeinflussung durch Dr. G.); die Minderheit war unglücklich, einige weinten, weil sie „wählen mußten". Dies ging den Nachmittag und Abend lang. Schließlich einigten sich so gut wie alle, zuletzt doch ohne förmliche Wahl, auf Ka. (16 Jahre), die Schwester des K., und B. (15 Jahre), die mir als Schülerausschuß der Mädchen vorgestellt wurden.

Es kann an dieser Stelle schon ein Einwand kurz besprochen werden, der immer wieder der Schulgemeinde entgegengehalten wird und den auch wir oft genug zu hören bekamen. Die Schulgemeinde sei doch nichts anderes als das Übliche: der Lehrer behalte Recht; er suggeriere den Kindern seinen Willen; und es sei gleichgültig, ob sie scheinbar frei handeln, oder ob sie das Gefühl haben, den Willen des Lehrers auszuführen. Vorweg: Es ist natürlich, daß in einem Punkt die neue Erziehung mit der alten identisch ist: beide erreichen zuletzt eine Beeinflussung, ja eine Veränderung des Kindes und müssen dies auch wollen. Die Antinomie zwischen dem berechtigten Willen des Kindes und dem berechtigten Willen des Lehrers löst keine Pädagogik auf, vielmehr besteht sie in dieser Antinomie. Aber es ist ein sehr wesentlicher Unterschied, ob das Resultat ein psychologischer Kompromiß ist, in dem Teile von beiden Gegensätzlichkeiten eine innige und vom Kinde zuletzt freiwillig bejahte Durchdringung eingehen, oder ob es die Vergewal-

---

21 Später verheiratet mit dem Mathematiker von Mises und in die USA emigriert.

tigung des kindlichen Willens und die Durchsetzung des von ihm abgelehnten erwachsenen Willens ist. Die Schulgemeinde ist die Organisation dieser pädagogischen „Kompromißgesinnung“. Man sieht aus dem Erzählten sehr deutlich: ohne uns wären die Kinder nicht auf die Idee verfallen, selbst Ordnung zu schaffen; ohne uns hätten sie die dazu nötigen Wege nicht betreten, obwohl sie von ihnen oder von ähnlichen gehört und teilweise sogar Erlebnis-Erfahrungen hatten. Aber nachdem diese entscheidende Aktivität von uns ausgegangen war, zeigte sich sofort, daß den Kindern sehr deutlich war, was sie nun wollten oder nicht wollten. Gegen meinen Widerstand hätten sie zu dieser Zeit ihren Willen nicht durchsetzen können, sie hätten nicht einmal denken können, es zu versuchen. Da ich aber keinen autoritativen Druck ausübte, nahmen sie meine Anregungen und Wünsche an, aber in einer sehr eigenartigen und allein von ihnen bestimmten Auswahl. Und gerade darauf, auf diese Wahlmöglichkeit, muß es einer psychologisch fundierten Pädagogik ankommen. (Nebenbei gesagt, einer sozialistischen erst recht: denn die gleiche Antinomie besteht im sozialen Leben, und auch in ihm gibt es keine andere befriedigende Lösung, als den Ausgleich der Strömungen in den Teilen der Masse, zwischen Masse und Führer.)

Wie weit das Verhalten der Baumgartner Kinder gegenüber der Anregung, eine Vertretung zu wählen, typisch ist, kann nicht entschieden werden. Daß sich darin aber tatsächlich eine psychische Realität ausdrückte, ist zweifellos, und sie läßt sich bis zu einem gewissen Grad auch verstehen. Auf K. waren sie stolz, er gehörte zu einer wichtigen Mannschaft eines berühmten Erwachsenen-Fußballclubs; sie hatten auch Angst vor ihm, er konnte bestrafen und belohnen, denn er hatte die Fähigkeit, Fußball zu spielen und es zu lehren, eine Fähigkeit, die allen imponierte, und die die meisten für sich selbst erwünschten; er wurde von den Knaben in einer primitiven und entstellten Weise – entsprechend der allgemeinen Störung ihrer Liebesart und ihres Liebesmaßes, das sie ihren bisherigen Lebens- und Erziehungsschicksalen verdankten – geliebt: die Identifikation mit ihm, seinen Fähigkeiten, seinem Ansehen usw. war jedem von ihnen ein Stück ihrer Wunschphantasien. Andererseits wäre jeder, besonders von den Älteren, gerne Schülerausschuß geworden, denn sie apperzipierten meinen Vorschlag mit ihrer Weltanschauung und waren überzeugt, daß diese Funktion ihrem Träger mannigfaltige, sehr reale Vorteile bringen würde. Zugleich aber stellten sie sich vor, daß mit dieser Funktion ebenso, oder fast ebenso, reale Nachteile verknüpft sein würden, denn sie dachten sich anfangs den Schülerausschuß als eine Art Spitzel von mir, der früher oder später bei seinen Kameraden in Verruf kommen würde. So vollzog sich in ihnen unbewußt, jedenfalls unartikulierbar, etwa der Gedankengang: Es können nur wenige gewählt werden; ich habe wenig Chancen, so gerne ich es auch werden möchte, übrigens möchte ich es auch nicht; wem soll ich es nun gönnen, dem X., Y. oder Z.? Die Wahl ist unvollziehbar schwer; denn immer noch lieber wäre mir, ich bin es, als X., Y. oder Z. Nur K. gegenüber galt ein anderes Gefühl: ihm gönn' ich es, denn er ist ja doch ein Stück von mir, von meinem Phantasie-, Wunsch-, Ideal-Ich. Wenn er es ist, so bin ich es in meiner Phantasie auch. Und die Nachteile gönne ich ihm auch; warum ist er auch ein so guter Spieler, wo ich es nicht halb so kann. Man sieht, es waren wichtige Affekte, die hinter der Ablehnung einer Mehrzahl von Vertretern standen und hinter der Wahl des K. Und der Erzieher ist ein Stümper, der nicht versteht, hinter welcher kindlichen Äußerung Affekte stehen, und meint, wahllos die Äußerungen verwerfen zu können, wo es doch darauf ankommt, die Affekte zu entwickeln, d.h. zunächst ihnen Recht zu lassen, damit sie faßbar, entwicklungsfähig werden.

Bei den Mädchen waren andere Motivationen vorhanden, daher eine andere Reaktion. Es führte zu weit und wäre Aufgabe einer wissenschaftlichen Untersuchung und nicht eines Berichts, dem nachzugehen. Es genüge nach dem Gesagten, darauf hinzuweisen, daß zwischen Suggestion und Suggestion, zwischen Willensdurchsetzung und Willensdurchsetzung denn doch recht wesentliche menschliche und pädagogische Unterschiede bestehen, die nur Blindheit und beschränkte Selbstgewißheit zu übersehen vermöchten.

Die Kinder hatten eine durchaus glückliche Wahl getroffen. Alle drei Mitglieder des Schülerausschusses gehörten zu jenen wenigen, für die die früher gegebene allgemeine Charakterisierung des psychischen und moralischen Zustands nicht gilt. Ihr Rechts- und Verantwortungsgefühl war stark, ihre geistigen oder wenigstens sportlichen und nationalen Interessen waren sehr bemerkenswert. Ka., ein Mädchen von stiller und aufopferungsfähiger Art, war Schomereth[22] und als solche mit den Ideen und Gefühlen der Jugendbewegung vertraut. Es war leicht, mit wenigen Worten und an wenigen Fällen in ihnen zu wecken und zum Ausdruck zu bringen, was in ihnen schlummerte. Wir besprachen zusammen fast täglich, manchmal stundenlang, alle Angelegenheiten, die sich irgendwie auf die Kinder bezogen. Anfangs mußte ich sprechen, sie waren sehr einsilbig, aber bald wurde ihr Interesse größer, ihre Anschauungen bestimmter, ihre Argumente reicher. Sie verstanden sehr bald, daß sie eine Pflicht auf sich genommen hatten; daß sie nicht meine Spitzel, sondern meine Mitarbeiter sein sollten; daß es darauf ankam, auf die Kameraden in bestimmtem Sinne und bestimmter Art einzuwirken, sie zur Mitarbeit heranzuziehen; und daß es beim Schülerausschuß nicht bleiben könne.

Leider hatte ich in diesen Tagen keine Zeit zu irgendwelchen Aufzeichnungen, und Protokolle wurden nicht geschrieben, so kann ich diese Entwicklung durch keine Konkreta illustrieren. Nach wenig mehr als zwei Wochen besprachen wir, wie und wann die Schulgemeinde eingeführt werden könne, und kamen zum Ergebnis, daß dies möglichst bald und in einer Weise geschehen solle, die der Schülerausschuß nach Besprechung mit seinen Kameraden feststellen würde. – Bemerkt sei noch, daß während des Bestehens des Schülerausschusses in der geschilderten Form einige Lehrer im Unterricht, auf Spaziergängen und beim Speisen mit den Kindern, jüngeren und älteren, oft von Schulgemeinde, Selbstverwaltung und den neuen Schulen in Deutschland (Wyneken, Otto, Odenwaldschule) und Amerika erzählten, so daß die erste Schulgemeinde-Sitzung mannigfaltig vorbereitet war. – Man kann nicht sagen, daß der Schülerausschuß zu dieser Zeit irgendein nennenswertes Ansehen unter den Kindern gehabt hätte, schon gar nicht irgendeine Macht. Es waren daher nur Kleinigkeiten, in denen er tatsächlich etwas ordnen oder bessern konnte. Aber er beruhigte die Kinder über unsere Absichten, erleichterte uns und ihnen, Vertrauen zu gewinnen. Eine Institution war er

22 Wächterin, Polizistin

nicht und wirkte auf die anderen lediglich in Imponderabilien. Seine eigentliche Funktion war, daß seine Mitglieder sich entwickelten, daß wir uns gegenseitig kennenlernten, und daß durch ihn aus den nicht oder wenig psychisch geschädigten – wenn ich so sagen darf – sich ein kleiner, loser Kreis bildete, der in unmittelbaren Kontakt mit uns kam.

In den letzten Tagen des Oktober berief der Schülerausschuß eine Schulgemeinde ein: alle Kinder, mit Ausnahme des Kindergartens und der zwei untersten Schulklassen, und alle Erwachsenen zu einer gemeinsamen Besprechung. Der Schülerausschuß, unter meinem Vorsitz, leitete die Versammlung. Und schon allein diese eine Tatsache hat vielen Eindruck gemacht, daß nicht die Lehrer oben saßen, sondern drei Schüler und ein Lehrer, während die anderen Lehrer mitten unter den Kindern saßen. Ich eröffnete die Zusammenkunft durch eine längere Ansprache, in der ich ihnen sagte, sie hätten schon gemerkt, daß es in unserer Schule recht anders sei, als sie es bisher gesehen hätten; es wäre alles beisammen, Schule und Heim, und das Heim bestehe aus mehreren Häusern, Wiesen usw., nur für uns allein; kurz, es sei geradezu wie in einem richtigen Dorf, nur daß da nicht Erwachsene mit ihren eigenen Kindern wohnten, sondern 200 bis 300 Kinder mit nur wenigen, ihnen fremden Erwachsenen usw. Nun sei es aber bei uns recht sehr unordentlich, und ich zeigte an vielen konkreten Beispielen aus den letzten Tagen, wie die Unordnung für jeden einzelnen, für uns alle, Kinder und Erwachsene, sehr unangenehm sei; und daß zwar jeder Ordnung wolle, aber doch keine entstehe, weil jeder ohne Rücksicht auf die anderen tue, was ihm gerade einfalle. Und wir hätten sie zusammengerufen, um uns nun einmal gründlich zu überlegen, wie man die wichtigsten Dinge in Ordnung bringen könne.

Hier brachen sie in lebhafte, zustimmende Rufe aus, denn es war wirklich eine starke Sehnsucht nach Bewältigung des Chaos in ihnen. Ich erzählte ihnen nun - was allen gut bekannt war –, wie man sonst in Schulen und Heimen Ordnung halte, und warum das so nicht gut sei, und daß es bald in allen Schulen abgeschafft und anders eingerichtet werden würde (das war ja nun freilich eine Lüge, aber ich glaube es doch manchmal); und ich sagte einiges von der neuen Ordnung unter dem Vergleich einer Dorfverwaltung. Diskussion war natürlich keine, nur die eine oder andere Bemerkung wurde schüchtern und uns allen gleich unverständlich vorgebracht. Und es wurde festgesetzt, hier im Konkreten nicht ganz ohne Beteiligung der Kinder, jedenfalls aber mit ihrem vollen Verständnis: Wir würden alle wöchentlich am gleichen Tage zusammenkommen, und das würde Schulgemeinde heißen. Wenn einer irgendetwas nicht in Ordnung fände, so würde er es in dieser Zusammenkunft sagen. Wir würden es uns alle zusammen überlegen und uns aufschreiben, wie es gemacht werden müsse oder was verboten sei. Und das würde ein „Gesetz“ heißen. Die Gesetze werden im Speisesaal angeschlagen. Die Gesetze muß jeder einhalten. Damit das geschieht, werden für jedes Gesetz Ordner gewählt. Folgt einer dem Gesetz nicht, so wird er beim Ausschuß angezeigt. Der Ausschuß macht ein Gericht, das bestraft die Gesetzesübertreter. Wenn jemand sich zu beklagen hat, so zeigt er es beim Gericht an, auch wenn kein Gesetz darüber gemacht wurde.

Man beschloß nun sehr begeistert, mit der neuen Ordnung augenblicklich anzufangen; und entsprechend dem allgemeinen brennenden Interesse der Kinder wurde zunächst ein Speisesaalgesetz geschaffen, die Ordner unter Lärm und Jubel gewählt und das neue Gesetz sofort beim Nachtmahl durchgeführt. Ähnlich verlief auch die zweite und dritte Schulgemeinde. Es sprach fast niemand außer mir, so sehr ich mich bemühte, den Kindern die Zunge zu lösen. Ihre Meinung äußerten sie durch Zwischenrufe, Lärm, Klatschen, Geschrei. Die Gesetze wurden von mir – freilich nach ausführlicher Besprechung mit dem Ausschuß, zuweilen auf seine Initiative – vorgeschlagen. Die Leitung der Versammlung hatte ich. Diese Schulgemeinden waren mehr Unterrichtsstunden in Bürgerkunde, Moral, Anstand als Verwaltungssitzungen. Es mußten den Kindern zahlreiche Ausdrücke und Begriffe wie: Tagesordnung, Abstimmung, Antrag usw. erklärt, es mußten ihnen an ihrem Verhalten und dessen Folgen die nötigsten parlamentarischen Regeln demonstriert, erklärt, eingeschärft werden. Trotzdem, oder eben deshalb, hatten die in dieser Zeit erfaßten Gesetze einen anderen psycho-ökonomischen und erzieherischen Wert, als wenn sie ohne Schulgemeinde einfach als mein Diktat im Speisesaal publiziert worden wären.

Die Protokolle der ersten fünf Schulgemeinden sind leider verlorengegangen.[23] Von dem der zweiten besitze ich eine, von mir stilistisch ein wenig veränderte Abschrift, sie stehe hier als Konkretisierung des Gesagten und noch zu Sagenden:

Gesetze der zweiten Schulgemeinde vom 29. Oktober 1919

I. Schlafsaalordnung
   1. Um 1/2 7 Uhr wird geweckt.
   2. Alle müssen sofort aufstehen.
   3. Jeder schlägt gleich nach dem Aufstehen die Decken zurück; zieht das Leintuch ab.
   4. Wer neben dem Ventilationsgriff liegt, hat ihn nach dem Abziehen des Leintuchs zu öffnen.
   5. Hierauf folgt das Waschen und Anziehen.
   6. Dann hat jeder sein Leintuch aufzulegen und abzuspannen, das zweite Leintuch zu legen, die Decken zu machen.
   7. Wer mit diesen Arbeiten fertig ist, geht sofort in den Speisesaal zum Frühstück.
   8. Um 1/2 8 Uhr ist Frühstück und der Speisesaal wird gesperrt. Wer später kommt, erhält keinen Kaffee, sondern bloß Brot und dies erst zum zweiten Frühstück.
   9. Abends haben die Kleinen um 1/2 8 Uhr in den Schlafsaal zu gehen und sich sofort zu waschen und niederzulegen.
   10. Die Größeren kommen um 1/2 9 in den Schlafsaal und ziehen sich leise aus, waschen sich, legen sich still nieder, um die Kleinen nicht zu wecken.
   11. Um 9 Uhr werden die Lichter gelöscht; es hat nun völlige Ruhe zu herrschen.
   12. Zur Durchführung dieses Gesetzes werden in allen Schlafsälen Ordner gewählt; u. zw.: in Baracke 28 im großen Knabenschlafsaal 4, im kleinen Knabenschlafsaal 1; in Baracke 29, den drei Mädchenschlafsälen, 3.

II. Das Ballspielen in den Räumen ist streng verboten.

III. Wer eine Fensterscheibe zerschlägt, muß sie zahlen. Wer nicht genug Geld dazu hat, muß es durch Arbeiten im Kinderheim verdienen.

IV. Es ist streng verboten, die Krankenzimmer ohne Erlaubnis der Oberschwester zu betreten.

V. Es ist verboten, den Unterricht zu stören.

VI. Das Speisesaal-Gesetz wird ergänzt: Jeder bleibt solange beim Tisch sitzen, bis alle aufgegessen haben, dann stehen alle zugleich auf.

VII. Jeder muß pünktlich in die Schulstunden kommen. Wer dagegen verstößt, wird bestraft. Zur Durchführung dieses Gesetzes wird in jeder Klasse ein Ordner bestellt.

---

23 Diese verlorenen Protokolle befinden sich auch nicht im Baumgarten-Bestand im YIVO-Institute for Jewish Research in New York. Ansonsten ist die Überlieferung vollständig und zeigt, daß Bernfelds Berichte zuverlässig sind.

VIII. Zur Verteilung der Ausgangsscheine und des Fahrgeldes werden ein Ausgangsordner und eine Ausgangsordnerin und deren Stellvertreter gewählt.

IX. Es wird ein Postmeister gewählt, der den Postkasten zu leeren, die Briefe zu frankieren und aufzugeben, die ankommende Post zu verteilen hat.

X. Es wird ein Untersuchungsrichter gewählt, der Anklagen entgegennimmt, Zeugen verhört und das Material für das Gericht vorbereitet.

XI. Gewählt wurden

1. Als Speisesaal-Ordner:
   Als deren Stellvertreter:
   Als Türsteher:
   Als Läuter:
2. Als Schlafsaal-Ordner:
3. Als Ausgangs-Ordner:
   Als dessen Stellvertreter:
4. Als Postmeister:
5. Als Untersuchungsrichter:
6. Als Schriftführer der Schulgemeinde und des Gerichts:

XII. Der Schülerausschuß: ... bleibt im Amt.

Einige Tage nach der ersten Schulgemeinde erschien eine Kundmachung, vom Schülerausschuß unterfertigt, auf dem Schwarzen Brett im Speisesaal, daß zur ersten Gerichtsverhandlung die und die als Angeklagte, Kläger und Zeugen zu erscheinen hätten.

Ich glaube, daß kein Kind fehlte, sogar die allerkleinsten waren da, ließen sich nicht hinausweisen, und so blieben sie. Alles war sehr gespannt, aber doch mit einer bemerkbaren Beimengung von Heiterkeit und Ironie. Die Angeklagten mußten eine eigene Bank beziehen; das war ihnen gar nicht recht. Sie waren mit dem sehr heiteren Gefühl eingetreten „Was kann mir geschehen?", und nun begann es gleich mit einer Schikane; aber ihr Heiterkeitsausdruck wurde durch die aufsteigende Verlegenheit nur vermehrt. Dann erschien der Gerichtshof: der Schülerausschuß, der Schriftführer der Schulgemeinde mit einem schmalen Aktenbündel unter dem Arm, und ich als Vorsitzender. Ich verlas die Namen der Angeklagten; einige waren nicht erschienen. Der Schülerausschuß war mit mir einer Meinung, daß diese Fälle sofort behandelt werden sollten, und so, als ob die Angeklagten anwesend wären. Die Kläger wurden aufgerufen, sie sagten, was sie vorzubringen hatten; der Angeklagte, der ebenfalls vor dem Tisch stand – falls er erschienen war –, wurde gefragt, was er darauf zu erwidern wisse; die Versammlung wurde hierauf aufgefordert, Zeugen zu nennen. Jeder Zeuge sagte sein Sprüchlein. Der Angeklagte durfte sich setzen. Nachdem alle Fälle so durchgegangen waren, zog sich der Gerichtshof ohne den Schriftführer zurück. Nun besprachen wir jeden einzelnen Fall, erwogen, ob der Angeklagte schuldig ist, ob er auch bestraft werden soll, und wie. Bei Meinungsverschiedenheit stimmten wir ab; ich gab meine Stimme zuletzt ab, die Mehrheit entschied. In den allermeisten Fällen aber waren wir nach kurzer Besprechung einig. Der Gerichtshof kehrte wieder zurück. Es stellte sich lautlose Stille her; der Vorsitzende verkündete die Urteile, wo es nötig war mit Erklärungen und Motivierungen.

So war die erste Gerichtsverhandlung verlaufen, und die späteren unterschieden sich von dieser in ihrem äußeren Verlauf sehr wenig. In der zweiten Schulgemeinde wurde ein Untersuchungsrichter gewählt, später erhielt er zu seiner Unterstützung einen Stellvertreter. Bei diesen allein durften Klagen eingereicht werden, sie nahmen die Klage protokollarisch auf, verhörten den Angeklagten, den Kläger und die von beiden angegebenen Zeugen; legten für jeden Fall einen Akt an, bewahrten die *corpora delicti* auf; bei Lappalien wirkten sie auf Zurückziehung der Klage. Diese Akten erhielt der Schülerausschuß vor der Gerichtsverhandlung mit den Vorbestrafungen zur Einsicht. Der Untersuchungsrichter war dann auch Schriftführer und wurde zu der Urteilsbesprechung ohne Stimmrecht zugelassen. Bald wurden auch Vorladungen geschrieben und durch den Postmeister, später durch einen eigenen gewählten Ordner, den Gerichtsdiener, noch später gegen schriftliche Bestätigung des Empfängers, ausgetragen. Im Februar tauchte unter den Mitgliedern einer Kwuzah der Zweifel auf, ob es richtig sei, dem Schülerausschuß, der als Überwachungsorgan aller Ordner direkt oder indirekt der eigentliche Kläger, besser: der Staatsanwalt war, zugleich das Richteramt zu überlassen, und die Schulgemeinde, der dies vorgetragen wurde, entschied sich für die Wahl von Geschworenen. Diese gaben ihre Stimme auf Zetteln ohne Namensunterschrift dem Untersuchungsrichter nach Abschluß des öffentlichen Verhörs für jeden einzelnen Fall ab. Sie hatten Ja oder Nein zu schreiben und das hieß „zu bestrafen" oder „unbestraft zu lassen". Und an dieses Urteil war der Schülerausschuß bei der Verhängung der Strafe gebunden. Bei der Urteilsverlesung wurde das Stimmenverhältnis des Geschworenenurteils mit der Strafe, Motivierung usw. verlesen.

Nach der Verlesung der Urteile der ersten Gerichtssitzung erhob sich aus dem Publikum ein ungeheurer Lärm. Die während der Verhandlung immer mehr angewachsene Erregung suchte einen Ausdruck, man näherte sich den Ausschußmitgliedern sehr drohend: Das gibt es nicht! Wir haben einen Ausschuß, damit er uns hilft! Das ist eine Gemeinheit! Wir lassen uns von Euch nicht bestrafen! Ausgangsentzug darf überhaupt keine Strafe sein! usw. Es gab eine richtige kleine Revolte. Was war geschehen? Die Kinder hatten plötzlich gesehen, daß die Schulgemeinde kein Scherz mit schöner Rede des Direktors, lustigen Abstimmungen und Wahlen sei, sondern daß sie im Begriff war, ins Leben jedes einzelnen einzugreifen, daß sie Forderungen stellte. Die Verurteilten waren ruhig, ja geradezu zufrieden mit ihrer Strafe – wir werden davon noch zu sprechen haben -, aber die anderen sahen zu lebhaft, was ihnen bevorstand; denn daß sie früher oder später, sicher nicht sehr spät, auch da vor dem Richtertisch stehen würden, war ihnen klar, es war doch ohnehin nur ein Zufall, daß sie nicht schon heute dastanden, denn es waren lauter typische Delikte verhandelt worden. Sie wollten das Gericht und die Schulgemeinde nicht, der Direktor und die Lehrer sollten Ordnung machen und strafen.

Es waren nur wenige, die den Mut hatten, wirklich zu revoltieren, aber ihr stummer Anhang war nicht klein. Die Ordner waren alle für die Schulgemeinde, und auch sie hatten einen beträchtlichen Anhang. Dies ist um so beachtenswerter, als die Ordner schon am ersten Tag ihrer Amtswaltung erfahren hatten, daß sie selbst keine Vorteile für sich aus dem Amt würden ziehen können. Sie waren tatsächlich durch ihr Amt sehr wesentlich verändert worden. Freilich, sie übten ihre Funktion in rechtem Rüpel- und Feldwebelton aus, aber keiner hat sie für sich mißbraucht. Durch ihr Mandat wurden sie fanatische Anhänger der Ordnung und Gerechtigkeit. Diese Wandlung war sofort zu merken. Ich berief am Abend nach der ersten Schulgemeinde die Ordner und den Ausschuß zu einer Besprechung. Sie kamen sehr heiter, zu Streichen aufgelegt und mit egoistischen Hoffnungen; wir sprachen nun von der Bedeutung ihrer verschiedenen Funktionen und von ihren Pflichten im allgemeinen. So gut wie alle verließen das Zimmer in großem Ernst; sie empfanden, daß sie zu keinem läppischen, und anfangs vielleicht sogar lustigen Spiel, sondern zu einer Aufgabe und zu Verantwortung berufen wurden. Man hat Fälle gesehen, daß der eine oder der andere sagte: heute will ich mir noch eine doppelte Portion erschwindeln, von morgen an bin ich Ordner. Und das war für alle eine sehr schwere Entsagung. Es sind auch während der ganzen folgenden Zeit Anklagen wegen Amtsverletzung fast nie vorgekommen, und die zwei oder drei mir erinnerlichen Fälle wurden streng bestraft.

Die Revolutionäre sahen nach Gesprächen mit mir, dem Ausschuß und den Ordnern ein, daß sie unrecht hatten. Es wurde aber zugestanden, daß sich viele über den Sinn der ganzen Einrichtung nicht im klaren gewesen waren, und daß sie daher unter falschen Voraussetzungen gewählt hatten. Die zweite Schulgemeinde brachte mit dieser Motivierung Neuwahlen. Es gab dabei nur wenige Veränderungen, aber die Wahl wurde mit viel größerem Ernst und Verständnis vorgenommen. Die abgesetzten Ordner gehörten erstaunlicherweise weiter zu den Disziplinierten, sie machten keine Schwierigkeiten, sondern halfen vielmehr. Sie arbeiteten für die Wiedererlangung des verlorenen Vertrauensmandats. Damit endete der einzige ernstliche Widerstand gegen die Schulgemeinde. Sie war in kurzem ganz und gar eingebürgert, assimilierte sich neu Eintretende mit erstaunlicher Schnelligkeit und war so sehr im Seelenleben der Kinder verwurzelt, daß diese von tiefer Trauer und Ratlosigkeit befallen wurden, als diese Institution bei unserem Weggang aus Baumgarten aufgelöst werden mußte.

Natürlich ist es nicht möglich, die weitere Entwicklung der Schulgemeinde ebenso ausführlich zu erzählen, wie die Vorgänge in ihren ersten Tagen. Nur in großen Zügen sei berichtet, wie die Vertiefung der Schulgemeinde selbst und ihrer seelischen, sittlichen Wirkungen, verursacht und verursachend zugleich, mit der allgemeinen affektiven Entwicklung der Kinder parallel ging. Man kann drei Phasen dieser Entwicklung der Schulgemeinde unterscheiden:

(1) Der erste Monat; vier bis fünf Schulgemeinden. Es waren im Grunde eigenartige Unterrichtsstunden, Anschauungsunterricht in sozialem Leben. Alle Initiative war bei mir; Debatten gab es keine. Alle Gesetze, die während dieser Phase gemacht wurden, haben die Kinder später wieder von sich aus eingebracht, so als wären sie noch nicht in der Schulgemeinde behandelt gewesen, was beweist, daß sie später eine andere Vorstellung von der Schulgemeinde bekommen hatten und sie die ersten Gesetze als in ganz anderer Weise entstanden empfanden. Der Schülerausschuß und die Gemeinde hatten keine Autorität, nur ich; und auch die Ordner und Gesetze wirkten indirekt – durch mich – autoritativ. Dennoch gab es Ansätze zu Neuem: Meine Anträge wurden überstimmt, wenn sie der Mehrheit zu unbequem waren, oder ihrem Rechtsempfinden, ihrem sozialen Gefühl widersprachen; hie und da äußerte auch eines der Kinder, oft gerade von den Jüngsten, eine eigene Meinung; und kurz vor dem Schalom, mit dem ich die Verhandlungen zu beschließen pflegte, oder auch gleich danach, schrien einige durcheinander ihre Anträge aus. Aber im Ganzen war die Gemeinde eine zwar sehr aufmerksame und oft erschütterte, doch völlig passive Zuhörerschaft meiner Vorträge.

(2) Dann kam eine Veränderung, die plötzlich einsetzte und einen ungefähr zwei Monate lang, bis Mitte Januar, währenden stationären Zustand schuf. Die Beteiligung war sehr rege. Immer mehr Kinder nahmen an den Verhandlungen Anteil, zum Teil freilich sehr ungeordnet, manche Vorschläge gingen von ihnen aus, die meisten Gesetze wurden während der Schulgemeinde verändert, ehe sie angenommen wurden; die Kinder hatten durchaus – und mit Recht – das Gefühl, daß sie die Gesetze machten. Ausschuß und Ordner gewannen an Autorität. Der Ausschuß – indessen vergrößert und wegen der Abreise seiner ersten Mitglieder nach Holland, neugewählt, aus vier Knaben (13–16 Jahre) und einem Mädchen (15 Jahre) bestehend – wurde regsamer, ergriff vielfach die Initiative, seine Sitzungen wurden immer mehr ernsthafte, sachliche Besprechungen, an denen alle teilnahmen, und die alle vorher und nachher beschäftigten.

Die Zahl der Gesetze ist beträchtlich, die in dieser Zeit geschaffen wurden. In ihrer Gesamtheit ordnen sie das ganze Leben der Kinder: Speisesaal-, Schlafsaalordnung, Lesezimmer und Bibliothek, die Einteilung der Räume, der Tagesordnung; Spiel und Lernen, Schulbesuch, Ausgang, die Pflichten und Rechte der Ordner, Schotrim[24], Kwuzoth[25], dies war der Umkreis der Schulgemeinde-Verhandlungen. Einige typische Gesetze mögen dies illustrieren:

Das Schreiben auf den Wänden, auf den Tischen und überhaupt auf Hausgeräten ist verboten. – Niemand darf die Öfen beheizen, oder sie berühren, nur der gewählte Heizer hat während der Schulstunden Holz im Ofen aufzulegen.

In sämtlichen Räumen ist das Ausspucken auf den Fußboden verboten.

Apfelschalen und sonstige Abfälle sind nur in die Mistkiste oder den Papierkorb zu werfen. Usw.

Oder: Es ist verboten, außerhalb der Klosette die Notdurft zu verrichten. Die Klosette müssen rein gehalten werden; wer dieselben beschmutzt, wird mit vierwöchentlichem Ausgangsentzug bestraft.

Oder: Jeder hat pünktlich um 8 Uhr in der Schule zu sein.

Oder: Wer dreimal ohne Entschuldigung vom Unterricht fernbleibt, wird mit zwei Wochen Ausgangsentzug bestraft.

Wenn ein Schüler in der Unterrichtsstunde vom Lehrer angesprochen wird, haben die anderen Schüler zu schweigen.

Wer zu spät in die Schule kommt, wird bestraft.

In den Klassenzimmern und Aufenthaltsräumen haben die Kappen abgenommen zu werden.

Oder: Die Histadruth haschotrim[26] hat das Recht, alle die im Heim verpflegt sind, bei Verlassen des Heimes zu untersuchen.

Den Machrim[27] und die Schotrim darf niemand beleidigen, wenn sie im Dienst sind.

Die Schotrim haben zu schauen, daß am Abend alles in Ordnung ist, und während des Turnens dürfen sie nicht gestört werden.

Die Schotrim haben eine Gemeindedurchsuchung zu machen und alles Geschirr, das nicht den Kindern gehört, wegzunehmen und es der Küche zu retournieren.

Pfeifen zu tragen ist nur den Schotrim gestattet.

Oder: Wenn nach einer Zeit der Eigentümer eines verlorenen Gegenstandes sich nicht meldet, gehört der verlorene Gegenstand der Schulgemeinde.

Sämtliche Jugendliche im Heim gehören zur Schulgemeinde und haben sich demnach den Anordnungen der Schulgemeinde zu fügen.

Es wurde beschlossen, ein Ersuchen an die Verwaltung zu richten, daß Fräulein F. weiter als Pflegeschwester verbleiben möge.

---

24 Wächter, Polizist
25 Gruppen, Kameradschaften
26 Wächterbund
27 Ausrufer

Beschlüsse der VI. Schulgemeinde.

1) Die Histadrut „Haschoteim" hat das Recht alle jene, die im Heime verpflegt sind bei Verlassen des Heimes zu untersuchen.

2.) Den Machris und die Haschoteim darf niemand beleidigen, wenn sie im Dienste sind.

3.) Die Schoteim haben zu schauen, daß am Abend alles in Ordnung ist und während des Turnens dürfen sie nicht gestört werden.

4) Das Schreiben auf den Wänden, auf den Tischen und überhaupt auf Hausgeräten ist verboten.

5) Jeder hat pünktlich um 8h in der Schule zu erscheinen.

6.) Wer 3 mal ohne Entschuldigung vom Unterricht fern bleibt wird mit 2wöchentlichem Ausgangsverbot bestraft werden.

7.) Wenn ein Schüler vom Lehrer in der Unterrichtsstunde angesprochen wird, so haben die anderen Schüler zu schweigen!

Am 30./XI. 1919

KINDERHEIM … Schulgemeinde

Der Ausschuss: Josef Bock.

Der Schriftführer: F. Halpern

44

16…

9

Beschlüsse der VII. Schulgemeinde.

1) Schriftführer-Stellvertreter: Margulies

2) Untersuchungsrichterstellvertreter: Seifert Oscar

3) Niemand darf die Öfen beheizen und überhaupt zu berühren.

4) Während des Unterrichtes hat sich jeder anständig zu benehmen, sonst wird er vom Unterrichte hinausgeworfen.

5) Wer zu spät in die Schule kommt, der wird bestraft.

6) Der Postmeister muß die Post nicht ins Postamt abtragen, er kann sie auch ins Postkistl hineinwerfen.

7) Wenn nach einer Zeit der Eigentümer des ~~verlo~~ Gegenstandes sich nicht meldet, gehört der verlorene Gegenstand der Schulgemeinde.

Am 4/VII. 1919

Der Ausschuss: [illegible]

[illegible] Bernfeld

Der Schriftführer: [illegible]

Am 12. [illegible]

Beschlüsse der VII. Schulgemeinde

1.) Die Klassenvorstände haben dafür Sorge zu tragen, daß die Kinder nach Schluß des Unterrichtes die Klassenzimmer räumen sollen. Ferner, daß in den Klassenzimmern die völlige Ordnung herrschen soll. Kein Schalen und sonstige Abfälle dürfen auf den Fußboden geschmissen werden.

2.) Der Heizer hat während der Stunde Holz im Ofen nachzulegen.

3.) Niemand darf ohne Erlaubnis des Direktors zu einem Dienste für die Verwaltung befohlen werden.

4.) Als Stellvertreter des Direktors wird jeden Tag ein anderer Lehrer Dienst haben.

5.) Sämtliche Jugendliche im Heime gehören zur Schulgemeinde und haben sich demnach den Anordnungen der Schulgemeinde zu fügen.

6.) Als neue Klassenvorstände der Mädchen wurden gewählt: Tábah, Linenwald, Eis, Eger.

7.) Von den gewählten Tischordnern haben sich an jedem Tisch 2 andere mit dem Ordnerdienst zu beschäftigen; von den beschäftigten hat nur 1 Ordner die Verteilung der Speise zu helfen.

8.) Die Schülerwirtschaft hat die Überwachung der Ordner und deren Dienst zu beaufsichtigen.

8) Dienstag um 5h nachm. ist regelmäßig Schulgemeinde.
9) Jeder vom Schülerausschuß hat das Recht das Zeichen zu erteilen, aber nur einer.
10) Es ist verboten außerhalb der Klosetts die Notdurft zu verrichten.
11) In sämtlichen Räumen ist das Ausspucken auf den Fußboden verboten.
12) Die Ausgangszettel werden nun mehr von der diensthabenden Pflegeschwester ausgefolgt, nicht von den Ordnern.
13) Die Klosette müssen reingehalten werden, wer dieselbe beschmutzt wird mit 4 wöchentlichem Ausgangsentzug bestraft.
14) In den Klassenzimmern und Aufenthaltsräumen müssen die Kappen abgenommen werden.
15) Es ist verboten ohne Erlaubnis der Kindergärtnerin sich im Kindergarten aufzuhalten.
16) Apfelschalen und sonstige Abfälle sind nur in die Mistkiste oder in den Papierkorb zu werfen.
17) Die Türen müssen immer geschlossen werden.
18) Im kleinen Schlafsaal der Kinder wurde als Schlafsaalordner gewählt: Mendelsohn.
19) Es wurde beschlossen ein Ersuchen an die Verwaltung zu richten, daß das Frl. Tretsch als Pflegeschwester hier weiter verbleibe.

Der Ausschuß: [illegible signatures]

Bernfeld

BAUMGA[RTEN] Schulgemeinde WIEN

Der Schriftführer.

38445 16305

Diese Zusammenstellung von zusammenhängenden Bestimmungen, die nach und nach je nach Bedürfnis und Einsicht gemacht worden waren, genügen vielleicht als Beispiele, obzwar sie bei weitem nicht erschöpfend sind. Gerade auf die interessantesten Bestimmungen mußte verzichtet werden, weil sie komplizierte Erläuterungen verlangten. Die publizierten Gesetze waren den Kindern sehr wohl bekannt und wurden im großen und ganzen eingehalten. Es war Ordnung geworden. Eine Ordnung, die vielleicht in allem Äußeren nicht vollkommener, aber gewiß auch nicht geringer war, als sie durch Präfekten, Diktatur, Schimpfen, Schläge und dergleichen wäre zu erreichen gewesen.

Trotzdem blieb die Schulgemeinde unbefriedigend. Zunächst für uns. Wir waren aus der Jugendbewegung gekommen, so schwebten uns – uns selbst nicht klar bewußt – junge Menschen vor: deren Debatten und unbedingte Ethik, geistiges Niveau und hinreißende Sittlichkeit. Demgegenüber waren unsere Schulgemeinden dürr, matt, dürftig. Wenn wir an Schulgemeinde dachten, so meinten wir Selbstbestimmung der Jugend, und es brauchte eine ganze Weile, bis wir uns durch die von den Kindern geschaffenen Tatsachen davon belehren ließen, daß es in unserem Fall auf die Selbstverwaltung der Kinder ankam; und bis wir sahen, daß die Kinderschulgemeinde etwas anderes sei als die Gemeindeversammlungen in der Jugendbewegung, daß für diese gerade der adäquate Ausdruck und die schöpferische Form war, was bei jener befremdend und verwirrend gewirkt hätte. Nur unserer zuwartenden und beobachtenden pädagogischen Haltung haben wir es zu verdanken, daß wir diese Belehrung von den Kindern erhalten konnten, und daß wir nicht etwas organisch Wachsendes durch ihm fremde Beimengungen und Eingriffe gestört haben. Aber weil die Schulgemeinde zu dieser Zeit noch nicht tätiger Verwaltungsapparat war, waren auch die Kinder nicht ganz von ihr befriedigt. Sie konnten das nicht anders äußern als durch eine gewisse, langsam zunehmende Flauheit. Gerade als die Debatten schon recht lebhaft waren, kam es vor, daß ein Gesetz wiederholt gegeben werden mußte, weil es gänzlich unberücksichtigt geblieben war. Die Schulgemeinde war eine kurze Weile in Gefahr, ein Debattierklub zu werden. Der Ausschuß und die Ordner hatten nichts oder nur sehr wenig zu arbeiten. Sie hatten zu schauen, zu hören, zu reden, aber Körper und Arme blieben unbeschäftigt. Daher wurde zum Ersatz lauter geschrien, als nötig und nützlich war, und unter Umständen auch geprügelt, was natürlich das Ansehen der Ordner nicht erhöhte. Andererseits wurden die wenigen wirklichen Arbeiten mit inadäquater Energie getan: Protokolle schreiben, Stühle rücken, Aufsperren, Läuten, Post austragen u.dgl. waren heißersehnte Tätigkeiten. Dadurch kam aber etwas Spielerisches in die Arbeit der Schulgemeinde-Funktionäre; oder besser: es begann sich die Gefahr dessen fühlbar zu machen.

(3) Die Kinder selbst überwanden diesen Zustand und führten die Schulgemeinde in die dritte Phase – wir verstanden gar nicht, was im Tieferen vorging, wie bereits bemerkt. Es tauchten ganz neuartige Vorschläge auf: man solle ein Tischgebet einführen; Sabbat solle festlicher gefeiert werden als bisher; man solle mehr Schachspiele und Matadorbaukästen anschaffen und dafür Kartenspielen unter allen Umständen verbieten; auch die Jugendlichen dürfen nicht rauchen; die Kinder sollen in Pflegschaften eingeteilt werden und alle Älteren Pfleger von einigen Jüngeren werden; die Erwachsenen wurden streng kontrolliert, ob sie auch die Gesetze der Schulgemeinde einhalten, sie wurden vor Gericht zitiert; es gab heiße Debatten über die Mädchen, über die Histadruth. Allüberall wurden Ansätze und Anläufe bemerkbar, nach der technischen Ordnung auch die moralische herzustellen, nicht nur den Lärm , sondern sich selbst zu beherrschen und zu bändigen. Das meiste von all dem blieb Ansatz, denn dem Bürgertum und seiner faulen Pädagogik wurde gar unheimlich bei diesem Erwachen einer neuen Welt, die gleich in ihren ersten Symptomen richtig bewertet wurde als „bolschewistisch". Denn wahrlich, was die Kinder hier zu erleben und zu erfinden begannen, war der Sozialismus, war jenes neue Gemeinschaftsgefühl, das irgendeinmal als Terror alle Ichgeilheit, alle Macht- und Selbstgierigen auf Erden vernichten oder sublimieren wird. So hat sich all dies nur wenige Wochen lang entfalten dürfen. Die aufkeimende Sittlichkeit hat zunächst die äußere Ordnung sehr gefördert. Sie wurde mit neuem Ernst in Angriff genommen und hat von da an jedenfalls alle Resultate

weit überflügelt, die bei anderen Methoden hätten erzielt werden können.

Der größere Ernst fand aber auch neue, größere Aufgaben. Die Kinder begannen, sich wirklich in die Verwaltung einzumengen. Sie fragten, was mit dem übrigbleibenden Essen geschehe, und legten eine Liste derer an, die keinerlei Essenszubußen von Verwandten erhielten, und erfanden ein vollkommen gerechtes System, diesen turnusweise Doppelportionen auszuteilen. Dieselben Kinder, die noch vor wenigen Wochen keinen anderen Gedanken hatten, als sich möglichst viel Essen zu erschwindeln, und die tobsüchtig erschienen, wenn des Nachbarn Brotschnitte etwas dicker war als die eigene, gaben ihren Kameraden Doppelportionen und waren zufrieden beim Gedanken, daß sie selbst ja beim nächsten Ausgang bei einer Tante nach Herzenslust würden essen können. Der Schülerausschuß nahm die Verteilung gewisser Wäschesorten in die Hand; es wurde eine Darlehenskasse von ihm gegründet; ein Kaufladen für allerhand Kleinigkeiten und Leckereien wurde auf gemeinnütziger Basis eingerichtet; die geplante Einrichtung eines großen Postamts im Tagraum beschäftigte insbesondere die Phantasie der Kleineren und der handwerklich Interessierten; ein vortreffliches Gartenbaugesetz wurde ausgearbeitet, angenommen und durchgeführt; die erste gedruckte Nummer der Schulgemeinde-Zeitschrift „Kinderheim Baumgarten" erschien, uns allen völlig überraschend; Theater- und Konzertbesuch wurde in gerechter Weise geregelt; und manches dergleichen mehr wurde allermeistens völlig spontan vom Ausschuß oder den Kindern in der Schulgemeinde eingeleitet und durchgeführt. Das Vielfache aber wurde phantasiert und geplant, und ein Teil davon hätte sicherlich noch seine Verwirklichung gefunden.

Das Wichtigste von allem, was hierher gehört, waren aber die beträchtlichen Ansätze zu einer allgemeinen Arbeitspflicht. Die sehr interessante Entwicklung dieser Gesinnung und Idee wird im nächsten Abschnitt angedeutet werden. Hier sei nur bemerkt, daß im letzten Monat unserer Wirksamkeit die Kinder, die wir arbeitsscheu und faul übernommen hatten, ganz allgemein den Wunsch zeigten, alle fürs Heim nötigen Arbeiten, die schweren, schmutzigen und langweiligen inbegriffen, selbst zu übernehmen, und daß sie sich eine Organisation wünschten und manche sie auch ausdachten, die sie dazu zwingen, anleiten und leiten würde. Was ihnen dabei vorschwebte, war mehr oder weniger bewußt die volle Selbstverwaltung und darüber hinaus die Selbstwirtschaft der Kinder. Natürlich nicht ohne Erwachsene, sondern im Gegenteil mit ihnen, aber nicht mit Kreaturen wie manche der Angestellten und Beamten des *American Joint, Abteilung Baumgarten* es waren, sondern mit geliebten Kameradschaftsführern und Lehrern. Manche Arbeiten hätten auf alle Fälle Erwachsene erfordert, bei richtiger Auswahl wären diese aber einfach Kameraden der Kinder gewesen, vollberechtigte Mitglieder der Schulgemeinde, wie wir es an einzelnen Beispielen völlig klaglos verwirklicht hatten. Schwester Judith war die Seele der Mädchenbaracke; der Elektrotechniker begann, eine Kwuzah[28] um sich zu sammeln; einer der als Diener tätigen zwei Chaluzim[29], die man nicht fortgeschickt, sondern nur kujoniert hatte, erhielt eine wesentliche Funktion in der Schulgemeinde; der andere war beliebtester Erzähler und Musikant im Kindergarten, wenn ihm eine freie Stunde blieb; alle vier waren Mitglieder meiner Kwuzah und sind jetzt in Palästina.

Solche Pläne fanden bei der Verwaltung den heftigsten Widerstand; obwohl es sich immer nur um konkrete Einzelheiten handelte, denn den Plan als ganzen hätte man den betreffenden Personen gar nicht mitteilen können, sie hätten ihn einfach nicht verstanden und den Vortragenden für verrückt gehalten. Die Verwaltung fühlte aber schon bei den Einzelforderungen, daß sie überflüssig und unmöglich werden würde; und das *Joint* in seiner würdevollen Behäbigkeit war zu träge, die Sache auch nur zu überlegen; man fand es nicht für nötig, anläßlich des wegen dieser Frage ausgebrochenen Konflikts zwischen der Verwaltung und der Pädagogik, deren maßgebende Persönlichkeiten, also z. B. mich, auch nur einzuvernehmen. Man beruhigte sich bei der Ausflucht, ich wolle eben die ganze Macht an mich reißen, und man könne mir, der ich zwar ein sehr bedeutender Pädagoge

28 Gruppe, Kameradschaft
29 Pioniere

sei, aber ein sehr schlechter Organisator (merkwürdig, als dieselben Leute meiner als Erziehungsreferenten der zionistischen Parteileitung überdrüssig waren, sagten sie es genau umgekehrt), nicht die Verwaltung über 100.000 Kronen monatlich anvertrauen; in Worten Hunderttausend Kronen! Was offenbar dreihundertdreiunddreißigmal mehr ist als dreihundert Kinder. Und das ist wahr, wenn ich schon ein bedeutender Pädagoge bin, bin ich doch kein dreihundertdreiunddreißig Mal so guter Verwalter.

Der schrille Mißton, der an dieser Stelle soeben den ruhigen Verlauf der Darstellung unterbrach, ist das getreue Abbild dessen, was uns während der ganzen Baumgartner Tätigkeit leise begleitend, in dieser Phase laut und vernehmlich, umpfiff. Auch die Kinder hörten ihn; wir haben ihnen bis ganz zuletzt nichts von unseren Kämpfen gesagt, aber sie sahen sie; sie selber hatten bei der Durchsetzung ihrer Pläne, bei der Entwicklung der Schulgemeinde mit denselben Hindernissen zu kämpfen wie wir. Und gerade dies hat vielleicht sehr dazu beigetragen, die Schulgemeinde zu fördern und zu festigen. Die letzten Tage in Baumgarten, so traurig sie waren, so verbrecherisch die Indolenz derer ist, die sie herbeiführten, waren nicht nur Abschluß, sondern Höhepunkt. Die Haltung der Kinder bei der freiwilligen Suspendierung und der späteren Auflösung der Schulgemeinde, ihr klarer Begriff davon, was wesentlich für diese Institution ist, ihr sicheres Erkennen und Ablehnen aller Verwässerungen, Surrogate und Vergewaltigungen, die ihnen zugemutet wurden, zeigt, welches Maß von Gemeinschaftsgefühl, schulbürgerlicher, sozialistischer Affekt- und Intellektbildung, welchen Grad von Aufrechtheit, Selbstbewußtsein und Stolz die Schulgemeinde in ihnen geweckt, erzogen und gestaltet hatte.

All dies über die Schulgemeinde Gesagte gilt in erster Linie für die Altersklassen 11–16 etwa. Die Jüngeren nahmen zwar interessiert an allen Schulgemeinden und ihren Forderungen teil, wenn auch vielleicht ihr Hauptinteresse mehr den Aktualitäten und den Sensationen gehörte: Wahlen, Mitteilungen, Abstimmungen, als den grundsätzlichen Fragen und der steten Entwicklung; aber ich glaube, es war doch deutlich, daß sie von ihr weniger erzieherisch ergriffen wurden als die Älteren. Sie verdanken manche Entfaltung ihres Seins der Schulgemeinde, aber die umstürzende Verwandlung ihrer Rechts-, Gemeinschafts-, Pflichtgefühle und Anschauungen haben sie vom Gericht erfahren, das wieder den Älteren gewiß nicht Farce und Spielerei, aber doch nicht ganz ernstes Erleben war. Die Wirkung des Gerichts war uns selbst ganz unerwartet. Wir dachten es nur als vorübergehende Einrichtung und im Grunde als einen Versuch, der aus der Verlegenheit geboren, oder besser: übernommen wurde; es war uns nichts Geschickteres, nichts Originelleres eingefallen. Wir fürchteten von ihm Angeberei und Feindschaft unter den Kindern. Dies erwies sich aber als gänzlich unrichtig. In den ersten zwei oder drei Verhandlungen waren einige Anklagen und Zeugenaussagen gewesen, die man vielleicht als böswillige Angeberei hätte bezeichnen können; sie wurden aber streng bestraft und kamen nie wieder vor. Mir ist kein einziger Fall erinnerlich, daß Feindschaft unter den Parteien oder gegen Richter und Zeugen aus der Gerichtsverhandlung entstanden wäre. Die allermeisten Anklagen sind übrigens, in der ersten Zeit so gut wie am Ende, nicht von Privatklägern ausgegangen, sondern vom Ausschuß und den Ordnern, die zur Anklage verpflichtet waren, die auch keine andere Möglichkeit hatten, Gesetzesübertretern beizukommen. Und ich halte das für ein sehr ansprechendes Symptom, daß die Ordner immer mehr und mehr die Selbstjustiz aufgaben und in jedem Fall sich ans Gericht wendeten. So gut wie niemals wurden die Ordner wegen einer Anzeige von ihren Kameraden, auch nicht vom Angeklagten, befeindet, wohl aber gab es in der ersten Zeit, als die Ordner recht roh und selbstherrlich waren und sich noch fürchteten, vor Gericht zu „petzen“, manche Mißstimmung.

Der Brief einer angehenden Lehrerin, die im letzten Baumgartner Monat (während meines Krankenurlaubs) sehr viel mit den Kindern beisammen war, die Entwicklung der Einrichtungen aber nicht mit angesehen hat, stehe hier als ein relativ objektives Zeugnis:

„... und da sah ich es plötzlich schon vor mir, so den Ansatz zu etwas ganz Großem, Wunderschönem! Ich erinnere mich, welchen Eindruck die erste Gerichtsverhandlung auf mich machte. Eine Sache, die so leicht in Gschaftigmacherei, Angebertum und, weil von Kindern, Lächerlichkeit ausarten könnte, war hier so etwas Natürliches und Selbstverständliches, als wäre es

Ergebnis der Gerichtsverhandlung vom 13./I. 1920

Name:	Ursache:	Urteil:
Klinger Osias	den Koller geschlagen	verwarnt
Melzer Emil	mit dem Koss Leo geschlagen	1 Woche zuletzt essen
Strauchler Chaim	in der Schule sich unanständig benommen, mit der Steckerl gerauft	2 Wochen Ausgangsentzug, 1 Woche früher aufstehen und sich beim [illegible] zu melden. 1 Woche Fußball zu spielen verboten mit [illegible]
3. Klasse Volksschule Tillemann	3 mal v. Unterricht ferngeblieben [illegible]	2 Wochen Ausgangsentzug & Unterrichtsstunden [illegible]. 1 Woche Fußballspiel verboten
Schifter Simon	3 mal v. Unterricht [illegible]	2 Wochen Ausgangsentzug

Der [illegible]: [illegible]

Der Schriftführer: [illegible]

[illegible] J. Schmuck

38 445

10556

die einfachste Sache der Welt, daß Kinder sich ihre eigenen Gesetze geben und selbst Strafen zuerteilen, wenn sie dieselben nicht befolgen. Und was das Wunderbarste daran ist, daß sie sich auch diesen Strafen mit einer Selbstverständlichkeit und ohne Murren unterwerfen und sie auf sich nehmen, ohne daß es nötig wäre, zu Machtmitteln zu greifen (die in diesem Falle ja eigentlich gar nicht existieren), um die Strafen durchzuführen. Ich sah z. B. den S., einen sehr fleißigen Jungen, welcher sich einen wunderschönen Garten angelegt hatte und noch in drei anderen Gärten mitarbeitete, wie er vier Tage hindurch erst nach allen andern zum Essen ging, weil er sich einen Tee erschwindelt hatte. Wie er sich beschämt an der Wand entlang drückte, als alle zum Essen gingen, und dann geduldig wartete (und er hatte sicher großen Hunger), bis alle fertig waren, und er hineindurfte. Und solche Sachen sah ich häufig. Selbstverständlich auch die Kehrseite, daß jedes dritte Wort mancher Kinder war: ‚Ich zeig' dich an!' Aber die das so oft sagten, waren meist die Feigsten und taten's nie, so daß die Fälle, die vor Gericht kamen, meist wirklich immer wichtige waren. Auch beobachtete ich etwas sehr Merkwürdiges: daß der Angeklagte den Kläger nie haßte; es gab selbstverständlich häufig Tränen, aber trotz der Strafe waren sie nicht böse aufeinander, auch nicht auf die Zeugen, Richter und Geschworenen, wie ihnen überhaupt das Gericht gar nichts Schreckliches war, und die Strafen eine selbstverständliche Abbüßung eines begangenen Unrechts, welches sie auch meistens von vornherein eingestanden. Leugnen gab's sehr selten, und falsche Zeugenaussage oder Verleumdung habe ich überhaupt nicht erlebt. Ich schreibe Ihnen das alles, weil es einen so ungeheuren Eindruck auf mich machte, und weil ich in der Zeit dort war, in der Sie fort waren, und ich glaube, daß es für Sie, da ich nicht die Entwicklung erlebte, sondern schon in etwas Bestehendes kam, Wert hat zu erfahren, welche Wirkung es auf mich machte. Schulgemeinden habe ich nur zwei erlebt. Sie waren unwesentlich, doch eben das Ganze war so etwas Großes, daß es mich wirklich überwältigt hat. Daß z. B. die Kinder zu mir kamen und mir erzählten: ‚Heute haben wir Rechnen bei der Frau Dr. Geiringer gehabt, es war wunderschön!' Ich konnte mich Zeit meines Lebens nicht an eine Rechenstunde erinnern, von der ich das hätte sagen können. Oder daß bei Gericht ein Kind die Strafe bekam, es dürfe dreimal die Unterrichtsstunden der Dr. Geiringer nicht besuchen! Natürlich habe ich oft auch von Kindern Klagen gehört: sie lernten zu wenig (die meisten Kinder hatten einen riesigen Wissensdrang), Kinder hätten gestört und die Stunde sei abgebrochen worden, und die Lehrerin hätte sich mit ihnen auf die Wiese gesetzt, oder so. Das waren aber meist Kinder, die noch kurz draußen waren und denen das zu neu war. Auch sollten sie sich bis zu einem bestimmten Termin auf eine öffentliche Prüfung vorbereiten und mußten auf diese Weise wirklich fürchten, zu kurz zu kommen..."

In den ersten Monaten war das Gericht durchwegs mit typischen Delikten befaßt. Neben kleineren und größeren Ordnungs- und Gesetzesübertretungen waren es vor allem Raufereien der Kinder untereinander – übrigens kamen nur solche zur Anzeige, bei denen es tüchtige Prügel gesetzt hatte; Ehrenbeleidigungsklagen waren sehr selten –, Diebstähle und „Schwindeleien beim Essen". Für die Verbesserung des Verkehrstons hat das Gericht nichts getan; hier wirkten die Kwuzoth. Aber die Diebstähle und das Schwindeln hörten vollständig auf, letzteres freilich erst nach recht langer Zeit, und ganz und gar erst, als es gelungen war, die Verwaltung zu einer gewissen Vermehrung des Essens zu bewegen. Anfangs war für die Kinder Diebstahl nur das Entwenden eines Gegenstandes, der einen individuellen Besitzer und einen bestimmten Wert hatte, und der irgendwie in Verwahrung gewesen war. Nur langsam entwickelte sich in ihnen das Gefühl dafür, daß auch Kämme, Hefte, Menageschalen, ja selbst Holz und Papier, die offen dalagen und dem Heim oder auch niemandem gehörten, nicht angeeignet, nicht zerstört oder verschwendet werden dürften, sondern an ihrem Platz liegen zu bleiben hätten oder beim Fundamt abgegeben werden müßten. Das Schwindeln empfanden sie als ihr gutes Recht, ja sie waren stolz darauf, wenn es ihnen gelungen war, zwei oder mehr Portionen zu erwischen. Auch hier entwickelten sich ihre Gefühle und Anschauungen recht langsam, und es dauerte eine ganze Weile, ehe alle eingesehen hatten, daß es auch dann Recht sei anzuklagen und zu verurteilen, wenn der Täter sich verteidigen konnte: ich habe es ja nicht verlangt, die Schwester stellte mir die zweite Suppe hin, und da habe ich nicht gesagt, daß ich schon eine hatte.

Die Strafen waren wenig mannigfaltig und eigentlich sehr wenig schmerzhaft: Verwarnung, Pranger (Anschrift am Schwarzen Brett), Konfiskation, Ersatz, Ausgangsentzug, Spielverbot, als Letzter essen, Verbot, eine bestimmte Unterrichtsstunde zu besuchen, Ausschluß aus der Schulgemeinde für kurze Zeit; zweimal wurde allgemeiner Boykott verhängt und durchgeführt; dreimal wurde auf Ausschluß aus dem Heim erkannt, und zweimal auch vollzogen. Im Grunde waren diese Strafen an sich unwirksam; und es ist gar kein Zweifel, daß die wenigsten Angst vor den Strafen hatten; sondern sie hatten Angst vor der Verurteilung. Trotzdem empfanden sie es als völlig in Ordnung, daß sie verurteilt wurden; daher wurde fast nie gelogen, die allermeisten gestanden bereits dem Untersuchungsrichter, oft mehr als er wußte und vermuten konnte. Nach jeder Gerichtssitzung wurde, vor allem bei den Kleineren, die wirkende Katharsis bei allen, den Agierenden und den Zuschauern, deutlich empfunden. In jedem typischen Fall wurde nicht nur der

Angeklagte, sondern auch alle Anwesenden, ja die ganze Schule, mit verurteilt, und ein dumpfes Gefühl davon hatte der Angeklagte und wehrte sich daher fast nie gegen den Urteilsspruch. Dazu kam, daß durch die Öffentlichkeit des Verfahrens vollkommen in allen Zuhörern die Illusion hergestellt war, daß sie selbst den Angeklagten und mit ihm sich selbst bestraften. Manche Gerichtssitzung erhielt dadurch auch für uns Erwachsene etwas wahrhaft Erschütterndes. Nicht allein, daß man – wenn es erlaubt ist, so zu sprechen – leibhaftig in den Kindern das Gute wachsen, Antlitz, Stimme, Gang erfassen sah, die Atmosphäre war nach jeder gelungenen Gerichtsverhandlung wie gereinigt durch ein paar Blitzschläge.

Es wäre sehr wichtig und interessant, eine psychologische Aufhellung dieser Wirkung des Gerichts zu geben, ich muß mir dies aber aus manchen Gründen versagen. Es muß genügen, wenn ich andeutend sage, daß das Gericht für die Kinder das wichtigste Mittel war, die ihrem Alter sehr natürliche Wertung, Bewältigung und Ordnung ihrer Triebansprüche zu geben. Das Gericht war für sie das innere Gegenstück zur Schulgemeinde: Ordnung in ihrem Seelenleben, wenn jene Ordnung in ihren äußeren Beziehungen herstellte. Bei mancher Gerichtsverhandlung verstand man das Theater der Antike und Schillers „moralische Anstalt". Rein äußerlich schon war viel „Theater" bei unserem Gericht, und wir brauchten Zeit, um das zu verstehen. Die Wahrheit zu sagen: wir hätten es gern anders gehabt, aber wir ließen die Kinder anfangs gewähren, ohne sie zu verstehen, wenn die Stühle in Theaterordnung gebracht wurden, der Gerichtstisch wie eine Bühne hergerichtet wurde, die Kinder während dieser Vorbereitungen vor der Saaltüre warten mußten, endlich von den Ordnern eingelassen wurden, und jedes seinen ihm bestimmten und von ihm eifersüchtig bewachten Platz einnahm, und erst, wenn alles ruhig dasaß, der Gerichtshof erschien, und dann recht formenhaft die Verhandlung sich abspielte. Es war für sie wirklich Tragödie im griechischen Sinne; sie verließen sie gereinigt und geläutert, weil sie ihr eigenes Triebleben im Angeklagten bestraft hatten.

V. Die Gemeinschaften

An mehreren Stellen mußte erwähnt werden, daß wir die Kinder als sehr energische und sehr kluge, aber als ebenso rücksichtslose Egoisten übernommen hatten. Es wurde erzählt, wie sich dieses Charakterbild der Kinder langsam, in gewissen Etappen, veränderte, und daß wir in der Schule gewiß keine reinen Engel der Menschenliebe, aber immerhin Kinder, die Liebe kennen und bewähren, zurückgelassen haben. War früher jedem nur er selbst Objekt fürsorglicher und inniger Liebe gewesen, so hatte schließlich fast jedes Kind außerdem einen der Erwachsenen, einige Kameraden und etwas sehr Zusammengesetztes und Unklares, es mag nun Schulgemeinde, Histadruth oder Kwuzah heißen, jedenfalls etwas Überpersönliches und Soziales, an das ein gut Stück positiver Affekte gebunden war, dem mancher selbstlose Gedanke, manche aufopfernde Tat und vor allem eine Fülle von Liebe galt.

Soll dieser Zustand und die Veränderungen, die zu ihm geführt haben, demjenigen verständlich gemacht werden, der ihn nicht mitangesehen hat, so bedarf es einer kleinen eingeschobenen allgemeinen Bemerkung. Die „neue Erziehung“, von der in dieser Schrift die Rede ist, läßt sich von einem Standpunkt aus als sozialistische bezeichnen, von einem andern würde sie die wissenschaftliche heißen müssen. Und zwar bezeichnen beide Worte nicht einen erreichten Zustand, sondern eine Richtung. Der neue Erzieher unterscheidet sich auch darin sehr wesentlich vom alten, daß er mit kritischer Beobachtung seine eigenen Maßregeln, ihre Wirksamkeit oder Nutzlosigkeit ebenso beobachtet wie das spontane Wachsen und Sich-Entwickeln der Kinder. Da sich ihm gleicherweise aus kulturellen wie aus pädagogischen Gründen die Überzeugung davon gebildet hat, daß jene Lehre, die unter dem schönen Namen Pädagogik in etlichen zehntausend Büchern abgehandelt wird, falsch, mindestens nicht genug richtig ist, sucht er nach neuen festen Prinzipien seines Meinens und Verhaltens. Neue Prinzipien, die er von vornherein nicht auf dem schwanken Grund aufbauen möchte, der bisher das Luftgebäude der Erziehungslehre trug: das unkontrollierte Meinen von – und wären es noch so geniale – Philosophen und Ethikern, sondern auf die gesicherten Ergebnisse wissenschaftlicher Forschung über das Kind, den Jugendlichen, den Erzieher und die Erziehungsmaßnahmen. Dabei findet er sich aber in einer überaus mißlichen Lage. Er ist wie einer, der statt einer morschen Holzbrücke einen Eisenbau über den Fluß legen sollte, aber keinerlei wirkliche Kenntnisse von der Natur des Eisens, seiner Tragfähigkeit, seinen Konstruktionsfähigkeiten, seiner Dauerhaftigkeit hätte. Denn die mancherlei wissenschaftlichen Erkenntnisse, die wir über das Kind und die Pädagogik von der – noch sehr jungen und unsicheren – Kinderpsychologie und Experimentellen Pädagogik besitzen, beziehen sich fast ausschließlich, wenigstens gerade dort, wo sie reich und gesichert sind, auf das intellektuelle Leben des Kindes und auf den Unterricht.[30] Die eigentliche Erziehung aber, die wir sozialistischen jüdischen Erzieher zu leisten haben und die auch uns jungen Leuten in Baumgarten aufgetragen war, ist Bildung der Affekte und Triebe. Wir hätten daher völlig im dunkeln bleiben müssen, wenn wir nicht in der Freudschen Psychologie, der einzigen, die ernsthaft, grundlegend und empirisch die Trieb- und Affektlehre behandelt, einen Führer gehabt hätten, der uns wenigstens mit Blitzlichtern streckenweise und auf Minuten die völlige Gedankenfinsternis soweit erhellt hätte, daß wir nicht ganz darauf verzichten mußten, unser instinktives pädagogisches Tun und Nichttun – es bleibt instinktiv, auch wenn es hier eine sehr verehrungswürdige Tradition der guten, neuen Erziehungseinstellung gibt, die durch Namen wie Plato, Fichte, Tolstoj, Wyneken, Otto, Montessori, Hall[31] angedeutet sei, da alle diese nicht-wissenschaftliche Erzieher oder erste Bahnbrecher des wissenschaftlichen Tuns in der Erziehung sind – mit einiger Empirie in Einklang zu bringen, an ihr zu richten und zu kontrollieren. Es haben sich dabei die aus ganz anderen Realitäten geschöpften Lehren der Psychoana-

---

30 Bei der Kinderpsychologie und Experimentellen Pädagogik bezieht sich Bernfeld in der Regel auf die Werke von William Stern und Ernst Meumann. – Zu Meumann vgl. Bernfeld in seiner Dissertation im 1. Band dieser Werkausgabe, S. 43ff.

31 Die Jugendkunde von George Stanley Hall ist für Bernfeld grundlegend; vgl. seine Dissertation im 1. Band dieser Werkausgabe, S. 43ff.

lyse so wunderbar an den Tatsachen bewährt, die uns vor Augen gestanden haben, daß auch die Zweifler oder Gegner unter uns zur unumstößlichen Einsicht gelangt sind: keine „neue Erziehung" ist möglich ohne Aufbau auf den Grundlagen der Freudschen Psychologie. Wenn ich nun von der Entwicklung des Gemeinschaftslebens – und wäre es auch nur so kurz, wie es der Rahmen dieser Schrift gebietet, und so oberflächlich, wie unsere kurze Beobachtungszeit es erzwingt – spreche, so kann das nicht geschehen, ohne die Tatsachen unter dem Gesichtswinkel der psychoanalytischen Erkenntnisse zu ordnen. Und dies führt einen schweren Nachteil mit sich. Die Psychoanalyse ist eine Wissenschaft, d.h. sie hat ihre Voraussetzungen, ihre Methode und ihre Nomenklatur, die nur dem wirklich verständlich sein können, der sie gründlich studiert hat. Dies ist bei den wenigsten Lesern zu erwarten. Dennoch seien auf den folgenden Seiten einige Sätze in „psychoanalytischer Sprache" niedergeschrieben. Vielleicht sind sie dem Erzieher, der sie nicht versteht, Anlaß, sich das Verständnis zu erwerben, anstatt die Ergebnisse abzulehnen.

Wir können nun versuchen zu formulieren, was den Kindern von Anfang an fehlte und was ihnen trotz aller kindhaften Lieblichkeit das Gesicht des Verkrampften, Boshaften, Geschlagenen, Gemeinen gab: Sie waren alle ohne Eltern, im psychologischen Sinn, sie hatten keine oder nur sehr schwache und vorübergehende Fixierung ihrer infantilen Libido an ihre Eltern, die Urbilder aller späteren Liebesobjekte, vorgenommen. Ihre Libido war fast ganz und gar narzißtisch geblieben, die Ichtriebe, den Egoismus dicht umspinnend, ihn zu der ganzen Triebmacht steigernd, die sonst verteilt ist auf Ich und Du. Obgleich sie dem Alter nach längst aus der analen, sado-masochistischen infantilen Periode hinausgewachsen waren, waren diese Partialtriebe schlecht oder gar nicht verdrängt und lebten sich ungehemmt oder nur wenig geschwächt in ihrem ganzen Verhalten zur Außenwelt aus. Für geistige Interessen war demnach keine Kraft zur Sublimierung frei. Das Ich war arm an Inhalten, ausgefüllt von primitiven Bedürfnissen. Wenn sonst die Libido weitgehend alle Lebensäußerungen bestimmt, vom Ich her gestaltet, war es bei ihnen umgekehrt; sie liebten sogar in der Form des Hassens, der Überwältigung. Dabei war eine sehr merkwürdige Spaltung eingetreten, dem Erwachsenen und der Welt gegenüber waren sie masochistisch eingestellt, mit übrigens sehr schwachen Objektfixierungen (auf die geringste Veränderung oder Beleidigung antworteten sie mit völliger Abziehung von Libido, mit halluzinatorischer Wunscherfüllung). Den Kindern gegenüber waren sie schrankenlos sadistisch. Kinder solcher Konstitution sind unerziehbar. Die Erziehbarkeit reicht gerade so weit, wie die Übertragung reicht, also so weit, wie die Außenwelt, insbesondere der Erzieher, libidinös besetzt wird. Ich habe schon oben erzählt, wie dieser Zustand langsam eintrat, wie die Kinder von ihrer pathologischen Struktur geheilt wurden. Die Schulgemeinde hat dabei eine sehr wichtige Rolle gespielt: Sie erweiterte zunächst das Ich jedes einzelnen zu einer Art Gesamt-Ich, dem nun die narzistischen Energien zugeführt werden konnten, wobei sich die Verknüpfung von Ich-Trieben und Libido lockern mußte und ein Betrag der letzteren frei wurde für Objektbesetzungen. Es ist bezeichnend: Während es keine individuellen Ehrenbeleidigungsfälle vor Gericht gab, wurde Beleidigung der Schulgemeinde angezeigt und streng bestraft. Das Gericht bot den sadomasochistischen Trieben neue, edlere Objekte und zwang zu Verdrängungen und Sublimierungen; und die leidenschaftliche Art, mit der die Kinder begannen, „Ordnung" zu machen, war die erste sehr gut gelungene, allgemeine Sublimierung dieser Komponente. Aber das Gesamt-Ich „Schulgemeinde" war zu groß, zu mannigfaltig, zu heterogen zusammengesetzt, als daß alle seine Teile gleichmäßig hätten besetzt werden können, d. h. da auf dem Umweg der erweiterten Selbstliebe alle Teilglieder der Schulgemeinde, all ihr Besitz mit Fremdliebe hätte erfaßt werden können.

Hier setzte nun die Wirksamkeit der Kwuzoth (Kameradschaften) ein.

Wir hatten zuletzt die folgenden Kwuzoth: (1) die *Histadruth Haschotrim*, den Wächterbund, aus mehr als 20 Knaben bestehend; (2) die *Histadruth Haawodah*, den Arbeitsbund, dem die älteren Mädchen angehörten; (3). die *Kwuzah Achwah*, Brüderlichkeit, aus 12 Knaben und Mädchen bestehend; (4) die *Kwuzah Ahawah*, Liebe, aus 10 Knaben gebildet; (5) die Mädchen der Baracke 29, die sich um Schwester Judith sammelten; (6) die älteren Knaben und Mädchen, Jugendlichen und Pädagogiumshörer, die wöchentlich ein- bis zweimal abends sich in meinem Zimmer um mich versammelten; (7) eine Gruppe von vier bis fünf kleinen Mädchen, die sich um eine Elfjährige gruppierten; schließlich Ansätze zu Kwuzoth, die sich mehrfach bildeten, deren Entwicklung aber durch unseren Abgang jäh unterbrochen wurde.

Von allen diesen Gruppierungen war die älteste, bestorganisierte und zweifellos für die ganze Schule bedeutendste die Histadruth Haschotrim. Ihr „Manhig" (Führer) Wilhelm Hoffer hat sie in einer gründlichen, wissenschaftlichen Monographie beschrieben, die demnächst erscheinen wird[32]; ich kann mich also ohne Sorge dem Zwang fügen, in dieser Schrift nur das Nötigste und Oberflächliche kurz zu berühren.

Die Histadruth ist entstanden, wie alles, was in Baumgarten wesentlich war, durch ein inniges und langsames Zusammenwachsen unserer Absichten und der Wünsche der Kinder. Von Anfang an wollten wir eine gut disziplinierte, kleine Gruppe der Knaben bilden, die für Bewachung, schwerere Hilfsarbeiten in der Verwaltung, für Botengänge, Aufsicht und dergleichen zur Verfügung stünde. Natürlich hätte dies bloß der äußere Rahmen sein sollen und dürfen. Wir überlegten zuweilen, wie das zu „machen" wäre, und kamen zum Ergebnis, zu warten, höchstens einmal zu gegebener Stunde mit dem einen oder dem anderen von einer solchen Institution zu sprechen. Und das geschah auch zuweilen. Wenn ich z. B. abends mit einigen an dem Ofen saß und sie zwischen Singen und Plaudern äußerten, dies oder jenes solle ihnen angeschafft werden, so sagte ich manchmal, das wäre wohl schön, sie sollten es sich doch selber machen. Und so ähnlich verfuhren auch die anderen Lehrer. Aber es wurde nichts. Es kam von einer ganz anderen Seite. Es war eine Turnerriege gegründet worden. Der Andrang war sehr groß, besonders von den Kleinen, da wünschten die Größeren und im Turnen bereits von früher Geübten eine eigene, eine Vorturnerriege. Diese wurde gleich eingerichtet.

32 Wilhelm Hoffer: Ein Knabenbund in einer Schulgemeinde. In: Siegfried Bernfeld (Hg.): Vom Gemeinschaftsleben der Jugend. (Quellenschriften zur seelischen Entwicklung, Bd. II.) Leipzig/Wien/Zürich 1922, S. 76–144. (Reprint in Band 4 dieser Werkausgabe.)

Indessen war die Schulbaracke fertig gebaut worden. Die Kinder brannten damals darauf, in ihr Unterricht zu erhalten. Die wenigen Arbeitskräfte, die uns zur Verfügung standen, waren überlastet, und die Einrichtung und Übersiedlung hätte längere Zeit gedauert. Da beschlossen die Vorturner, die Sache selbst und sofort in die Hand zu nehmen. Die Arbeit wurde gemeinsam überlegt, eingeteilt und durchgeführt. Sie war nicht leicht und wurde von ihnen klaglos geleistet. Es gefiel ihnen sehr. Und aus den Gesprächen dieses und des folgenden Tages entstand unter den Arbeitenden die Idee eines „freien Hilfsbataillons". Einer meinte, daß ihnen besondere Ehre gebühre, weil sie diese Arbeit allein geleistet hätten. Und das war entscheidend. Die Affekte waren durchgebrochen und hatten ein Ziel gefunden. In wenigen Tagen wurden die Grundeinrichtungen geschaffen (und zwar von den Kindern und zwei Erwachsenen), die im wesentlichen bis auf heute bestehen blieben: der hebräische Name, die Abzeichen (blauweißes Band, Pfeife mit Schnur, Taschenlampe für den Führer), eine Art militärischer Disziplin, Ehr- und Korpsgeist, Romantik, Arbeiten und Übungen. Zwei Manhigim (Führer), Wilhelm Hoffer und Gerhard Fuchs[33], wurden gewählt; ein Schreiber B., 15 Jahre alt. Jeden Abend wird der Dienst eingeteilt. Einer übernimmt das Amt des Machris, des Rufers; er läutet die Tagwache und die wichtigen Stunden; führt die Patrouillen, die abends, wenn die anderen schon schlafen, ums Lager streifen und Lichter auslöschen, Türen und Fenster schließen und dergleichen; er hat acht auf die unseren Grund verlassenden Personen, visitiert ihr Gepäck, beobachtet sie, begleitet Gäste und gibt ihnen Auskunft. Sein Dienstabzeichen ist außer der Armbinde und Pfeife ein Stock. Unter seinem Kommando steht eine kleine Bereitschaft. Übersiedlungen, Botengänge und dergleichen werden ebenfalls abends eingeteilt. Vom Manhig wird geheim ein Buch der Leistungen geführt, man unterscheidet Leistungen, Werke, Taten. Belohnungen gibt es keine; nur Samstag abends wird das Buch der

---

33 Vgl. von Gerhard Fuchs den Beitrag: Ein Schülerverein. In: Siegfried Bernfeld (Hg.): Vom Gemeinschaftsleben der Jugend. (Quellenschriften zur seelischen Entwicklung, Bd. II.) Leipzig/Wien/Zürich 1922, S. 58–75. (Reprint in Band 4 dieser Werkausgabe.)

Leistungen vor versammelter Histadruth verlesen. Die Kinder selbst führten die Bezeichnung ein: „Leistungen mit gutem Ton“, „Leistungen mit schlechtem Ton“. Es entsteht ein sehr starkes Solidaritätsgefühl, der Begriff einer Ehre der Histadruth: Wer vor Gericht bestraft wird, wird überdies auf bestimmte Zeit aus der Histadruth ausgeschlossen, die allabendliche Zusammenkunft zum „Befehl“ dient auch als internes Gericht des Bundes. (Natürlich straft nicht der Manhig, sondern die Gesamtheit der Schotrim. Man darf überhaupt beim Wort „Befehl“ nicht an Militär denken. Von dieser Institution wurde, außer manchen Bezeichnungen, nichts als stramme, aber freiwillige Disziplin, Geländeübungen, Turnen, von den Schotrim Exerzieren genannt, übernommen.) Bald gab es Neuaufnahmen, bei denen sehr penibel vorgegangen wurde. Später wurde ein zweiter Zug eingerichtet, in den die Probe-Schotrim eingereiht wurden, und in dem sie ein paar Probewochen zu absolvieren hatten. Das Ansehen, das die Histadruth genoß, war außerordentlich; sie waren so lange die eigentlichen Träger der Heimordnung und des Heimgeistes, bis die Schulgemeinde sich zu der geschilderten Höhe entwickelt hatte, dann traten die Schotrim ihr und den anderen Kwuzoth gegenüber mehr in den Hintergrund, aber sie hatten den Hauptanteil an jener Entwicklung und waren bis zur letzten Stunde von Bedeutung. Die Schotrim zeigten, was Pflichterfüllung ist, und schufen den Begriff der „Ehre zu arbeiten“. Von diesen psychologischen Kräften, die in ihr [der Histadruth] entstanden und über sie hinaus auf die ganze Schule wirkten, abgesehen, muß gesagt werden, daß sie auch objektiv sehr wertvolle Dienste leistete.

Aber die Histadruth war viel mehr als eine Arbeitsvereinigung: Sie war durchpulst von Freundschaft und Liebe, und das war ihre affektive, ihre pädagogische Leistung; zunächst wurde auch sie zu einem wichtigen Mittel der Sublimierung von sado-masochistischen Triebanteilen. Die ursprüngliche „Blutrünstigkeit“ der Geländespiele verfeinerte sich nach und nach – nicht bei allen und nicht bei allen gleich schnell und gleich tief – im Streben nach körperlicher Tüchtigkeit, Geistesgegenwart, Geschicklichkeit, Beobachtungsgabe und dergleichen. Der Machtbesitz wurde nach und nach und zwar sehr deutlich zu einer schönen Art Ritterlichkeit. Freilich, gerade in dieser Beziehung haben wir das Schlußresultat nicht mehr gesehen; denn erst im letzten Monat begannen diese Sublimierungen umfänglich und deutlich zu werden. Noch wichtiger ist aber vielleicht die Tatsache, daß sich ein sehr deutliches Gesamt-Ich „Histadruth" bildete, dem ein großer Betrag narzißtischer Libido zugeführt wurde, die hier im engeren Rahmen zu einer sehr tiefen Fixierung an die Teile des Gesamt-Ichs führte, an die Manhigim und an die Chawerim-Kameraden. Damit war starke homoerotische Freundschaft und Übertragung an Erwachsene gelungen. Die homoerotische Komponente spielte nicht nur in der Histadruth, sondern im ganzen Leben der Kinder eine bedeutende Rolle. Offenbar geht der Weg vom Ich zum Du sehr oft über den Freund, in dem noch ein gut Stück des eigenen Ich geliebt wird; aber im Unterschied zum Narzißmus doch schon an einer Individualität außer dem Ich. Diese Tatsache hat bei uns zu mancherlei Kämpfen zwischen Knaben und Mädchen geführt, bei denen die Knaben ausnahmslos, wenigstens primär, die Aktiven, Aggressiven, waren. Sie haben oft verlangt, daß die Mädchen aus diesem oder jenem Raum, bei der und jener Gelegenheit, ja selbst aus dem Heim überhaupt ausgeschlossen werden. Die Mädchen waren dabei stets in der Verteidigung; manchmal führten sie sie offensiv. Diese Kämpfe wären zweifellos mit der Zeit sehr viel stärker geworden und hätten sehr fruchtbar auf die affektive Entwicklung eingewirkt.

Die Eroberung des Du war ganz allgemein jene pädagogische Funktion, die die Kwuzoth in engem Rahmen leisteten. Ihre Geschichte und ihre Tätigkeit ist nicht gleichartig. Nur darin waren alle gleich: Äußerlich bestanden sie aus einigen wenigen Kindern und je einem Erwachsenen als Führer (bis auf den merkwürdigen Bund der kleinen Mädchen, der in seiner affektiven homoerotischen Struktur ein volles Gegenstück, ja ein Protest gegen die Schotrim war); äußerlich waren die Formen bei allen die gleichen: man kam regelmäßig zusammen und besprach alle möglichen Fragen, las auch zusammen dies oder jenes Buch, sprach Hebräisch, sang und spielte. So lernten die Kinder die Grundlagen des sozialen Seins in ihrer kleinen Kwuzah: die Liebe zum Chawer[34]

34 Genosse, Freund

Mensch, Liebe, die rational keinen anderen Grund hat als den, er gehört in meine Kwuzah, und die die egoistische Wurzel jeder Liebe zwar noch deutlich zeigt, aber schon über sie hinausweist.

Aus dem Leben in den Kwuzoth seien hier ein paar Einzelzüge, die aus den Berichten der Führer (hauptsächlich von Joel Fuss und Jizchak Mendelssohn) entnommen sind, als Beispiel, Illustration und Beleg mitgeteilt:

„...seit der letzten Besprechung der Roschei-Kwuzah (Kameradschafts-Führer) habe ich in dieser Hinsicht wichtige Erfahrungen gemacht. Anfangs ging ich von dem Bestreben aus, den Kindern gewisse Kenntnisse auf dem Gebiet der jüdischen Geschichte beizubringen oder sie durch Geschichten-Erzählen und Singen zu unterhalten und zu belehren. Jetzt habe ich in das Zentrum der Sichoth (Zusammenkünfte) das wirkliche Leben der Kinder gestellt, und es entwickelte sich eine Reihe von Sichoth, die schon darum interessant und fruchtbar waren, weil sie von der Wirklichkeit handelten. Ich erklärte ihnen, daß die Kwuzah der einzige Ort ist, wo man Geheimnisse erzählen kann, wo man sich berät und bin auch mit dem Beispiel vorangegangen... Als wichtigster Gegenstand der Besprechungen gilt das Verhalten der Kinder (unserer Kwuzah) untereinander. Alle Streitigkeiten, die während des Tages vorkamen, wurden abends besprochen... Wir sprachen auch oft über die Zukunft Palästinas, über Genossenschaften, Sozialismus und über Kunst... Es hilft einer dem anderen auf ganz brüderliche Weise. Ja, es herrscht sogar eine Art Kwuzah-Chauvinismus, der vorläufig meiner Meinung nach nicht schadet... Wer der Kwuzah beitreten will, muß sich einer strengen Probewoche unterziehen, in der er mit allen Kameraden gut leben muß, denn bei der Abstimmung über seine endgültige Aufnahme darf niemand dagegen sein... Wir haben auch eine eigene Sparkasse, in der bereits 35 Kr. sind... Da aber ein Fußball 300 Kr. kostet, haben wir beschlossen, durch Arbeit im Heim (Werkstatt und Steine ausheben) diesen Betrag zu verdienen..."

„Nach der Lektüre der Erzählung ‚Der Löwe' von Nordau[35] entwickelte sich eine regelrechte Diskussion, die zwei Stunden dauerte und an der alle ohne Ausnahme teilnahmen. Sie kamen zur einstimmigen Feststellung, daß der freie Wille das höchste im Leben sei... Wir sprachen öfter von Religion... öfter über Palästina, und alle erklärten begeistert, wenn sie groß werden, würden sie nach Palästina als Erdarbeiter gehen... Nach einer Besprechung über Arbeit, Privateigentum, Krieg und Philanthropie wurde beschlossen, sich an die Schulgemeinde mit der Mitteilung zu wenden, wir wollten nichts umsonst haben, und würden von nun an im Heim arbeiten..."

„Wir kamen dazu, unsere Kwuzah als ‚Geheimbund' zu erklären; so sagten es die Kinder, denn im Geheimbund darf man alle Geheimnisse von sich und

---

35 Max Nordau (1849–1923), kulturkritischer Dichter und Essayist; Sozialist und Darwinist; neben Theodor Herzl der bedeutendste Zionist um die Jahrhundertwende. Die Erzählung „Der zahme Löwe" findet sich in der Sammlung „Märchen. Seiner Maxa von ihrem vierten bis zu ihrem siebenten Jahr erzählt" von Max Nordau (2. Auflage Berlin 1924, S. 165–173).

den anderen erzählen... Unter den Kindern war ein 9jähriges Mädchen J. L., die durch ihren 11jährigen Freund H. in die Kwuzah kam, ich dachte mir, H. mache es nur aus Mitleid, um sie vor Angriffen anderer Kinder zu schützen. Denn sie konnte sich mit den Kindern nur schlecht vertragen. Bei uns wurde sie aber einstimmig aufgenommen. Ich glaube mehr ihm zuliebe, den sie sehr gern hatten, als ihr. Sie hatte auch zu wenig Verständnis für unsere Angelegenheiten. So war die J. bei uns ungefähr zwei Monate, als sie nach Holland fuhr. Einmal bemerkte ich, wie H. eine Karte bekam; ich fragte ihn, von wem sie sei, er errötete und wollte mir die Karte nicht zeigen. Erst nach längerem Bitten zeigte er mir die Karte von der J., seiner Freundin. Ich bat ihn, mir von dieser Freundschaft Näheres zu erzählen, ich versprach auch strengste Diskretion, aber umsonst. Ich erklärte ihm, daß es für ihn gut wäre, bei einer älteren Person in dieser Angelegenheit Rat zu holen, er schwieg und ging fort, kam aber nach einer Weile zurück. Ich bemerkte gleich, daß er mit der Absicht, sich mir zu vertrauen, zurückkam. Er erzählte mir, daß er die J. vor einem Jahr, am ersten Tag, gleich als er sie erblickte, lieb bekam. Er erklärte sich ihr durch ihren Bruder (mit dem er wie mit einem eigenen Bruder lebt), und als sie ‚ja' sagte, sprach er mit ihr oft über ihre Zukunft, ging mit ihr jeden Abend spazieren, kurz, er betrachtete sie als seine Braut. ‚Nicht nur deshalb, weil sie schön ist, sondern alles an ihr gefällt mir.' ‚Sie ist eben wie ein Weib sein soll.' ‚Ich muß dir sagen, die Schönheit hat mich auch ein bisserl gereizt'. ‚No, was sagst Du dazu? Ich bin ein gemeiner Kerl.' ‚Ich sag Dir aber, entweder ich heirate die oder gar keine.' Ungefähr so sprach der junge ‚Liebhaber' zu mir. Er vertraute sich mir nur deshalb, um mein Urteil darüber zu hören. Ich aber konnte nichts anderes als diese Kinderliebe billigen..."

„...wir haben auch Feindschaft in unserer Kwuzah. Ich will einen Fall hervorheben, der charakteristisch ist. Schon bei der Bildung der Kwuzah kamen zufällig Salomon und Gustav in die Kwuzah, ohne daß ich darauf geachtet hatte, daß sie seit mehr als einem Jahr miteinander bös sind. Erst später bemerkte ich, daß sie miteinander nicht verkehren; ich suchte sie bei jeder Gelegenheit zu einer Aussöhnung zu bringen, aber beide leisteten heftigen Widerstand. Besonders Salomon, der mir die Ursache des Bösewerdens erklärte. Und zwar: Gustav hätte ihn bei einer Familie vertratscht. Es kam noch hinzu, daß Salomon von Natur aus sehr ehrgeizig ist, so verharrte er standhaft, trotz aller Mühe, bei seinem Bössein. Feindliche Gefühle hatte er keine mehr. Bei Gustav war es natürlich leichter. Er fühlte sich innerlich schuldig, konnte sich aber nicht so weit erniedrigen, seinen Gegner um Verzeihung zu bitten. Eines Tages kam ein neuer Chawer in die Kwuzah, diesem fiel es ein, die Versöhnung herbeizuführen. Er erzählte mir von seinem Vorhaben, ich riet ihm davon ab. Als ich aber eine Stunde später zum Essen kam, da sitzen die ehemaligen Feinde Arm in Arm. Ich fragte, wie es dazu kam, es wurde mir erzählt, daß Salomon dem Gustav zuerst die Hand gereicht hatte..."

Die Kwuzoth erzeugen eine pädagogische und soziale Schwierigkeit, die durch sie selbst nicht leicht überwunden werden kann. Es stellt sich nämlich, wenigstens andeutungsweise, ein Zustand her, der ein Analogon in primitiveren Gesellschaftszuständen der Menschheit hat. Die Kwuzoth stehen einander in gewissem Sinn und Maß feindlich gegenüber. Wenn in ihnen Gemeinschaftsgefühl und Liebe bereits einen ziemlich hohen Entwicklungsgrad erreicht haben, so sind die Beziehungen zwischen ihnen doch noch sehr wenig kultiviert. Die Genossen der Kwuzah stehen füreinander ein, bringen füreinander Opfer, es herrscht in ihnen eine Art sozialer Ethik; diese gilt aber nicht für die Fremden, sie sind „Gojim", „Barbaroi", und stehen außerhalb des Sittengesetzes. Bei uns war dieser Entwicklung durch die alle zusammenfassende Schulgemeinde die Spitze abgebrochen. Sie war aber dennoch deutlich, wenn z.B. die Genossen einer Kwuzah das Schwindeln beim Essen eine Zeitlang für erlaubt erklärten, falls nicht jeder für sich, sondern für die Kwuzah schwindelte; wenn die Schotrim und andere Gruppen immer wieder Räume für sich verlangten, die die anderen nicht betreten dürften, und dergleichen mehr. Hier nützt natürlich kein Predigen, denn das Entscheidende ist dabei nicht die intellektuell-logische Inkonsequenz des sittlichen Menschen, sondern die in diesem Zustand sich ausdrückende Entwicklungsstufe der Triebe und der Affekte. Die narzißtische Besetzung ist noch nicht weit genug von ihrem Ursprung, dem eigenen Ich, vorgeschritten, sie hat noch nicht zur Verallgemeinerung „Mensch" sich sublimiert, sondern sie hält noch bei den narzißtisch-homoerotisch besetzten Chawerim. Wir haben aus mancherlei Gründen die Überwindung dieses Zustandes nicht deutlich beobachten können, aber ich glaube doch sagen zu können, daß insbesondere eine Einrichtung in dieser Richtung eine wichtige Funktion im System der „neuen Erziehung" spielen wird: die Feste.

Es gab in Baumgarten viermal richtige Festtage: Geburtstag der Leiterin, Chanukka, Purim und Pessach[36]. Channukah und Pessach wurden offiziell, und zwar von der Verwaltung, gefeiert; auch unter unserer Mitwirkung, weil wir uns dem nicht entziehen konnten, aber im Geschmack der Verwaltung und mit den Kindern als Objekten, als Akteuren und als Zuschauern, freilich als Zuschauern zweiten Ranges, denn eigentlich war das Ganze für die P.T.[37] honorabilen Gäste gemacht. Potemkinsche Dörfer: Sauberkeit,

---

36 Lichter-, Passah-, Freuden-Fest

37 Abkürzung für „pleno titulo" (mit vollem Titel) bzw. für „praemissis titulis" (mit vorangeschickten Titeln in der Anrede).

wohlige Wärme, gute Kleider, reichliches Essen; viel Blauweiß, Magen David[38], hebräische Dressur in Freiheit vorgeführt, kurz, jüdischnational bis in die Tischdecken (die noch am gleichen Abend ins Magazin verschwanden und trotz der Bitten der Kinder erst am nächsten Festtag wieder aufgelegt wurden). Aber sogar diese Feste waren durch die Lust der Kinder zu agieren, in *eine* große, frohe, sich zeigende und schauende Gemeinschaft zu verschmelzen, nicht ganz um ihren Wert zu bringen. Was aber solche Gesamtheitsfeste sein könnten, zeigten die zwei spontanen Tage, das Geburtstagsfest – bei dem übrigens die Huldigung nur die Gelegenheit war, die die durchbrechenden Affekte sich nicht rauben ließen – und Purim. Diese fieberhafte, ernste, leidenschaftliche und schöpferische Tätigkeit der gesamten Schule, in *einem* Ziel verbunden, und am Festtage in *einem* Affekte kulminierend! An diesen Fest- und Vorbereitungstagen spürte man mit äußerster Lebhaftigkeit: hier ist *eine* Schule; da waren fast die Individualitäten der Kinder und Gruppen aufgegangen im gemeinsamen Tun und Erleben.

Noch ein halbes Dutzend solcher Gestaltungen, und Baumgarten hätte einen Stil gehabt, einen jüdischen, sozialistischen, kindlich-jugendlichen – was der jüdischen Jugendbewegung in zwanzig Jahren nicht gelungen ist. Es ist die Schuld der Verständnislosigkeit der Verwaltung, daß wir nicht häufiger solche Ereignisse zulassen oder anregen konnten. Die psychologische Wirkung solcher Feste ist noch kaum untersucht, aber mir will scheinen, daß sie nicht schwer verständlich ist; sie dürften ihren wesentlichen Wert daher bekommen, daß sie narzißtische Gesamtheits-Akte sind und so dem verhältnismäßig affektarmen Gesamt-Ich der Schule neue starke Quantitäten und Besetzungen zuführen. Dies ließ sich deutlich an den „internen Festen“ mit Sang und Tanz beobachten, die besonders von den kleineren Mädchen oft und lebhaft gefeiert wurden.

38 „Davidschild“, Davidstern

VI. Der Unterricht

Bisher war die Rede von jenen Gebieten unserer Erziehungstätigkeit, auf denen wir mehr oder weniger deutliche Erfolge aufzuweisen haben, auf denen uns manches gelungen ist, das künftighin im jüdischen Erziehungswesen wird berücksichtigt werden müssen, und das für die Pädagogik überhaupt, wenigstens als Bestätigung, einen gewissen Wert beanspruchen kann. In den nunmehr folgenden zwei Abschnitten, die den Unterricht und die jüdische Erziehung behandeln, habe ich die Aufgabe, über völlig Unfertiges zu berichten. Es geschieht dies einerseits aus dem Gefühl der Verpflichtung heraus, einigermaßen vollständig zu erzählen, andererseits weil ich meine, daß auch aus dem Unfertigen oder selbst Mißlungenen die eine und andere Erfahrung gezogen werden kann.

Hätte ich in allen Stücken völlig unabhängig, von keinerlei Rücksichten bestimmt, an keinerlei Tatsachen in Kindern und Lehrern gebunden, unser Heim einrichten können, so hätte es in ihm keinerlei „Schule" gegeben. Die Kinder hätten genau das, gerade dann und genau soviel gelernt, als sich aus dem ständigen Verkehr zwischen ihnen und uns Erwachsenen für sie ergeben hätte. Zwei Momente waren aber von Anfang an entscheidend, so daß dieser mein Wunsch auch nicht eine Stunde lang, auch für mich selbst nicht, zu ernsthafter Erwägung stand:

(1) Niemand konnte wissen, wie lange die Kinder oder einzelne von ihnen bei uns bleiben würden, und wir vermochten die Verantwortung für die Schwierigkeiten nicht zu übernehmen, die sie nach radikaler Durchsetzung meines Wunsches beim Übergang in eine andere Schule zweifellos haben würden.

(2) Manche unserer Lehrer, und gerade die didaktisch erfahrenen, wirkten nur nebenberuflich an unserer Schule – das *Joint* konnte sich nicht entschließen, eine bürokratische Formalität zu überwinden und die Lehrer nicht für je einen Monat, sondern für ein Jahr zu engagieren.

So stand von vornherein fest: Wir würden eine „Schule" haben, die einen Lehrplan und bis zu einem gewissen Grad sogar einen Stundenplan einhalten würde. Als Lehrplan legten wir den der neugegründeten deutsch-österreichischen Staatserziehungsanstalten zu Grunde; richteten demnach eine achtklassige Einheitsschule ein, deren Unterstufe den ersten vier Volksschulklassen, deren Mittelstufe den ersten vier Jahrgängen der Staatserziehungsanstalten entsprach. Wir kürzten die meisten Gegenstände in ihrer staatlich festgesetzten Stundenzahl, was wir ohne weiteres wegen der kleinen Klassen, die sich bei uns ergaben, und bei Einführung eines Systems von Doppelstunden tun konnten, und gewannen so Zeit für Werkstätten-Arbeit, Hebräisch und Jüdische Geschichte.

Da wir ja nun einmal mit Lehrplan und fester Stundeneinteilung zu rechnen hatten, versuchten einige von uns, wenigstens statt der Klassen „Kurse" durchzusetzen. Nach mehreren Diskussionen in der Lehrerkonferenz und einigen Versuchen zeigte sich schließlich, daß wir doch Klassen bekommen hatten und von allen „Kurs"-Plänen oder gar freien Unterrichtsvorsätzen bloß das eine übriggeblieben war, daß einzelne Schüler je nach ihren Fähigkeiten, in verschiedenen Gegenständen verschiedenen Klassen angehörten, und daß die Kinder ganz allgemein nicht nach dem letzten Schulzeugnis, sondern nach ihren relativen Fähigkeiten in Klassen zusammengefaßt waren. Unsere Schule unterschied sich demnach in ihrer äußeren Organisation in nichts von den üblichen Schulen, wenn man von den an sich geringfügigen Differenzen im Lehrplan absieht.

In der inneren Schulorganisation allerdings war unsere Schule recht eigenartig. Hier, ehe ich von den dabei gemachten Erfahrungen sprechen kann, muß einiges aus dem ersten Monat unserer Unterrichtstätigkeit erzählt werden, als die Baracke 30 noch im Bau war, ein Teil der Lehrer noch nicht eingetreten war, es noch keinerlei Bücher, Lehrmittel, ja nicht einmal genügend Hefte und Bleistifte gab, also auch rein äußerlich von „Schule" noch nicht gesprochen werden konnte. Wir teilten die Kinder nach Alter und bisherigem Schulbesuch in drei bis vier Gruppen, bestimmten für jede von einem Tag auf den anderen Zeit und Ort der Lernstunden und sorgten dafür, daß sich pünktlich bei jeder Gruppe ein Lehrer einfand. So saßen 10 bis 30 Kinder um ein paar Tische, oder auch auf ihnen, frei um den Lehrer gruppiert, der gewöhnlich die Stunde mit der Frage begann: „Was wollen wir jetzt besprechen?“ Die Kinder waren nach Überwindung der ersten Scheu, des ersten Erstaunens sehr begeistert, fragten sehr viel, sprachen lebhaft und „lernten“ dabei viel. Wir aber sahen mit Erstaunen, daß sie die öffentliche Schule beinahe vergeblich besucht hatten, sie wußten buchstäblich nichts, wenigstens nichts gründlich, zusammenhängend, anschaulich. Nur Worte, Formeln, Definitionen, kurze Geschichten und dergleichen vermochten sie gedächtnismäßig zu reproduzieren. Wir wußten zwar, daß dieser freie Unterricht nicht lange würde anhalten dürfen, daß wir bald zu regelmäßigem, lehrplangerechtem Unterricht würden übergehen müssen – die Kinder wußten dies auch –, aber es war soviel Schwung und Begeisterung in diesen Unterrichtsstunden vor allem bei den älteren Kindern, daß wir hoffen durften, das Interim würde fruchtbare und dauernde Wirkungen in den Kindern erzeugen und so der spätere regelmäßige Unterricht in der Schulbaracke nachhaltig von der neugewonnenen Lerneinstellung und -gesinnung beeinflußt sein.

Dies war aber leider ein Irrtum. Schon nach wenigen Tagen begannen die Kinder immer nachdrücklicher, eine „richtige“ Schule zu verlangen. Diese Forderung nahm immer heftigere Formen an und wirkte auch auf den Unterricht zurück. Zwar bei einigen Lehrern blieb er lebendig wie nur je, aber bei den meisten wurden die Stunden matt und voll offener Resistenz. Wir wußten uns dies nicht recht zu erklären. Und die Meinungen waren – und blieben über diesen Punkt bis zuletzt – geteilt. Die einen schoben die Schuld der Methode zu; sie sagten, man dürfe nicht zu radikal sein, diese Kinder brauchten noch strenge Disziplin, Autorität und Lernzwang, kurz eine „Schule“; die anderen waren geneigt, die Kinder für schuldig zu erklären, sie für Ausbünde von Verwahrlosung, Uninteressiertheit zu halten. Auf jeden Fall hat dieses unseren Unterrichtsidealen völlig ablehnende, ja feindliche Gegenüberstehen der Kinder unser aller Arbeitslust in Unterrichtsdingen eine Weile sehr gelähmt, und wir haben, statt die Interimszeit fruchtbar zu machen, „fortgewurschtelt“ mit der Hoffnung, durch die Übersiedlung in Baracke 30 würde alles besser werden. Diejenigen von uns, denen die Anerkennung eines Lehr- und Stundenplans schon ein schwer zu rechtfertigender Kompromiß schien, waren mit Resignation entschlossen, in den neuen Schulräumen noch viel weitergehende Konzessionen an die übliche Schule zu machen, da es ja die Kinder nicht anders haben wollten.

So schlecht unser Gewissen war, als wir uns anschickten, den Kindern eine „richtige Schule" einzurichten, so meinten wir, doch nur einem peripheren Stück unserer Überzeugungen zu Gunsten eines unumstößlichen Grundsatzes zu entsagen, denn schließlich taten wir eben, was die Kinder wollten. Rückschauend freilich kann ich nicht umhin, den sicheren Eindruck festzuhalten, daß wir weder die Kinder noch uns selbst richtig verstanden hatten, und daß wir in dieser Sache vielleicht den einzigen wirklichen, grundsätzlichen Fehler gemacht haben. Ich glaube, wir haben nicht ohne Hintergedanken den Kindern nachgegeben, nicht so, wie wir ja in hundert anderen Fällen, in den Angelegenheiten der Schulgemeinde, des Gerichts, der Histadruth usw. den Kindern ihren Willen ließen und dabei recht taten, sondern wir wollten sie bestrafen. Wir waren ungeduldig und beleidigt. Wenn wir sagten: die Kinder wollen es so, so mögen sie es haben, so war darin ein sehr übler Schulmeisterton. Wir hatten die Kinder beglücken wollen, und sie lohnten uns mit Undank und Auflehnung. Dazu kam noch eins. Wir hatten die Überzeugung, daß in den neuen Schulen, die uns Beispiel und Ideal waren, nirgends ein gleichmäßig vollkommenes Schul- und Heimleben besteht, im allgemeinen ist eines von beiden bis zu einem gewissen Grad vernachlässigt. Wir hofften, es würde uns gelingen, auf beiden Gebieten gleich umsichtig und vielleicht beispielgebend zu wirken – und schon in den ersten Wochen mußten wir erleben, daß – usw. Kurz, es passierte uns hier das *eine* wirklich, was gerade uns nie hätte begegnen dürfen: Wir waren durch die Wirkungen eines Versuchs gekränkt anstatt belehrt, wir wurden nervös anstatt beobachtend, wir wurden gedankenlos nachahmend anstatt schöpferisch. Der Grundsatz, den Kindern ihren Willen zu lassen und ihn zu achten, hat eine scharfe Grenze, die nicht überschritten werden darf: Man muß auch seinen eigenen Willen behalten und darf sich so wenig von den Kindern zwingen lassen zu tun, was man nicht will, wie man Kinder nicht zu etwas zwingen darf, das ihnen durchaus fremd und ungemäß ist.

Was nun wollten die Kinder, wenn sie nach einer „richtigen Schule" riefen? Zunächst, es kam ihnen nicht auf Kenntnisse, Wissen und Bildung an, denn daß sie auch in den chaotischen Zuständen des ersten Monats etwas lernten, ja mehr, leichter und Interessanteres als in der Schule, wußten sie. Und überdies hatten die allermeisten überhaupt keine Interessen auf den Schulgebieten. Sie wollten im Grunde nichts wissen. Ein Unterricht aber, wie er uns vorschwebte und wie er etwa in Berthold Ottos Schule in Groß-Lichterfelde-Berlin erteilt wird, beruht ganz und gar auf der spontanen Wißbegier der Kinder. Diese war bei unseren Kindern aber anfangs gar nicht vorhanden. Sie kam erst langsam, als ihr affektives Leben so weit lebendig und geordnet war, um Beträge von affektivem Interesse für geistige Dinge frei zu haben. Vor allem war der Wunsch der Kinder nach einer richtigen Schule ein leicht formulierbarer Ausdruck für ihre allgemeine Unzufriedenheit. Sie wußten gar bald, daß wir etwas Unerhörtes von ihnen verlangten. In ihrem bisherigen Leben waren sie vier oder fünf Stunden täglich unter strenger äußerer Disziplin gestanden, für die sie sich auf ihre Weise durch Unterrichtsstörung, durch Auslachen, Verspotten, Ärgern der Lehrer hatten entschädigen können. Im übrigen aber waren sie gänzlich frei gewesen; zwar äußerlich eingeengt durch allerhand Gebote und Verbote, die zu umgehen doppelt süß war, schmerzlich berührt von allerhand Strafen, Launen, Grausamkeiten, für die ihnen aber hundert kleine Rachemöglichkeiten blieben. In Wahrheit, psychologisch, affektiv, ethisch – wenn man so will – hatte man von ihnen nichts gefordert, waren sie völlig frei gewesen. Bei uns war es ganz anders; genau umgekehrt: hier waren sie äußerlich frei, sogar, ja vor allem, in der Schule, aber sie fühlten von den ersten Tagen an, man fordere von ihnen innerlich sehr viel, jedenfalls sehr viel mehr, als sie zu geben damals bereit oder imstande waren. Ich habe gezeigt, daß sie recht bald sich dazu bereiteten und instandsetzten, aber anfangs mögen sie von tiefer, dumpfer Ratlosigkeit befallen gewesen sein. Und da sie auf einem Gebiet besonders deutlich bezeichnen konnten, was ihnen fehlte, warfen sie sich darauf mit Energie. Und dies war jene Forderung nach der Schule, von der wir hier reden.

Dazu kam bei den Älteren ein soziales, bei den Jüngeren ein psychologisches Motiv. Es war den Älteren nicht wichtig, viel zu wissen, wohl aber waren sie sehr erpicht darauf, viele Klassen zu absolvieren. Sie hatten eine unklare, aber sehr hartnäckige Vorstellung davon, daß nur die Absolvierung möglichst hoher Schulen sie in ihrer Erwachsenheit vor ähnlichen Schicksalen bewahren würde, wie jene waren, die sie als Juden, Waisen und Flüchtlinge in der Kindheit zu erleiden hatten. Die Privatschule schien ihnen nicht genügend Garantien zu bieten für den erhofften sozialen Aufstieg. Zuletzt hatten wohl die meisten diese kleinbürgerlichen Ideale gegen wahrhaft sozialistische und nationale vertauscht, sie hatten den Wunsch, als Arbeiter nach Palästina zu gehen, aber in den ersten Monaten lag hier ein sehr starker Teil ihres libidinösen Egoismus verankert. Dies gilt auch für die Jüngeren; aber ich glaube, bei ihnen war noch ein anderes Motiv sehr wichtig, das überhaupt bei der Organisation des Unterrichts nachdenklich beobachtet zu werden verdient.

Für die Jüngeren – als Grenze nach oben kann hier ungefähr das zehnte Lebensjahr angenommen werden – hat das Lernen in der Schule, das Lernen an sich, mit Zwang, Disziplin, Aufgaben, und wären es auch unverstandene Anforderungen, das Lernen von Worten, Formeln, Zahlen, kurz, gerade das sogenannte mechanische Lernen eine besondere psychologische Funktion. In diesem Alter ist der frühkindliche Charakter bereit, sich grundlegend zu verändern. In der Freudschen Psychologie werden diese zwischen die frühe Infantilität und die Pubertät eingeschobenen drei bis fünf Jahre die Latenzperiode genannt. In ihr treten innere Hemmungen gegen das bisherige Trieb- und Affektleben auf, die vom Kinde deutlich wahrgenommen werden, aber an sich zu schwach zu sein pflegen, um sich radikal durchzusetzen; sie brauchen der Hilfe von außen, gleichgerichteter Tendenzen der Erziehung, der von den Erwachsenen vertretenen kulturellen Forderungen. Es setzt in diesen Jahren ein innerer Kampf im Kinde ein, in dem die Unterdrükkung des bisherigen ungehemmten Trieblebens gewissermaßen als Aufgabe vom Bewußtsein empfunden wird; ein Kampf, bei dem gerade den intellektuellen Funktionen eine besondere Rolle zufällt. Nun waren unsere Kinder zwar wenig zu Verdrängungen und Hemmungen geneigt, trotzdem aber äußerte sich auch in ihnen die altersgemäße Einstellung. Sie wollten den moralischen Zwang; aber bloß dort, wo sie ihn bisher gewohnt waren zu erfahren, dort, wo er weniger radikal, weniger einschneidend ins Triebleben ausgeübt wird: im Intellektuellen. Als die Schulgemeinde und die Kwuzoth die verdrängende Funktion wahrhaft übernommen hatten, mäßigte sich auch der Wunsch nach einer strengen Schule beträchtlich, dennoch blieb er andeutungsweise bestehen und, wie mir scheint, mit Recht. Die Unterrichtsorganisation müßte diese psychische Tatsache auch in irgendeiner Weise berücksichtigen, wenngleich es völlig falsch wäre, so zu verfahren, wie es beim gegenwärtigen Stand des Schulwesens tatsächlich geschieht, die moralischen Forderungen auf den Unterricht zu konzentrieren und das übrige Leben, das wichtigere und auch für die Entwicklung des Intellekts entscheidende, den Kindern freizulassen.

Rückschauend läßt sich nunmehr sagen: Hätten wir diese Motive der Kinder klar erschaut, so hätte uns keinerlei Nervosität befallen, und mit Ruhe hätten wir der Entwicklung zusehen können; dort, wo es sich aber um altersgerechte Forderungen und Wünsche der Kinder handelte, hätten wir versucht, Formen zu schaffen, die psychologisch richtig und zulänglich sind. Ich habe schon bemerkt, worin die Gründe für unser Versagen gelegen haben mögen. Wir dachten daher: Da wir es ja aus äußeren Gründen tun müssen, und da es überdies die Kinder so wollen, so richten wir äußerlich eine „richtige Schule" ein; in den inneren Angelegenheiten, also insbesondere in der Schuldisziplin, wollten und konnten wir nicht nachahmend vorgehen. Und dies war, da nun schon einmal ein falscher Weg beschritten wurde, ein zwar notwendiger, aber neuerlicher und zudem doppelter Fehler. Denn erstlich kann die unnatürliche, widerpsychologische, antipädagogische äußere Schulorganisation ohne ebensolche innere Einrichtungen, ohne autoritative Disziplin, ohne individuellen Zwang (vom Lehrer und in letzter Instanz vom Schuldirektor ausgeübt) gar nicht aufrechterhalten werden. Das starre System des Lehrplans, der Stundeneinteilung, der Klassen, der Klassen- und Fachlehrer verlangt absolut eine starre Disziplin; Schulgemeinde, Klassenordner und dergleichen werden in diesem Schulsystem zur Farce oder dies Schulsystem bricht an ihnen zusammen. Dies muß man sich völlig klar machen. Die übliche Schulorganisation erwächst aus keinen kindlichen oder kindgemäßen Bedingungen, sondern sie ist von Erwachsenen, und nicht einmal von Pädagogen, sondern letzten Endes von Politikern und Juristen, zwar aus sehr gutem Instinkt, aber nicht aus dem der neuen „Erziehung", zwar zu einem sehr klaren Zweck, aber nicht zu dem der Erziehung sozialer Menschen geschaffen. Die Schulgemeinde ist ihr völliges Gegenteil; und es ist schlechterdings unmöglich, daß diese jenes schütze, erhalte, durchführe. Schulgemeinde oder „Schule". Beides miteinander ist undenkbar. Und da wir selbstverständlich die Schulgemeinde wollten, so wurde, was Schule bei uns war, bis zu einem gewissen Grade leere Fassade, darum noch häßlicher, als sie ohnehin auch dann ist, wenn sie immerhin ein geschlossenes und in ihrer Konsequenz imponierendes Ganzes darstellt. Und zweitens war auf diese Weise den Kindern erst recht nicht entgegengekommen. Was sie entbehrt hatten, war ja nicht der Lehrplan und auch nicht die Stundeneinteilung usw. an sich, sondern was sowohl ihre sozialen als ihre psychologischen Motive wollten, war eben die Schuldisziplin. Und die haben wir ihnen zum Glück bis ans Ende – zuletzt mit ihrem vollen Verständnis und Einverständnis – verweigert.

In bezug auf die Schuldisziplin unterschied sich unsere Schule also recht wesentlich von den anderen. Die einzelnen Lehrer hatten völlige Freiheit, sich mit dem eingegangenen Kompromiß abzufinden, wie es ihrer Persönlichkeit und ihren Anschauungen entsprach. Es war daher der innere Verlauf des Schullebens, des Lebens in Baracke 30, in den einzelnen Klassenzimmern einigermaßen verschieden. Einige Lehrer brachten das schwere Werk zustande, trotz der ungünstigen Situation einen innerlich freien Unterricht zu führen; anderen gelang dies weniger gut, und ab und zu sahen sie kein anderes Mittel, die schulmäßigen Anforderungen durchzusetzen, als Rückfall in die autoritative Methode. Da wurde auch einmal geschrien, eine Strafe selbstherrlich verhängt, oder dergleichen. Sonst aber galt als Regel: wer am Unterricht nicht teilnehmen will, bleibt ihm fern oder entfernt sich aus ihm; wer den Unterricht stört, wird aus dem Zimmer gewiesen; wer ohne Entschuldigung dreimal vom Unterricht fernbleibt (oder aus ihm entfernt wurde), kommt vor Gericht. Soweit es die Stundeneinteilung, die Verteilung des Lehrstoffs auf Fächer und Fachlehrer oder die Anforderungen des Lehrplans erlaubten, entschieden jeweils die Kinder, was in der Stunde gelernt werden sollte und wann das Thema gewechselt wurde. Klagen der Lehrer kamen vors Gericht. Noten, wichtige Prüfungen, Sitzordnung, Ordnungsstrafen (Draußenstehen, Abschreiben) und einen Comment oder Ritus für Fragen der Kinder (Aufzeigen und dergleichen) gab es nicht. Verbindliche Aufgaben wurden nur in Ausnahmefällen gegeben.

Ehe ich nun von dem Unterricht als solchem und seinen Erfolgen spreche, muß ich leider noch ein Charakteristikum unserer Schule erwähnen, aber diesmal eines, das wir in keiner Weise rechtfertigen können, dessen Verantwortung wir auch jenen zuschieben müssen, denen wir es verdankten. Einzigartig war an unserer Schule die Unordnung. Beispiellos, aber hoffentlich nicht beispielgebend. Reinlichkeit, Pünktlichkeit, Wärme und Licht, das waren Dinge, für die die Verwaltung Energie oder auch nur Verständnis bloß an hohen Inspektionsfeiertagen, zulängliche Räume, Gegenstände, Kasten, Papierkörbe, Klosette, waren Dinge, für die sie es niemals hatte. Es gab keinen Schultag, an dem in allen Räumen zur rechten Zeit genügend lange und genügend warm geheizt gewesen wäre. Wir waren zu jeder Konzession bereit: Zusammenlegen der Klassen, Verkürzung des Unterrichts usw. Wir baten, bettelten, drohten, forderten, man möge uns vierzehn, acht, zwei Tage vorher verständigen, wenn das Heizmaterial ausgehe; man erklärte, beteuerte, schwor, wir hätten Kohlen für drei Wochen – und nach zwölf Stunden schon gab es kein Holz, oder keine Zündhölzchen, oder kein Unterzündpapier! Das war täglich so, zuweilen zweimal täglich. Wir haben zwei Monate lang keine gehende Uhr in den fünf Baracken gehabt – außer unseren Taschenuhren – und die übrigen sechs Monate nicht eine Stunde lang genügend viel und übereinstimmende Uhren. Wir haben nie die Anschaffung von genügend Kohlenkübeln, Papierkörben, nie von Spucknäpfen erlebt. Wir haben nie erreicht, daß regelmäßig Papier in die Klosette gegeben wurde. Wir konnten nicht erreichen, daß unsere Kasten alle nötigen Fächer, alle nötigen Schlüssel erhielten. Wir haben nie... kurz, die Verwaltung hat das ihrige mit Hingebung und Aufopferung getan, aber wir hielten es nicht für nötig, die Kinder zu Reinlichkeit, Pünktlichkeit und Ordnung zu erziehen, bzw. unsere pädagogischen Prinzipien vermochten dies nicht: so diktierte die Leiterin später einem Journalisten für die Wiener Morgenzeitung. Es ist richtig, wir haben unsere pädagogischen Prinzipien auch der Verwaltung gegenüber angewandt (Freundlichkeit, Geduld und Ruhe), und darum haben wir bei der Verwaltung nichts erreicht. Unsere Nachfolger verwenden ihre pädagogischen Prinzipien nur bei den Kindern (Ohrfeigen, Hungerstrafen, Brüllen), hoffentlich erzielen sie wenigstens bei der Verwaltung etwas.

Es gibt kein Mittel, die einzelnen Sätze so fest miteinander zu verlöten, daß kein beliebiger Rezensent sie nach seinen bösen oder beschränkten Absichten auseinanderreißen könnte. Darum sind wir gewärtig, demnächst zu lesen, daß Dr. Bernfeld selbst eingestehen muß, daß seine pädagogischen Prinzipien jämmerlichen Schiffbruch erlitten haben, und sie werden noch stolz sein, meine eigenen Worte dabei zu zitieren. Aber wenigstens dem gutwilligen Leser sei es ausdrücklich hergesetzt: Alle meine Kritik an unserer Schule sagt nicht, daß in ihr die Kinder nichts oder auch nur wenig gelernt hätten; sagt nicht, daß die neue „Erziehung" im Unterricht versagt, sondern vielmehr: unsere Schule war keine neue, weil sie zuviel Elemente der alten enthielt, aber sie war auch keine alte, weil sie zu wesentliche Elemente der neuen in sich hatte, und darum war sie anfangs für uns ebenso unbefriedigend wie sie es für die Lobredner der alten gewesen wäre. Im Laufe der Zeit wurde sie immer mehr eine neue, immer befriedigender für uns, weil sie ihr Altertum immer mehr abstreifte, aber wir verließen das Heim, noch ehe schlackenlos das Neue dastand. Wir haben also die Erfolge sich nur ansetzen, aber noch nicht reifen gesehen. Aber all dies, verbunden mit einigem, was noch zu sagen sein wird, bestätigt gerade an unseren Fehlern, an unserem Mißerfolg, daß die anderen Unrecht haben.

„Ich hatte für meine Klasse Rechenbücher und Lesebücher bekommen, die nicht alle gleich waren. Ich komme mit dem Stoß Bücher ins Klassenzimmer und lege ihn aufs Fenster. Ich sage ihnen, daß sie jedes ein Buch bekommen werden, ich werde es ihnen geben. ‚Aber vor allem Ruhe und auf die Plätze.' Unmöglich, das zu erreichen. Ich beginne trotzdem, die Rechenbücher unter allgemeiner Aufregung zu verteilen, jeder will zuerst ein Buch bekommen, alle schreien durcheinander. Zwei vergleichen ihre Bücher, sie sind nicht gleich, der eine wirft mir das Buch zurück: ‚So eines brauch' ich nicht!' Ein anderer nimmt es auf; einer bekommt ein zerrissenes Buch, wirft es fort. Nun stellt sich heraus, daß um zwei Bücher zu wenig sind. Die beiden Benachteiligten schreien und schimpfen: ‚Ja, immer nur Ausnahmen, ich weiß schon, Ausnahmen.' Dies war eine stereotype Redensart, die sich die Kinder wahrscheinlich mit Recht gebildet hatten und die sie jetzt sinnlos verwendeten, da sie sich nicht auskannten; das war ihnen aber nicht klarzumachen. Heute kann ich konstatieren, daß dieses Wort ‚Ausnahme' vollständig verschwunden ist.

Ich wollte die Rechenbücher austeilen lassen und bat die Kinder, die beiden, die keines hatten, einstweilen hineinschauen zu lassen. Das war unmöglich, überall wurden sie weggejagt, jeder legte die Hand auf sein Buch, damit man ihm nur ja nicht hineinschaue. Plötzlich erhob einer die Stimme: ‚Wir wollen die Lesebücher.' Das wurde sofort aufgenommen. An Rechnen war nicht mehr zu denken; wie sehr ich mich bemühte, sie schrien mit unglaublicher Ausdauer nach den Lesebüchern. Es ist bemerkenswert, daß die Kinder imstande waren, buchstäblich eine ganze Stunde hindurch einen Satz, ein Wort zu rufen; z. B. wenn ich einem Kind den Bleistift fortgenommen hatte, zu rufen, alle drei bis vier Minuten: ‚Meinen Bleistift, ich will meinen Bleistift!', oder: ‚Mir ist kalt!', was sehr ansteckend wirkte.

In dieser Stunde wurde meine Stimme überschrieen, zwei holten sich selbst die Bücher, gaben sie natürlich nicht mehr her; ich war erledigt. Die Kinder stürzten auf den Stoß, prügelten und rauften sich um jedes Buch, obzwar genug da waren, weinten über jeden Hieb, warfen zerrissene Bücher beleidigt und trotzend fort – die Klasse bot ein erschreckendes Bild, ein Durcheinander von Bänken, Kindern, Raufenden, ein großes Geschrei – ich ging aus der Klasse. Sie rauften eine Zeitlang weiter, dann gingen sie weg. Nach kurzer Zeit kam ich in das Zimmer und fand die Bücher achtlos herumliegen – fast keiner wollte sie behalten."

So schildert Frau Gusti Bretter-Mändl, die Lehrerin der 3. Klasse der Kleineren, ihre Eindrücke von den ersten Schultagen in Baracke 30.

„Warum ist es mir in meiner übrigen Praxis schon so oft gelungen, Kinder für ein Gehörtes, Geschautes, Gelerntes' auf Stunden, ja Tage hinaus so zu interessieren, daß ich ihnen einfach nicht mehr nachkommen konnte in der Befriedigung ihres Wissensdurstes? Wie oft konnte ich – andernorts – sehen, daß Kinder aus der Lebendigkeit des Unterrichts heraus das eben ‚Gelernte' in ihrer phantasievollen Weise kindisch weiterspinnen, daß sie z. B. ganz spontan ‚Entdeckung von Amerika', ‚Ritterspiele' u.dgl. veranstalten, einen – ganz unaufgefordert – mit Zeichnungen, Aufsätzen und Anfragen überschwemmen! Die Baumgartner haben das nie getan: Ich konnte sie nur selten dazu bringen, eine kleine schriftliche Arbeit außerhalb der Schule zu machen. Ihre Spiele, freien Beschäftigungen, Gespräche, ihr Interessenkreis blieben immer auf dem gleichen Tiefstand: Karten, Domino, Schach mit dem dazugehörigen widerlichen, ererbten Spielgebahren ihrer Väter – hindösen, faulenzen, ‚wann komme ich nach Holland?'"

In diese Worte faßt Käthe Neumann, die Lehrerin der 4. Klasse der Kleineren, ihren Gesamteindruck über die Kinder dieses Alters.

Und beide Darstellungen sind durchaus treffend; die erste freilich nur für die ersten Tage, die zweite aber für die ersten Monate unserer Wirksamkeit, beide allerdings in dieser Schärfe nur für die Kinder der 3. und 4. Klasse, also für einen sehr geringen Bruchteil der ganzen Schülerschaft. Die egoistische Wildheit ist mit der Zeit gänzlich geschwunden, aus den Schulklassen ebenso wie aus dem ganzen Heimleben. Und es ist kein Zweifel, daß dies einzig und allein unseren pädagogischen Prinzipien zu danken ist. Gewiß, bei Anwendung der alten Methoden wäre es undenkbar gewesen, daß sich jemals solche Szenen wie die eben geschilderten in den geheiligten Schulräumen, in Gegenwart des Stellvertreters der rächenden Gottheit, der Lehrperson, abgespielt hätten. Sondern es hätte in der Schule die übliche Ruhe geherrscht – die Ruhe des Friedhofs der kindlichen Seele. Aber die Kinder wären nicht innerlich verwandelt, sondern nur äußerlich unterdrückt worden.

Es lag nahe, auf solche Vorfälle, die sich ähnlich am Anfang zuweilen in allen Klassen abspielten, hinzuweisen und, mit den Zuständen in den öffentlichen Schulen vergleichend, zu sagen: Seht ihr, so nützen Kinder die Freiheit, die man ihnen gibt. Und es lag ebenso nahe zu folgern, die Schuldisziplin mache die Kinder „besser", die freie Erziehung lasse sie verwildern. Nur haben solche Einredner vergessen, daß die Schuldisziplin nur so lange wirkt, als sie aufrechterhalten ist, daß sie nicht nachhält und daß man in den üblichen Schulen überhaupt keine Kinder vor sich hat, sondern künstliche Präparate, „Schüler", Ergebnisse eines ganz bestimmten Schulstubenluftdrucks, die sogleich in den Naturzustand zurückkehren, wenn dieser Druck sich vermindert oder verändert. Durch die freie Disziplin sind unsere Kinder noch weniger schlechter geworden, als sie durch das starre System besser geworden wären. Sie zeigten sich nur so, wie sie eben waren, auch in der Schule. Freilich ein ungewohnter Anblick. Und als es zivilisierter in unseren Klassen zuzugehen begann, da wußten wir, daß sich die Kinder verändert hatten und nicht der Luftdruck.

Der Lehrer und Erzieher alten Schlages gibt sich selten Rechenschaft darüber, was er wirklich innerlich im Kinde erreicht, und was nur den Schein dessen, durch ein bestimmtes erzwungenes oder geheucheltes Verhalten des Kindes, erzeugt. Es ist dies die Lebenslüge der Pädagogik, ohne die sie nicht bestehen könnte, auf die im Grunde die heutige Schule aufgebaut ist. Man vergegenwärtige sich einen Augenblick lang die Situation in der Schule. Die Kinder sitzen still und ruhig, den Blick auf den redenden Lehrer gerichtet; er stellt eine Frage an sie, und lebhaft hebt ein halbes Dutzend die Hand; der Aufgerufene steht respektvoll auf und spricht lebhaft, laut, in tadellosem Deutsch und ganzen Sätzen. Sind das nicht die instinktiven Ausdrucksbewegungen der Aufmerksamkeit, des Interesses, der lebhaften Anteilnahme? Muß der Lehrer nicht mit dem Gefühl nach Hause gehen, die Kinder liebten ihn, wären sehr interessiert gewesen und hätten etwas gelernt? Und doch, es kann auch ganz anders gewesen sein. Sie hatten ihn angesehen – weil er sonst strafte, und dabei innerlich die Fußballwiese geschaut; sie hatten still und ruhig gesessen – weil es sonst Strafe gäbe, aber innerlich war der Körper nicht von Aufmerksamkeit gestrafft, sondern schlaff vor unnatürlicher Lage; sie hatten lebhaft aufgezeigt – weil sie endlich die Erlaubnis hatten, irgendetwas zu tun; sie hatten in ganzen Sätzen gesprochen – weil kein Affekt, kein Einfall ihre sprachmotorischen Funktionen störte; sie hatten tadelloses Deutsch gesprochen (und nicht wie ihnen der Schnabel gewachsen war) – weil sie innerlich die ganze Sache nichts anging.

Und nun unsere Schulstunden zu Ende unserer Tätigkeit. Vor allem: Man konnte nie wissen, wie es werden würde. Manchmal lautlose Ruhe, angehaltener Atem, die Kinder in verschiedenen Stellungen, als wären sie mitten in bewegtem Regen gebannt geblieben durch ein Wort oder eine Sache. Aber nur ein paar Minuten lang, und nun springt der oder jener sichtlich ab mit seinem Interesse, er rührt sich, setzt sich zurecht. Der Lehrer spricht, und einer unterbricht ihn, sagt etwas, fragt etwas, zuweilen sehr weit hergeholt. Die anderen reden drein, es gibt ein kleines Durcheinander, das sich sehr schnell entwirrt. Aber es kann auch anders werden; es kann auch eine Minute, fünf, ja zehn Minuten dauern, daß sie gegeneinander reden, daß man abkommt vom Thema und gewiß keine Feder zu Boden fallen hören könnte. Ja, es ist sogar möglich, daß zwei plötzlich aufspringen, im Durcheinander zur Tafel laufen, um sich zu überzeugen. Aber dann wird es wieder recht still, und sie hören einander oder dem Lehrer zu. Nur einer oder der andere ist unbefriedigt oder müde und tut nicht mit; er nimmt ein Buch und liest; oder er schreibt und zeichnet in sein Heft. Bis dann wieder ein Ding kommt, wo sie alle gebannt lauschen.

Es kann sein, wie es der Besucher vielleicht glaubt, daß hier einfach Unaufmerksamkeit, Respektlosigkeit, Uninteressiertheit sich ausdrückt. Es kann aber auch sein, daß so natürliches Verhalten innerlich lernender Kinder sich abspielt. Das eine so gut wie das andere, in unserem Unterricht so gut wie im alten, kann von außen nicht entschieden werden, oder bloß subjektiv. Hier entscheidet die Zeit. Sind es Erlebnisse gewesen, die hinter dieser oder jener äußeren Ausdrucksform, von Stunde zu Stunde sich in der Psyche des Kindes niederlegten, dann wird der Augenblick einmal kommen, wo sie, stündlich unsichtbar und unkontrollierbar angewachsen, in irgendeiner Weise sichtbar sich in die Außenwelt auswirken werden.

Die allgemeine, die typische seelische Verhaltungsweise des Kindes in der Atmosphäre des Zwanges kann gut illustriert werden durch eine kleine Szene, die sich in Baumgarten kurz nach unserem Abgange abspielte. Eine der neu engagierten Lehrpersonen tritt in den Speisesaal. Simon schrillt auf einer Pfeife, die anderen tun es ihm nach. Der Lehrer nimmt ihnen mit Gewalt die Pfeifen ab. Die Kinder sind still vor Wut. Da gellt ein Pfiff durch den Saal; Chajim zieht zwei Finger aus seinem Mund und sagt: „Die Finger werden Sie mir nicht wegnehmen, Herr Lehrer!“ – So ist es: still zu sitzen kann man sie zwingen, aber etwas zu denken nicht! Und da gibt es denn doch zu überlegen: wir haben die Kinder aus der öffentlichen Schule übernommen. Sie hatten jahrelang das ganze Registerspiel der Pädagogik an sich ziehen lassen – und wußten, begriffen und verstanden einfach nichts. Gewiß, man darf nicht sagen, daß daran die Schule schuld sei, denn es kann gar nicht geleugnet werden, daß andere Kinder nach gleich langer Schulzeit viel mehr wissen und begreifen, sich für viel mehr interessieren (übrigens war dies natürlich auch nicht bei allen Kindern gleich; einige, aber sehr wenige, waren den übrigen weit voraus). Aber trotz der Schule waren unsere Kinder eben so geblieben. Das ist unbestreitbar. Und ebenso unbestreitbar ist, daß sie nach einem halben Jahr sehr kompromißvoller und unzulänglicher, aber doch „neuer Erziehung", durchwegs zu normalem altersgemäßen geistigem Interesse und zu einer beträchtlichen Anzahl wirklicher Begriffe in allen Schulfächern, zu reichlichen Kenntnissen in einigen Fächern gelangt waren. Es ist für uns alle kein Zweifel gewesen, daß ein weiteres halbes Jahr wirklich genügt hätte, den Durchschnitt unserer Schüler weit über das Niveau der üblichen Schülerdurchschnitte zu heben.

Freilich, eines hat uns unverhältnismäßig gestört und verdient angemerkt zu werden. Ich habe erwähnt, daß wir eine Anzahl ausgesprochen pathologischer Naturen unter uns hatten. Im ganzen Heimleben störten sie recht wenig, wenn sie selbst auch nur wenig ohne besondere Methoden – und diese anzuwenden, blieb uns erst in den letzten Wochen Zeit und Möglichkeit – gebessert werden konnten. Aber in der Schule waren sie von höchster Gefährlichkeit für die anderen; ihre Unkonzentriertheit, Interesselosigkeit, Sprunghaftigkeit, Agressivität, Ruhelosigkeit – je nachdem – wirkten sichtlich ansteckend, und wir konnten dies nie richtig und anhaltend paralysieren. Auch die vier Kinder, die allein von unserer bewußten Lauheit in der Kontrolle des Schulbesuchs ausgiebig Gebrauch machten, waren solche schweren Psychopathen. Sie waren die einzigen wirklichen Schulstürzer.

Unsere Absicht, der Didaktik eine besondere, systematische, wissenschaftlich fundierte Aufmerksamkeit zu widmen, konnte leider nur andeutungsweise ausgeführt werden. Ernsthafte, wenn auch nur tastende und unzulängliche Versuche wurden mit dem Rechenunterricht in der Unterstufe, mit dem Bibelunterricht in der Unterstufe, mit dem Mathematik-Unterricht in der Oberstufe, mit dem Unterricht in „Staatsbürgerkunde" an der Oberstufe angestellt. Im ganzen wären die Methoden, die wir teils bewußt, teils instinktiv verwendeten, durch das Bestreben „Weg vom Wort, zum Begriff und zur Sache!" zu bezeichnen. Nur wenige Worte seien diesem Gegenstand gewidmet, der seine klassischen Grundlagen in den Schriften Ottos und des Arbeitsschulkreises[39] gefunden hat. Ich zitiere auszugsweise aus den Berichten von Dr. Hilda Geiringer – die sich vor allem im Sinne Berthold Ottos sehr erfolgreich bemühte – einige Stellen, um konkrete Bilder vom Unterricht zu geben.

„In Mathematik an der Oberstufe gab ich immer, wenn ein Gebiet durchgesprochen war, ‚Aufsätze' darüber. Teils schrieben die Kinder diese ohne Hilfe, ganz wie die gewöhnlichen Aufsätze, teils so, daß wir sie in der Stunde gemeinsam verfaßten, wobei aber sowohl der Gedankengang des ganzen Aufsatzes als auch die Formulierung jedes einzelnen Satzes von den Kindern stammte; meine Tätigkeit war kritisch und ablehnend (indirekt, indem ich den Fehler *ad absurdum* führte, oder einfach durch andere Kinder korrigieren ließ). Solche Aufsätze schrieben die Kinder in ihre Mathematischen Hefte, und ich schrieb in meinem Notizbuch mit... Ein Beispiel, das ein gewisses Interesse auch deshalb bot, weil ich mich selbst wunderte, zu welcher Klarheit dieses nicht einfache Gebiet bei den Kindern gelangte.

Die Zahlensysteme seien diesen Aufsätzen entnommen: ‚Es gibt verschiedene Zahlensysteme, römische, arabische, ägyptische usw. Ein Unterschied zwischen dem arabischen und römischen Zahlensystem ist, daß wir im römischen Zahlensystem die Zahlen 5, 10, 50, 100, 500, 1000 nur mit einem Buchstaben anschreiben (V, X, L, C, D, M), aber im arabischen Zahlensystem zu diesen Zahlen viele Ziffern nötig haben.' (Hier ist interessant, wie sich die Meinung der Kinder gegen mich durchsetzte; ich wollte durchaus darauf hinaus, die Vorteile des arabischen Systems herauszuarbeiten; sie ließen aber nicht locker, da ihnen der von ihnen hier hervorgehobene ‚Vorteil' einen starken Eindruck machte. Die Resultate meiner und ihrer Bestrebungen stellt der folgende Satz des Textes dar.) ‚Nur diesen einen Vorteil besitzt das römische Zahlensystem. Im römischen Zahlensysteme brauchen wir bei einer großen Zahl immer neue Zeichen oder sehr viele von den alten Zeichen. Aber im arabischen Zahlensystem können wir auch die größte Zahl mit 10 oder weniger Ziffern anschreiben. Nur müssen wir im arabischen Zahlensystem genau den Stellenwert jeder einzelnen Ziffer beachten. Im Zehnersystem gibt es 10 Ziffern: 0, 1, 2, 3, 4, 5, 6, 7, 8, 9. Wenn wir eine große Zahl anschreiben wollen, schauen wir, wieviel Einer, Zehner, Hunderter, Tausender usw. sind. Wir schreiben dann die Einer an die erste Stelle, die Zehner an die zweite Stelle, die Hunderter an die dritte Stelle usw., das nennt man Stellenwert bestimmen. Im Fünfersystem z. B. kann man die Zahlen 5, 25, 125, 625 usw. mit den Zehnern, Hundertern, Tausendern usw. vergleichen. Im Fünfersystem stehen also die Einer an der ersten Stelle, die Fünfer an der zweiten Stelle, die Fünfundzwanziger an der dritten Stelle und die Hundertfünfundzwanziger an der vierten Stelle usw. Wenn wir z. B. im Fünfersystem zwei Zahlen addieren wollen und wir eine Ziffer über 5 bekommen, so schreiben wir das über 5 an und einen Fünfer zählen wir weiter; z. B.

Zehnersystem: 25 + 36 = 61

$$\begin{array}{r} 100 \\ \underline{121} \\ 221 \end{array}$$

39 Arbeitsunterricht und Arbeitsschule sind bis heute die herausragenden Prinzipien reformpädagogischer Unterrichts- und Schulreform.

Fünfersystem: 104
103
212

Ebenso ist es in allen anderen Stellenwertsystemen.' Bei diesem Kapitel brachten mir die Kinder richtige sachgemäße Einfälle, die mir z.B. von Erwachsenen nicht gebracht worden waren; z.B. fragte ich, was zu tun sei, wenn man etwa ein Zwölfersystem konstruieren wolle, worauf mir sofort geantwortet wurde, daß da für ‚elf' und ‚zwölf' zwei neue Schriftzeichen zu erfinden seien. Ferner wurde die Erfindung der zum Zählen in den fremden Systemen nötigen Namen sofort und mühelos geleistet, wobei sehr hübsche zweckmäßige Vorschläge gebracht wurden.

Ich selbst hatte über all das immer vor der Stunde oder am Schulweg nachdenken müssen, da das ja kein Schulstoff ist, und es zeigte sich, daß die Kinder durchaus ähnlich reagierten wie ich, dieselben Schwierigkeiten empfanden, dieselben Einfälle hatten, und aus denselben Gründen wie ich annahmen oder verwarfen (nur alles viel langsamer als ich). Erwachsene, die ich in solchen Fällen, um mich zu informieren, fragte, reagierten fast immer schwerfälliger, ungeschickter als die Kinder.

Noch ein Beispiel eines derartigen Aufsatzes: ‚*Proportionalität.* Die Proportionalität wird eingeteilt in direkte und indirekte [hier wurde mir z.B. der Schulausdruck ‚invers' hartnäckig abgelehnt]. Zwei Sachen sind direkt proportional, wenn die eine Größe wächst und abnimmt und die andere Größe dann auch wächst und abnimmt. Z.B.: Soviel Menschen, soviel Verbrauch. Indirekt proportional ist das, wenn die eine Größe abnimmt und die andere zunimmt, oder umgekehrt. (Mehr Arbeiter, weniger Zeit).' Ich zeige Dinge herum und sage ihnen, daß man immer ordentlich auf meine Frage antworten soll. ‚Was ist das ?' ‚Eine Tasche'. Ich zeige auf eine andere Tasche, und als feststeht, daß die eine groß und die andere klein ist, zeige ich auf eine längliche und eine breite, und ein Kind sagt, daß die eine lotrecht und die andere waagerecht sei; darauf frage ich, was lotrecht ist und bekomme die verschiedensten Antworten. Einer zeigt auf seine Uhr mit Kette als auf ein Lot, ich frage, was da nun lotrecht sei, ‚die Kette'. Ich lasse den Arm mit der Uhr heben und senken und zeige, daß der Winkel sich ändert, aber das Lot immer lotrecht ist; man sagt mir, daß waagerecht (der waagerechte Arm) das ist, was mit dem Lot einen rechten Winkel bildet, schief das, was einen spitzen Winkel bildet. Einer sagt, ‚schief ist, was weder lotrecht noch waagerecht ist', bei waagerecht sagt aber dieser, ‚waagerecht ist, wenn ich den Arm ausstrecke'; ich frage, ob nach oben, nach unten, zur Seite. Sie sehen, daß selbst diese Angabe nicht genügt, und daß noch etwas dazugesagt werden muß, bis einer sagt, daß der Arm so ausgestreckt werden muß, daß er einen rechten Winkel mit dem Lot bildet (dem Körper); wir üben die Richtungen am Körper, zeigen, daß der Körper die verschiedensten Lagen haben kann und benennen genaue Richtung und Lage jedes Gliedes und dabei die Körperteile... Dann zeige ich das Papiermesser, benenne Griff und Schneide, nenne das Perlmutter; dann zeige ich einen Würfel, wir suchen den Durchmesser des Quadrats; dabei sehen sie, daß es auf die Lage nicht ankommt, wohl aber auf die vier rechten Winkel. Da fängt einer an mit ‚m2'; man zeigt, daß der cm^2 nichts mit Quadrat zu tun hat; der M. findet die Ausmaßregel, zeichnet Rechtecke von 3.4 = 6.2 = 1.12 und jubelt über das Wunder, daß die ‚doch alle gleich groß' sind, und daß das dann gleich viel kostet, gleich viel Frucht trägt etc....Das reine Zeigen der Gegenstände hat allerdings zum wenigsten interessiert ...

M. ist ungewöhnlich mathematisch begabt, jede Stunde brachte neue

Überraschungen, er wollte immer drei und vier Stunden rechnen. Einmal war eine Rechenwut, sie wollten das Problem der Kreisberechnung erklärt haben, und ich ließ Messungen ausführen und gab dann eine Näherungsmethode, die annähernd den richtigen Wert für π ergab. F. verstand den nicht einfachen Gedankengang meiner Lösung des Problems so großartig und wiederholte ihn in freier Rede mir und den andern so, daß ich aus dem Staunen nicht herauskam. Aber auch H., langsamer und solider, arbeitete sehr gut. N. war sehr langsam und furchtbar wehleidig und verknautscht, er hatte aber ein so glückseliges Leuchten, wenn er mal was verstanden hatte...

Als wir in dieser Zeit auf dringendes Bitten der Kinder den ganzen Vormittag durch drei Tag nur Mathematik gemacht hatten, kam am vierten Tage ein Sturm des Widerwillens gegen Mathematik. Es wurde Geschichte verlangt, die sie sonst nicht mochten; ich ging einen Tag nicht hinein. Nach zwei Tagen war dann der normale Lerneifer wieder da... Ich borgte ihm (M) für zwei Tage einen schönen und wertvollen Rechenschieber mit Pennalen; M. war in diesen Tagen von einer verklärten, in sich geschlossenen Innigkeit und Seligkeit, daß es jedem auffiel, aß und schlief mit dem Rechenschieber, brachte es zu einiger Gewandtheit und Verständnis, fast ohne Anleitung. Ich zeigte ihnen auch viele mathematische Spiele, auch arithmetische und geometrische Reihen.

Wenn ich mal nachmittags da war, kamen immer der M. und die F. (oft auch andere, diese aber immer) zu mir, und wir sprachen miteinander, saßen im Gras, rechneten, sprachen oder schauten in den Himmel. M. war unersättlich mathematisch orientiert, ähnlich war's mit der G. – Wir sprachen damals auch viel und schön über den Mars, anläßlich der Gerüchte in den Zeitungen, über die telegraphischen Nachrichten. Viele Stunden. Wir lasen auch Zeitungsberichte, die ich aber ihnen immer erst übersetzen mußte; sie fragten mich oft, woher das kommt, daß man das, was im Buch stehe, nicht verstehe, wenn es dann aber einer erzähle, verstehe man es gleich. Wir hielten damals einige so hübsche Gespräche über den Mars, über das Unendliche, über Kreisberechnung und alles mögliche andere, daß ich sie aufschreiben wollte, kam aber aus Zeitmangel über Notizen nicht hinaus. Natürlich besprach ich auch das mit ihnen.

Es war mir immer das Natürlichste, sie völlig als gleichgestellt und mitverantwortlich zu behandeln. Besonders eigenartig war es, als M. sich Ahrens ‚Unterhaltungsmathematik' kaufte, und ich, da ich diese Scherze, Aufsitzer, Kunststücke selbst nicht kannte, völlig gemeinsam mit ihm lernte, unaufhörlich selbst versuchend, nicht verstehend, vor mich hingrübelnd, ihn fragend ‚wie ist das, glaubst du', ‚hast du das schon verstanden, ich noch nicht...' oder am nächsten Tage, wenn mir was eingefallen war, kam ich zu ihm und sagte etwa: ‚Du, das, was wir gestern nicht verstanden haben, das mit dem magischen Quadrat, das hab ich mir nachher noch überlegt, das ist so und so...' oder er erschien: ‚Bitte Frau Doktor, ich habe dieses und dieses gestern gemacht. Haben Sie es auch schon versucht?' Bezeichnenderweise verlor ich auf die Art nicht bei ihm an Autorität, obgleich ich unaufhörlich Dinge nicht wußte, nicht verstand, viele Fragen nicht löste usw. ...Einmal kam ich in eine Rechenstunde, da erklärte M., er möchte heute so gerne nicht rechnen, sondern mir seine Lebensgeschichte aufschreiben, alles, was mit ihm geschehen war. Er schrieb dann voll Eifer eine lange Arbeit, die ich zu lesen empfehle, über die sehr viel zu sagen wäre.

Einmal folgendes: O. wird von den Kindern hinausgewiesen, mit der Begründung, das Gericht habe ihn wegen Stundenstörung bei Dr. Kluger damit bestraft, drei Stunden lang in meine Stunden nicht kommen zu dürfen. Er bittet sehr, bleiben zu dürfen, trotzt, sagt, er gehe nicht hinaus, einige Kinder haben Mitleid, andere bestehen auf dem Gesetz, als auch ich ihn mit Berufung auf das Gesetz hinausweise, geht er bitterlich weinend hinaus. Am nächsten Tag empfängt er mich strahlend, er habe gefragt, ob man die Stunde von 10 bis 1/2 12 als zwei Stunden rechnen würde, und der Ausschuß habe es bejaht, jetzt würde er heute noch von 9 bis 10 draußen bleiben, und dann ist es schon vorbei, er hätte solche Angst gehabt, es würde drei Tage dauern."

Bei unseren Bemühungen, die Kinder vom Wort zur Sache, vom Reden zum Tun zu führen, haben wir immer die gleiche Erfahrung gemacht, ob es sich nun um arbeitsschulmäßige Details im allgemeinen Unterricht, ob es sich um physikalische Arbeiten, um Zeichnen, Modellieren, Basteln, um handwerkliche Tätigkeit in der Werkstätte oder um reale Arbeit beim Gartenbau handelte: anfangs waren so gut wie alle in passiver Resistenz; sie wollten nicht, sie hatten keinerlei Beziehung zu dieser Tätigkeit, und wochenlang war daher bloß der Lehrer arbeitend, die Kinder sahen zu, oder nicht einmal das. Aber langsam begann dieser oder jener teilzunehmen, stürzte sich bald intensiv und andauernd in die Arbeit; er fand diesen oder jenen Nachahmer, und schließlich waren die allermeisten dabei. Diejenigen, die eifrig und lang mittaten, haben es zu sehr brauchbaren Leistungen gebracht. Und zu gewissen Fähigkeiten waren alle gelangt. Am Zeichenunterricht, der von zwei Cižek-Schülerinnen[40] (Mely Masaryk und Trude Hammerschlag) in seinem Sinn geführt wurde, nahmen nach zwei oder drei Monaten alle sehr interessiert Teil, und es ist manche originelle und kindgemäße Arbeit abgeliefert worden. Die Werkstätte, in der wochenlang nur zwei oder drei arbeiteten, begann viel zu klein zu

40 Franz Cižek (1865–1946), Maler und Kunstpädagoge, Zeichenlehrer an der Wiener Realschule VII, Professor an der Kunststickereischule und Leiter der Übungsschule an der Wiener Kunstgewerbeschule, wo er 1908 die „Jugendklasse" gründete; seine Kurse für Kinder von 3 bis 14 Jahren erlangten internationalen Ruf; Cižek ist der Begründer der Lehre vom organischen Wachstum des bildnerischen Schaffens und erlangte Bedeutung durch die Erfindung und Durchbildung erfolgreicher kunstpädagogischer Methoden. Vgl. dazu von ihm: Papierschneide- und Klebekurse des Jugend-Kurses an der Kunstgewerbeschule in Wien; Methodik des freien Zeichnens nach Natur- und Gebrauchsgegenständen... (beides Wien 1912). – Thieme/Becker VII (1912), S. 29f.; Österr. Künstler-Lexikon IV (1978), S. 335f.

werden, und eine gewisse Vertrautheit mit Papp- und Holzarbeiten gewann jedes Kind. Manche machten bereits Spielzeug für sich und den Kindergarten; der größte Teil des physikalischen und geometrischen Lehrmittelbedarfs wurde von einigen anderen geliefert; Schultaschen, Schächtelchen für Zahnpulver, Kästchen, Sparkassen, Schachteln für allerhand Zwecke wurden in beträchtlicher Zahl und zeitweilig geradezu im Fabriksbetrieb (arbeitsteilig, zum größten Vergnügen der Kinder) hergestellt.

Es war sehr deutlich, daß eines unseren Kindern entscheidend war für den Wert, den sie ihrer Arbeit beilegten, und also für das Interesse, das sie ihr zuwandten: ob sie sinnvoll war. Mancher Plan wurde von uns und von den Kindern erwogen, die Arbeit mehr ins Zentrum des Heims zu stellen, sie aus dem Unterricht zu befreien und sie mitten ins Leben zu stellen. Manches wurde auch versucht und begonnen. Die Verwaltung zog aber jene Schranke, die nicht übersteigbar war: die beschränkte Verständnislosigkeit des bürgerlichen Menschen, für den Arbeit im letzten Grund, trotz aller schönen Worte, das ist, wovon er befreit sein möchte. Wir mußten die Kinder vor den Auswirkungen dieser Gesinnung schützen und konnten daher nicht das ganze Heim als Arbeitsraum und Arbeitsding erklären. Aber es muß mit Nachdruck und Freude festgestellt werden: in den Kindern war sehr schnell und sehr intensiv die richtige Einstellung, das richtige Interesse gewachsen. Es hätte, um aus Baumgarten eine werktätige Gemeinschaft zu machen, nichts bedurft – nur eine andere Verwaltung.

Gerade der sozialistische Erzieher legt großes Gewicht auf den Arbeitsunterricht; und die Prinzipien und die Methode der Arbeitsschule stehen im Mittelpunkt aller sozialistischen Erziehungsforderungen. Und dies ist so völlig in Ordnung. Aber dennoch muß der Erzieher sich ganz klar machen, daß die Arbeitsschule und der Arbeitsunterricht zu wenig sind, daß sie Übergang darstellen, der bald überwunden werden muß. Unsere Kinder haben uns energisch darauf hingewiesen. Sie wollten keine Arbeitsschule, sondern Arbeitsleben in ihrer kindgemäßen Gemeinschaft, in ihrer Schulgemeinde.

Noch vieles wäre vom Unterricht zu erzählen, viel Konkretes, das Bestätigung für anderwärts Getanes, Vermutetes oder Bestrittenes böte; viel Problematisches, das sich uns aufdrängte, und das wir nicht überwanden. Aber es muß dies unterlassen werden. Der Bericht über ein einzelnes pädagogisches Ereignis – und noch dazu über das sehr anspruchslose, das Kinderheim Baumgarten hieß –, muß ein Ende finden.

VII. Die jüdischen Inhalte

Unser Kinderheim war ein jüdisches. Das war von Anfang an und ausnahmslos allen Beteiligten, den Kindern und den Erwachsenen klar. Fraglich war nur, was das bedeute, was daraus folge, wie es bemerklich werden sollte. Um vom Einfachsten zuerst zu sprechen: Alle Kinder, alle Lehrer und ein Teil des Verwaltungspersonals waren Juden und zwar solche, denen es nicht einfallen konnte, über diese Tatsache irgendwie im Zweifel zu sein. Und von der ersten Stunde hießen wir auch in der Umgebung nicht „das amerikanische Kinderheim" – obwohl sich unsere äußere Politik begreifliche Mühe gegeben hat, diese Tatsache bekanntzumachen-, sondern „das jüdische". Manchen schien nun alles weitere auch so einfach. Wir jüdisches Kinderheim sollten uns nun auch als solches bekennen und „musterhaft in Freud und Qual" dem jüdischen Namen Ehre machen. Und die Verwaltung „bekannte" sich: Womöglich sollten recht viele Magen-David angebracht, viel Blauweiß innen und außen verwendet und Herzl-Bilder aufgehängt werden. Es sollte recht sauber sein, damit man sehe, daß auch ein jüdisches Kinderheim – leider, man hat nicht viel gesehen davon! – ordentlich... Die Kinder sollten wenig lärmen, brav, höflich und dankbar sein, damit man sehe, daß auch jüdische Kinder... Die Kinder sollten Gartenbau betreiben, damit sie zeigten, daß auch... Die Feste sollten gefeiert werden, und man würde auch den Vizebürgermeister dazu einladen, damit... Und natürlich recht viel Hebräisch, denn wir Juden haben auch unsere Sprache... Und natürlich den Kindern viel von Palästina erzählen, denn es ist unser Land usw. usw. Kurz: jüdisch-frisch, jüdisch-fromm, jüdisch-fröhlich, jüdisch-frei. Und das war nicht die Privatweltanschauung der Verwaltung. Das ist allgemein zionistisch. Der einzige, der hier tiefer sah, war Dr. Chajes[41]. Das muß einmal festgestellt werden.

---

41 Moritz Rosenfeld (Hg.): H.P. Chajes. Reden und Vorträge. Wien 1933. – Ders: Oberrabiner Hirsch Perez Chajes. Sein Leben und Werk. Wien 1933.

Es war bitter nötig, tiefer zu schauen. Die Kinder zwangen dazu. Es waren so gut wie lauter Ostjuden, zum Teil östlichste Judenkinder. Von den Chaluzim und den Pädagogiums-Hörern abgesehen, waren aber die jugendlichen Bewohner Baumgartens in ihrer Stellung zum Judentum sehr merkwürdig strukturiert. Drei oder vier waren Schomrim, ein halbes Dutzend der Buben waren leidenschaftliche Anhänger der „Hakoah" – Wiener jüdischer Fußballklub –, drei oder vier waren orthodox. Alle anderen – Assimilanten. Aber Assimilanten merkwürdiger Art. Keines nannte sich Polin oder Pole. Einige der älteren Mädchen sprachen anfangs miteinander polnisch; dies hörten die Kinder sehr ungern, es war ihnen die Sprache der Pogromisten, und zwar ganz instinktiv. Und nachdem ich einige Male eine diesbezügliche Bemerkung gemacht hatte, war diese Sprachenfrage erledigt. Kaum eines der Kinder nannte sich einen Deutschen – nur die Mädchen vom Esteplatz hielten sich zum Teil für Wienerinnen, im Gegensatz zu den Galizischen, obzwar auch sie beinahe alle aus dem Osten waren –, aber es war ihnen klar, daß im Grunde Deutsch ihre Sprache sei, nicht ihre Muttersprache, aber die Sprache ihrer Zukunft. Ja, sie waren in dieser Beziehung recht empfindlich: Vielen war nicht beizubringen, daß sie ein entsetzliches Kauderwelsch redeten; sie behaupteten, Deutsch könnten sie, in dem Ton, wie es etwa ihre deutschen Kameraden in der öffentlichen Schule gesagt haben mochten. Sie wußten, daß sie Juden sind, und die meisten hatten keine Theorie der Assimilation – aber es war ihnen sehr unangenehm, daß sie Juden waren, daß man sie als solche erkannte. Sie litten darunter, ja es gab welche, die diese Tatsache haßten. Sie fühlten sich wegen ihres Judentums minderwertig gegenüber den anderen; bei manchen war dies fast krankhaft. Nichts war ihnen gefühlsmäßig so problematisch wie dies. Keine Spur von selbstsicherer Verwurzeltheit; sie wollten zwar nicht bewußt und theoretisch Deutsche werden, aber sie zeigten alle Symptome des Ihr-Judentum-Versteckens, alle Symptome des sich Bemühens, zu werden und zu sein wie die anderen.

Wenn all dies nicht auf den ersten Blick gesehen wurde, so lag das daran, daß sie im Heim unter sich waren, daß die Judenfrage dort nicht gestellt war. Aber man mußte mit ihnen nur in der Straßenbahn fahren, man mußte mit ihnen nur über diese Dinge eindringlich reden, so wurde es klar. Und überdies dauerte es keine zwei Monate, und sie waren in dieser Beziehung recht wesentlich verändert. Dazu kam noch: Sie hatten im Durchschnitt keinerlei jüdische Kenntnisse; wenigstens keine, die ihnen als intellektuelle und affektive Anknüpfungspunkte erschienen wären. Mit Josef hörten ihre jüdischen Geschichtskenntnisse auf; mit ein paar Segenssprüchen, Gebeten, rituellen und völkischen Gebräuchen, Meinungen, Urteilen, Worten war ihr übriges jüdisches Wissen erschöpft. Vom Zionismus, von Palästina, von der jüdischen Bewegung wußten die wenigsten mehr und anders als ganz vage und uninteressiert. Noch zwei, drei Jahre jüdische Flüchtlingsfürsorge, und sie wären „Assimilanten" geworden.

Aber es gab auch ganz andere Symptome, die zeigen konnten, daß mit dem Gesagten die jüdische Situation in den Kindern ganz falsch gezeichnet ist. Sie war wesentlich komplizierter. Einiges als Beispiel und zur Darstellung dessen: In den ersten Tagen sagten wir den Kindern, ihre bisherigen Pflegepersonen würden nicht nach Baumgarten kommen, oder nur dann hier bleiben, wenn sie die Kinder anständig behandelten. Bald darauf interpellierte mich der kurz vorher gewählte Schülerausschuß im Namen der Knaben, ob Frl. A., die sich seit gestern in Baumgarten aufhalte und die von allen gehaßt sei, hier bleiben würde. Ich erklärte: auf keinen Fall. Die Leiterin aber erzählte anderen Kindern, Frl. A. sei von ihr aufgenommen. Nun gab es einen verhaltenen Sturm der Entrüstung und Wut, dessen Folge mehrfache Beschimpfung des Frl. A. durch „führende Persönlichkeiten" unter den Kindern war. Ein lebhaftes, ja leidenschaftliches Gespräch, das die Knaben hierauf mit mir führten, ergab, daß Frl. A. sie vor einem Jahr als polnische Juden beschimpft hätte, sie, die selbst ein Flüchtling aus Galizien sei; daß sie für die pogromistischen Polen eingetreten sei. Frl. A. leugnete; die Leiterin nannte die Kinder Lügner und Verleumder –, aber Frl. A. verließ am selben Tag Baumgarten, weil ich mich damals noch auf meinen Vertrag berufen konnte, als ich erklärte, sie könne hier nicht aufgenommen werden. Die Knaben atmeten auf und sagten: so müsse es auch in einem jüdischen Kinderheim sein, da wäre kein Platz für solche, die die Juden beschimpfen. – Oder: Es war bei Tisch davon die

Rede, ob alle Lehrer Juden seien; nämlich, sie hätten es schon gehört, daß hier ein jüdisches Heim sei, zionistisch, und ob sie würden beten dürfen, ob es bei Tisch eine „Broche"[42] geben würde, ob der Schabbes[43] geheiligt würde, und ob es hier überhaupt so sein würde wie zu Hause, wie früher usw.; alles mit beglückter Lebhaftigkeit gesprochen. – Oder: sie verlangten stürmisch von Anfang an Hebräisch-Unterricht, ohne sich freilich darüber klar zu sein, warum eigentlich: weil sie ja nun endlich wirklich in einem jüdischen Heim seien. – Und schließlich: die Freitag-Abend-Feiern, wie unzulänglich sie auch waren, hat kaum eines der Kinder ohne einen Schimmer der Ergriffenheit erlebt.

Ich scheine in einem schweren Widerspruch verfangen: und doch, gerade so war es. Beides lebte in den Kindern. Jedes in einer anderen Seelenschicht. Tief zuunterst, bei den meisten schon recht verblaßt, verschüttet, unbewußt geworden, als Bestandteil der verkümmerten, verdrängten Affektsphäre, die mit „früher", „zu Hause", „als die Eltern noch lebten", „als wir noch in Galizien waren" zusammenhing: das Jüdische als das selbstverständlich Bejahte der Zeit, wo noch liebende und geliebte Personen sie umgaben; darüber, bei manchen bereits wuchernd, bei vielen sich eben ansetzend, als Bestandteil der bewußten, egoistischen gegenwärtigen Affektsphäre, aus der das Jetzt „Engerthstraße", „Nikolsburg" und alles Elend, alle Not in der liebeleeren Seelenwüste sich aufbaute: das Assimilatorische – um es mit diesem mißdeuteten Wort zu nennen. Die Kinder waren unterwegs, menschlich anti-sozial und national anti-jüdisch zu werden: weil niemand sie erzog nach den „neuen Prinzipien", d.h. niemand ihnen Liebe und Geliebtwerden bot.

Und da war nur eine Möglichkeit: durchzudringen zur verschütteten Sphäre, aber nicht mit Worten, Erklärungen und Ermahnungen. Da hilft kein Erwachsenen-, Erzieher- und Wohltätertantenhochmut mit vorgehängtem blau-weißem Davidschild und einem jovialen „Schalom". Da nützen und wirken keinerlei Mittelchen. Sondern da steht die große Alternative jeder Erziehung und Bildung, vor der nur ein Wagen und Hoffen bleibt. Werden die Menschen, die in der

---

42 Segensspruch zur Mahlzeit
43 Sabbat

neuen Umgebung der Kinder sind, die Reste des verschütteten Affektlebens an sich knüpfen können? Das heißt, werden sie die Kinder so lieben und von ihnen so geliebt werden, daß die neuen Affekte ähnlich den vergessenen sind, daß in ihnen wieder die erste Kinderliebe aufwachen kann, daß sie an sie anknüpfen können? Nur wenn dies gelingt – aber dies Gelingen kann nicht vorausbedacht, erzwungen, es kann nur erhofft und gewagt werden –, ist zugleich das Jüdische mit zu retten. Und es ist in Baumgarten gelungen. So sehr gelungen, daß nicht einmal die flachköpfigen Schelt- und Prügelpädagogen, die jetzt dort „Ordnung machen, wie das Dienstmädchen auf dem Schreibtisch des Gelehrten", es bei den Älteren werden mehr zerstören können. Darum dieses rapide Wiedergewinnen der jüdischen Affektpositionen durch die Kinder, darum dieses rasche Wegwischen der assimilatorischen Oberschicht, wie wir es erlebten; so schnell sich entwickelnd, daß nicht einmal alle von uns Zeit hatten, die Oberschicht näher zu sehen.

Die Grundlage, die affektive Basis, für eine jüdische Schule war somit geschaffen. Es galt auf ihr aufzubauen, ihr Inhalte zu geben, damit sie in Form sich ausdrücken könnten. Die nötigen Inhalte sind dreierlei Art: die Vergangenheit des Volkes, die Gegenwart des Volkes und das Jüdische in der eigenen Seele. Für alle diese Gruppen gibt es zwei Arten der Übermittlung. Man kann sie in eigenen Unterrichtsstunden unterrichten, und man kann sie am jeweils gegebenen Material bewußtmachen oder mitteilen. Zweifellos ist es der zweite Weg allein, der unseren Anschauungen entsprochen hätte. Aber er war für uns aus zwei Gründen nur eine Strecke weit gangbar. Es fehlte an allen dinglichen Voraussetzungen: Bücher zur Vorbereitung des Lehrers, Lektüre für die Kinder, Bilder und Sachmaterial. Man hört solche Klagen oft genug, und nichts geschieht, ihnen abzuhelfen. Offenbar hat man noch nie im modernen jüdischen Schulwesen eine Anstalt gehabt, die wirklich mit Ernst und Tiefe an ihre Aufgabe gedacht hätte, sonst hätte die geistige Not der Kinder und der Lehrer mindestens Versuche dieses so überaus Nötigen gezeitigt. Wir selbst waren im Begriff, solche Erst-Versuche zu machen und hätten ein zweites Jahr in Baumgarten nicht mehr in so völliger Mittellosigkeit begonnen.

Von dem am weitesten Gediehenen, das hierher gehört,

sei einiges erwähnt: Der Werkstätte, dem werktätigen Wollen der Kinder, den mannigfachen Zweigen des Arbeitsunterrichts, wollten wir die ersehnte Sinnlichkeit geben, indem wir in einer Art Spielzeugfabrik einen Teil all dessen vereinigen wollten. Ein Plan, der überdies eine Möglichkeit gegeben hätte, auch einen Künstler und einen Werkmeister organisch mit unserer Schule zu verknüpfen. Unsere Spielzeugfabrik hätte nämlich Neues, eben unser Spielzeug, unsere Lehrmittel, geschaffen. Es ist aber kein Zweifel, daß sie über den Rahmen des Kinderheims hinaus wirksam geworden wäre. Ferner arbeiteten einige von uns an einer Kinderbibel in deutscher Sprache, kindgemäß erzählt, aber wahrhaft kindgemäß, an den Kindern erprobt, unter Zugrundelegung ihrer eigenen Erzählungen, nicht im bekannten Ton „Für unser Herzenskind", der läppisch und nicht altersgerecht ist; kindgemäß illustriert, ebenfalls an den Kindern erprobt und unter Benützung ihrer zum Teil unvergleichlich wertvollen Darstellungen zu biblischen Themen aus dem Zeichenunterricht. Ich hoffe, daß es gelingen wird, den beiden Lehrern (Wilhelm Hoffer und Mely Masaryk), die damit befaßt waren, auch jetzt noch die Möglichkeit zu geben, ihre Arbeit demnächst zu vollenden. Und schließlich Texte für Theater und Pantominen.

Nicht weniger als dieser sachliche Mangel hinderte uns der persönliche. Nicht alle unsere Lehrer hatten die kenntnismäßige Voraussetzung für solchen Unterricht, wie er uns vorschwebte. Gewiß taten alle, was in ihrem Vermögen lag, um den Unterricht im Außerjüdischen durch selbstverständliche Verknüpfung mit jüdischen Inhalten einzufärben. Wir sahen aber bald, daß es besser ist, keine solchen Versuche zu erzwingen – so sehr dieselben freilich nach dem üblichen zionistischen Geschmack wären – und Naturgeschichte, Geschichte, Geographie und Deutsch bleiben zu lassen, was sie sind, wenn nicht im Lehrer selbst die organischen Verknüpfungen und Perspektiven vorhanden sind. Darum haben wir nur bei einigen Lehrern Stunden gehabt, in denen etwa unvermittelt aus der deutsch-österreichischen Staatsbürgerkunde ein Stück Prophetengeschichte, die Geographie Nordafrikas der unermeßliche Erdenhintergrund für jüdisches Werden und Leiden wurde, die deutsche Literatur gesehen war durch ein selbstverständlich, und darum auch vielleicht gar nicht deutlich als solches erkanntes, jüdisches Auge.

So mußte der spezielle jüdische Unterricht zu ersetzen versuchen, was der allgemeine nur mangelhaft leistete. Er erfolgte bei uns in zwei Fächern – in Bibel und jüdischer Geschichte – und in einer Art ethischen Kursus, der keinen Namen hatte. Die drei oben genannten Gebiete flossen dabei mehr oder weniger in eins zusammen. Für die Kleineren war die Bibel die einzige Substanz, an der ihnen jüdische Vergangenheit und Kultur lebendig zu machen versucht wurde. Und es hat sich uns in der Erfahrung durchaus bestätigt, daß die Bibel das Buch schlechthin für Kinder ist. Ich meine, daß sie alles enthält, was dem Kinde an Phantasie, Affekt und Wissenswertem gemäß ist, daß die Weltanschauung der erzählenden Bücher, ihr affektiver Hintergrund, selbst ihre Darstellungsweise und Poesie kindgemäß ist – freilich nicht nur kindgemäß. Und man könnte sich eine Schule denken, in der statt der Fülle seichter oder auch tiefer Märchen, Legenden, Jugendschriften die Bibel die einzige immer wieder gelesene, immer wieder erzählte, immer wieder dargestellte Lektüre wäre.

Dies hätte freilich zur Voraussetzung eine Bibelausgabe, die im einfachen Wortsinn den Kindern verständlich wäre (und die etwa auch die in der Bibel unterdrückten Sagenkreise und Fassungen mitberücksichtigte). Wir versuchten es mit den verschiedensten Übersetzungen. Was nützt aber alles, wenn die Kinder nicht wissen, was ein Vogt ist, nicht wissen, was eine Witwe ist! So haben wir uns später entschlossen, die Bibel nicht vorzulesen, sondern zu erzählen. Dies geschah in eigenen Bibelstunden, im Deutschunterricht und an den Freitag-Abend-Feiern.

Was die Bibel für die Kleinen war, hätte die jüdische Geschichte für die Großen sein sollen. Aber es zeigte sich, daß ihnen die Bibel unbekannt war. So wurde auch für sie die Bibellektüre zum hauptsächlichen Inhalt der jüdischen Geschichtsstunden und mancher Deutschstunde. Die Vorlesung am Freitagabend hatten sie mit den Jüngeren gemeinsam. Für die Kleineren (bis zum 10. Jahr etwa) war das Erzählende, die Fabel, das Wesentliche dieses Unterrichts; für die Größeren (bis zu 15 Jahren etwa) waren es die Personen, Gestalten, Schicksale. Pragmatische Geschichte, also eigentliche Historie, fand nur bei den Ältesten Interesse und Verständnis und wurde auch nur ihnen gegeben.

Alle diese Kenntnisse aber, auch wenn sie affektgetränkt wären, genügen nicht für den Begriff einer jüdischen Bildung, auch dann nicht, wenn man darunter lediglich ein intellektuelles Phänomen verstünde. Man könnte mit dem Wort jüdische Gegenwartskunde die Inhalte decken, die wir hier meinen. Eine klare Vorstellung vom sozialen Aufbau des Judentums, seinen Entwicklungstendenzen in die Zukunft; eine Ahnung, mindestens, vom kulturellen Zustand und seinen Möglichkeiten; Palästina, die jüdische Politik, all dies ist nötig, den Kindern oder – in seiner Gänze wenigstens – den Jugendlichen lebendig zu machen, zur Wertung zu bringen. Wir haben dies versucht in den Kwuzoth, in Einzelbesprechungen und schließlich auch in den Geschichtsstunden. Aber solche Betrachtungsweise und diese Inhalte sind nicht isoliert zu geben, sondern sie müssen in ihrem Zusammenhang mit den politischen und sozialen Problemen zur Sprache, Klärung und Wertung gebracht werden. Die älteren Kinder, insbesondere die Knaben, hatten ein sehr lebhaftes und spontanes Interesse an diesen Fragen. Wir lasen mit ihnen die Zeitung und führten im jüdischen Unterricht und außerhalb seiner manches Gespräch über Berufsschichtung, Wirtschaft der Juden, über ihre kulturelle, gesellschaftliche Lage, über Antisemitismus, die Politik des Judentums, Zionismus, Palästina, alles im Zusammenhang mit den allgemeinen Fragen, und ausgehend von den eigenen Erlebnissen der Kinder in Baumgarten und anderswo, sie mit diesen Realitäten, das Fremde und Ferne apperzipieren lassend. Vor der nahen Gefahr, von den Kindern nicht verstanden zu werden, waren wir geschützt; denn wir hielten keine Vorträge, sondern unterredeten uns in des Wortes strengstem Sinn mit ihnen.

Vom dritten genannten Gebiet jüdischer Inhalte kann ich nicht hoffen, in den wenigen Zeilen, die mir hier zu Gebote stehen, jenem Klares und Förderndes zu sagen, der nicht ähnliche Gedanken verwirklicht oder gehabt hat. Kinder haben im allgemeinen ein beträchtliches Interesse für die Beobachtung und Erklärung seelischer Erscheinungen. Eine Erfahrung, auf die Berthold Otto nicht müde wird hinzuweisen, und die wir bei unseren Kindern bestätigen konnten.

Wir haben oft, vor allem mit den Älteren, über all das gesprochen, was in Geist und Seele des Menschen vorgeht, wenn er denkt, fühlt, will, handelt, träumt. Und dies ist der richtige Weg, um das Verständnis für tausend Dinge und Beziehungen des sozialen, kulturellen, politischen und nationalen Geschehens freizumachen. Es gehört dies, da es sich um jüdische Menschen handelt, die so sehen lernen und an denen so zu sehen ist, zum jüdischen Unterricht, aber ich muß mir es versagen, diese Behauptung näher zu begründen und ihre allgemeine Bedeutung für die jüdische und jede Erziehung zu erörtern. Nur an zwei Tatsachen aus dem Baumgartner-Leben sei erinnert. Alle Sabbatvormittage versammelten sich die meisten Kinder von etwa 10 Jahren aufwärts – es geschah dies völlig freiwillig – zur Unterrichtsstunde, die ihnen der sonst bei uns nicht tätige Dr. J. Obermann hielt; und mit lebhafter Teilnahme, nicht selten mit Erschütterung der Kinder, wurde da der wie mir scheint erstmalige Versuch gemacht, „jüdische Religion" psychologisch und didaktisch zulänglich zu lehren: Religion als Selbstbeobachtung, Erklärung, Weiterung und Wertung der sittlichen und religiösen seelischen Phänomene, wie sie primitiv und angedeutet in jedem Kinde sich vollziehen. Es ist zu hoffen, daß Dr. Obermann Gelegenheit gegeben sein wird, seine Versuche fortzusetzen und zu einer wirklichen Didaktik des „Religionsunterrichts" auszubauen.

An den Freitagabenden hatte zwischen Bibelvorlesung und Gesang und Scherz eine Ansprache ihre Stelle, an der, meistens von mir, in ähnlichem Sinn, gewöhnlich in Anknüpfung an konkrete Geschehnisse des Schullebens, Imponderabilien des seelischen, des sozialen Lebens der Kinder, ethisch gewertet, besprochen wurden. Manche grundsätzliche und spezielle Bemerkung von Friedrich Wilhelm Foersters „Jugendlehre"[44] half dabei; aber ich habe den Ein-

---

44 Friedrich Wilhelm Foerster (1869–1966) war mit seinen jugendkundlichen und jugendpädagogischen Schriften, die in vielen hunderttausend Exemplaren verbreitet waren, einer der meistgelesenen und einflußreichsten deutschsprachigen Pädagogen der 1. Hälfte des 20. Jahrhunderts („Jugendlehre" 1904, „Lebenskunde" 1906, „Lebensführung" 1910). Bernfeld kannte Foerster von dessen Lehrtätigkeit an der Universität Wien von 1911 bis 1913 (als Nachfolger von Otto Willmann auf dem Pädagogik-Lehrstuhl).

druck, als wären diese Ansprachen weder mir noch den anderen in zulänglicher Weise gelungen.

Inhalte müssen Form werden. Eine Schule kann nicht dadurch jüdisch werden, daß sie auch jüdische Inhalte vermittelt, sie muß es in ihrer Gestalt sein. Von hier aus ergibt sich ein Problem, das in der westlichen Diaspora vielleicht überhaupt nicht zu lösen sein wird, jedenfalls bei uns nicht gelöst wurde. Durch zwei Faktoren kann eine Jugendgemeinschaft – und das ist eine Schule oder sie ist überhaupt nichts Wesentliches – in den groben äußeren Gestaltungseigenartigkeiten zur jüdischen Erscheinung werden: durch die hebräische Sprache (übrigens in einem gewissen Sinn auch durch die jiddische) und durch jüdische Rhythmen und Symbole. In dieser Beziehung haben Sabbatfeier, die Feste, ja selbst Besonderheiten der Tracht und der Verkehrsformen, schließlich selbst Blau-Weiß und Magen-David ihren spezifischen Wert, Rang und Platz. Nur darauf kommt es aber an – und ganz entscheidend –, ob diese Formen und Symbole Ausdruck lebendigen Fühlens und Verhaltens sind. Es ist erzieherisch höchst gefährlich, hier von außen nach innen wirken zu wollen, also Formen und Symbole *einzuführen*, und wäre es auch in der Hoffnung, daß sie nach innen Einstellungen, Gefühle und Verhaltungsweisen erzeugen würden. Gerade dieser überaus problematische und gefährliche Weg wird aber im zionistischen Erziehungswesen ganz allgemein gegangen. Wir haben ihn vermieden. Und ich glaube, gerade darum hätte sich Stil in Baumgarten entwickelt, kindlich-jugendlicher und jüdischer, wenn ihm nur Zeit geworden wäre zu wachsen.

Der hebräische Sprachunterricht könnte, seinen Möglichkeiten nach, viel mehr sein als grobe äußere Form, als Rahmen des Jüdischen. Er kann bildend für die innere Form der Schule, des Lebens in ihr werden. Er kann zugleich weitester und tiefster Inhalte-Vermittler, ja -Schöpfer sein. Bei uns war es nicht so. Die Kinder lernten Hebräisch; viel und im allgemeinen gern; sie haben auch genügend gelernt, und es wäre der Augenblick abzusehen gewesen, in dem von den Kindern aus das Hebräische hätte Umgangssprache werden können. Und das ist viel. Aber an der Aufgabe gemessen, die gerade diesem Unterricht an einer jüdischen Schule zukommt, viel zu wenig. Das Hebräische war bei uns fast völlig

„Schul"-Sache. Darum war seine seelische Bedeutung gering. Die beiden Lehrer des Hebräischen müssen leider als die am meisten atrophierten, blutleersten Organe unseres Lehrkörpers bezeichnet werden. So gewissenhaft ihr Tun, so unermüdlich ihr Eifer – gerade sie, die menschlich die Mittelpunkte hätten sein sollen, waren als neue Erzieher gänzlich unzulänglich. Sie wußten es ganz und gar nicht anders, als daß man „unterrichte", und zwar zu seiner Stunde, in seiner Klasse. Außerunterrichtliche Beziehungen fanden sie zu den Kindern wenig oder auch gar nicht. So wurde den Kindern keine andere Leidenschaft für Hebräisch, kein anderer seelisch-affektiver Motor, als eben die berühmte Katze zu geben vermag, die auf den Tisch oder das Fenster springt und die Milch des Knaben Moscheh, David oder Schimon trinkt; als der Hund, der bellt, der Vogel, der einen Schnabel hat, während die Mutter mit dem Kinde singt. Und es blieb ihnen ein ewiges Rätsel, warum die Kuh wo ist? Im Kuhstall, und nicht gerade auf der Wiese. Und wären nicht die Wirkungen des anderen Unterrichts, wären nicht die Freitag-Abend-Feiern, Kwuzoth, Histadruth und Feste gewesen, so hätte die Schule gewiß nicht einen Funken jüdischen Geistes bewahrt und entfacht. Weil aber unsere Erziehung auf den Affekt gebaut ist, auf seine Erkenntnis und seine Gestaltung, so ist, trotz aller Mängel und Unzulänglichkeiten unserer Erziehung, ein Stück Judentum in jedem Kinde frei geworden, das so leicht keine künftigen Erlebnisse wieder zuschütten, es sei denn, sie zerstörten zugleich alles in den Kindern so wunderbar und dennoch selbstverständlich aufgeblühte Menschliche.

Leitungsbesprechung vom 23./XII.1919.

Anwesend: Frau Erna Patak,
Herr Dr.Siegfried Bernfeld
Professor Riem

1.) Professor Riem erhält den Auftrag, schnellstens für Reparatur und entsprechende Neuanschaffung von Uhren zu sorgen, sodass in jeder Baracke, in jedem Tagraum sich eine richtiggehende Uhr befindet.

2.) Die vorhandenen Hausschuhe sind zu verteilen, fehlende Nummern werden von Frau Patak nachgeschafft.

3.) Frau Patak übernimmt, 6 Papierkörbe aunzuschaffen. Die vorhandenen Papierkörbe sind je 2 in Speisesaal und Tagraum Bar. 27 und je 1 in allen Klassenzimmern, Lesezimmer Bar. 30 und Tagräumen Bar. 28 und 29 aufzustellen.

4.) Frau Patak übernimmt die Anschaffung von 16 Spucknäpfen, von denen je einer im Speisesaal, allen Tagräumen, allen Klassenzimmern aufzustellen ist. Frau P. übernimmt den Ankauf von 200 kg Papier.

5.) Die Anschaffung von 2000 ~~kg~~ Kr. Zucker monatlich, zur Verbesserung der Nahrung, muss auf 8 Tage verschoben werden.

6.) Die Anschaffung von Dachpappe für die Privatwohnung von Dr, Bernfeld wird auf 8 Tage verschoben.

7.) Frau P. übernimmt, der Nähstube den Auftrag zu geben, die zweite Garnitur Schürzen und Kittelchen sofort in Arbeit zu nehmen

8.) Herberth Liss erhält den Auftrag, die Haustelefone vom Schwager von Frau P. sofort abzuholen.

9.) Frau P. übernimmt die Besorgung von Geschenken für die Taubstummen.- Es wird die Ausgabe für ein einfaches Geschenk für jedes der zurückgebliebenen Nickolsburger Kinder bewilligt.

10.) Frau P. übernimmt die Anschaffung eines Klaviers.

11.) Der Schlafsaal in Baracke 17 wird in den Tagraum der Baracke 17 verlegt. Der grosse Schlafsaal in Barakke 29 wird in die zwei kleineres Zehnerschlafsäle verlegt. Der Tagraum der Barakke 29 wird aufgelassen. Die Schlafsäle in Baracke 29 werden so zusammengelegt, dass das kleine Schlafzimmer frei wird und als Tagraum für die Taubstummen, der bisherige Tagraum der Taubstummen als Tagraum der Einheitsschule, eingerichtet wird.

12.) Der zweite Schlüssel zur Speisesaaltür wird dem Türhüter, unter Verantwortung des Schülerausschusses, zur Verwahrung gegeben.

13.) Frl.Eisert wird nach abgelaufener Probezeit als Taubstummenpflegerin engagiertund erhält die Fahrtspesen ersetzt und ein Anerkennungsgehalt von K 100.- monatlich.

14.) Frau P. übernimmt die Anschaffung eines Stempelkissens für die Direktionskanzlei.

VIII. Von unserer Verwaltung und einer Heimverwaltung überhaupt

Wer bis hierher gelesen hat und weiß, daß wir trotzdem vom *Joint* als unfähige Erzieher betrachtet, wenigstens so behandelt wurden, muß meinen, daß ich schöngefärbt, wenn nicht gelogen habe. Darum sei, zugleich aus den im Vorwort gesagten Gründen, ganz kurz erzählt, warum und wie wir unsere Arbeit in Baumgarten verlassen und sie und die Kinder Prügelpädagogen der schlimmsten Sorte überlassen mußten.

In *Joint*-Kreisen wird die Sache so zurechtgelegt, wenigstens lautete so der Bericht eines Herrn an die Unterrichtskommission des Jüdischen Nationalrates: die Lehrer hatten die Karre verfahren, und um sich aus der Affäre zu ziehen, verfaßten sie ein endloses Memorandum voll kleinlicher Forderungen. Das *Joint* durfte sich diesen Ton nicht gefallen lassen und lehnte das Memorandum ab. Die Lehrer kündigten und wollten so schnell als möglich Baumgarten verlassen. Dies wurde ihnen gewährt. Dazu kommen noch spezielle Bemerkungen über mich, die ich nicht reproduziere, da ich sie nicht polemisch zu behandeln beabsichtige, und über Herrn Hoffer, meinen Stellvertreter nach meiner Erkrankung, der unerfahren und erzradikal sei. Anfangs wurde betont, daß die Kinder moralisch sehr gefördert wurden, aber jetzt hat man dies auch vergessen, „keine Disziplin, keine Ordnung, kein ordentlicher Unterricht."

Wir sehen die Sache anders. Und zwar so:

Zunächst fühlen wir uns von der Leiterin des Kinderheims und dem Direktor des *Joint* irregeführt, um kein stärkeres Wort zu gebrauchen. Ich habe auf S. 29f. die Bedingungen bereits genannt, die mir von der Leiterin im Namen des *Joint,* in Gegenwart seines Direktors, zugestanden und mehrfach mündlich versichert wurden. Auf die formelle schriftliche Bestätigung habe ich monatelang gedrungen. Ohne Erfolg. Daß die Begründungen dieses Ausbleibens, die mir von beiden Personen, die beide Exponenten des *Joint* sind, gegeben wurden, so waren, daß ich an der meritorischen Unverändertheit nicht zweifeln konnte, beweist, daß ich die Arbeit begann und zwar mit Wissen beider, in einer Art, die jenen Vertrag zur absoluten Voraussetzung hatte. Ich habe erst später einsehen gelernt, daß der Direktor des *Joint* alles vergißt, was der Freund der Leiterin versprach und weiß; der Freund der Leiterin hat keine Erinnerung an die Stunden, wo er Direktor des *Joint* ist. Der Leiterin sei zugestanden, daß es nicht böser Wille bei ihr ist, der mich irreführen wollte, sondern eine seltsame Unklarheit über das, was wirklich, und über das, was ihre eigene Phantasie ist, ein überaus mangelhaftes Gedächtnis, verbunden mit lebhafter Phantasie, zu alledem der liebenswürdige weibliche Zug zur Intrige, Geheimniskrämerei und Ähnlichem; und schließlich, ich glaube gern, daß sie einfach Angst oder Scham hatte mir zu gestehen, wie jeweils alles wirklich stand. Und gewiß alles mit den besten Absichten.

Also: Einen Monat ungefähr nach dem Einzug der Kinder in Baumgarten, am Tage vor dem Eintreffen des Verwalters, mache ich aus einer zufälligen Bemerkung der Leiterin die überraschende Entdeckung, daß alles bisher Abgemachte gar nicht abgemacht, sondern nur erwogen gewesen sei und zwar mit dem Ergebnis, daß es nicht abgemacht werden dürfe. Ich sei von nun an lediglich Direktor der Schule, der Verwalter sei mir beigeordnet usw. usw. Obwohl ich indessen reichlich erfahren hatte, was die vom *Joint* als souveräne Leiterin des Kinderheims eingesetzte Dame unter Verwaltung verstehe und wie sie wirtschafte und organisiere, schien mir doch ein Versuch möglich, auch unter den neuen Bedingungen das durchzusetzen, was nötig sei. Meine persönlichen Beziehungen zur Leiterin ließen mich sie von eigentlicher Schuld freisprechen, und ich meinte, sie werde genug Einsicht in die engen Grenzen ihres Könnens haben, um den Menschen mit größeren Fähigkeiten neidlos und freiwillig den Wirkungskreis in der Realität einzuräumen, der ihnen formal vorenthalten war. Es gelang mir nicht ohne Mühe und bittere Mißverständnisse, die Lehrerschaft und unsere Freunde unter dem Verwaltungspersonal zum Bleiben zu bewegen. Sie hatten einen sehr deutlichen Eindruck von der völligen Unzulänglichkeit der Leiterin. Während ich aber dem *Joint* als Körperschaft noch mehr mißtraute als seiner Referentin, hatten sie vom *Joint* und seiner Interesselosigkeit keinerlei Kenntnis; wohl aber war es der Kinderheimleiterin gelungen, durch unmotiviertes und taktloses Benehmen sich reichlich Antipathien unter den Lehrern zu erwerben.

Wir blieben und machten einen Versuch mit der neuen Ordnung. Nach zwei Monaten des Zuwartens war jedermann klar, daß es in allen wesentlichen Dingen nun noch viel schlechter geworden sei, als es von Anfang gewesen war, obzwar in einigen Angelegenheiten etwas mehr Ordnung geworden war. Uns war völlig deutlich geworden, daß die Leitung des Kinderheims in ihren Prinzipien und in ihren Personen nicht allein an sich als Verwaltung und Wirtschaft unzulänglich, ja schlecht sei, sondern daß insbesondere ein Fortführen unserer Pädagogik unmöglich sei. Durch zahllose Interventionen bei den *Joint*-Präsidialmitgliedern und ihren Sekretären war mir ganz klar geworden, daß diese kein Interesse an unseren Forderungen nahmen und unseren Klagen keinen Glauben schenkten; daß sie persönlich zwar von der Unfähigkeit der Leiterin überzeugt waren, aber keine Neigung hatten, etwas gegen sie, das zugleich für uns gewesen wäre, zu unternehmen. Niemand von uns aber wollte in diesem Augenblick alle bisherige Arbeit als vergebliche betrachten, niemand glaubte mehr an Hilfe vom *Joint*, wir machten daher noch einen friedlichen Versuch. Ich schrieb – denn mündliche Verhandlungen hatten sich als völlig zwecklos erwiesen – in meinem eigenen Namen an die Leiterin einen ausführlichen, eindringlichen und ultimativen Brief, in dem ich die Abstellung einiger der krassesten Übelstände in der Verwaltung verlangte, und eine Bedenk- und Wartefrist von vier Wochen mir freihielt. Drei Wochen verstrichen ohne die mindeste Besserung. Ich war entschlossen, am 1. März [1920] zu kündigen – in der sicheren Voraussetzung, daß die übrigen Lehrer sich mir anschließen würden –, als mein Gesundheitszustand unaufschiebbar Urlaub verlangte.

Als mein Stellvertreter wurde im Einvernehmen mit der Leiterin und dem *Joint*-Präsidium Herr Wilhelm Hoffer bestellt. Er war von mir angewiesen, die Agenden so reibungslos als möglich zu führen und einen Bruch mit der Verwaltung so lange hinauszuschieben, als nur irgend möglich. Und er hat es in diesem Sinne aufopfernd getan. Ich erkläre nach genauer Kenntnis aller Vorgänge, daß alle gegenteiligen Behauptungen Lüge sind. Meine Freunde haben sich so strikt und tadellos in diesem Sinne benommen, daß ihr Memorandum der Leiterin in höchstem Maße überraschend kam: sie hatte gar nicht gemerkt, daß sie nicht das volle Einverständnis meiner Freunde für ihr Verhalten gefunden hatte. Hatte die Verwaltung vor mir Angst gehabt, d.h. hatte ich es jederzeit vermocht, allerdings in aufreibendem Kampf, Details in meinem Sinn durchzusetzen, und wurden die schlimmsten Dummheiten, Verantwortungslosigkeiten, Intrigen und Quertreibereien stets hinter meinem Rücken gemacht, so schien man Herrn Hoffer gegenüber sich nicht mehr genötigt zu sehen, solche Umwege zu beschreiten, und die Zustände wurden unerträglich und hoffnungslos. Besonders die Weiterungen, die sich wegen der Art der Pessachfeier, die von der Verwaltung arrangiert wurde, und wegen einiger krasser Vorfälle, die sich anläßlich einer Inspektion durch das *Joint* ereigneten, veranlaßten die Lehrerschaft zu einem energischen Schritt. Ich konnte, da ich vom 20. Februar bis heute niemals irgendeine Information von seiten des *Joint* oder der Verwaltung bekam, nichts anderes tun, als meinen Freunden in diesem Konflikt mein volles Vertrauen auszusprechen und ihnen anheimzustellen zu tun, was sie im Konkreten für richtig hielten. Sie entschlossen sich hierauf (Anfang April) zur Absendung eines ausführlichen Memorandums, dessen wesentlicher Inhalt hier mitgeteilt sei:

Die unterzeichneten, im Kinderheim Baumgarten tätigen Lehrer und pädagogischen Hilfskräfte gestatten sich das folgende Memorandum an das Präsidium des A.J.D.C. [*American Joint Distribution Comittee*] zu richten, da die hierorts bestehenden Verhältnisse nach unser aller Überzeugung eine fruchtbare pädagogische Wirkung ausschließen und wir einen letzten Versuch zu einer grundsätzlichen Änderung der Situation nicht unterlassen wollen, ehe wir uns entschließen, unsere gegenwärtige Beschäftigung zu verlassen.

Das Kinderheim Baumgarten entbehrt derzeit der einheitlichen Organisation dadurch, daß die Leitung der verwaltungstechnischen und pädagogischen Angelegenheiten einander gleichgestellten Personen (Dr. Siegfried Bernfeld und Artur Riem) obliegt. Entsprechend dieser[45] organisatorischen

---

45 Ab hier ist eine Abschrift des Memorandums mit den Original-Unterschriften im Bernfeld-Nachlaß überliefert (YIVO Institute for Jewish Research, New York; Fasz. 3952, fol. 155 548–155 555); Blatt 1 fehlt. – Der nachfolgende Text ist nach dieser Vorlage wiedergegeben: durchgesehen, redaktionell korrigiert und an den angegebenen Stellen ergänzt.

Zweiteilung im Kinderheim selbst, sind diese beiden Personen auch verschiedenen ehrenamtlichen Funktionären des *Joint Comittee* unterstellt und verantwortlich. Aus dieser unzulänglichen Kompetenzabgrenzung folgt mit Notwendigkeit:

(1) Der Mangel an planmäßiger und geordneter Arbeit, welcher sich zum Bedauern *aller* im Kinderheim Tätigen immer stärker fühlbar macht.

(2) Die Unmöglichkeit der einheitlichen Gestaltung der Lebensbedingungen, der Erziehung und des Unterrichts der Kinder, da einerseits der pädagogische Leiter, Dr. Bernfeld, in pädagogischer Hinsicht ausschließlich dem ‚mit der pädagogischen Oberaufsicht betrauten' Herrn Oberrabbiner Dr. Chajes unterstellt sein soll, andererseits aber mit der ehrenamtlichen Leitung des *gesamten* Kinderheims Frau Erna Patak vom Präsidium des *Joint Comittee* betraut ist.

Zum Verständnis der gegenwärtigen Lage scheint es uns nötig, ein wenig zurückzugreifen. Wir stellen fest[46], daß die meisten von uns in den Monaten August – Oktober 1919 von Dr. Bernfeld aufgefordert wurden, mit ihm im Kinderheim Baumgarten zu arbeiten. Wir glaubten aufgrund der Besprechungen mit Dr. Bernfeld, den ein Teil von uns schon seit langem kannte, dessen pädagogische und psychologische Schriften allen bekannt waren, es würde uns möglich sein, mitzuarbeiten am Aufbau des *jüdischen Erziehungswesens der Diaspora* und bei der Schaffung einer Erziehungsinstitution mit modernen wissenschaftlichen Grundlagen und Methoden. Wir beabsichtigen auch, aufgrund unserer Vorbildung wissenschaftliche pädagogische und psychologische Arbeit zu leisten.[47] Hier ist insbesondere unser pädagogisches Archiv hervorzuheben, welches der Grundstock zu einem Jüdischen Institut für Jugendforschung sein soll.[48] Dr. Bernfeld teilte uns mit, daß aufgrund der bisherigen Verhandlungen Frau Patak seine Ernennung zum Direktor des Kinderheims Baumgarten gesichert habe, daß dessen gesamte

---

46 In der Original-Veröffentlichung läßt Bernfeld ab hier eine größere Auslassung folgen (bis zum übernächsten Absatz „Die von uns…"), deren Text hier aus dem Nachlaßexemplar (s.Anm.45) ergänzt ist.

47 Das gilt besonders für Wilhelm Hoffer, der 1922 an der Universität Wien mit einer pädagogisch-psychologischen Dissertation promovierte: Über die wissenschaftlichen Grundlagen des Kinderspiels. Diss. (masch.schr.) Wien 1922. – Von Hoffer auch: Phantasiespiele der Kinder und ihre Beziehung zur dichterischen Produktivität. In: Siegfried Bernfeld (Hg.): Vom dichterischen Schaffen der Jugend. (Quellenschriften zur seelischen Entwicklung, Bd. III.) Leipzig/Wien/Zürich 1924, S. 238–256. (Reprint in Band 5 dieser Werkausgabe.) – Vgl. Willi Hoffer: Early Development and Education of the Child. Ed. by Marjorie Brierley. (The International Psycho-Analytical Library, vol. 102.) London 1981 (dort Bibl. W.H., S. 207f.) – Rudolf Ekstein: Willi Hoffer's Contribution to Teaching and Education. In: The Reiss-Davis Clinic Bulletin 5 (1968), No. 1, S. 4–10.

48 Vgl. dazu die Schriften und Dokumente im 2. Band dieser Werkausgabe.

Leitung in seinen Händen liegen und die Anstellung des gesamten Personals und die Aufnahme der Kinder durch ihn erfolgen werde. Unter diesen Voraussetzungen haben wir und hat auch Dr. Bernfeld die an und für sich schwierige Arbeit übernommen.

Schon in den ersten Tagen machten sich bedeutende Abweichungen von dieser Übereinkunft unangenehm fühlbar, indem Frau Patak Aufträge im Kinderheim selbst erteilte, die den uns gegebenen Weisungen widersprachen. Auf unsere Anfragen erklärte Dr. Bernfeld, daß dieser vorübergehende Zustand mit der in ganz kurzer Zeit erfolgenden Übersiedlung von Professor Riem, des ihm unterstellten Verwalters, beendigt sein werde.

Als Professor Riems Übersiedlung erfolgt war, machte uns Dr. Bernfeld folgende Mitteilung: Er habe soeben von Frau Patak erfahren, daß das *Joint* ihre (Frau Pataks) Zusagen einzuhalten ablehne, daß Professor Riem ihm gleichgestellter Verwalter und Dr. Bernfeld lediglich pädagogischer Leiter des Kinderheims sei. Es war unter den geänderten Voraussetzungen Dr. Bernfeld nicht leicht, uns zu bewegen, mit ihm den Versuch zu machen, auch unter den nunmehrigen Bedingungen zu bleiben und zu sehen, ob es möglich sei, wenigstens zu einer befriedigenden *pädagogischen* Arbeitsmöglichkeit zu kommen. Unter vollster Berücksichtigung der mannigfaltigen großen Schwierigkeiten, die der Verwaltung entgegenstehen, und im Vertrauen darauf, daß es Frau Patak gelingen werde, die von uns ihr immer wieder geschilderten Widerstände im *Joint Comittee* zu überwinden, haben wir diese Versuchszeit immer wieder verlängert.

Die von uns und von jedem Pädagogen vertretene Anschauung, daß in einer Erziehungsinstitution die Trennung der Leitung von Pädagogik und Verwaltung unmöglich sei, hat sich praktisch bestätigt. *Es liegt im Wesen jeder wirklichen Erziehungsinstitution, daß in ihr nur Erwachsene tätig sein dürfen, die einheitliche pädagogische Anschauungen haben, um die Atmosphäre schaffen zu können, die jede Erziehungsinstitution braucht, insbesondere aber eine, die auf solchen Grundlagen beruht, wie die unsere.*[49]

Man kann auch nicht sagen, hier höre Pädagogik auf und beginne Verwaltung, oder umgekehrt. Wohin gehört dann Schlafsaal-, Speisesaalordnung, Kleidung, Nahrung, Körperpflege usw., die die Verwaltung für sich reklamiert, die aber der Pädagoge, dessen Pädagogik sich nicht auf vier oder fünf Unterrichtsstunden beschränkt, nicht einem unpädagogisch vorgehenden, alle seine Bemühungen zunichte machenden Menschen übergeben kann? Oder kann die Ordnung in Schlaf- und Speisesaal, die Körperpflege, die Art, in welcher all dies gehandhabt wird, wirklich dem Pädagogen gleichgültig sein ? Kann es z. B. der Pädagoge dulden, daß Schwestern, die der pädagogischen Leitung nicht unterstellt sind, vollkommen unpädagogisch vorgehen und sogar Kinder schlagen, ohne daß es ihm möglich ist, dem abzuhelfen ? Oder können in einer Erziehungsinstitution fünf Stunden des Tages den durchdachten pädagogischen Anschauungen, die übrige Zeit aber der Willkür und Laune des Verwaltungspersonals überlassen sein?

In unserem besonderen Falle haben wir außer dieser *prinzipiellen* Feststellung noch folgende *spezielle* Dinge auszusetzen, die unseren ganzen Bestrebungen immer wieder hindernd in den Weg treten:

---

49 Hier folgt eine von Bernfeld mit … markierte Auslassung im Text; diese Auslassung und der folgende Absatz fehlen im Text des Archivexemplars (s.o.Anm.45).

(1) Der größte Teil aller groben manuellen Arbeit wird im Kinderheim von Nichtjuden verrichtet. (Dieser sozial und pädagogisch unhaltbare Zustand folgt zum größten Teil aus der unangemessenen Bezahlung von K. 120,– monatlich bei nicht sonderlich reichlicher und guter Kost. Es fehlt der Verwaltung jedes Verständnis dafür, daß man Rechte geben muß und nicht Almosen, wie z. B. in der ständig zu Reibungen führenden Frage der Lebensmittelzubußen; Versprechungen – Dienstkleider, Wäschegeld usw. – werden als nicht systemisiert nur mangelhaft gehalten.) Schließlich sei noch erwähnt, daß die von den Angestellten gewählten Vertrauensleute (provisorischer Betriebsrat), Dr. Hilde Geiringer und Schw. Regina Kohn[50], als sie, unter Hinweis auf die unerträgliche Lage der Dienstmädchen, bei Frau Patak wegen Erhöhung der Gehälter vorsprachen, zurechtgewiesen wurden, sie mögen sich nur um ihre eigentlichen Aufgaben kümmern und nicht um Dinge, die sie nichts angingen. – Alle unsere Bemühungen, die Kinder zu manueller Arbeit zu erziehen und ihnen die eingewurzelte Arbeitsscheu zu benehmen, werden durch diese Geringschätzung der ‚niedrigen Arbeit', durch die Behandlung derer, die sie verrichten, durch fast ausschließliche Verwendung von Nichtjuden zu ihr, völlig vereitelt.

(2) Den Kinderpflegerinnen, die sich in ähnlicher ökonomisch unerträglicher Lage befinden, wird in gänzlich falsch angebrachter Sparsamkeit eine Arbeitslast aufgebürdet, die sie entweder zu schlechter Ausführung zwingt oder ihre Erkrankung verursacht.[51] (Daß zu wenig Schwestern vorhanden sind, konstatierte auch ein Sektionschef des Staatsamtes für Volksgesundheit gelegentlich eines Besuches.) Dies ist um so schmerzlicher, als den Kinderpflegerinnen eine wichtige pädagogische Aufgabe zufällt. Gerade die fähigsten der Kinderpflegerinnen wurden durch kleinliche Behandlung um ihre Arbeitsfreude gebracht, schließlich entlassen, ihre Plätze wurden entweder überhaupt nicht oder durch zwar willfährige, aber ungeschulte Kräfte besetzt, die die Not zur Annahme einer Stellung mit einer Entlohnung von K 150,- (erst vor kurzem wurde auf K 300,- erhöht) zwang. Die Kinderpflegerinnen unterstehen weder der ärztlichen noch der pädagogischen Leitung, sondern der Verwaltung, also den Organen für Küchenaufsicht, Buchhaltung, Magazinführung etc.

(3) Eine zureichende Hygiene im Kinderheim wurde dadurch unmöglich gemacht, daß[52] es mit Ausnahme der Kleinkinderbaracke in keinem Raume Waschlappen gibt. Es war Monate hindurch unmöglich, Becher und Zahnbürsten zu erhalten. Allen diesbezüglichen Vorstellungen wurde entgegengehalten, daß diese Gegenstände zwar ins Heim gebracht, aber hier von den Kindern verloren worden wären. Das erklärt sich aber durch die würdelose Art der Beteiligung der Kinder mit ihren Gebrauchsgegenständen, die in ihnen das Gefühl eines persönlichen Almosenempfangs, also die Grundlage des „Schnorrens" erwecken muß. Wenn die Kinder als Ganzes des Diebstahls beschuldigt wurden, so müssen wir darauf erwidern, daß solange Dienstmädchen mit nachweisbaren Delikten und die taubstummen Kinder, deren Neigung zu Diebstählen zweifellos feststeht, im Heime verbleiben dürfen, eine derartige Pauschalbeschuldigung nicht zu begründen ist. Schließlich sei noch der anscheinend unbehebbare dauernde Mangel an Closettpapier er-

50 Die Namen sind aus dem Archivexemplar ergänzt.
51 Der folgende Text bis Ziffer 3 ist ergänzt.
52 Der folgende Text bis zum nächsten Absatz ist ergänzt.

wähnt, der für alle Heimbewohner eine schwere Gesundheitsgefahr ist, der Mangel an Leib- und Bettwäsche (in manchen Räumen sind Kinder aus Mangel an Handtüchern zum gemeinsamen Gebrauch eines Tuches gezwungen) und besonders die auch durch Brennstoffmangel nicht erklärbare Art der Beheizung während der Wintermonate, unter der die Kinder unsagbar zu leiden hatten.

Solche und noch viele andere Schwierigkeiten haben Erkrankungen des pädagogischen Personals hervorgerufen, die auf unsere eigentlichste Arbeit zerstörend wirkten.[53] Frl. Grete Obernik ist nach einem uns vorliegenden Brief unzweifelhaft an den hier erlittenen Aufregungen erkrankt. Auch Frl. Lilli Bernfeld, die seit fünf Jahren an verschiedenen Volksschulen erfolgreich gewirkt hatte, konnte den Schwierigkeiten, die die Verwaltung uns immer wieder machte, nicht standhalten. Vom Pflegepersonal sind die Schwestern Judith und Regina unzweifelhaft an der großen Arbeitsleistung erkrankt. Wir wissen, daß auch Dr. Bernfelds Krankheit[54] durch die Aufregungen, die sich aus seiner Vermittlerrolle zwischen Frau Patak und der Lehrerschaft ergaben, ganz erheblich verschlimmert wurde.

Nach Darlegung der bestehenden Mißstände erlauben wir uns, dem Präsidium des *Joint Comittee* folgende Vorschläge zur Sanierung des Kinderheimes zu unterbreiten:

(1) Es wird an Stelle der bisherigen ehrenamtlichen Leitung ein hauptberuflicher, dem Präsidium des *Joint Comittee* allein verantwortlicher Leiter eingesetzt. Ihm ist das gesamte pädagogische und verwaltungstechnische Personal unterstellt. Der Leiter berichtet regelmäßig unmittelbar dem Präsidium und erhält unmittelbar von demselben seine Weisungen. Der Leiter ist ein pädagogisch als auch organisatorisch fähiger Mensch, der bei vollster Würdigung aller in organisatorischer und verwaltungstechnischer Hinsicht getroffenen notwendigen Anordnungen, bei welchen er sich mit dem Verwalter berät, auch pädagogisches Verständnis hat und darum jeder Gegensatz von Pädagogik und Verwaltung von vornherein ausgeschaltet erscheint.[55]

(2) Der Leiter unterbreitet in, durch die bestehenden Verhältnisse (Preissteigerungen usw.) bedingten Intervallen dem Präsidium das Gesamtbudget, in welchem auch der Posten für Anschaffungen für die Schule berücksichtigt ist.

(3) Raum und Zeiteinteilung regelt er im Einverständnis mit den pädagogischen und verwaltungstechnischen Organen.

(4) Die hygienischen Maßnahmen werden vom Leiter zusammen mit der Ärztin[56] unter eventueller fallweiser Zuziehung von pädagogischen und verwaltungstechnischen Organen getroffen.

(5) Die Ernährung erfolgt unter Berücksichtigung der bestehenden Verhältnisse nach den ärztlicherweise vorgenommenen Berechnungen.

---

53 Der folgende Text bis zum Ende des Absatzes ist ergänzt.

54 Bernfeld litt an Lungen- und Kreislaufanomalien (persönliche Mitteilung seiner Schwester Lilli Stross, Berkeley CA, an den Hg.).

55 Der Text bis Ende Ziffer 6 ist ergänzt.

56 Als Ärztin wirkte Dr.med. Anne Bernfeld, Bernfelds Ehefrau in erster Ehe.

(6) Der Leiter schlägt dem Präsidium Neuanstellungen und Personalveränderungen vor, und nimmt das Präsidium Personalveränderungen nur im Einverständnis mit dem Leiter vor. Der Leiter hat das Recht, pädagogisch und verwaltungstechnisch unzulängliche, insbesondere aber die pädagogische Arbeit hemmende und störende Personen zur Entlassung vorzuschlagen.

Aufgrund unserer Darlegungen über die Sanierungsvorschläge und aufgrund der gegenwärtigen Verhältnisse fordern wir: *Dr. Siegfried Bernfeld wird der dem Präsidium des A.J.D.C. allein verantwortliche Leiter des gesamten Kinderheims Baumgarten mit den in unseren Vorschlägen punktweise angeführten Machtvollkommenheiten.*

Wir zweifeln nicht, daß das Präsidium des *Joint Comittee* sich unseren Darlegungen nicht verschließen wird[57] und uns so die Möglichkeit geben wird, an dem begonnenen Werke weiterzuarbeiten und diese Institution auf dieser Basis dem jüdischen Erziehungswesen zu erhalten.

Anderfalls sind wird leider außerstande, diese Arbeit fortzusetzen.

Gleichzeitig senden wir eine Abschrift dieses Memorandums an Frau Erna Patak und an Herrn Dr. Siegfried Bernfeld, der, wie wir nicht zweifeln, sich mit unseren Forderungen identifizieren wird, dem wir aber gleichzeitig mitteilen, daß wir nur weiter in Baumgarten arbeiten können, wenn unsere Forderungen angenommen werden.

Adolf Rawitz	*Wilhelm Hoffer*
Gerhard Fuchs	*Recha Gelb*
Marusa Schük	*Karl Michael Koch*
Rosenblum	*Josef Inslicht*
Käthe Neumann	*Lore Kahn*
Dr. Anna Kluger	*Gusti Bretter*[58]

Ich erhielt eine Abschrift des eingesandten Memorandums und war mit dessen Inhalt bis auf einen Punkt einverstanden. Es schien mir immer noch möglich, der Leiterin eine Stellung im organisatorischen Bau des Kinderheims einzuräumen. Dem *Joint* schrieb ich, dies andeutend, daß ohne diese Lehrer auf keinen Fall die Möglichkeit für mich bestehen würde, im Kinderheim zu arbeiten und bat, ausführlich motiviert, um gründliche Erwägung der Sache und um Zuziehung meiner Person zu den Verhandlungen. Eine Antwort erhielt ich nicht, eine Einladung zu einer Sitzung ebensowenig. Vor der anberaumten Sitzung in dieser Angelegenheit erschien in der „Wiener Morgenzeitung" ein Ar-

57 Der Text bis Ende des Dokuments ist aus dem Archivexemplar ergänzt.

58 Einige dieser Personen sind auf dem Gruppen-Foto zu sehen, das am Anfang dieses Bandes wiedergegeben ist. Weitere Namen finden sich in den Dokumenten im 2. Band dieser Werkausgabe.

tikel von Bruno Frei über das Kinderheim[59], der neben allerhand unverdienten, ja nachweisbar lügenhaften Lobessprüchen für die Verwaltung allerhand ebenso unverdiente schiefe, zum Teil nachweisbar lügenhafte Bemerkungen gegen die „Pädagogik" enthielt. Die ganze Diktion und Tendenz, eine Anzahl tragender intimer Details, legten den Verdacht nahe, daß der Artikel von der Leiterin des Kinderheims bestellt, selbst teilweise diktiert war.

Ich wartete eine Richtigstellung von seiten der Verwaltung ab; sie erschien nicht. Ich schrieb an die Leiterin; sie antwortete nicht. Für mich war der Sachverhalt klar – er wurde mir ein paar Wochen später in einem Gespräch mit der Leiterin des Kinderheims von ihr durch Schweigen und Verlegenheit eingestanden – und somit meine Stellung für eventuelle Verhandlungen im Sinne meiner Freunde entschieden. Es fanden aber keine Verhandlungen statt, sondern das *Joint* reagierte in dieser für das Schicksal von 300 Kindern entscheidenden Frage mit folgendem Wisch:

An Herrn Willi Hoffer, Wien XIII, Linzerstraße 299.

Wir teilen Ihnen mit, daß das Präsidium in der Sitzung vom 13. d.M. beschlossen hat, Ihren Vorschlag, Herrn Dr. Siegfried Bernfeld als dem Präsidium des A.J.D.C. allein verantwortlichen Leiter des gesamten Kinderheimes Baumgarten mit den in Ihren Vorschlägen angeführten Machtvollkommenheiten zu bestellen, abzulehnen.

(Folgt Unterschrift.)

Die Lehrer kündigten sofort korporativ. Und baten um schnellste Ernennung ihrer Nachfolger, um diesen ihren Dienst übergeben zu können. Es sei das anmaßende Dokument impotenten Bürokratismus wörtlich hergesetzt, das eine Antwort auf dieses mündlich und schriftlich vorgebrachte, im Interesse der Kinder sehr berechtigte Begehren der Lehrerkonferenz war:

An die Lehrerschaft des Kinderheimes Baumgarten, Herrn Willy Hoffer zuhanden! Wien.

Ihre Zuschriften vom 15. d.M. wurden dem Präsidium vorgelegt und hat dasselbe sein Einverständnis erklärt, Ihrem in den eingangs erwähnten Zu-

59 Bruno Frei: Das Kinderdorf in Baumgarten. In: Wiener Morgenzeitung, 2. Jg., Nr. 431 vom 3.4.1920, S. 7.

schriften sowie der Leiterin des Heimes, Frau Erna Patak gegenüber geäußertem Wunsche, möglichst schnell den Dienst im Kinderheime aufzugeben, Folge zu geben.

Es besteht sohin seitens des Präsidiums kein Anstand, daß Ihre Tätigkeit in unserem Kinderheime schon morgen, den 17. d.M., eingestellt werde und wird hiebei als selbstverständlich angenommen, daß jede wie immer geartete Einmengung in den Betrieb wie der Verkehr mit den Kindern Ihrerseits gänzlich unterlassen wird.

(Folgt Unterschrift.)

Tags darauf verließen die Unterzeichner des Memorandums die Anstalt, die Kinder in einem beispiellosen Zustand der Trauer, des Schmerzes und der Ratlosigkeit zurücklassend. Hierauf folgten noch einige Handlungen des *Joint*, der Verwaltung und ihrer Kreaturen, deren dokumentarischen Niederschlag ich besitze und nicht anders als durch die Worte „niedrige Bosheit" und „Gemeinheit" bezeichnen kann.

Dies ist der äußere Rahmen unseres Konflikts mit der Verwaltung. Und es bleibt nur noch mit übrig, mit einigen Worten auf die tieferen Gründe einzugehen, näher zu sagen, was wir an der Verwaltung so bemängelten, daß uns jede weitere Zusammenarbeit gänzlich unmöglich werden konnte. Vom *Comittee* zu sprechen, ist dabei überflüssig. Es genüge, darauf hinzuweisen, was im I. Kapitel über das *Joint* erwähnt wurde und festzustellen, daß es überhaupt kein positives Interesse nahm; daß man zu faul oder zu beschränkt war, sich ernsthaft mit der pädagogischen Angelegenheit zu befassen.

Vorweg sei zugestanden: Theoretisch ließe sich eine noch schlechtere Verwaltung für ein Kinderheim erdenken, als die Baumgartner war. Es gab zu essen, anfangs sehr wenig, niemals ganz ausreichend, aber schließlich doch zu jeder Mahlzeit etwas. Es gab Kleidungsstücke für die Kinder, niemals genügend viele, niemals ausreichend warme, niemals die nötige Anzahl der nötigen Größen; aber immerhin, die Kinder liefen nicht unbekleidet. Es gab Wäsche, zuletzt hatten sogar die meisten Knaben eine Unterhose, einige Mädchen zwei Hemden und nur selten mußte mehr als ein Kind täglich im Bett bleiben, weil es keine Strümpfe, Wäsche, wenigstens keine reine oder unzerrissene hatte. Nach zweieinhalb Monaten gab es kaum mehr Kleiderläuse und Kopfläuse, sondern bloß noch Wanzen, sie sind geblieben bis heute usw.

Kurz, die Verwaltung hat tatsächlich recht: es war nicht so schlimm. Freilich, ohne ihr Zutun war es nicht so schlimm. Es gibt nämlich in ihr Ressort fallende Bedürfnisse, die sich jedenfalls befriedigen, auf irgendeine Weise und in irgendeinem Maße. Man hat noch nie gehört, daß ein Kinderheim von 300 Kindern verhungert oder nackt geblieben wäre. Gewisse Folgen bestimmter Tatsachen treten automatisch ein. Und gerade soweit hat unsere Verwaltung auch funktioniert. Um der Wahrheit völlig und gänzlich zu geben, was ihr gebührt, sogar über dies Allerprimitivste hinaus, wurde einiges von der Verwaltung geleistet, und es gab selbst einige, freilich sehr wenige und unbedeutende Aufgaben, in denen das Nötige nur bis zu einem erträglichen Maß vernachlässigt wurde. Um aber ganz wahrhaft zu sein, muß dies eben Zugestandene doch wieder nicht unwesentlich eingeschränkt werden durch zwei Tatsachen:

(1) Wir Lehrer haben in unserem Bekanntenkreis gesammelt und außer allerhand Wollsachen, Wäschestücken, Spielsachen, Büchern usw. in wenigen Tagen fast 50.000 Kronen gesammelt und zum Teil für Dinge ausgegeben, die Sache der Verwaltung gewesen wären. (Das *Joint* hat diese Sammlung als seinen Ruf schädigend verboten, aber keine anderen Konsequenzen daraus gezogen.)

(2) Wir haben unermüdlich gefordert und getreten und auf diese Weise doch einiges erzwungen, was ohne das auch noch unterblieben wäre.

Die Verwaltung war einfach schlecht; unbeschreiblich schlecht. Sie war (und ist) das Gegenbeispiel jeder vernünftigen Organisation. Es gab bis zuletzt kein brauchbares Inventar des Vorhandenen, keine Übersicht über den einmaligen Bedarf, keine annähernd richtige Aufstellung des regelmäßigen Bedarfs. Es gab keinen organisierten Einkauf, keine irgendwie vernünftig geordnete Verteilung. Es wurde ganz und gar gewirtschaftet wie in einem schlecht geführten Einzelhaushalt. Die Hausfrau bemerkt zufällig, daß ein paar Gläser oder eine Kohlenkiste, ein Kamm oder ein halbes Dutzend Taschentücher fehlen. Bei ihrem nächsten Spaziergang fällt ihr vor einer Auslage ein Teil davon ein, sie kauft von dem Eingefallenen einiges, das gerade billig ist, und noch dazu einiges Unnütze, weil es gerade billig ist und man es vielleicht brauchen kann; kommt nach Hause und nimmt sich vor, das nächste Mal dieses oder jenes nicht zu vergessen. Ohne Übertreibung, so wurde in Baumgarten verwaltet: es fehlten 80 Teller und 300 Zahnbürsten, die Leiterin brachte zwei Dutzend Zahnbürsten; nun fehlten nur noch 276 Zahnbürsten und 80 Teller; schließlich brachte sie 30 Teller und noch zwei Dutzend Zahnbürsten. Damit war für eine Zeit dieser Teil der Bedürfnisse erledigt. Jede Mahnung wurde mit Entrüstung abgewiesen: „ich habe ja massenhaft Zahnbürsten und Teller gekauft" – und die nächste Woche galt dem Erwerb von 10 statt 30 Papierkörben usw.

Von einem Budget kann natürlich bei solcher Verwaltung keine Rede sein; von irgendeinem Plan für den Ausbau des Heimes, für seine Entwicklung, noch viel weniger und von Grundlagen für erziehliche Maßnahmen noch weniger. Ein Beispiel für tausend: noch einmal die leidigen Zahnbürsten. Die Verwaltung verlangt Zahnpflege – weil es ihr so eingefallen war –, die Ärztin verlangt das gleiche; Lehrer, Pflegerinnen dringen darauf, die Kinder sehen es ein und beschließen enthusiastisch die Zahnpflege. Und es dauert zwei Monate (!!), bis wirklich fast genügend Becher, Bürsten, Schächtelchen für das Zahnpulver, dieses selbst, vorhanden und über den Waschtischen die Bretter befestigt sind, auf denen diese Utensilien aufgestellt werden können. Und dies wäre bis heute nicht, wenn nicht alle in Verzweiflung schließlich zur Selbsthilfe geschritten wären: die Ärztin eigenhändig auf jede Bürste den Namen des Kindes geschrieben hätte, der Mathematiklehrer mit einigen Kindern die Bretter aus der Tischlerei geholt, zugesägt und angenagelt hätte, wenn nicht die Lehrer aus dem von ihnen gesammelten Geld sie gekauft, und die Kinder der Kwuzah Achwah die Schächtelchen fabriziert hätten aus dem Pappendeckel, den eine Lehrerin gespendet hatte.

An dieser Stelle muß ein Mißverständnis verhindert werden. Wäre die Leiterin des Kinderheims um dieses völlig unbekümmert ihren Vergnügungen nachgegangen, hätte der Verwalter seine Pflichten vernachlässigt, wäre die Verwaltung untätig gewesen, so hätte dies gewiß nicht als die beste Organisation einer Schulgemeinde hingestellt werden können, aber wir hätten darum Baumgarten nicht verlassen, sondern Kinder und Lehrer hätten frisch zugegriffen und alles Nötigste vielleicht nicht zulänglicher als es ohnehin wurde, aber mit allen kulturellen und pädagogischen Möglichkeiten getan. Wir haben niemals die Verwaltung der Untätigkeit geziehen. Sie war sehr geschäftig und tat darin das Mögliche; aber dies ihr Mögliches war für uns nicht einmal das Allermindeste. Nicht einmal die Unzulänglichkeiten der Verwaltung waren das Entscheidende. Wir, und die Kinder mit uns, hätten gern alle Unzulänglichkeiten soweit gemildert, gebessert und ergänzt, als unsere Möglichkeiten gereicht hätten und es wäre hier nicht zu fragen, wieviel das gewesen wäre; es hätte bei solcher Konstellation für die Pädagogik, für Verfassung und Wert der ganzen pädagogischen Institution eben das hinreichen müssen, was wir alle – Lehrer, Kinder, Verwaltung – in inniger Zusammenarbeit zustande gebracht hätten.

Aber *Joint* und Verwaltung wachten eifersüchtig auf die strenge Einhaltung der Kompetenzen. Da sie aber keinen Sinn für die organisatorischen Voraussetzungen solcher Kompetenzen hatten, kam es schließlich zu bewußter und eingestandener Sabotierung der Pädagogik durch die Verwaltung. Der Gegenstand ist für jede sozialistische Schule wichtig genug, um eine prinzipielle Erörterung zu gestatten.

Eine sozialistische Schule ist die Vorwegnahme des, freilich kindgemäß gestalteten, Gemeinschaftslebens der sozialistischen Zukunft. Es lebt in ihr heute schon an einem bestimmten engen Ort, was – so hoffen wir – in seinem wesentlichen Gehalt einmal Lebensform der Menschheit sein wird. Solche Vorwegnahme bleibt immer unzulänglich in ihrer *Intensität*, weil an konkrete unzulängliche Menschen gebunden; damit hat man sich irgendwie abzufinden. Sie darf aber unter keinen Umständen unzulänglich sein im *Umfang*: Alles was zur Schule gehört, muß unter diesem inneren Gesetz der Schule stehen, muß in ihrem Ton erklingen. Alles, das Gespräch über die Frage „Wozu lebe ich?“ in der Kwuzah genau so wie die Verteilung der Taschentücher und die Reinigung der Gänge. Für die Erfüllung dieser Forderung gibt es nur eine ideale, nur eine selbstverständliche Lösung. Die Menschen, die letztlich ja die „Verwaltung“ ausmachen, dürfen in ihrem menschlichen Wert, in ihrer Einstellung zu den sozialen Dingen, in ihrer Affektstellung zu den Kindern in nichts von den Lehrern unterschieden sein. Es gilt für sie restlos, ob sie nun die Kassa führen, ob sie kochen, nähen, Fenster putzen oder sonst „arbeiten“, was im III. Kapitel vom Lehrer ausgeführt wurde.

Und so waren die Menschen nicht, die in Baumgarten die Verwaltung führten. Unter dem Verwaltungspersonal gab es ein Dienstmädchen, das bei Diebstählen – schwerster Art – von den Kindern ertappt wurde und dessen Entlassung nicht durchzusetzen war, weil sie – jedes Schimpfen, das ihr widerfuhr, widerspruchslos hinnahm, weil sie, wie es hieß, „sonst“ sehr „brav“ ist! Es gab eine Pflegerin, gegen die unter vielem anderen von einem Neunjährigen die folgende Anklage schriftlich dem Untersuchungsrichter eingereicht wurde: „Schwester Y. trägt Erdäpfel unter der Schürze, zwei Portionen. Ich frage: ‚Schwester Y., was sind das für Erdäpfel?‘ Kommt sie und sagt mir ins Ohr: ‚Leck mich am Arsch.‘“ Die Verwaltung war mit ihr zufrieden und entließ eine überaus fähige und von den Kindern sehr geliebte Pflegerin unter einem läppischen Vorwand; zwei andere wurden so lange durch allerhand minuziöse Schikanen geplagt, bis sie gingen usw. Es war zuletzt durch sehr sinnreiche Vorwände und mit der Methode der hinterhältigen Nadelstiche erreicht, daß bis auf ganz wenige Ausnahmen, Ausnahmen, die nur dem Heroismus – es wird nicht übertrieben – dieser zwei oder vielleicht drei Menschen zu danken sind, das gesamte Verwaltungspersonal aus minderwertigen Menschen bestand, die nur zwei Eigenschaften hatten: sie waren der Verwaltung für den Posten dankbar, und sie verstanden nicht im Entferntesten, was wir wollten, konnten also nichts anderes, als uns schaden, selbst wenn sie sich redliche Mühe gaben, uns zu Gefallen zu sein. Uns blieb nichts anderes übrig, als das *Joint* vor eine Wahl zu stellen. Und es hat gewählt. Ohne Sachkenntnis, ohne Prüfung, ohne Überlegung und dennoch vom richtigen Instinkt geleitet. Denn wir sind gefährlich.

Man könnte nun sagen, und wir selbst haben es uns oft und lang genug gesagt, daß ideale Lösungen zu den ganz seltenen Fällen gehören, und daß es außer der idealen Konstruktion der Beziehungen zwischen Verwaltung und Pädagogik auch eine davon in einigen Punkten verschiedene, trotzdem gerade noch erträgliche geben müßte. Man kann auch mit Recht darauf hinweisen, daß auch nicht alle Lehrer den höchsten, nicht einmal hohen Anforderungen entsprachen, und dennoch die pädagogische Leistung als Ganze nicht durchaus schlecht war. Wir anerkennen solche Einwände restlos. Umso lieber, als ein gewisses Sich-Bescheiden mehr als praktischer und vernünftiger Kompromiß ist, nämlich in einem gewissen Sinne zu den Prinzipien sozialistischer Pädagogik gehört. Eine Pädagogik, die geeignet sein will, die ganze Jugend des Volkes, letztlich die der ganzen Menschheit nach ihrer Erkenntnis zu erziehen, muß notwendigerweise eine andere Stellung zur Personenfrage haben als eine, die von einer bestimmten Erzieherpersönlichkeit ausgeht und letztlich nichts anderes will, als daß sie eine Schule als individuelles Kunstwerk schaffe, zwar mit der Hoffnung, es würden sich mehr solcher Persönlichkeiten im Volke finden und daher mehrere solcher Schulen in ihm geben, aber doch von solchen Hoffnungen prinzipiell unabhängig. Geniale Menschen gibt es nur wenige; und unter den Erziehern insbesondere. Eine sozialistische Erziehungslehre muß daher Wege und Formen finden, die eine annähernd zulängliche Erziehung garantieren, auch wenn diese Großen ganz fehlen, und überall dort, wo sie nicht leben. Daß solche Einrichtungen möglich sind, hat unser Versuch unwiderleglich gelehrt. Keiner von uns könnte Anspruch darauf erheben, mehr zu sein oder zu können, als durchschnittlichen Fähigkeiten jedes Erziehers möglich wäre. Die Eigenschaften und Einstellungen, die den „neuen Erzieher" als zulänglich charakterisieren, sind entweder von jedem Menschen erwerbbar, oder sie gehören zu einem Typus, der häufig genug ist, um einen beträchtlichen Teil des Bedarfs an pädagogisch Tätigen aus ihm zu decken. Und diese keineswegs überspannten oder utopischen Forderungen nach menschlichem und Erzieherwert, in einem Teil des Lehrerkollegiums lebendig, reichen hin, um bei gewissen Einrichtungen der Schule, die alle darauf zielen, dem menschlich und pädagogisch Zulänglichsten die breiteste und tiefste Wirkung auf die Kinder durch einen organischen Ausleseprozeß zu sichern, ein gewiß nicht vollkommenes, aber doch als Basis für weitere Entwicklung befriedigendes Erziehungswesen zu schaffen.

Das gleiche gilt für die Verwaltung einer sozialistischen

Schule. Es können hier sogar noch weiterreichende Einschränkungen ohne Gefährdung des Ganzen zugelassen werden. Aber diese Herabsetzung des menschlichen und pädagogischen Maßes bei der Auslese des Verwaltungspersonals ist an einige wenige, aber unerläßliche Bedingungen geknüpft:

(1) Die Verwaltung müßte klar und ausnahmslos der entscheidenden Kontrolle des Lehrerkollegiums oder dessen Repräsentanten unterstellt sein. Eine Kontrolle, die nach zwei Richtungen hin auszuüben wäre. Die Verwaltung als Ganze und jede einzelne ihrer Einrichtungen und Maßnahmen müssen den pädagogischen Zwecken angepaßt, sie fördernd, mindestens aber nicht schädigend sein. Den menschlichen, sozialistischen, pädagogischen Geist der Schule nachhaltig störende Personen müssen entlassen werden.

(2) Die Verwaltung an sich muß gut sein; wahrhafte Organisation: zuverlässig, sicher, dauernd, geräuschlos, ohne überflüssigen Aufwand und zweckmäßig funktionierend.

(3) Die Arbeit jeder Art muß sichtbar und unsichtbar jene Würdigung erfahren, die in einer Arbeitsschule, in einer Institution, die zur Arbeit erziehen soll, gänzlich selbstverständlich ist. Und das heißt konkret: die arbeitenden Menschen müssen würdig behandelt, nicht angeschrien, beschimpft, von oben herab usw., und sie müssen Mitbestimmungsrecht besitzen.

Die Baumgartner Verwaltung war das Gegenteil zu allen diesen Mindestforderungen, Strich für Strich. Sie stellte die Lehrer unter ihre Kontrolle, verlangte direkt oder indirekt die Anpassung der pädagogischen Maßnahmen an ihre, ach wie knarrende und tückische Maschine. Um zu jedem Punkt aus vielen Beispielen eines herauszuheben: Die Schulgemeinde konnte niemals den so dringend nötigen einzigen dazu geeigneten Amtsraum erhalten, weil eine Angestellte der Verwaltung bei der Leiterin Protest erhob, daß neben ihrer Wohnung sich ein Parteienverkehr entwickeln würde. Mißliebige Mitglieder des Lehrkörpers konnten zwar nicht entlassen werden, aber es wurde versucht, sie hinauszuekeln, ihre Wohnungen wurden nicht aufgeräumt, die Holzration wurde ihnen entzogen usw. In zwei Fällen siegte die Verwaltung. Die Baumgartner Verwaltung an sich war von Grund auf schlecht, desorganisiert, reibungsvoll, absolut unzuverlässig. Es gab keinerlei Dienstvorschriften, niemand wußte, was seine verantwortliche Pflicht sei, und jeder wurde für alles zur Verantwortung gezogen. Niemand hatte bestimmte Arbeits- und Erholungszeiten, niemand wußte, wem er zu gehorchen und wem er zu befehlen habe. Und nun gar die Würdigung der Arbeit. Die Löhne waren unbeschreiblich niedrig bei unbeschränkter Arbeitszeit; Nahrungszubußen, von den Angestellten verlangt, von der Schulgemeinde spontan zugestanden, wurden heute bewilligt und morgen entzogen, von der Leiterin zugesagt und vom Verwalter bestritten, von der Küche nach Belieben verteilt, oder auch vom Verwalter bewilligt, von der Leiterin bestritten, oder auch von beiden bewilligt, von der Küche verweigert, oder von jenen verweigert und von der Küche gegeben. Es wurde in rüdestem Ton mit den Angestellten verkehrt; sinnlos tyrannisch heute, ebenso sinnlos gütig morgen; erst eben als Mitarbeiter an einer sozialen Institution und gleich darauf als niedrige Arbeiter in einem industriellen Betrieb geachtet. Von Mitbestimmungsrecht war keine Rede. Der Versuch eines Betriebsrats wurde gründlich zerstört. Und alles dies mit unerträglichem Ton der Verschleierung, mit patriarchalischen, ja mit brüderlichen Gesten und lauernder Machtgier und Eitelkeit dahinter.

Genug von diesem Unerfreulichen. Der Leser begreift, was die ganze Zeit an aufreibendem Kampf hinter unserer pädagogischen Tätigkeit stand, und versteht, warum wir schließlich einen letzten Versuch machen mußten; er weiß, wie dieser beantwortet wurde, warum es danach ein Zurück für uns nicht mehr gab. Vielleicht hätten wir trotz alledem unserem innersten Wunsche folgen und bei den Kindern, die uns sehr lieb geworden waren, von denen wir uns fast ebenso schwer trennten wie sie von uns, bleiben können, vielleicht hätten wir ihnen trotz alledem die bitterschlimme Zeit, die für sie einbrach, noch eine Weile lang verschieben können.

Wir durften aber nicht. Denn unser Bleiben oder Gehen war allmählich aus unserem privaten Entscheidungsbereich in einen allgemeinen gerückt worden. Wie mannigfaltige Anzeichen lehrten, wäre über kurz oder lang Baumgarten zu einer gewissen pädagogischen Beachtung, Bedeutung gekommen. Und wir durften nicht sich ereignen lassen, daß der erste ernsthafte Versuch mit neuer Erziehung im Judentum behaftet sei mit unverantwortlichen und von uns in keiner Weise gestaltbaren, unserem Einflußkreis völlig entzogenen, wesentlichen Fehlern weittragender Art. Es war nicht mehr die Frage nach unseren persönlichen Neigungen und Wünschen, nach unserer Liebe und unserer Verzweiflung. Es war nicht einmal mehr die Frage nach dem Schicksal dieser dreihundert Kinder.

Die Kinder werden lernen, dies zu verstehen, und sollten einige das Gefühl haben, daß wir sie „verlassen" haben, sie werden einmal begreifen und dankend verstehen, daß sie „Opfer" waren, einmal in ihrem Leben nicht Opferobjekte eines sinnlosen Schicksals, sondern Opfersubjekte eines Kampfes um eine große Idee. Und wir – wir wissen, daß unsere Aufgabe und unser Los ist, immer wieder unversehens vom Objektiven ergriffen zu werden, das jede Rücksicht auf unseres Ichs Wünsche und Leiden auslöscht.

Das Bild auf der folgenden Seite zeigt Siegfried Bernfeld im Kreis seiner Mitarbeiterinnen und Mitarbeiter im Kinderheim Baumgarten

1–3 Studentinnen des Jüdischen Pädagogiums; 4 Gustav Friedmann, Lehrer für Werken; 5 Hella Rosenblum-Reichmann, Leiterin des Kindergartens; 6 Recha Gelb, später Frau Richard Kaufmann, Jerusalem; 7 Willi Hoffer; 8 Siegfried Bernfeld; 9 Marusa Schück, Montessori-Lehrerin im Kindergarten; 10 Heinrich Infeld, später Physik-Professor; 11 Mely Masaryk; 12 Lore Kahn; 13 Trude Hammerschlag; 14 Gerhard Fuchs; 15 Frieda Schiff; 16 Hilda Geiringer, später Frau Richard von Mises, zuletzt Mathematik-Professor in Harvard; 17 Käthe Neumann, Reformschullehrerin; 18 NN, Sportlehrer

1
4
3
5
6
2
7
8
10
9
11
12
13
14
15
16
17
18

PSYCHISCHE TYPEN VON ANSTALTSZÖGLINGEN

(1926)

I.

Der Leiter einer Erziehungsanstalt hat eine Reihe von Aufgaben zu erfüllen, die eigentlich nicht pädagogische sind. Denn in jeder Anstalt muß Ordnung und Disziplin irgendeiner Art herrschen. Ohne Organisation, ohne Abgrenzung der Rechte und Pflichten jedes einzelnen, ohne „Gesetze" und Einrichtungen, die deren Befolgung erzwingen, ist es unmöglich, die widerstrebenden Interessen der großen Anzahl von Menschen, die in der Anstalt leben, auszugleichen.

Wie pflegt er diese Aufgabe zu lösen? Indem er einen durchdachten Plan aufstellt – die Hausordnung, Schlafsaalordnung, Ausgangsordnung usw. – und seine Angestellten und Zöglinge veranlaßt, sie zu befolgen? Bei den Angestellten gelingt dies meist sehr leicht. Bei den Kindern ist es aber wesentlich komplizierter. Sie können vielfach nicht ausgeschlossen werden; das wissen sie; oft aber ist dies ihr tiefster Wunsch. Sie werden den Ausschluß nicht als disziplinierende Drohung empfinden. Andererseits sind ihnen die Gebote und Verbote, die ihnen die Anstaltsordnung auferlegt, vielfach sehr unangenehm, fast immer unbequem. Vom Gewecktwerden am Morgen bis zum Lichtauslöschen am Abend sehen sie sich vor Forderungen, die sie nicht einsehen können und auch nicht wollen, die nicht ihren augenblicklichen Wünschen entsprechen, die ihnen zum Teil ganz zuwider und sehr unangenehm sind, und denen sie sich daher energisch widersetzen.

Nun gibt es ein Mittel, das die Pädagogik seit je empfahl, das heute immer dringender und entschiedener gefordert wird: das liebevoll verstehende Eingehen auf das Kind. Und es ist wahr: Man kann durch vernünftiges Zureden, durch Weckung von Stolz und Ehrgeiz das Kind zum pünktlichen Aufstehen bringen; man kann seine Liebe so stark gewinnen, daß es, um Kränkung des geliebten Erziehers zu vermeiden, um nicht von ihm sorgenvoll angeblickt zu werden, allerhand tut und unterläßt, das ihm sehr zuwider und sehr unangenehm ist. Aber ebenso wahr ist, daß mit diesem Erziehungsprinzip allein die notwendige Ordnung in einer Anstalt nicht immer hergestellt werden kann. Nur in ganz seltenen Sonderfällen, in denen eigenartige Bedingungen wirksam sind, gelingt dies. Diese Fälle sind aber nicht für die Mehrzahl der Anstalten gültig. So unangenehm diese Ansicht manchem Vertreter „moderner Erziehung" ist, muß sie nachdrücklich festgestellt werden. Freilich will ich damit nicht das Gewissen der Prügelpädagogen entlasten. Diese haben erst recht gänzlich unrecht. Wir müssen nach Neuem suchen. Die liebevolle prügelfreie Pädagogik als solche ist für die Anstaltserziehung aber nicht das gesuchte Neue. Wir dürfen nicht vergessen: Die Ordnung in der Anstalt muß unbedingt gesichert sein; sie muß klaglos und geräuschlos funktionieren; sie darf überhaupt kein Problem sein und darf keine Kraft erfordern, denn sie ist ja zwar unerläßlich, aber nur eine Voraussetzung für das Erziehungswerk, das geleistet werden soll. Im engen Rahmen der Familie kann mit Liebe, Einsicht, Verständnis als ausschließlichen Prinzipien gearbeitet werden. Aber eine Anstalt ist keine Familie; sie ist zu groß, zu kompliziert, in ihr sind andere seelische Vorgänge – wie wir noch sehen werden. Die Familiendisziplin (wie wir sagen wollen) ist nicht ausreichend, eine Organisation mit ihrem Apparat – und das ist jede Anstalt, auch eine kleine – in Ordnung zu halten. Dies läßt die Anstaltsleiter instinktiv nach einem anderen Vorbild für die Form der Disziplin suchen: sie greifen zur „altbewährten" Methode der strammen militärischen Disziplin.

Die Grundlage dieser „bewährten" Form ist die alte Weisheit: Man muß den Kindern das Übertreten der Gebote und Verbote so unangenehm machen, daß sie sich, so sehr es ihnen zuwider sein mag, doch lieber in die befohlene Ordnung fügen. Daraus ergibt sich das sattsam bekannte System der Strafen: Prügelstrafe, Entzug von „Vergünstigungen", Dunkelarrest, Entzug von Speisen, Prangerstrafen usw. Dieses System ist entschieden erfolgreich, d.h. man kann mit seiner Hilfe „Ordnung“ erhalten. Die Zahl der Zöglinge, welche gegen die Hausordnung verstoßen, wird sehr gering, so daß tatsächlich die vom Leiter geforderte Einteilung des Tages, Reinlichkeit der Räume usw. erreicht wird. Trotzdem ist es völlig und unbedingt zu verwerfen. Und dies vor allem aus zwei Gründen:

(1) Dieses System, wir nennen es aus bestimmten Gründen am besten das militärische, wirkt nur, solange es in strenger Form in Anwendung ist. Wenn der Leiter oder seine Präfekten z.B. nicht anwesend sind, wenn der Zögling sie nicht mehr fürchten muß, weil er die Anstalt verläßt usw., so wird er unverändert in seine frühere Verhaltungsweise zurückfallen. Dies System erzieht nicht, sondern reguliert nur (durch Furcht vor Strafe) die einzelnen Handlungen des Zöglings. Es wirkt aktuell, nicht aber dauernd. Es ist überhaupt kein Erziehungsmittel, kein pädagogisches System, sondern eine Verwaltungsweise. Es ermöglicht tatsächlich dem Leiter der Anstalt, diese zu verwalten. Aber eine Erziehungsanstalt darf nicht ein Verwaltungssystem anwenden, das nicht erzieherisch wirkt. Denn ihre Aufgabe ist nicht Verwaltung der Kleider, Schuhe, Betten, Küchenvorräte, Schlafsäle, sondern die Erziehung ihrer Zöglinge.

(2) Ordnung (Verwaltung) ist zwar die Voraussetzung der Anstaltserziehung, aber keineswegs ihr Ziel. Die militärische Disziplin ist, wie ich zugab, geeignet, eine Ordnung herzustellen, aber diese Ordnung kostet die ganze Kraft des Erziehers, die ganze Aufmerksamkeit der Zöglinge. Die ganze Anstalt hat zu nichts anderem mehr Platz und Zeit, als sich in Ordnung zu halten. Bliebe aber irgendwo Raum für die Ausnützung der endlich geschaffenen Ordnung, so sind Erzieher und Zöglinge gleicherweise verdorben, sie auszunützen oder zu empfangen. Daher mißlingen auch im allgemeinen die Versuche, militärische Disziplin durch „Liebe“ – oder familienartige Disziplin – zu mildern, oder die liebevolle Erziehungsweise gelegentlich durch Strafen zu verschärfen. Entweder wird die Verwaltungsaufgabe oder die Erziehungsaufgabe gefährdet; und es entsteht meistens ein allseits unbefriedigendes Hin- und Herpendeln zwischen

den Extremen. Nur dort, wo eine überragende Persönlichkeit wirkt, vermag sie durch ihre Autorität einen gewissen befriedigenden Ausgleich herzustellen.

Aber der weit überragenden Persönlichkeiten gibt es nur wenige. Und es muß doch ein System geben, dessen Anwendung es gutwilligen und nicht unbegabten Erziehern ermöglicht, das Problem zu lösen; auch bei einem solchen Umfang der Anstalt, der familienartige Disziplin ausschließt, die unerläßliche Verwaltungsaufgabe (disziplinierte Ordnung zu schaffen) zu erfüllen, ohne die Erziehungsaufgabe (dauernde Beeinflussung der Zöglinge zu einem bestimmten Ziel) zu gefährden.

Die Kenntnis des kindlichen Seelenlebens allein vermag uns Hinweise zur Lösung dieses Problems zu geben. Denn wir müssen wissen, wie die Kinder beschaffen sind, wenn wir sie beeinflussen wollen. Wer bloß will, daß die Kinder „brav" seien, der hat Psychologie nicht nötig. Er erfindet eben so empfindliche Strafen, daß den Kindern die Lust vergeht, ihm unfolgsam zu sein. Wer seine Zöglinge aber erziehen will, der wird sich darum kümmern müssen, was in den Kindern vorgeht, und wird nicht zufrieden sein, daß sie stramm und pünktlich täglich um sechs Uhr aus dem Schlafsaal marschieren. Die erste Auskunft, die der Erzieher von der Psychologie erhält, ist die Bestätigung der banalen Wahrheit: Eines schickt sich nicht für alle. Es ist unmöglich, eine Erziehungsmethode zu ersinnen, die für alle Kinder wirksam wäre. Man muß individualisieren. Diesen Ruf hat der Erzieher schon oft gehört. Er kann ihn aber beim besten Willen nur sehr mangelhaft befolgen. Die Anstalt, ihr Umfang, die Verwaltungsaufgaben, ihre ganze Struktur setzen dem Erzieher sehr enge Grenzen für seine Bestrebungen zu individualisieren. Zum Glück weiß die Wissenschaft hier Rat. Wenn es auch richtig ist, daß das Seelenleben der Kinder und also auch die nötige Behandlungsmethode sehr mannigfaltig ist, so ist es doch keineswegs so, daß jedes einzelne Kind einen Fall für sich darstellte. Es gibt auch solche Kinder, sie bedürfen individueller Behandlung im eigentlichen Sinn des Wortes. Die überwiegende Masse aber läßt sich in Gruppen einteilen, innerhalb derer eine so große Übereinstimmung der seelischen Geschehnisse besteht, daß sie unter gleichartige erzieherische Einwirkungen gestellt werden können. Wir nennen eine solche Gruppe von zwar einzeln unterschiedenen, aber doch im wesentlichen gleichartigen Individuen einen *Typus*. Für die meisten Zöglinge der Erziehungsanstalten ist nicht die Individualisierung (im engsten Sinn) nötig, sondern es reicht für sie eine Typisierung hin.

Es gibt also nicht *die* richtige Anstaltsdisziplin; sondern für die verschiedenen seelischen Typen von Zöglingen verschiedene Ordnungs- und Erziehungssysteme. Und bis zu einem gewissen Grad müßten die Anstalten nach den psychischen Typen der Zöglinge spezialisiert werden und nicht, wie es bisher der Fall zu sein pflegt, nach juristischen, verwaltungstechnischen oder äußerlichen Gesichtspunkten (z.B. Alter, Geschlecht, Waisen, Straffälligkeit usw.). Die Kinder- und Jugendpsychologie ist eine junge Wissenschaft, ihre Ergebnisse sind noch gering und unsicher; daher sind es auch nur vorläufige Ansätze zu organisatorischen Ratschlägen, die sie geben kann. Mit dieser Mahnung zur Vorsicht läßt sich sagen, daß wir – mit Bezug auf ihr Verhalten zur Disziplin – hauptsächlich vier Typen zu unterscheiden haben.

Typus 1. Das ist die Gruppe derjenigen, die eine ganz spezielle, eine durchaus individuelle Behandlung nötig haben. Hierher gehören selbstverständlich die Geisteskranken und die intellektuell Defekten schwereren Grades. Aber hierher gehören auch die schweren Grade seelischer Gleichgewichtsstörungen oder extremer perverser Neigungen und schwere Fälle von Neurosen aller Art, vor allem Kinder mit ausgesprochen depressiven Störungen und beträchtlichen Angstsymptomen und von ungewöhnlicher Unberechenbarkeit aller ihrer Reaktionen. Solche Kinder müssen als „krank“ bezeichnet werden und bedürfen einer besonderen psychischen Behandlung durch einen Fachmann. Ob sie aus der allgemeinen Erziehungsanstalt zu entfernen sind, hängt davon ab, wie weit sie in ihr stören und wie weit ihnen in ihr die fachmännische Behandlung gewährt werden kann. Jedenfalls wird es Unterbringungsstätten geben müssen, die nach den Bedürfnissen dieses Typus eingerichtet sind. Es sind das eher Sanatorien als Erziehungsanstalten. Manche Fälle werden nur kurz, andere recht lange in ihnen bleiben müssen, ehe sie in die eigentliche Erziehungsanstalt aufzunehmen oder wiederaufzunehmen sind.

Typus 2. Einen einheitlichen Namen für diesen Typus haben wir noch nicht. Er läßt sich aber dahin beschreiben, daß ihm die hemmungslosen, aggressiven, destruktiven Charaktere und jene Fälle zugehören, die man mit Recht *moral insanity*, moralisch schwachsinnig nennt, vorausgesetzt, daß es sich um übrigens seelisch und vor allem intellektuell Gesunde handelt. Sehr viele, aber keineswegs alle kriminellen Jugendlichen schwereren Grades gehören hierher. Wir wissen noch sehr wenig Psychologisches von diesem Typus und können über dessen Erziehung nur sagen, daß sie in gewissem Sinne sehr streng sein muß. Es handelt sich um Zöglinge, die wenig zugänglich sind. Sie durch Liebe, Verzeihen, Verstehen, durch irgendwelche moralische Beeinflussung auch nur zu berühren, ist unmöglich. Vergeblich, sie mit diesen Mitteln zu erziehen. Gerade sie sind es, an denen die liebevolle Erziehungsweise scheitert, und die jenen vor Augen stehen, die von den Mißerfolgen aller modernen Pädagogik sprechen, indem sie die Erfahrungen an einem Typus ungerechtfertigt verallgemeinern. Zöglinge dieses Typus müssen aus der Erziehungsanstalt entfernt werden; sie sind in ihr gefährlich, ja ansteckend, und sie verhindern vor allem, auch wenn sie nur in geringerer Anzahl vorhanden sind, daß sich in ihr jene Disziplin formt (Verwaltungsweise) und jene Erziehungsmethode anwenden lasse, die der überwiegenden Masse der Zöglinge entspräche. Vermutlich ist dieser Typus nicht sehr zahlreich, besonders bei Kindern bis zu 14, 15 Jahren gehört er zu den verhältnismäßig seltenen Fällen.

Typus 3. Die Verwahrlosten, trotzig Verbitterten, und *Typus 4*, die sogenannten „Normalen“, bilden das Gros der Zöglinge von Erziehungsanstalten. Ihrer Psychologie und der Erziehungsmethode und Anstaltsorganisation, die ihr angemessen sind, wird daher ein eigener Aufsatz im nächsten Heft gewidmet.[1]

---

1 Vgl. den nachfolgenden Aufsatz „Die psychologischen Grundlagen der Gefährdetenfürsorge“, S. 179 ff.

II.

Die „Normalen" unseres *Typus 4* unterscheiden sich von den hemmungslos Destruktiven (in unserem Zusammenhang) dadurch, daß sie sich als beeinflußbar erweisen; man kann auf sie durch Vernunftgründe, durch Liebeszuwendung und -entziehung, durch Aufstellung von Idealen und Zielen, durch Einrichten unvermeidlicher Notwendigkeiten und selbstverständlich auch durch Strafen und Strenge erwirken, daß sie zu dauernden Veränderungen ihres Verhaltens gelangen. Das heißt, sie sind erziehbar durch alle die Mittel, die einer Anstalt zur Verfügung stehen. Dieser Typus aber unterscheidet sich zugleich dadurch von unserem Typus 1, daß er in seinem Verhalten weitgehend gleichmäßig ist, also bis zu einem gewissen Grad berechenbar ist und der speziellen individuellen Behandlung nicht so sehr bedarf.

Ein befriedigendes Maß von Disziplin in einer Anstalt herzustellen, die ausschließlich von Kindern dieses Typus belegt ist, bietet gar keine ernsthaften Schwierigkeiten – falls nur eine Bedingung eingehalten wird: die geforderte Ordnung muß den Kindern einsichtig sein. Sowie die Disziplin Leistungen zum Ziel hat, die von den Kindern als beträchtlich unangenehm empfunden werden und die sie zugleich als unnötig empfinden, als sinnlosen Willkürakt des Leiters oder des Erziehers, wird die Zahl derer, die gegen jede Disziplin verstoßen, größer werden, als für die Anstalt erträglich ist. Auch zur Einfügung in solche Willkürforderungen sind die „normalen" Kinder leicht zu bringen, aber nur dann, wenn die Kinder den Erzieher lieben und sich von ihm geliebt wissen. Beruht die Disziplin auf solchen Willkürforderungen, ohne daß eine starke Liebe oder Ehrfurcht die Kinder an die Erwachsenen bindet, so wird die Aufrechterhaltung der Disziplin nur mit Strafen, und zwar fortschreitend strenger werdenden Strafen, möglich.

Kann eine Anstalt so eingerichtet werden, daß alle Kinder die Leiter und Erzieher genügend lieben und ehrfürchten? Das letztere ist wohl von vornherein auszuschließen. Gewiß kann der Fall eintreten, daß eine Anstalt über eine überaus stark wirkende oder mütterlich liebende Persönlichkeit verfügt. Aber so selten dieser Fall sein mag, auch dann wird nicht zu vermeiden sein, daß kleine Eifersucht, Enttäuschungen und dergleichen zu nachhaltigen Störungen bei diesem oder jenem Kinde führen, es störrisch, störend werden, gegen die Ordnung verstoßen läßt. Es wird dann naheliegen zu sagen: Seht, die Liebe allein kann es nicht schaffen; bei diesem Kind versagt das liebevolle System, hier ist Strafe am Platz. Gelegentlich wird solche Strafe tatsächlich der Liebe und Achtung der Kinder zu ihren Erziehern nicht Abbruch tun, sie werden nach der Strafe „gebessert" sein. Häufig aber wird die Strafe die innere Entfernung der Kinder vom Erzieher, deren Symptom das Vergehen war, vergrößern und es allmählich in ein Verhalten treiben, das dann eingehender individueller Behandlung bedürfte, um ins Normale zurückgeführt zu werden.

Da unvermeidlich durch Liebe, Respekt, Verehrung die nötige Disziplin auch in einer Anstalt ausschließlich Normaler nicht restlos auf die Dauer aufrechterhalten werden kann, und da es ferner Illusion wäre zu hoffen, jemals würden die Erzieher vollkommene Engel werden, muß man darauf verzichten, die Anstalt so einzurichten, als ob sie durch Liebe allein zu verwalten wäre. Wie immer man es aber auch versuchen möchte, eines muß dabei unbedingt festgehalten werden: Nichts in der Organisation der Anstalt darf so geschaffen werden, daß die Erzieher notwendigerweise daran gehindert wären, von den Kindern so viel Achtung und Liebe zu erhalten, als eben jeweils ihrer Persönlichkeit zukommt. Sie dürfen nicht durch eine äußere Nötigung zu einer Handlung gezwungen sein, die sie in den Augen der Kinder ungerecht, persönlich, lieblos, hart usw. erscheinen läßt.

Zum Beispiel: Ich gehe durch den Garten der Anstalt; es ist mit Recht – und allen Kindern einsichtig – verboten, die Blumenbeete zu betreten. Das Kind X befindet sich in einer kleinen Trotzkrise, das habe ich längst bemerkt. Nun sehe ich es quer durch die Beete laufen. Was soll ich tun? Wäre ich von allen Kindern der Anstalt stark geliebt, so würde ich den kleinen X unbeachtet lassen. Da sie mir aber nur zum Teil wohlgesonnen sind, so würden sie dieses als eine böse Bevorzugung des X deuten, bei mir ein wenig störrisch werden und X hänseln oder quälen. Strafe ich X mit der Strafe, die ihm gebührt, so kann ich die Erziehungsmöglichkeiten dieses Kindes unrettbar gefährden, keinesfalls aber dürfen die Blumenbeete dem Trotz der Kinder ausgeliefert werden.

Solche absolut unlösbaren Dilemmata sind das tägliche Brot des Anstaltsleiters (Erziehers), der mehr als Verwalter von Blumenbeeten sein will. Diese Situation des Erziehers macht es unmöglich, selbst in einer Anstalt von an sich leicht beeinflußbaren Kindern die Disziplin ohne Gefährdung der Erziehung aufrechtzuerhalten.

Will man die Ordnung aufrechterhalten und zugleich den Erzieher für seine Erziehungsaufgaben freihalten, so gibt es nur einen einzigen Ausweg aus dem geschilderten Dilemma: Leiter und Erzieher dürfen keinerlei Exekutivfunktion ausüben. Leiter und Erzieher dürfen überhaupt kein persönliches Strafrecht haben, sie müssen von der Verantwortlichkeit für die Ordnung der Anstalt befreit werden. Disziplin und Strafe sind einer eigenen Institution zu übertragen: der Schulgemeinde.

Alle Einwohner der Anstalt, Erwachsene und Kinder, bilden einen einzigen Verwaltungskörper, der sich selbst verwaltet. Dies geschieht je nach Größe der Anstalt, entweder in einfachen Ratsversammlungen, die zugleich das Gericht bilden, oder bei größeren Anstalten, in denen die Ratsversammlung Ausschüsse einsetzt, denen besondere Aufgaben zugeteilt sind, z. B. Gerichtskollegien. Natürlich können und sollen auch Leiter und Erzieher in diesen Ausschüssen Funktionen ausüben. Und selbstverständlich beraten und stimmen sie in der Schulgemeinde mit. Sie werden sogar im allgemeinen eine sehr bedeutende Autorität haben, die weit über die Stimmenzahl hinausgeht – aber alles, was sie disziplinär tun, ist nicht der Ausfluß ihrer persönlichen Gewalt, Stimmung, Einsicht, sondern die Erfüllung einer Aufgabe, die ihnen von der Schulgemeinde gestellt wurde in Durchführung der von der Gesamtheit erlassenen Bestimmungen. Ob dabei gewählt, abgestimmt oder eine andere Form der Willensbildung gefunden wurde, wie die Versammlung und die Ämter heißen und organisiert sind – das ist alles verhältnismäßig gleichgültig. Unerläßlich ist aber, daß dieses Verwaltungssystem keine Farce sein darf, keine Verschleierung von Willkürakten der Erzieher, kein halber Kompromiß mit der Familien- und Militärdisziplin. Sondern sie muß ein konsequent durchgeführtes Verwaltungs- und Regierungssystem sein. Wir nennen es am besten die demokratische Disziplin. Alles hängt nur davon ab, ob der Leiter und die Erzieher das System ernst nehmen, sich selbst ihm völlig unterwerfen.

Ist es schon fast unmöglich, in einer Anstalt mit Normalen Disziplin ohne demokratisches System aufrechzuerhalten und dabei die Erziehungsaufgaben wirklich durchzuführen, so gilt das ganz streng für die Kinder unseres Typus 3, für die Verwahrlosten, Verbitterten. Denn so vielfältig die Erscheinungsformen sein mögen, die dieser Typus bietet, allen ist gemeinsam: diese Kinder leiden an einem ungeheuren Defizit von Liebe. Zu den harten äußeren Lebensbedingungen, unter denen sie meistens aufwuchsen, kam, daß sie, oft von Geburt an, jenes Maß von Liebe, Sorgfalt, Gewährenlassen entbehren mußten, ohne das eine ungestörte, normale Beziehung zu den Forderungen und Verboten der Umwelt nicht erreicht werden kann. Daher schlossen sie sich trotzig von der Außenwelt, besonders deren Autoritäten, ab, sind unbeeinflußbar und folgen, soweit das nur irgend möglich ist, ihren eigenen Trieben, Wünschen, Instinkten. Sie stellen alles auf sich selbst und entziehen sich auch den vernünftigsten, freundlichsten Einwirkungen. Im Gegenteil beantworten sie jede Einflußnahme sehr häufig mit Vermehrung des Trotzes und seiner Folgeerscheinungen. Gelegentlich erweisen sie sich als zugänglich, aber allermeistens nur für kurze Zeit. In diesem Punkt sind sie dem Typus 2, den Hemmungslosen, ähnlich. Sie unterscheiden sich von diesen aber sehr beträchtlich. Sie sind heilbar. Lang andauernde, konsequente und geduldige Wärme, die durch keinerlei Ausbruch von Trotz und Bosheit des Kindes sich beirren läßt, wird schließlich, wie zahllose Erfahrungen und die Ergebnisse der Psychologie der Verwahrlosten beweisen, mit der Zeit jenes Defizit an Liebe verringern. Sie werden freilich nicht sogleich „brave" Kinder, aber sie fangen an, normal erziehbar zu sein.

Das übliche Disziplinsystem ist diesen pädagogischen Anforderungen nicht gewachsen. Es ist, wie schon wiederholt erörtert wurde, unmöglich, das nötige Maß von Geduld und Wärme zu bewahren, wenn augenblicklich der Bestand der Ordnung in der Anstalt gesichert werden muß, was immer auch die pädagogische Aufgabe verlangen mag. Hier ist es völlig unerläßlich, die Disziplinführung einer eigenen Instanz zu übertragen, eben der Schulgemeinde, und dem Erzieher so erst zu ermöglichen, Erzieher zu sein. Allerdings unterscheidet sich die Schulgemeinde der Verwahrlosten von der Normaler. Die Normalen sehen die allermeisten Ordnungsforderungen ein, welche der Schulorganismus verlangt. Sie lernen sehr schnell, wenn nur die Schulgemeinde ernst geführt wird, durch die Verwaltungsprobleme, die sie bewältigen müssen, auch sehr verwickelte Zusammenhänge zu verstehen und abstrakte Notwendigkeiten anzuerkennen. Die Verwahrlosten haben diese Einsicht zunächst nicht. Sie widersetzen sich anfangs jeder Ordnung, weil sie eine Einschränkung ihres Egoismus ist. Sie müssen die grundsätzlichen Tatsachen erst kennenlernen; und sie lernen, solange sie noch verwahrlost sind, nur im Interesse ihres Egoismus. Das heißt: Sie müssen einmal erleben, daß das Chaos der Einzelwillkür ihnen selbst schädlich ist. Wenn z. B. die Essensstunde nicht eingehalten wird, dann ergeben sich solche Störungen des Küchenbetriebs, daß keiner mehr seinen Hunger stillen kann. Hält dieses Chaos an, so gelangen sie selbst sehr bald dazu, Ordnung und Gesetz zu verlangen – sie sind reif geworden, die ersten Ansätze einer Ratsversammlung zu verstehen und zu gründen. Die Anstalt der Verwahrlosten muß also mit dem Chaos beginnen, das sich sofort einstellt, wenn deren eine größere Zahl beisammenwohnt und die Erwachsenen konsequent jede individuelle Strafe verweigern. So schaffen sie eine Not, als deren Lösung die Schulgemeinde entstehen und sich allmählich so entwickeln kann, daß nach einigen Monaten die Kinder erziehbar werden.

Verwahrloste in die Anstalt der Normalen zu bringen, hat auch dann seine Schwierigkeiten, wenn in ihr die Schulgemeinde herrscht. Denn häufig werden die Verwahrlosten ihren Trotz statt gegen die Erzieher, gegen die Schulgemeinde und deren Funktionäre wenden. Sie zwingen dann die Schulgemeinde, zu Straf- und Polizeimitteln zu greifen, die ihrem Geist nicht gemäß sind oder denen sie nicht gewachsen sind. Es würde sich daher empfehlen, Verwahrloste nur in geringem Maße in die Erziehungsanstalten zu bringen, und das nur versuchsweise; erweist es sich, daß sie sich nicht leicht in sie fügen, dann wären sie in eine Verwahrlostenanstalt zu versetzen, die sich im Anfangsstadium der Ordnung, also noch in Unordnung befindet. Die Verwahrlostenanstalt wäre demnach nur eine Durchgangstation. Hat sie ihren Entwicklungszyklus beendet, dann geht sie in die allgemeine Erziehungsanstalt auf. Und eine neue Gruppe beginnt mit dem Chaos, aus dem allmählich Gemeinschaft wird.[2]

2 In meinem Buch „Kinderheim Baumgarten" (Berlin 1921, im vorliegenden Band S. 9ff.) habe ich den Erziehungsgang einer solchen Anstalt beschrieben.

GIBT ES EINE UNTERE ALTERSGRENZE FÜR „SCHWERERZIEHBARKEIT“?

(1926)

Eine untere Altersgrenze für die Schwererziehbarkeit der Kinder läßt sich nicht ziehen. Abweichungen von der normalen Entwicklung treten in jedem Alter in Erscheinung. Selbst bei Säuglingen kann man gelegentlich sehr hartnäkkigen Widerstand gegen die Maßnahmen der erwachsenen Umwelt, z. B. gegen die Abstillung, beobachten. Doch werden die Eltern in frühem Alter solche ungewöhnlichen Widerstände nicht als Schwererziehbarkeit qualifizieren; sie werden den Eindruck haben, daß mit der Zeit ihre Maßnahmen zu einem günstigen Resultat führen werden, und erst wenn sie durch jahrelange Bemühungen keinen Erfolg erzielen, wird sich ihre Sorge verdichten und sie Rat suchen lassen. Freilich werden sie dabei geneigt sein, den Arzt und nicht den Pädagogen zu konsultieren, wenn es sich um Kinder eines frühen Alters handelt. Hierzu kommt, daß das kleine Kind, das sich den elterlichen Erziehungsmaßnahmen nicht fügt, durch Anwendung gewaltsamer Disziplinarmittel eingeschüchtert werden kann und so bändigbar wird, daß seine Körperkraft, Selbständigkeit und Intelligenz zu wenig entwickelt sind, um schwere und dauernde Schädigungen der Familie herbeizuführen. Aus allen diesen Gründen erscheinen den Eltern Kinder unter 10 bis 14 Jahren nicht leicht als „schwererziehbare“.

Wenn nun in letzter Zeit immer häufiger die Fürsorgeerziehungseinrichtungen der Gemeinde Wien für Kinder von 5 bis 12 Jahren in Anspruch genommen werden, so zeigt dies, daß die Aufklärung über pädagogische Dinge in weitere Schichten dringt; und das Bestehen der Einrichtungen ist ein Anreiz, sie zu verwenden, sich der Schwierigkeiten, Sorgen und Verantwortlichkeiten des Erziehungsgeschäfts in problematischen Fällen zu entlasten. Daß dabei Bequemlichkeit oder zu geringe Kinderliebe ebenso mitspricht wie besondere Verantwortlichkeit und gesteigerte Liebe, ist selbstverständlich. Nach meiner Meinung wäre es aber *sehr* wünschenswert, wenn es nur möglich wäre, jene Kinder in Fürsorgeerziehung zu nehmen, bei deren Eltern Motive von der Kategorie der Bequemlichkeit etwa eine große Rolle spielen. Denn solche Eltern sind tatsächlich wenig geeignet, in komplizierten Fällen umsichtig zu verfahren.

Fragen wir nach den Ursachen der Schwererziehbarkeit, so liegen sie ganz allgemein entweder im Milieu der Kinder, das mindestens im konkreten Fall den Schwierigkeiten nicht gewachsen war oder sie schuf, oder in Störungen der kindlichen Entwicklung als solcher. Beide Ursachen können bei Kindern jeden Alters vorhanden sein. Insbesondere die letztere macht sich bei Kindern von 3 bis 5 Jahren sehr häufig bemerkbar. Es handelt sich dabei meistens um neurotische Störungen, die freilich häufig nach einiger Zeit wieder abflauen, um sich sehr oft in der Pubertät (Vorpubertät) aufs neue, nun aber gefährlicher, hartnäckiger und sichtbarer zu entwickeln. Würde die abweichende Entwicklung, die sich als Schwererziehbarkeit äußert, schon früher erkannt und behandelt worden sein, so wäre die Chance für eine sehr ernsthafte Störung in der Pubertät verringert worden. Ähnliches gilt für viele Fälle von Schwererziehbarkeit aus Verschulden des Milieus. Je früher sie erkannt und behoben werden, um so seltener und leichter werden – wahrscheinlich – die Erscheinungen in späterem Alter sein. Die ideale Forderung ist gewiß, die Fürsorgeerziehung prophylaktisch zu gestalten. Diesem fernen Ziele nähert sie sich, wenn sie die untere Altersgrenze für die Schwererziehbarkeit möglichst tief ansetzt.

Die praktischen Schwierigkeiten sind gegenwärtig gewiß außerordentlich große. Noch fehlen für die meisten Typen schwererziehbarer Kinder die Einrichtungen, ja die Methoden, die einem frühen Alter angepaßt werden. Daher wird die Erziehungsberatung sich wohl zunächst mit der Frage der pädagogischen Diagnose ernsthaft zu beschäftigen haben, um jene Fälle zu erkennen, die des Wechsels des Milieus, in dem sie sich als schwererziehbar erweisen, dringend und mit beträchtlicher Hoffnung auf prophylaktische Wirkung bedürfen.

Dieser Milieuwechsel scheint mir angebracht bei folgenden drei Typen:

(a) Kinder, die bei strenger, energischer, vielleicht sogar gewalttätiger Erziehung in der Familie Symptome von Schwererziehbarkeit aufweisen;

(b) Kinder, die in einem sehr liebearmen Milieu trotzig und gewalttätig sind;

(c) Kinder, die neben der Schwererziehbarkeit beträchtliche neurotische Züge ausweisen: Angstzustände, Schlaflosigkeit, hysterische oder zwangsneurotische Symptome.

Bei den Gruppen (a) und (b) wäre Milieuwechsel dringend zu empfehlen; bei Gruppe (c) vorerst eine entsprechende psychotherapeutisch orientierte individuelle Behandlung zu versuchen. Bei anderen Typen wären die Eltern zum Teil darauf hinzuweisen, daß ihre Sorge verfrüht oder übermäßig ist, zum Teil zu einer Änderung ihres bisherigen Verhaltens anzuweisen. In jedem Fall allerdings bedürfe es einer gründlichen, auf Beobachtung basierten Voruntersuchung, die auf sozialer und psychologischer Analyse des Kindes und seines Milieus aufgebaut sein müßte.

DIE UNEHELICHEN
(1926)

„Allein in Berlin haben 70 Kinos Gerhard Lamprechts Film ‚Die Unehelichen' angesetzt." Viele Tausende werden also über das Schicksal der Unehelichen schluchzen und weinen. Lamprecht hat diese Tränen durch ein *happy end* gemildert; so wird es eine rührende Unterhaltung gewesen sein, von der nichts dauert als die Erinnerung an die „begabte kleine Sterbende". Vielleicht ist gerade das ein Beweis für die ästhetische Bedeutung dieses Films, daß er aus dem Unglück einiger Kinder unverbindliche Tränen, also ästhetische Tränen, erpreßt; daß eine geschickte Regie zu guter Letzt jeden Ansatz zu allgemeineren Gedanken, zu Empörung, Tat, ertötet im wohligen Gefühl: „der Peter hat doch ein Sauglück gehabt", die feine, edle Dame zu finden.

Aber hier handelt es sich nicht um diesen Film, sondern um sein Publikum. Man erfährt hier – das ist das Stoffliche dieses Kunstwerks –, daß es Ziehkinder (oder wie sie amtlich heißen: Pflegekinder) gibt. Es gibt sie. Nicht drei, sondern 10.000 allein in Berlin (genauer 1913 z.B. 13.274; am 31. Dezember 1925: 7.776). Man erfährt, daß sie geprügelt, zu Tode vernachlässigt, gequält, ausgebeutet werden; man erfährt, daß sie Milchkuh und nicht etwa Liebesobjekt der Pflegeeltern sind; daß es aber Müh' und Plackerei um sie nicht lohnt, da sie nur 20 Mark monatlich einbringen; daß aber doch diese Milchtropfen die einzigen sind, von denen die Pflegeeltern leben müssen. Man erfährt dies alles, aber in anmutigster Schwarz-Weiß-Manier: Böse sind die ersten Pflegeeltern; gut die zweiten. Hell ist das Leben: ein Paar Bösewichte gegen zwei Paar Gütige und einen himmlischen Weibsengel noch dazu. Man lernt ganz nebenbei: Prügelbolde sind die Bettelarmen; freundlich Schneiders-, Landmüllersleute und engelsgleich die reichen Damen.

Aber man erfährt nicht, warum das beinahe nicht gelogen ist. 10.000 Pflegekinder gibt es in Berlin. Wer bewirbt sich um sie? 10.000 kindhungrige Villenbesitzerinnen? Vielleicht 100. 10.000 freundliche Landsleute? Vielleicht 200. 10.000 ehrsame Schneidersleute oder sonstiger Mittelstand? Nicht einmal die gefilmten tun es, sie beweinen bloß die Nachbarskinder, aber immerhin sagen wir 300. Und wer nimmt die übrigen 9.400 – in Worten: Neuntausendvierhundert –? Das Leiden von dreien reicht hin, 70 volle Häuser täglich zweimal zu Tränen zu rühren. Wer nimmt die? Bettelarmut, die von den Kindern lebt; betrunken oder auch tüchtig, betend oder auch prügelnd. Sie leben von den Kindern – beileibe nicht aus Sadismus, sondern einfach aus eigener nackter Not. Das alles wird dem Filmpublikum nicht gesagt. So sei es wiederholt: es gibt 10.000 solcher Kinder mit 9.400 solchen Kindertragödien, in Berlin allein.

Das ist die kleine, die läßliche Sünde dieses guten Films. Aber er agitiert. Er will uns glauben machen, gütige Damen und Frauen könnten helfen. Fände nur jeder Peter seine edle Wohltäterin. Dem Publikum soll glaubhaft werden, das wäre ein Glück. Für Peter vielleicht. Aber sein Vater, ein tüchtiger Schiffer, hat recht: Peter wird, nichts nutz zu jeglicher Arbeit, ein Korpsstudent. Da hilft keine Großaufnahme von Mutter Sehnsucht und Mutter Glück. Oder jenes andere Glück, das man uns lehren will, auf Pflegemädchen herabzuflehen; sie möchten bei Müllersleuten einer ländlich-unschuldigen Jungfräulichkeit entgegenwachsen dürfen – etwa so: „Auf dem Heuboden des Bauerngutsbesitzers V. in Prettmin bei Kolberg erhängte sich das 15jährige, rheinische Ferienkind Hertha S., das von dem Dienstmädchen des Hauses beschuldigt worden ist, 10 Mark entwendet zu haben." (Berliner Tageblatt vom 17.9.1926)

Der Film agitiert für die verderbliche Illusion der Jugendfürsorgepädagogik: „Die Pflegekinder müssen bei guten Pflegeeltern untergebracht werden; unvermeidliche Fehlzuweisungen müssen durch verschärfte Pflegerechtsentziehungsgesetze korrigierbar sein." Die Zahl dieser Kinder ist so ungeheuer groß, daß niemals die Division durch gute Eltern aufgehen kann. Neun Zehntel dieser Kinder sind durch furchtbare Lebensumstände höchst komplizierte Erziehungsaufgaben geworden, weder von feinen Damen noch von braven Kleinbürgerfamilien lösbar. Die „schlechten“ Pflegeeltern nehmen die Kinder als Erwerb (erhöht man den Beitrag, wird der Erwerb besser, gesuchter, nicht die Leistung qualifizierter, also auch hier keine Lösung in Sicht). Die „guten“ Pflegeeltern: ihr Motiv ist Einsamkeit, Kinderliebe, Liebesbedürftigkeit. Wie aber, wenn das Kind, erbittert und verstockt (neuntausendvierhundert sind so), diese Motive enttäuscht? Dann wird die gute Pflegschaft zur pädagogischen Hölle. Daß dies alles anläßlich eines Films gesagt wird, darf uns nicht vergessen lassen, mit einem Satz auch über das Glück und Leiden der einzelnen Kinder hinauszudenken. Wächst denn in Villen und Kleinbürgerkramläden eine Jugendgeneration heran, die für die Zukunft der Gesellschaft wünschenswert ist? Heißt das „öffentliche Jugendfürsorge“, sie vermehren und zu diesem Zweck tausende Kindertragödien dulden?

Hier hilft keine flache Arithmetik. (Multipliziere die edlen Wohltäterinnen mit 1.000.) So gelangen wir nicht zum *happy end*, sondern ersticken jeden schöpferischen pädagogischen Gedanken im Keim. Die trostlose Wahrheit ohne Regie zu sehen – das tut not. –

In diesen Tagen der Kindertragödien feiert die *Freie Schulgemeinde Wickersdorf* ihr 20. Stiftungsfest. (20 Jahre ist es schon her, daß in einem braunen Heft „I. Jahresbericht der F.S.G. Wickersdorf“ Wyneken uns Gymnasiasten in herrlichen Fotos das Wunderland einer möglichen Schule zeigte?) Heiteres, freies und dennoch gemeinschaftsgebundenes Kinder-Jugendleben erfüllt diese Anstalt. Keine liebende Familie und doch kein Hauch von irgendeiner Anstaltsluft. Ob die Kinder dort im Thüringer Wald glücklich sind? Vermutlich freuen sie sich und leiden sie – wie Menschen eben. Aber sie wachsen richtig. Eigentlich sind eine ganze Anzahl „Unehelicher“ unter ihnen. Zwar nicht Illegitime – das ist ein seltener Fall bei 150 Mark Pensionspreis. Aber Kinder aus geschiedenen, gestörten Ehen, aus Familien, die aus Deutschland weit wegverschlagen oder für unbestimmte Zeit in Berliner Hotels geweht wurden. Sie leben ununterschieden zusammen mit Kindern, die von den Eltern nach sorgfältigster Wahl, unter Trennungsschmerzen vielleicht, diesem berühmten Ort als bester Jugend-Lebensstätte anvertraut wurden. Was ihnen billig ist, wäre wohl jenen andern recht. Wie wär's mit Wickersdörfern für jene 9.400? Wie? Kein Geld? So dacht ich's doch. *Dies* ist die Kindertragödie. Sie zu verbergen, dienen die Großaufnahmen vom gefundenen Mutterglück.

DIE PSYCHOLOGISCHEN GRUNDLAGEN DER GEFÄHRDETENFÜRSORGE

(1927)

Es ist nicht ohne Schwierigkeit und Gefährlichkeit, die Probleme der Gefährdetenfürsorge vom sozialistischen Standpunkt aus zu betrachten und sich dabei der Psychologie zu bedienen. Daher bitte ich Sie, sich vorweg deutlich zu machen, daß die heutige Psychologie der Gefährdetenfürsorge in gewissem Sinn ein Kampfmittel des Bürgertums gegen die sozialistische Bewegung ist. Verbrecher, Verwahrloste, Gefährdete aller Art gibt es seit undenklichen Zeiten. Man erwehrte sich früher ihrer, indem man sie auf jeweils übliche Weise beiseite brachte, unschädlich machte, bestrafte. Um ihr Seelenleben kümmerte sich niemand. Als aber – eben vom jung sich regenden Proletariat – im vorigen Jahrhundert die Anschauung lebhaft vertreten wurde, Verbrechen und Verwahrlosung seien Folgen der kapitalistischen Gesellschaft und *diese* müßte beiseite gebracht, unschädlich gemacht werden – da gewann zum ersten Mal eine psychologische Theorie Autorität in der bürgerlichen Wissenschaft, die besagte: diese höchst bedauerlichen Erscheinungen sind seelischer Natur, es sind Schädigungen der Psyche, hervorgerufen durch Vererbung. Diese Theorie sagt also:

erstens nicht die Gesellschaft ist schuld (und also nicht *sie* muß geändert werden);

zweitens die Schäden sind ererbt, man kann sie nicht bessern, heilen, sondern den erblich Defekten muß man unschädlich machen.

Aber gegenüber der ohnmächtig wachsenden Arbeiterbewegung mußte diese Vererbungstheorie immer mehr zurückweichen (bis auf den kleinen Kern Wahrheit, den auch sie umhüllt). Sie wird immer deutlicher abgelöst von der Überzeugung, daß die meisten Übel erworben, heilbar, nicht starr ererbt sind. Es seien rein seelische Fehlentwicklungen, die durch geeignete Einwirkungen auf die Seele des Individuums, durch Erziehung und seelische Heilbehandlung (Psychotherapie) korrigiert werden könnten. Diese Anschauung ist eine Art Koalition der bürgerlichen Klasseninteressen mit der wissenschaftlichen Wahrheit: seelische Behandlung wird zugegeben, aber um damit zugleich den Gedanken völlig zu ersticken, daß es außerdem der gesellschaftlichen Umwälzung bedarf.

Es gibt Fälle, für welche die psychologische Theorie und Behandlung zutrifft, es gibt Fälle, bei denen sie ganz und gar nicht anwendbar ist; meistens wirken die sozialen Ursachen mit den psychischen zusammen. Eine Gruppe von Verwahrlosungen besteht tatsächlich in psychischer Fehlentwicklung, aber diese selbst ist entstanden infolge der sozialen Situation. Wollen wir also die Psychologie in unserer Arbeit richtig verwenden, so muß sie uns helfen, die Schäden aufzuweisen, zu deren Behebung der politische Kampf der Arbeiterschaft das alleinige Mittel ist, und jene, wo Psychologie wirklich – neben diesem Kampf – am Platz ist. (Nach meiner Meinung ist nur *eine* psychologische Lehre, Freuds Psychoanalyse, dies zu leisten imstande.)

Einige Typen sollen uns die Beziehungen zwischen psychischen und sozialen Faktoren verdeutlichen. Da ist die große Gruppe der *Homosexualität*. Wir können mit allergrößter Bestimmtheit behaupten, bei der Entstehung homosexueller Triebrichtung spielt Veranlagung und Vererbung gar keine Rolle. Sie ist eine seelische Fehlentwicklung, die ausschließlich durch die inneren Schicksale des Individuums, bis in die früheste Kindheit zurück, verursacht ist. Sie ist auch nicht sozial bedingt. Zwar kann natürlich das Milieu des Kindes und Jugendlichen (Soldatenleben z. B.) die Fehlentwicklung fördern, und man könnte dies natürlich auch eine „soziale" Beeinflussung nennen. Aber nicht im marxistischen Sinn sind das gesellschaftliche Ursachen, sondern die Homosexualität kann in jeder Klasse, in jeder Gesellschaftsform entstehen. Hier ist also die rein psychische Behandlung am Platz (die im Prinzip, wenn auch schwierig und langwierig, erfolgreich mittels Psychoanalyse möglich ist). Die rein psychisch entstandene Homosexualität hat aber höchst verschiedene *soziale Folgen* für das Individuum, die fast ganz von seiner Klassenlage abhängen. Es ist ein großer Unterschied, ob der bürgerliche Homosexuelle sich Freunde kaufen kann oder ob der proletarische Homosexuelle sich verkaufen muß (oder auch nur kann). Hier verlieren die psychischen Beeinflussungsmethoden all ihre Kraft; sozialistische Fürsorge hört hier auf und sucht ihre Fortsetzung im sozialistischen Kampf.

Gerade umgekehrt ist der andere Typ, für den die *Prostitution* ein Beispiel sein kann. Homosexualität ist seelisch bedingt und hat soziale Folgen; Prostitution ist sozial bedingt und hat seelische Folgen. Die Prostituierte wird, falls sie ihren Beruf längere Zeit ausgeübt hat, schwere seelische Defekte aufweisen, die teils Folge ihrer sozialen Deklassiertheit, teils Folge ihres Seele zerstörenden Sexuallebens ist. Aber es kann ganz und gar keine Rede davon sein, daß zur Prostitution etwas anderes als die ökonomische und allgemeine soziale Situation eines Individuums führt. Es gibt *nicht* die *geborene* Prostituierte, und es sind auch nicht seelische Fehlentwicklungen als solche, die in die Prostitution führen. Freilich werden viele Leichtschwachsinnige, viele „Haltlose" und andere seelisch bedingte Typen zur Prostitution gelangen, aber an einem anderen sozialen Ort, in anderer Klassen- und Vermögenslage hätten sie einen anderen Beruf ergriffen, ein anderes Sexualleben geführt. Insbesondere ist es falsch anzunehmen, als wären zur Prostitution besonders disponiert Mädchen mit starkem, unersättlichem Sexualverlangen. Vielmehr weist ein großer Teil der Prostituierten eine äußerst starke geschlechtliche Frigidität (Gefühlskälte) auf und erweist sich so als hysterisch (das Wort im strengen wissenschaftlichen Sinn genommen). Für die Hysterie ist es bezeichnend, daß sie die eigentliche Sexualität ablehnt, verabscheut oder doch gefühlsmäßig niedrig bewertet, wenig genußvoll findet. Manches Mädchen, das flirtet, kokettiert, mit zahlreichen Männern Beziehungen pflegt, also anscheinend stark sexuell gerichtet ist, hat in Wahrheit *keine* tiefen sexuellen Interessen und kann sich eben darum die „Flatterhaftigkeit" leisten. Bloß psychologisch betrachtet ist dieser Typus keineswegs als minderwertig zu bezeichnen. Aber eben in einer bestimmten sozialen Lage gerät er leicht in die Prostitution. Die Prostitution ist eine Erscheinung des Kapitalismus und wird nur mit ihm verschwinden. Sozialistische „Bekämpfung der Prostitution" kann *nur* in sozialen Forderungen bestehen, Fürsorge z.B. im Schutz der Prostituierten vor Ausbeutung.

Als Beispiel für die dritte Gruppe dienen uns *verwahrloste Kinder und Jugendliche*. Bei ihnen wirken psychische *und* soziale Faktoren zusammen. Hier haben wir psychisch zu beeinflussen (zu erziehen) und zugleich auch jene gesellschaftlichen Bedingungen zu schaffen, in denen die Erziehung erst richtig sinnvoll und erfolgreich wird. Unter dem Namen „verwahrlost" faßt man sehr verschiedene seelische Typen und Fälle zusammen. Für sehr viele von ihnen gilt: Es liegen die Ursachen der Verwahrlosung in einer falsch verlaufenen psychischen Entwicklung, diese aber wurde von einem Versagen der erzieherischen Einwirkung der Umgebung hervorgerufen. Jedes Kind kommt als Triebmensch auf die Welt, ein ständiger Konflikt mit seiner Umgebung ist zunächst das Symptom seiner beginnenden Entwicklung. Normalerweise muß eine lange Kette von einzelnen Konflikten in einer ganz bestimmten Weise vollendet werden, ehe die Anpassung an die Gesellschaft vollzogen ist. Dieser Weg kann durch die Umgebung vorzeitig abgebrochen werden, was ein Überwuchern einzelner Triebe, ein Nichteinpassen in die Gesellschaft, zur Folge hat. So zum Beispiel, wenn die Umgebung des Kindes aus Alkoholikern und Verbrechern besteht. Aber auch bereits bei dem Mangel an richtigem Kontakt zwischen Kind und Umgebung kann eine ähnliche Folge eintreten. Der richtige Kontakt ist dann nicht vorhanden, wenn es dem Kind an liebevollem Eingehen, versagender Strenge oder dem Erleben des eigenen Wertes innerhalb der Familie fehlt. Die Anpassung des Kindes aus Schätzung und Liebe zur Familie erfolgt nicht. Daraus entstehen Trotzsituationen in mannigfachen Formen. Die dauernde Protesthaltung zu den Erwachsenen der Familie birgt die Gefahr in sich, daß das Kind heranwachsend auch in den weiteren Kreis der Gesellschaft sich nicht wird einfügen können. Jedes trotzige Kind kann indes zurückgeführt werden, wenn die Erziehung dort einsetzt, wo die Endursache des Trotzes liegt, an dem Störungspunkt der Entwicklung. Es muß in eine Umgebung gebracht werden, in der es Menschen findet, die es lieben, schätzen, verehren *kann*, eine Gemeinschaft, in der es sich lohnt zu leben, damit es diesen

Menschen und dieser Gemeinschaft *zuliebe* den Trotz aufgibt und sich in eine Gruppe von solidarischen Genossen einpaßt. Selbstverständlich können solche Bedingungen nur in Erziehungsanstalten geschaffen werden, die freilich recht sehr anders aussehen müßten als die meisten heutigen (die zwar manche ihrer Gefangenen, Zöglinge genannt, äußerlich brav machen, aber sie innerlich endgültig zugrunde richten). Solche Erziehungsgrundsätze vertreten heute die fortschrittlichen bürgerlichen Pädagogen. Wir sollten sie von ihnen lernen, um sie *selbst* in sozialistischen Anstalten an proletarischen Kindern zu verwirklichen. Denn wir dürfen nicht vergessen, daß jede Verbesserung der Erziehungsmethoden in der Klassengesellschaft zugleich auch eine Gefahr fürs Proletariat in sich trägt. Die besseren Methoden erreichen eine bessere Einpassung des Kindes in *die* Gesellschaft, sagt zwar die bürgerliche Fürsorge; aber auch in die bürgerliche Ideologie – müssen wir hinzusetzen, um die Gefahren und die Mittel zu ihrer Abwehr deutlich zu sehen.

Literatur

Aichhorn, August: Verwahrloste Jugend. Die Psychoanalyse in der Fürsorgeerziehung. Leipzig/Wien/Zürich 1925; zahlreiche Auflagen.

Bernfeld, Siegfried: Kinderheim Baumgarten. Bericht über einen ernsthaften Versuch mit neuer Erziehung. Berlin 1921. Im vorliegenden Band S. 9–153.

Ders.: Das Massenproblem in der sozialistischen Erziehung. In: Sozialistische Erziehung 7 (1927), S. 5–7, 33–36, 122–125.

Ders.: Die Formen der Disziplin in Erziehungsanstalten (1927). Im vorliegenden Band S. 197–225.

Ders.: Psychologie des Säuglings. Wien 1925. (Stellt große Anforderungen an das wissenschaftliche Verständnis der Leser.)

Ders.: Sisyphos oder die Grenzen der Erziehung. 1. Aufl., Leipzig/Wien/Zürich 1925. Reprint Frankfurt a.M. 1967 u.ö. (Stellt große Anforderungen an das wissenschaftliche Verständnis der Leser.)

ZUR PSYCHOLOGIE DER „SITTENLOSIGKEIT" DER JUGEND

(1927)

Alexandra Kollontay – ehemals Sowjetbotschafterin in Stockholm – gibt eine Darstellung moralischer, ethischer, sexueller Konflikte in Sowjetrußland, die sehr geeignet ist, einigen psychoanalytischen Gedanken zum Thema der vielbeklagten Sittenlosigkeit und Verderbtheit heutiger Jugend als Anknüpfungspunkt zu dienen. „Die Liebe der drei Generationen"[1]: die Großmutter Marja: fortschrittliche Liberale der neunziger Jahre; die Mutter Olga: Revolutionärin von 1905; und Genia, die Tochter: im sibirischen Exil geboren, halbwüchsig bereits aktive Revolutionärin von 1917/18 – verstehen einander nicht und stehen nicht allein mit sich selbst, sondern auch mit den radikalen Vertretern der Generation vor ihnen in Konflikt.

Dies ist der Weg der Liebe der Großmutter: Wohlerzogenes Mädchen, heiratete sie aus Liebe gegen den Willen der Eltern einen Offizier, lebte mit ihm als Regimentskommandeuse in kleinem Provinzort; glücklich; mustergültige Hausfrau und Mutter, vom Gatten vergöttert. Aber von liberal-sozialen Ideen erfüllt, geistig ihm allmählich entfremdet. Ihre „Liebestragödie": Sie fühlt, daß sie den Kreisarzt, einen Gesinnungsgenossen, liebt. „Die Rechte der Liebe sind stärker als die Pflichten der Ehe." Sie verlangt die Scheidung, die der Gatte, zu jedem Kompromiß bereit, verweigert. Sie aber verläßt ihn, zieht mit dem Kreisarzt, erfüllt ihre Ideen (wird angesehene Volksbibliotheksgründerin). Skandal im Milieu des Offiziers, der Eltern; Bewunderung bei den Liberalen. Verbannung – Rückkehr – Fortsetzung ihrer Tätigkeit. Der Kreisarzt wird von ihr beim Hausmädchen angetroffen. Sie packt sofort ihre Sachen; sieht ihn nie wieder, hat aber nie aufgehört, ihn zu lieben und blieb ihm treu.

---

1 Alexandra Kollontay: Wege der Liebe. Drei Erzählungen. Berlin 1925. – Auf dieses Buch möchte ich jeden hinweisen, der sich von der Problemlage der sexuellen Frage im heutigen Rußland ein Bild machen möchte, wobei natürlich zu beachten wäre, daß dies *eine* Buch nur einseitig „informieren" kann.

Weg der Liebe der Mutter: Marxistin seit frühester Jugend; ein führender Genosse, ihr Lehrer, bedeutend älter, wird ihr Mann, sie ist kaum zwanzig Jahre alt; „aus Prinzip keine Ehe". Geht mit ihrem Mann in die Verbannung; kann fliehen und ist eine Zeitlang in Petersburg allein. Leidenschaftliche Liebe zu einem bürgerlichen, all ihren Anschauungen entgegengesetzten verheirateten Ingenieur. Dieser Liebe entstammt die Tochter. Die Großmutter verlangt, daß Olga mit dem Ingenieur bleibe (der zur Scheidung bereit ist) oder sich von ihm trenne und beim Manne bleibe. Sie vermag nicht zu begreifen, daß Olga beide liebt. Aus dem Gespräch zwischen beiden Generationen: Olga: „Ich liebe meinen Mann, ich habe nie aufgehört, ihn zu lieben." Marja: „Wenn du nicht aufgehört hast, ihn zu lieben, wie konntest du dich dann in einen anderen verlieben? Du redest den reinen Unsinn!" „Absolut keinen Unsinn... Verstehst du denn nicht, Mutter? Darin liegt ja eben mein Unglück..." „Und ich versuchte wieder meiner Mutter klar zu machen, wie beide Gefühle in mir nebeneinander lebten: Die tiefe Anhänglichkeit, die Zärtlichkeit für C. [den Mann in der Verbannung], das Bewußtsein unserer seelischen Zusammengehörigheit, und der stürmische Trieb [zu dem anwesenden Ingenieur], den ich als Mensch weder liebe noch achte. Meine Mutter verstand mich nicht." „Wenn du für diesen den physischen Trieb empfindest, jenen aber liebst und achtest, mußt du dich beherrschen und dich von diesem trennen." „Das ist es ja eben, Mutter, daß es nicht nur der physische Trieb ist, es ist auch Liebe, aber eine andere... und doch liebe ich C., ich brauche ihn, meine Seele braucht ihn, ohne ihn ist es kalt, leer." Sie „wollte beide, beide behalten." Und der Verbannte verstand sie. Großmutter aber versicherte: „Sie seien im Grunde gewöhnliche, triviale Menschen. Solche Ehen zu vieren könnten nur im ganz verdorbenen Paris bestehen." Qualen, hin und her für alle, Unentschiedenheit und doch Liebe zu beiden war die Folge. Verbannung, Revolution 1905, brachte eine Trennung von beiden Männern, die Liebe zu beiden ging unter. Exil im Ausland; sie lebt mit einem viele Jahre jüngeren kranken Genossen R., den sie pflegt, mit dem sie während der Revolution 1917 zurückkehrt, um sich plötzlich im selben Konflikt mit ihrer Tochter zu sehen, den sie bei deren Geburt mit ihrer Mutter hatte.

Sie muß entdecken, daß Genia, ihre Tochter, kaum zwanzig Jahre alt, ein Kind von ihrem R. abortiert, oder auch von einem anderen, mit dem Genia gleichzeitig verkehrt hatte, und schon seit mehreren Jahren sich mehreren Männern hingegeben hatte, ohne sie zu lieben, treulos, zynisch, zügellos. Allergemeinste Lüsternheit, nichts anderes kann sie an ihrer Tochter sehen. Olga: „Warum gabst du dich dem hin? (Wenn nicht aus Liebe.) Ist der physische Trieb in dir so stark? Du bist doch jung. Das ist nicht normal!" Und die Tochter verteidigt sich. Genia: „Wie soll ich es dir sagen, Mutter, einen eigentlichen ‚physischen Trieb', wie du ihn dir offenbar denkst, habe ich wohl nie gehabt, bis ich den andern traf, mit dem ich in diesen Monaten verkehrte. Jetzt ist auch das vorbei. Aber er gefiel mir, und ich fühlte, daß ich ihm auch gefalle... das ist doch alles so einfach und dann, es verpflichtet ja zu nichts, ich verstehe nicht, Mutter, was dich so aufregt? Wenn ich mich verkauft hätte oder wenn man mich vergewaltigt hätte – das ist eine andere Sache –, aber ich war dazu freiwillig bereit. Solange wir einander gefallen, sind wir zusammen, vergeht es, so gehen wir auseinander. Keiner hat etwas dabei verloren... Nur daß man des Abortus wegen die Arbeit auf zwei, drei Wochen unterbrechen muß, das ist gewiß unangenehm. Aber daran bin ich selbst schuld. In Zukunft werde ich mich besser schützen." „Du sagst, das ist gemein, Mutter, man soll sich nicht ohne Liebe hingeben, du behauptest, ich bringe dich mit meinen ‚zynischen Anschauungen' zur Verzweiflung. Aber sage mir offen, Mutter, wenn ich dein zwanzigjähriger Sohn wäre, der an der Front gewesen ist und überhaupt selbständig lebt, würdest du auch entsetzt sein, wenn er Verkehr mit Frauen hätte, die ihm gefallen? Nicht mit Prostituierten, die man kauft, nicht mit Mädchen, die man betrügt (das ist gemein, das bestreite ich nicht), aber mit Frauen, die ihm gefallen und denen er gefällt. Würdest du auch über seine ‚Moral' entsetzt sein? Also, warum gerätst du in Verzweiflung über meine ‚Sittenlosigkeit'? Ich versichere dir, ich bin genau solch ein Mensch, wie es ein Bruder von mir sein könnte. Und ich bin mir meiner Pflichten völlig bewußt. Ich kenne meine Verantwortlichkeit gegen die Partei. Aber welcher Zusammenhang ist zwischen der Partei, der Revolution, der weißgardistischen Front und allem, was du angeführt hast, und dem, daß ich mich mit R. und noch einem anderen küsse...? Siehst du, ein Kind soll man nicht haben, das geht nicht in dieser Kampfzeit. Ich verstehe das und werde vorläufig um keinen Preis Mutter werden." „Aber an mich, Genia, hast du gar nicht gedacht? Wie soll ich deine Beziehungen zu R. aufnehmen?" „Ändert sich denn etwas? Du wolltest doch selbst, daß wir einander näher kommen sollten, du freutest dich, daß wir Freunde wurden... Wo ist die Grenze des Vertrautseins? Und warum dürfen wir seelisch befreundet sein, zusammen sprechen, lachen, denken, nur küssen dürfen wir uns nicht? Wir haben dir nichts gestohlen, nichts genommen. R. vergöttert dich, wie er dich immer vergöttert hat... Nicht einen Lichtstrahl seiner Liebe habe ich dir geraubt... Aber daß wir uns geküßt haben...?"

Ist das nun zügellose Lüsternheit, durch kein moralisches Gesetz eingedämmt, oder neue Moral, fragt die Mutter: „Mein Glaube, daß diese beiden Menschen überhaupt fähig sind zu lieben, ist erschüttert. Beide versichern, daß sie mich lieben, aber was für Liebe ist das, wenn man einen andern so verwundet, und spielend verwundet, ohne Reue, ohne Mitleid!" Um zur Klarheit zu kommen, bittet die Mutter verzweifelt Kollontay, mit der Tochter zu reden.

Aus diesem Gespräch: Genia: „Warum denken Sie denn, daß ich niemand liebe?... Ich habe Ihnen doch nur gesagt, daß ich die Männer nicht liebte, mit denen ich verkehrt habe, aber ich habe doch nie gesagt, daß ich niemand liebe." Kollontay: „Und wen lieben Sie denn, wenn man fragen darf?" „Wen? Ja, zu allererst und am meisten auf der Welt – Mutter. Einen solchen Menschen gibt es nicht mehr. Und es gibt schon Leute, die ich liebe. Und wie liebe ich sie... Nicht nur Mutter... auch andere, zum Beispiel Lenin... Lächeln Sie nicht. Das ist sehr ernst. Ich liebe ihn viel mehr als alle die, die mir gefallen haben und mit denen ich verkehrte... Wenn ich weiß, daß ich ihn hören und sehen kann, dann bin ich tagelang ganz hin... Für ihn könnte ich auch mein Leben lassen. Dann Genosse Gerassim, kennen Sie ihn? Der Parteisekretär unseres Bezirkes. Das ist ein Mensch... Sehen Sie, den liebe ich. Ganz ehrlich. Ich will mich ihm immer unterordnen, auch wenn er nicht im Recht ist, denn ich weiß, daß seine Absichten immer richtig und gut sind..."

Diese übrigens von Alexandra Kollontay knapp und gut erzählte Geschichte spielt in Rußland. Sie könnte aber in manchem Wesentlichen auch in Deutschland spielen; ja hier spielt sie sogar täglich. Hier leben alle drei Generationen nebeneinander, untereinander und bekämpfen einander als zügellos, sittenlos, verderbt, rückständig, reaktionär, überholt. Auch die vierte Generation fehlt nicht, die der Urgroßmutter, die schon Marjas, der Großmutter, Prinzip „Liebe geht vor Ehepflicht" als völlig verwahrlosten, sittenlosen, bolschewistischen Grundsatz verurteilt. Die Frage, wer recht hat, werden wir uns kaum berufen fühlen zu beantworten. Aber dennoch müssen wir, sooft wir als Pädagogen mit diesem oder jenem Stück der Kollontayschen Geschichte – und wie oft ist das nicht! – zu tun bekommen, Stellung nehmen. Als psychologische Pädagogen werden wir dann bemüht sein, statt der Frage des Rechts – ganz so wie die Mutter – die Frage der Normalität zu stellen. Ist das Liebes- und Sexualverhalten der Tochter normal? Wir werden geneigt sein anzunehmen, daß uns diese Fragestellung zu einem objektiven tragfähigen Ergebnis, das mit wissenschaftlichen Mitteln gewonnen ist, führen kann. Und eben in der plastischen Erschütterung solcher Hoffnung ist der Wert dieser Erzählung gegeben. Denn die Frage der Normalität wird von jeder der vier Generationen der jüngeren gegenüber erhoben und wird von jeder anders beantwortet. Der Standpunkt der Urgroßmutter lautet: Die Ehe ist der normale Weg der Liebe; es muß ein Zeichen von Charakterschwäche, von übermäßiger Triebhaftigkeit, jedenfalls eines ungewöhnlichen seelischen Zustandes sein, wenn die Gattin und Mutter leidenschaftliche, imperative Liebe zu einem fremden Mann empfindet. Ein Standpunkt, der durchaus heute noch (und mehr vielleicht als wirklich zu Urgroßmutterszeiten) die wissenschaftliche Bestätigung in der Psychologie sucht.

Adlers Lehre (Individualpsychologie[2]) z.B. zählt ohne jegliche Einschränkung zum neurotischen Charakter denjenigen, der nicht den Mut hat, mit einem Partner zeitlebens auszukommen, und als „neurotisches Arrangement" wird sie die „leidenschaftliche" Liebe erklären. Aber auch Psychoanalytiker können, wenn sie Urgroßmutters Standpunkt vertreten, ihn aus der Analyse der Großmutter „bestätigen"; zweifellos wird analytisch erweislich sein, daß neurotische

2 Nähere Orientierung dazu in den Überblicksdarstellungen und -einführungen zur Alfred Adlers Individualpsychologie in: Dieter Eicke (Hg.): Tiefenpsychologie. Bd. 4: Individualpsychologie und Analytische Psychologie. (Kindlers „Psychologie des 20. Jahrhunderts".) Zürich 1977, Weinheim/Basel 1982, S. 3–150.

Mechanismen sowohl ihre Ehe als auch ihre Scheidung determiniert haben. Doch wird vermutlich die Mehrzahl der Psychoanalytiker geneigt sein, Großmutters Ehe und Scheidung und ihre zweite entschlossene Scheidung als „normal" zu bewerten; und wird sich eher geneigt finden, im Falle, daß die Frau trotz der neuen Leidenschaft und des imperativen Wunsches, die alte Bindung zu lösen, sich hierzu nicht stark genug erwiese, „neurotische" Einwirkungen anzunehmen. Offensichtlich aber steht für den Psychoanalytiker das Liebesschicksal der Mutter unter neurotischen Gestaltungskräften. Ist hier nicht die Spaltung zwischen Zärtlichkeit und Sinnlichkeit überaus deutlich? Ist nicht ganz klar die Rettungsphantasie gegenüber ihrem letzten Mann R., dem jüngeren, todkranken, den sie gesund pflegt, und gegenüber dem Ingenieur, zu dem die Liebe endgültig erlischt, nachdem sie endgültig erlebt, daß er ein „fetter Bourgeois ist, der dem Proletariat nicht mehr zu retten" ist? Spielt nicht überhaupt die Rettungsphantasie im Berufsrevolutionärtum der Mutter mit?[3] Und sind nicht eben diese beiden Züge zusammen von Freud als eine typische neurotische Form des Liebeslebens nachgewiesen worden?[4] (Welche Grade von „Feigheit" die Individualpsychologie der Mutter vorzuwerfen hätte, brauchen wir aus Adlers Schriften hier nicht zusammenzutragen.)

Ganz fraglos ist schließlich dem Psychoanalytiker, daß die Tochter eine fast ans Ende gehende Entwertung des normalen Sexualtriebes vorgenommen hat; sie will gar nicht Männer lieben; „dazu hat man keine Zeit", und die Sexualität, auf die sie freilich nicht ganz verzichtet, hat doch für sie kaum einen Wert, sie könnte sie auch unterdrücken. Wichtig ist ihr nicht die Liebe, nicht die Sexualität, sondern Mutter, Lenin, Arbeit. Aber damit gerät die Tochter in nächste Nähe der Urgroßmutter; auch diese hat die Liebe entwertet: die Pflichten der Ehe gehen über die Liebe. Die Differenz zwischen Großmutter und Mutter hingegen ist eher eine des

---

3 Vgl. Erwin Kohn: Lassalle der Führer. (Imago-Bücher, Bd. IX.) Leipzig/Wien/Zürich 1926.

4 Sigmund Freud: Beiträge zur Psychologie des Liebeslebens. (Sammlung kleiner Schriften zur Neurosenlehre, IV. Folge.) Leipzig/Wien 1918; Studienausgabe. Bd.V, Frankfurt a.M. 1982, S. 185ff.

Umfangs, daß aber Liebe, Gefühl, Leidenschaft unvergleichlich hohe Werte sind, ist beiden gleich gewiß. Könnte man von hier aus nicht untersuchen, ob nicht Urgroßmutters Ehekonservativismus auf dem Boden einer gewissen Sexualablehnung beruht, die wohl nicht ohne neurotische Mechanismen verständlich wäre? (Es wird kein Zufall sein, daß die Individualpsychologie, die den Ehekonservativismus, Urgroßmutters Weltanschauung, wissenschaftlich zu begründen unternimmt, die Sexualität überhaupt aus ihrer Lehre gestrichen hat.) Die Psychoanalyse muß wohl sagen: Alle vier Wege der Liebe sind abnormal – wenn neurotisch = abnormal ist.

Diese Gleichung besteht aber nicht zu Recht. So sehr sie, insbesondere im Kreise der psychoanalytischen Pädagogik, verbreitet ist, so wenig ist sie der Psychoanalyse (Freuds) Aufstellung. Neurotisch sind Vorgänge, die als solche weder normal noch pathologisch sind, sondern so benennen wir eine Reihe von seelischen Vorgängen, die bei jedem Menschen zahlreich und notwendig vorhanden sind, die freilich bei den Neurosen überaus deutlich sind, aber doch nicht deren „Wesen" ausmachen. Krankhaft nennt Freud nur jene neurotischen Prozesse, die übermäßiges Leiden oder beträchtliche Herabsetzung der Arbeits-, Genuß- und Lebensfähigkeit zur Folge haben. Gewöhnlich ist man des Glaubens, mit dem Wort „abnormal" einen Tatbestand zu zeichnen, in Wahrheit aber meint man eine Wertung. „Abnormal" bezeichnet nicht die Seltenheit einer Erscheinung, sondern daß sie nicht vorhanden sein sollte, *dürfte*.

Die Arbeitsfähigkeit aller vier Frauen ist keineswegs eingeschränkt. Wie immer *wir* ihre sozialen Leistungen bewerten möchten, in ihrem Milieu leisten sie sinnvolle, ausreichende Arbeit. Von der Urgroßmutter dürfen wir annehmen, daß sie eine tüchtige Gattin, Mutter, Hausfrau war. Großmutter und Mutter brachten es zu angesehenen Stellungen in ihrem Gesellschaftskreis und haben trotz Liebesleidenschaft und Konflikten ein tüchtiges Stück Lebensarbeit geleistet. Die Tochter ist freilich noch jung; wir wissen nicht, ob sie nicht später zusammenbrechen wird – vorläufig aber, trotz ihres sonderbaren Liebesweges, ist keine Klage gegen ihre Berufsarbeit laut geworden, sie geht ihr tüchtig und begeistert nach. Von diesem Gesichtspunkt aus wäre also die

Beurteilung als abnormal für keinen der Liebeswege möglich. Man könnte dies nur, indem man eine Bewertung der Arbeit selbst miteinbezieht, womit man sich freilich wieder aus der psychologischen in kulturelle, politische, weltanschauliche Wertung begäbe. So könnte die konservative Urgroßmutter sagen: Wohl, Marja „arbeitet", und sie findet auch Anerkennung bei den Liberalen – die sind aber selbst ein verwahrlostes, sittenloses Gesindel, und das eben sei nicht eine befriedigende Arbeitsleistung, wenn eine wohlerzogene Frau ihr Haus vernachlässige und sich mit dem Volk gemein mache, Dienste einer Bibliothekarin versehe. Und die liberale Großmutter könnte finden, daß der Bolschewismus ihrer Olga überhaupt keine Berufsarbeit, sondern eben neurotisches Versagen gegenüber den normalen Aufgaben des Lebens sei.

Die Bewertung der Arbeit ist nicht mehr psychologisch zu vollziehen, sondern nur noch sozial. Dieselbe psychische Struktur und die Arbeit, die aus ihr folgt, kann im Prinzip je nach dem Standpunkt des Beurteilers als befriedigende Einfügung in die Gesellschaft, als ausreichende Arbeitsleistung und -fähigkeit oder auch als weitgehend ungenügende, pathologische bewertet werden. Was dem einen eine Räuber-, Einbrecherhorde zu sein scheint, kann einem anderen eine Gruppe von Aufständischen, einem dritten ein Vortrupp von Helden sein. Die Urgroßmutter sieht ihre Nachkommen, auch in bezug auf ihre soziale Arbeitsleistung, nicht nur in bezug auf deren Liebesleben, von Stufe zu Stufe absinken: Liberale, Revolutionärin, Proletarierin; die Tochter sieht dieselbe Entwicklung als Aufstieg aus der Stockfeudalität in die freie Arbeit.

Hierin liegt das für Deutschland Unverbindliche der Geschichte, die sich so wohl nur in Rußland zugetragen haben kann. Denn in Rußland hat die jeweils „absinkende" Jugend recht behalten; sie schien zwar der älteren Generation abzusinken, aber in Wirklichkeit ist sie „aufgestiegen", sie hat ihre Bewertungen zu den maßgebenden gemacht. (Wie weit dies der Generation Tochter [Genia] gelingen wird, ist heute noch nicht zu entscheiden, aber soweit wir aus Kollontays Geschichte schließen dürfen, hat sie den Willen hierzu.) Wo keine gründliche Revolution aller wesentlichen Berufe und Arbeitsleistungen stattfand, kompliziert sich die Situation.

Die Wertung „sittenlos", „abnormal" wird vom Ursprungsmilieu der Jugend geprägt, also von der Generation, in deren Schoß die jeweilige Jugend ihre Kindheit erlebte. Der Jugendliche, der seiner Elterngeneration „sittenlos" erscheint, muß auch in sich selbst aus seiner eigenen Kindheit her Nachwirkungen der Wertungen seiner Eltern, seines Ursprungsmilieus haben.

Diese inneren Faktoren können seine Arbeitsleistung hemmen. Oder seine psychische Struktur drängt zu einer Arbeitsleistung, Arbeitsform, zu einem Beruf, der in seinem Ursprungsmilieu als „niedrig", „abgesunken", „deklassiert" gilt. Er hatte diese Wertung trotz der „Sittenlosigkeit" übernommen, wehrt sich daher gegen das berufliche Absinken, strebt in die in seinem Ursprungsmilieu hochgewertete Arbeit, kann sie aber seiner Struktur entsprechend *nicht* erreichen, oder mit geringem Erfolg. Nun erst ist er als pathologisch zu bewerten, soweit es um die Arbeitsfähigkeit geht. Der „sittenlose" Sohn einer Bürgerfamilie, der ein gutes Mitglied einer Diebesbande wäre, ist in diesem Fall. Diesen „Beruf" zu ergreifen, hindert ihn sein Über-Ich, das die Wertungen seines Ursprungsmilieus zwar in sexueller Hinsicht ablehnt, aber in sozialer akzeptiert. Zum Beruf seines Vaters aber ist er nicht fähig. Im Grunde steht es auch umgekehrt ebenso. Der Sohn einer Diebsbande, zum Beruf eines ehrlichen Tischlers strebend, aber aus seinem Ursprungsmilieu gehemmt, sich so zu „deklassieren", kann ein unfähiger Dieb werden (neurotisch gehemmt). Der „ehrliche, vornehme, sittliche" Vorkriegskaufmann, dessen Sohn Valutaschiebungen macht und unfähig ist, ein Geschäft anständig zu führen, wird seinen Sohn als neurotisch bewerten. Dieser aber wird es „sein", wenn er die Wertungen seines Vaters akzeptiert und das „ehrlose" Gewerbe, das er betreiben könnte, innerlich oder äußerlich nicht betreiben darf. Doch wird dies in diesem Fall kaum eintreten, der Sohn wird sich „absinken" lassen, denn er „sinkt" in eine Schicht mit Aufstiegswillen, mit ihren eigenen Wertungen und mit aller Aussicht auf baldige Macht und Maßgebendheit in der Gesellschaft. Und der kopfschüttelnde Vater wird schließlich noch selbst erleben, wie die Schicht, in die er seinen Sohn absinken glaubte, aufsteigt und – bis zu einem gewissen Grad – auch ihre Sexualmoral, die er als sittenlos ablehnte, zur Anerkennung bringt, womit der Vater rückständig wird.

Für die Beurteilung einer bestimmten psychischen Struktur als neurotisch (abnormal in Bezug auf ihre Arbeit) ist die Beachtung des *sozialen Ortes* nötig, an dem das Individuum sich befindet.[5] Eine Bewertung ist im extremen Fall nur innerhalb des gleichen sozialen Ortes möglich. Die psychische Struktur, die zur sexuellen Sittenlosigkeit im Ursprungsmilieu führt, kann eine Arbeitsleistung fordern, die im Ursprungsmilieu als deklassiert gewertet wird. An diesem „sozialen Ort" wird dann eine neurotisch-pathologische Arbeitsleistung eintreten, oder der Sittenlose wechselt seinen „sozialen Ort"; dies ist mit einer sozialen Deklassierung – im allgemeinen – verbunden, wenn er nicht in eine Schicht gelangt, die aufsteigend ist oder es zu sein vermeint (z.B. in Europa außerhalb Rußlands der „Abstieg" Bürgerlicher in eine revolutionäre Partei.)

Das zweite Kriterium ist das Leidensmaß. Keine der vier Frauen leidet übermäßig, unerträglich. Keine wird ohne gewisse Leiden durchs Leben gekommen sein. Dies ist nicht entscheidend für die Beurteilung der verschiedenen realen Liebeswege, denn unsere Geschichte erfand ideale Fälle. Nun ist, von der Tochter abgesehen, kein Zweifel, daß die Wege der drei anderen gegebenenfalls ohne übermäßiges Leiden gangbar sind; daß aber ebenso alle drei zu den unerträglichen Leiden einer pathologisch-neurotischen Struktur führen können; daß diese Ausgänge in zahllosen Einzelfällen statt hatten. Doch ist hier ein Unterschied zwischen Urgroßmutter und den beiden anderen. Führen neurotische Prozesse bei diesen zu starken Leiden, so werden sie erleben, daß sie *an der Liebe* leiden. Urgroßmutter erlebt denselben neurotischen Prozeß als Leiden, das Gott schickt, oder das von einer heiligen Ehepflicht herkommt. Innerhalb ihres „sozialen Ortes" ist es sinnlos, sie als heilungsbedürftig zu erklären – sie ist trost-, sinn- und mutbedürftig. Die gegebene „Therapie" für diesen „sozialen Ort" ist Bibel, Ablenkung, Zuspruch, Psychosynthese, Ermutigung. Zugleich ist

5 Vgl. zur Theorie des „sozialen Orts" die Abhandlung „Der soziale Ort und seine Bedeutung für Neurose, Verwahrlosung und Pädagogik" (1929), im vorliegenden Band S. 255–272.

er die klassische Stätte für die Entstehung der eigentlichen hysterischen Symptome, in denen das seelische Liebesleid als körperliches erscheint und als solches erst der wirklichen Therapie bedürftig erscheinen kann. Hingegen leiden Großmutter und Mutter erlebnismäßig *an* der Liebe, sie fordern Erfüllung der Liebe; also nötigenfalls Lösbarkeit vorhandener Bindungen. An ihrem „sozialen Ort" ist die äußere Lösbarkeit gegeben. Wo dies nichts nützt, weil innere neurotische Bindungen dagegenstehen, werden sie deren Auflösung verlangen, wenn sie ihr Liebesleid als sinnloses, überflüssiges erleben. Die Mutter zwischen den beiden Männern, C. und Ingenieur, wäre in dieser Situation gewesen. Diese beiden Wege führen leicht zu pathologisch-neurotischen, d.i. übermäßigen, sinnlosen, psychischen Leiden. Es wird hier sehr viel davon abhängen, aus welchen neurotischen Quellen das Leiden fließt, wie die neurotischen Prozesse zum Ganzen der Persönlichkeit liegen, an welchem „sozialen Ort" die Persönlichkeit sich befindet und nach welchem sie – bewußt oder unbewußt – strebt.

Die Zukunft der Tochter dürfte uns Sorge machen. Ihre psychische Struktur ist ziemlich durchsichtig. Wir sehen sie an die Mutter gebunden; wir sehen, daß sie beträchtlich „männlich" ist, identifiziert mit Männern, sie fordert das gleiche soziale Recht, das die Männer genießen, sie denkt, arbeitet, lebt nicht nur wie ein Mann, sondern eben wie die von ihr geliebten Männer: Lenin, ihre Parteiführer, Freunde. Die Mutter, die sie liebt, erscheint ihr weniger als Mann, obzwar dies auch, sondern vor allem als „hilfs-, schutzbedürftiges Wesen, das verhungert, wenn sie sich seiner nicht annimmt".

Die Männer, die sie liebt, sind unerreichbar hoch, kommen als Sexualobjekt nicht in Frage. Der Mann, der sie sexuell anzieht, dem sie sich ausgeliefert fühlt, ist ihr nicht lieb. Sie hat eine weitgehende Entwertung der Sexualität vorgenommen – wir werden nicht zweifeln, daß sie zur Entwicklung einer Hysterie oder depressiven Leidens nicht wenig Chancen hat. Ihr Liebesweg führt also mit großer Wahrscheinlichkeit zu übermäßigem neurotischen Leiden? Ahnt ihre Mutter richtig, sie sei zwar nicht „sittenlos", aber „abnormal" – und sollte ihre Sexualmoral zur allgemein gültigen werden, so würde Sowjetrußland – oder die sozialistische Gesellschaft – einer subjektiv höchst leidvollen Zukunft entgegengehen?[6] Wir haben keine Möglichkeit, dies strikt zu verneinen, aber auch keine, es zu bejahen. Dies sogar noch weniger. Denn diese Chancen zu übermäßigem Anwachsen des Liebesleids böten sich der Tochter nur nach unseren Erfahrungen, d.h. an einem anderen „sozialen Ort". Sie steht, wie schon gesagt, der Urgroßmutter nahe. Sie wird wahrscheinlich erlebnismäßig überhaupt nicht an der Liebe leiden, sondern an – wir wissen nicht welchem Gott. Also eher Krankheiten entwickeln, als „neurotisch" sein.

Ferner aber: Das neurotische Über-Leid rührt aus infantilen Quellen, vor allem aus Angst, Schuldgefühl und deren Äquivalenten. Wir vermögen nicht vorauszusehen, woran die Schuldgefühle in der Zukunft, in der die Tochter erziehen wird, geknüpft sein werden, welche Ich-Triumphe den infantilen narzißtischen Kränkungen, die immer unvermeidlich sein werden, gegenüberstehen werden.

Es ist durchaus nicht unmöglich, daß übermäßiges Leid und Berufsunfähigkeit zu den selteneren Erscheinungen auf dem Liebesweg der Tochter gehören werden. Falls ihr „sozialer Ort" eine herrschende, maßgebende Schicht der Gesellschaft sein wird. Unsere Erfahrung kennt die psychische Struktur der Tochter auf ihrem Liebesweg nur als unterste Gesellschaftsschicht, beinahe absolut deklassiert: als Prostituierte oder als sexuell zügellosen Flügel der obersten Gesellschaftsschicht, in ihren rein parasitären Gruppen (z.B. die sogenannte Frau von Berlin NW). Oder als Forderung, immer nur gehemmt verwirklicht, rebellierender oder revolutionärer Jugendschichten (z.B. die „Garçonne"). Die allein schon durch die Deklassierung verwüstete Prostitution schaltet hier aus. Berlin NW hat kein Arbeitsproblem; die Jugendschichten stehen unter äußerem Druck. Beide Tatsachen sind geeignet, Schuldgefühle und Angst zu erhöhen und zu neurotischer pathologischer Lage zu steigern und zu verschieben. Beide Gruppen sind „sinkend"; sie stehen im Widerspruch zu den Wertungen, die sie in der Kindheit in ihrem Ursprungsmilieu erfahren haben, was Angst und

6 Das ist in Rußland die Meinung maßgebender Personen, die daher die Tendenz zur Sittenlosigkeit in der Jugend unter Berufung auf Lenin bekämpfen.

Schuldgefühl nur verstärken kann. Beide stiften keine neue Tradition, weil sie ihre Kinder nach den Wertungen ihres Ursprungsmilieus zu erziehen pflegen, entweder als heimgekehrte reuige Sünder oder durch verlogene pädagogische Haltung.

Was also soll der Pädagoge tun? Zuallererst – und das war die Aufgabe der Erörterung – sich über dies eine klar werden: Um zu erziehen, bedarf es der Wertungen; und diese sind *nicht* aus der psychologischen Wissenschaft zu holen, sondern müssen an deren Ergebnisse von außen herangebracht werden. Wer aber meint, durch Psychologie objektiv beurteilen zu können, irrt sich. Er versteckt seine kulturelle, weltanschauliche, politische Wertung *hinter* der Wissenschaft. Anstatt seine Wertungen durch das Mittel der Wissenschaft erziehend (sich selbst oder andere) zu erfüllen oder zu korrigieren. Wer die Wertungen nicht aus der Wissenschaft sondert, wird immer zuletzt den in der Kindheit, in *seinem* Ursprungsmilieu, empfangenen oder den jeweils herrschenden Wertungen dienen, auch wenn er sich ihnen längst entwachsen oder sie zu bekämpfen glaubt.

Und schließlich verdient noch ein Faktum unterstrichen zu werden. Was wir, welchen Standpunkt wir immer einnehmen, als „Sittenlosigkeit", „Verderbtheit", „Zügellosigkeit", „Schamlosigkeit" bezeichnen oder empfinden, ist psychologisch keineswegs immer als Ungehemmtheit der Sexualtriebe aufzufassen. Sondern solches Verhalten kann sehr wohl das Resultat weitgehender Triebeinschränkung sein. Prostitution ist gegebenenfalls das Resultat des gleichen neurotischen (psychischen) Prozesses, der auch als hysterisches Symptom oder als „Schlimmheit" der Kinder oder als prüde Wohlanständigkeit in Erscheinung treten kann. Natürlich sind auch psychologisch diese Verhaltungsweisen einander nicht *gleich,* aber sie können einander grundverwandt sein. Die psychischen Differenzen können minimal sein im Vergleich zu den ungeheuren Wertungsunterschieden, die diese Differenzen erfahren müssen. Hierfür kommt es darauf an, wie der neurotische Prozeß zur Gesamtpersönlichkeit liegt, und auf den „sozialen Ort", an dem sich die Person befindet. Mit dem „sozialen Ort" ändert sich das Wertbild desselben psychischen Vorgangs ganz entscheidend. Diese Betrachtungsweise ist bei allen psychoanalytisch-pädagogischen Fragen, gewiß gegenüber den Kinderfehlern, prinzipiell angebracht. Aber es lohnt diese verhältnismäßig komplizierte Betrachtung natürlich nicht bei den „kleinen“ Fehlern.

DIE FORMEN DER DISZIPLIN IN ERZIEHUNGSANSTALTEN

(1927)

So verschiedenartig die Zwecke von Erziehungsanstalten (Heilpädagogium, Waisenhaus, Fürsorgeerziehungsanstalt, Schulheim usw.) und daher Aufbau und Struktur unterschiedlicher Anstalten sein mögen, haben sie doch alle ein gemeinsames Problem, das Familie, Schule und anderen Erziehungsstätten nicht ganz in dieser Weise zukommt: die Aufrechterhaltung der Ordnung in der Anstalt, die Führung der Disziplin. Diese Frage ist noch ganz im Fluß. Die Anhänger der alten Methode sind von den Befürwortern der Selbstverwaltung, Schulgemeinde – oder wie sich die Systeme dieses neuen Typs nennen mögen – noch keineswegs überzeugt worden. Noch stehen neue Versuche gegen alte Erfahrungen; zu einer eindeutigen Lösung ist diese Frage noch keineswegs gelangt. Es bedarf darum vielleicht nicht besonderer Rechtfertigung, wenn ich im folgenden versuche, Ergebnisse wissenschaftlicher Bemühungen um dieses Thema zusammenzustellen. Freilich handelt es sich hier nicht ausschließlich um Fragen der Psychologie des Kindes und seiner Entwicklung. Sondern ein höchst kompliziertes Phänomen, in dem das psychische Verhalten des normalen und des pathologischen Kindes nur *einen Faktor* darstellt, soll wissenschaftlicher Analyse zugänglich gemacht werden (wie ich sehe, zum ersten Mal).

Wie soll die Disziplin in Erziehungsanstalten geführt werden? Die Antwort hierauf kann nicht durch eine bloße psychologische Untersuchung gefunden werden, denn sie ist keineswegs – wie noch zu zeigen sein wird – von der Psyche des Kindes allein bedingt. Um uns ihr zu nähern, sei zunächst die Deskription der Fakten gegeben. Wie ist die Disziplin in Erziehungsanstalten tatsächlich beschaffen? Welche Aufgabe wird der Disziplin gestellt, was verlangt man von ihr, was muß sie leisten?

An diese Deskription der Zwecke, die der Disziplin gesetzt werden, und der Mittel, die zu ihrer Erreichung verwendet werden (der Formen der Disziplin), kann sich dann die erziehungswissenschaftliche Aufgabe anschließen: die Rationalität (Zweckmäßigkeit) dieser Mittel zu diesen Zwecken zu prüfen. Aus dem Versuch solcher Prüfung erst wird klar werden, welche psychologischen, welche soziologischen Erkenntnisse herangezogen oder gewonnen werden müssen.

Die Disziplin in Erziehungsanstalten ist nicht das Resultat rationaler Erwägungen; nicht aus den Zwecken und aus den Gegebenheiten wurde eine geeignete Bewältigungsform der Aufgabe Disziplin gestaltet, sondern man verwendete, als man sich vor den neuartigen Problemen, die eine Erziehungsanstalt bietet, sah, die anderwärts üblichen Methoden mit jenen Modifikationen, die jeweils nötig erschienen. Es gibt daher kein in jeder Hinsicht eigenartiges soziales Gebilde, das „Disziplinform der Erziehungsanstalten" heißen könnte, sondern Modifikationen und Kombinationen einer Reihe von Vorbildern. Die Vorbilder sind anderen *Erziehungsstätten* - dem Haushalt, der Schule – oder anderen *Anstalten* – der Kaserne, dem industriellen Betrieb, dem demokratischen Verwaltungsapparat (Parlament) – entnommen (unter Vernachlässigung der weniger wichtigen Vorbilder: Kloster, Spital, Gefängnis).

Beschreiben wir zunächst die Vorbilder, so ergeben sich die folgenden *Grundformen.*

I. Grundformen der Disziplin[1]

1. Der Haushalt (Familielle Disziplinform)

Die Aufgabe, die dem Kind gestellt ist, heißt Wohlverhalten. Es hat alles zu tun, was Gefallen, und alles zu unterlassen, was Mißfallen der Autoritäten erregt. Ein Bruchteil hiervon ist in Regeln dem Kind bekannt. Doch wird auch nur ein Bruchteil dieser Regeln unverbrüchlich immer dieselben Folgen haben. Mindestens die Promptheit, Dauer, Intensität,

1 Zwischenüberschrift vom Hg.

Affektbegleitung der Folgen – als Belohnungen oder Strafen – wird im allgemeinen recht bemerkbaren Schwankungen unterliegen. Die allermeisten Verhaltensanweisungen werden nur teilweise als Gebote oder Verbote bekannt gemacht. Sehr viele werden vom Kind durch verallgemeinernde Empirie gefunden.

Die Gebote (inklusive Verbote) der Autoritätspersonen sind deren eigene Wünsche. Das Wort ist, dieser Deskription entsprechend, ohne jegliche Wertung gemeint. Ob die Wünsche „berechtigt“ sind oder nicht, bleibt hier irrelevant. Sie können berechtigt sein

(a) als sozial gegebene Notwendigkeiten, die dem Belieben des Gebietenden entzogen sind, z.B. alle jene Gebote, die aus der finanziellen Lage (inklusive den Arbeitsbedingungen) der Familie stammen;

(b) als Selbstverständlichkeiten, die als solche dem Gebietenden, entsprechend seinem Milieu, als notwendig erscheinen, z.B. daß Kinder abends zeitlich ins Bett zu gehen haben, was italienischen Eltern z.B. nicht notwendig erscheint;

(c) als notwendige Schutzmaßregeln, z.B. Verbot, aufs offene Fenster zu steigen;

(d) als Gebote, die pädagogischen Absichten entspringen. Das Wesentliche ist, daß für die formalen Qualitäten des Verbotes völlig gleichgültig ist, ob und wem es „berechtigt“ erscheint; es genügt völlig, daß es eben ein Wunsch des Gebietenden ist, den er vermöge seines Autoritätsanspruches in Gebot verwandelt.

Man könnte darum die familielle Disziplin eine Willkürherrschaft nennen. Doch dürfte nicht vergessen werden, daß drei Tatsachen ihren freien Willkürcharakter sehr wesentlich einschränken:

(1) Sie ist sehr stark an Traditionen gebunden, an Familientraditionen und in noch weiterem Maße an die Wertungen, Anschauungen, Maßregeln des Milieus, in dem die Familie lebt, oder in das zu gelangen sie trachtet.

(2) Die Wünsche der Erwachsenen, die sich auf ihre Kinder beziehen, sind zum großen Teil typische, aus bewußten und

unbewußten psychischen Schichten zwangsläufig determiniert.

(3) Die Erwachsenen sind nicht selten (und oft in beträchtlichem Maß) affektiv selbst von den Kindern abhängig, indem sie sie lieben und von hier aus zu starken Verzichten auf „unberechtigte“ Wünsche, wenigstens zeitweilig, geneigt. Aber es bleibt doch immerhin ein gar nicht geringer Rest rein individuell willkürlicher Gebote, aus individuellen Wünschen stammend.

Die familielle Disziplin hat Raum für höchst sonderbare Gebote und Verbote. Die Folgsamkeit des Kindes ist in erster Linie dadurch bedingt, daß es (1) *affektiv abhängig* ist von Beifalls-(Liebe) und Mißfallensäußerungen (Lieblosigkeit) der Autoritätspersonen. Dieses Motiv wird unterstützt (2) durch *Einsicht* (a) als Verständnis des Verlangten, (b) als Zustimmung zu dem Verlangten als „berechtigt“; (3) durch seine *physische Abhängigkeit* (schmerzhafte Strafen, physische Nachteile bei Sorglosigkeit, Uninteressiertheit der Autoritätspersonen). Im Konfliktfall stehen auf der einen Seite die autoritären Ansprüche auf Folgsamkeit, deren letzte Legitimierungsursache die Tatsache ist, daß diese Ansprüche von den Wünschen eines *Erwachsenen* getragen sind. Auf der anderen Seite steht der Wille des Kindes, das sich diesem Anspruch widersetzt, die Folgsamkeit verweigert.

Jeder Konflikt innerhalb der familiellen Disziplin ist auf solchen Konflikt zwischen zwei – beiderseits – subjektiven einander widersprechenden Wunschrichtungen reduzierbar. Doch ist dieser Sachverhalt nicht immer deutlich zu erkennen, weil es sich häufig auf einer, nicht selten auf beiden Seiten um allgemeines Mißfallen, um Unzufriedenheit handelt, die sich erst einen – verschobenen – konkreten Fall zur Eröffnung des Konflikts suchen muß. Anstatt eines Konflikts um präzisierte Gebote entsteht dann eine – ein- oder beiderseitige – affektive Einstellung, die sich irgendwie, meist lange nachwirkend, äußert. Es handelt sich also nicht im wesentlichen um Folgsamkeit gegen gewisse Gebote, sondern um allgemeines Wohlgefallen, das das Kind dem Erwachsenen erregen soll. Tut es dies nicht, so wird es „Strafe“ erfahren, entweder völlig so, als hätte es ein Gebot übertreten, oder indem sich das Mißfallen in einer dem Kind unangenehmen Weise äußert. Ob das Kind „folgsam" war, also alles ihm Mögliche getan hat oder nicht, kann dabei gleichgültig sein. In der Regel wird der Erwachsene aus seinem Mißfallen ein Gebot formulieren, das zwar mit allgemeinem Geltungsanspruch auftritt, aber sogleich ungültig wird, wenn das Mißfallen schwindet. Zum Beispiel: das Kind stört durch Lärm, erregt Mißfallen, ohne gegen ein bisher geäußertes Verbot zu verstoßen. „Man darf nicht Lärm machen!" kann die Antwort des Erwachsenen sein; aber am nächsten Tag oder bei einem anderen Kind wird der Lärm ertragen, und das Verbot gilt nicht mehr. Sehr häufig gehört zu dem geforderten Wohlverhalten, daß das Kind den Erwachsenen Liebe erweise oder zeige.

Die Autoritätsansprüche sind vielfach zugleich Liebesansprüche und daher verletzbar ohne Verstoß, befriedigbar ohne Erfüllung der Gebote und Verbote. Die Folgsamkeit des Kindes ist ganz allgemein der Ausdruck seiner Liebeseinstellung, wird also verweigert oder gewährt aus Motiven der aktuellen Liebessituation. Absolut bezeichnend für die familielle Disziplin ist diese Durchdringung aller disziplinären Prozesse mit affektiven Momenten. Die Familie ist ein komplizierter Bau gegenseitiger Liebes- (Haß-)beziehungen. Alle Vorgänge in ihr sind daher von einer Komponente rein affektiver Abläufe begleitet, getragen. Alle disziplinären Konflikte sind zugleich mindestens auf einer Seite, der des Kindes, Liebeskonflikte. Die Lösung aller Konflikte findet daher weitgehend nicht rational statt. Zahlreiche Konflikte werden auch überhaupt nicht gelöst, sondern sie bleiben, gelegentlich durch Jahre oder auch auf Lebzeiten, in Schwebe, häufig die Lösung späterer Konflikte in irgendeinem Sinn beeinflussend. *Konflikte innerhalb der familiellen Disziplinform können ungelöst bleiben und sich in affektive Einstellungen - oft unbewußte – verwandeln.*

Die Paar-Natur der Konflikte ist, abgesehen von den eben genannten bloßen Verschleierungen, nur in seltenen Fällen tatsächlich nicht vorhanden. Es gibt Verstöße bzw. Ansprüche, die sich gegen die Gesamtfamilie, ihr Interesse, ihre Tradition usw. richten. Aber auf seiten des Kindes werden solche Konflikte doch allermeist als zwischen ihm und einem konkreten Partner, bzw. deren mehreren, erlebt oder intendiert; auf seiten der Erwachsenen mit starker Betonung der persönlichen Note von den autoritären Personen vertreten. Die Lösung der Konflikte geschieht entweder durch Folgsamkeit bzw. Versöhnung oder durch (eventuell teilweises oder zeitweiliges) Aufgeben von Ansprüchen seitens der Erwachsenen.

Es gibt allemal (freilich nicht in der Regel manifest, aber gelegentlich, mindestens einseitig, sehr zugespitzt) Sieger und Besiegte. Der rationale Kompromiß ist die verhältnismäßig seltene Lösungsform, die ihrer Natur nach nur auf eingeschränkten Gebieten, nämlich auf denen präzis formulierter, rational prüfbarer Gebote, statthat (z.B.: die Schlafenszeit nach Willen des Erwachsenen um 8 Uhr, nach Willen des Kindes um 9 Uhr, wird auf 1/2 9 angesetzt). In der Regel wird der Besiegte *einen* Anteil des Konflikts, den affektiven, als, im oben geschilderten Sinn, ungelösten Konflikt in Schwebe erhalten, z.B. zu Ressentimentbildungen neigen, und so augenblicklich mit unbestimmtem Termin neue Konflikte vorbereiten.

Die Mittel, mittels deren die Lösung der Konflikte herbeigeführt wird, sind (a) physischer Schmerz und Genuß; (b) Mißfallensäußerungen (letzten Endes Liebesentzug oder dessen Androhung) und Beifallsäußerungen (letzten Endes Liebeszufuhr oder deren In-Hoffnung-Stellung); (c) Erwekkung spezieller Affekte, z.B. Schuldgefühl, Gewissen, Mitleid, Stolz, Macht usw. (Auf dem Boden der Freudschen Libidotheorie läßt sich eine Unifizierung dieser drei Kategorien herbeiführen als Liebesentzug, Versagung und Liebeszufuhr, Befriedigung.) Der Natur der Partner nach sind die Mittel „(a) physischer Schmerz und Genuß" eher Mittel des Erwachsenen als des Kindes. Doch sind als atypische Fälle durchaus beachtenswert jene, in denen dies sich umgekehrt verhält; wobei der Schmerz an der Grenze des Normalen steht, z.B. wenn der Sohn in der Pubertät durch physische Gewalttätigkeiten die Mutter beherrscht, ein neurotisches, etwa phobisches Kind alle Erwachsenen der Familie physisch beeinträchtigt (etwa ihnen vorschreibt, ein Zimmer tagelang nicht zu verlassen), oder wenn schließlich ein Jugendlicher zur Lösung eines Konflikts Mord an Erwachsenen, Eltern ausführt. Genuß ist viel regelmäßiger ein Mittel auch des Kindes, von der Gewährung sexueller Genüsse (etwa bei der Inzestausübung; Kind-Gouvernante) bis zu den sublimierten, aber noch als physisch zu bezeichnenden Freuden der Zärtlichkeit, die das Kind zu gewähren vermag und zur Lösung von Konflikten bewußt oder unbewußt verwendet.

In der Verwendung dieser Mittel (a) sind die Erwachsenen traditional, milieugemäß und entsprechend ihrer gesamtpsychischen Situation (insbesondere der unbewußten Vorgänge) typisch eingeschränkt. Doch sind die atypischen Vorfälle – bis zu Kindsmord und Inzest – nicht vernachlässigbar. Erwähnt sei, daß natürlich nicht jede Ausübung der physischen Gewalt des Erwachsenen als „Diziplinarbetätigung" aufgefaßt werden darf. Doch sind die Grenzen zwischen rein affektiven und „disziplinaren" Konflikten in der familiellen Disziplinform gänzlich unscharf, beide – wesentlich – miteinander verschlungen.

Die Rangordnung der Autoritätsansprüche der Erwachsenen schafft in der Regel auch eine Art Disziplin der Erwachsenen in der Familie. Dennoch ist diese – auch bei sehr scharfer Ausbildung – von der der Kinder so prinzipiell in den meisten Hinsichten geschieden, daß für die familielle Disziplinform geradezu charakteristisch ist, sie beziehe sich nur auf die Kinder. Immerhin sind einzelne Erwachsene typisch, andere gelegentlich, den Kindern disziplinär sehr nahegestellt, z. B. Hausangestellte in patriarchalisch geleiteten Familien, die Mutter in der Gewalt eines ungehemmt herrschsüchtigen und physisch brutalen Gatten.

2. Die Kaserne (Militärische Disziplinform)

Die Aufgabe des Soldaten ist keineswegs, durch folgsames Wohlverhalten das subjektive Gefallen der Autoritätsperson zu erregen, sondern der präzise unbedingte Gehorsam gegenüber präzisierten Befehlen von Vorgesetzten, d.h. zur Befehlsgebung überhaupt Berechtigten. Die Kaserne ist in allem Wesentlichen der volle Gegensatz zum Haushalt; sie ist eine vollendet rationalisierte Organisation. Dies gilt natürlich bloß für die Norm. Empirisch wird diese Norm in verschiedenem Grade und Umfang durch irrationales Verhalten, insbesondere affektiver Natur, durchbrochen. Für die normgemäße militärische Disziplin ist – meistens im vollen Gegensatz zur familiellen – charakteristisch: Durch den obersten – formalen – Grundsatz des militärischen Gehorsams ist das Verhalten der Soldaten genau bestimmt. Sie haben jedem Befehl genau und prompt zu gehorchen. Hiermit ist für jeden Spezial- und Sonderfall eine eindeutige Verhaltensregel gegeben. Darüber hinaus aber ist für eine ganze Anzahl praktisch relevanter Verhaltungsweisen durch Befehl spezielle Anweisung gegeben. Die Gebote und Verbote sind jedem Soldaten durch eigene Befehle (Reglements) bekannt, wenigstens bekanntgegeben.

Die Folgsamkeit der Soldaten ist gewährleistet durch (1) letzten Endes physische Einschränkungen, Leiden, schließlich Gefährdung des Lebens; (2) wird sie gesichert und erleichtert durch (a) Folgsamkeitsprämien, die physische und psychische Genußchancen, Erleichterungen enthalten; (b) durch mannigfaltige affektive Momente, die teils ideologisch (als Patriotismus, Standesbewußtsein z.B.), teils erotisch (Kameradschafts-, Führerliebe) erlebt werden (und libidotheoretisch als befriedigende Verwertung zielabgelenkter, sublimierter Libido zu verstehen sind). Die Unfolgsamkeit hat dementsprechend Furcht vor den zu erwartenden Beeinträchtigungen und Angst aus den libidinösen Quellen zur Folge, die ein sehr hohes Maß erreichen können, und um deren Vermeidung willen allein schon der Regel nach die Unfolgsamkeit eingeschränkt wird. Die Vereidigung der Soldaten ist eine solche Sicherung, die mit religiösen Gewissensqualen als Additivum zu den gesagten Sicherungen rechnet.

Doch gehören all diese Erleichterungen der Folgsamkeit nicht unbedingt zur militärischen Disziplin. Sie kommt prinzipiell auch ohne sie aus, wenn sie vor der Handhabung der letzten Mittel (Tötung) nicht zurückschreckt. Sie ist eine Zwangsherrschaft. Während in der familiellen Disziplin das Kind viele Mittel hat, die Autoritäten zu beeinflussen, auch wenn es unfolgsam war (daher Willkürherrschaft), kann der Soldat *nur* durch Gehorsam die Folgen des Disziplinbruchs vermeiden.

Je weniger die äußersten Mittel angewendet werden sollen, um so mehr werden die ideologischen oder erotischen Bindungen ausgebaut. (Die militärische Disziplin wird dann zur *militaristischen.*) Die Autoritätsansprüche sind präzise formuliert; in gesetzlichen Reglements usw. ist ihre Ordnung so getroffen, daß die Befehlsgewalten vor allem nach der Quantität der zum Gehorsam Verpflichteten gestuft sind, vom Gefreiten etwa zum kommandierenden General. Die Befehlsgewalt ist eine absolute, aber doch funktionell eingeengt; im Dienst kann der Gefreite einen Unteroffizier kommandieren.

Doch hier ist die Stelle, an der die militärische Disziplin aufhören kann, streng rationalen Prinzipien zu folgen, wo Schikanen, individuelle Wünsche, selbst Perversionen, jedenfalls affektive Tendenzen in den rationalen Apparat eindringen können und aller Erfahrung nach auch eindringen. Empirisch spielen die irrationalen Durchbrüche, also die militaristische Form, eine so bedeutende Rolle, daß gerade sie das auffälligste Charakteristikum der militärischen Disziplin zu sein pflegen, z.B. die Strammheit, der rüde Verkehrston, die außerdienstlichen Autoritätsansprüche. Aber der Norm nach ist die militärische Disziplin rational und funktionell. Für unseren Zusammenhang jedoch ist wichtig, daß die für die Pädagogik vorbildhafte Realität einen irrationalen Faktor in ihrer Disziplinform notwendig braucht (da sie auf die Todesstrafe ganz und auf physische Schmerzen weitgehend verzichten muß) und ihn in dem ständischen Charakter der Armee vorgebildet findet.

Maßgebend für die Gewinnung eines Autoritätsanspruchs ist der Befehl eines Vorgesetzten. Man wird zum Unteroffizier, Offizier usw. ernannt, d.h. von einem Vorgesetzten zu dieser Rangstelle befohlen. Wenn auch diese Ernennungsbefehle – wie alle Befehle – gewissen Reglements folgen, so sind sie doch als Befehle gültig und nicht unbedingt durch Folgsamkeit, Alter usw. erzwingbar. Die Befehle, die der einzelne Befehlshaber erteilt, sind normgemäß nie seine „Wünsche", sondern – der Idee nach – ausschließlich bestenfalls sinngemäße, wenn auch nicht wortgetreue, Weiterleitungen erhaltener Befehle. Lediglich die Befehle des Oberstkommandierenden - im Prinzip der einzige Befehl des einzigen Befehlshabers – sind originale Schöpfungen. Demnach seine Wünsche; doch sind diese an Notwendigkeiten, Gegebenheiten weitgehend orientiert (ohne daß hiermit nur sachliche Gegebenheiten, etwa die

Anforderungen des Krieges gemeint sein müssen; die Stimmung eines Parlamentes ist eine eben solche Gegebenheit). Die militärische Disziplin ist daher ganz und gar keine Willkürherrschaft; der Norm nach. Die oben bezeichneten Gründe sind dafür verantwortlich, daß sie in allen außerdienstlichen Belangen Willkürherrschaft auch der untersten Ränge neben und in sich tragen kann und in den für die Pädagogik vorbildlichen militaristischen Formen tendenzgemäß auch weitgehend enthält.

Im Konfliktfall steht auf der einen Seite ein formuliertes Gesetz (Befehl), auf der anderen Seite der Ungehorsam des Soldaten, dieser sei psychisch motiviert wie immer. Selbst wo es sich klar um einen Konflikt zwischen zwei Individuen, ihren Wünschen, handelt, ist der Konflikt nur lösbar, wenn er in einen Gesetzesbruch uminterpretierbar ist. Alle anderen Konflikte stehen außerhalb der militärischen Disziplin als Privatangelegenheiten der Partner. Der Norm nach sind solche Privatkonflikte, etwa solche libidinöser Natur, auch zwischen verschiedenrangigen Partnern ohne Konsequenzen innerhalb der militärischen Disziplin möglich. *De facto* wird solch ungelöster Konflikt sich in affektive Einstellung verwandeln, die den Befehlshaber im individuellen Spielraum der Befehlsgewalt zuungunsten, gelegentlich zugunsten des Untergebenen beeinflußt.

Alle Konflikte sind prinzipiell lösbar, eigentlich bereits mit ihrem Entstehen gelöst. Sie haben die Bestrafung der Untergebenen zur Folge, die entweder für typische Vergehen auf Vorrat normiert ist, oder mittels einer höheren Befehlsgewalt bestimmt wird. Eine andere Lösung von Konflikten, etwa Kompromisse oder die familielle Form, ist im Prinzip unmöglich. Sämtliche Angehörigen des Verbandes, mit Ausnahme eines Oberstkommandierenden (eventuell eines Kollegiums solcher), sind der gleichen formalen Disziplin unterworfen. Die inhaltlichen Differenzen sind gesetzlich formuliert oder werden mittels der Befehlsgewalt gesetzt.

Für die militärische Disziplin ist keineswegs wesentlich, was an ihr imponiert: die körperliche Exerzierzucht, die patriotisch-ideologischen Elemente und der „rauhe Kriegston“ der Befehlsgebung. All das ist militaristische Färbung und entspricht lediglich den ökonomisch-politischen Interessen, denen die Armee in den meisten Staaten, insbesondere in imperialistischen, dient.

3. Der Staat – Die Republik – Das Parlament (Demokratisch-bürokratische Disziplinform)

Sie ist – was das Vorbild angeht – weniger eine Disziplin (Regierungsform) als vielmehr eine Verwaltungsweise. Ich spreche jedoch im Interesse des zu erörternden Themas von „demokratischer Disziplin". Selbstverständlich behandle ich ausschließlich jene Fakten, die für unser Thema von Belang sind.

Die demokratische Disziplin ist im Gegensatz zur familiellen rational, wenn auch keineswegs so weitgehend wie die militärische. Die Aufgabe, die sie dem Bürger stellt, ist sowohl Wohlverhalten als auch Gehorsam. Jedoch handelt es sich nicht darum, das Wohlgefallen eines einzelnen zu erringen, und nicht darum, einem einzelnen Befehlshaber präzise und blind zu gehorchen. Sondern verlangt ist (a) Legalität-Fügsamkeit gegenüber Gesetzen und Behörden und (b) Anstand-Fügsamkeit gegenüber Konventionen, Traditionen, Ideologien. Niemand hat Anspruch auf allgemeine Befehlsgewalt. Die Befehlsgewalten sind einzelnen Personen, und zwar entweder in einem gesetzlich bzw. traditionell-konventionell oder durch die ökonomische Machtstellung begrenzten Umfang und Geltungsbereich zugeteilt. Die Zuteilung erfolgt durch die Majorität – in ideal-einfachen Fällen. Desgleichen werden die gesetzlich formulierten Bestandteile der Anforderungen an den Bürger von der Majorität bestimmt. Da die Majoritäten sich nach den Problemen der „Disziplin" bilden, ist bis zu einem beträchtlichen Grade die Formulierung der legalen Forderungen bereits ein Ausgleich, Kompromiß von Interessen und Wünschen. (Wohlgemerkt, bloß im ideal-einfachen Fall, der nicht durch außerdemokratische Macht kompliziert wäre.)

Die Legalität des Gehorsams gegen Gesetze wird von der Majorität durch weitestgehende Einschränkungen der ökonomischen Basis, des sozialen Ansehens, der Lebensführung, der physischen Integrität bis zur Todesstrafe gesichert. Der Konflikt wird, wie in der militärischen Disziplin, allemal zu einem Konflikt zwischen „Gesetzen" und „Verbrechern" und wird gelöst durch die gesetzmäßige Bestrafung – Beeinträchtigung der Unfolgsamen. Doch wird Art und Ausmaß der Bestrafung in einem *Verfahren* gefunden – nicht wie bei der militärischen und familiellen Disziplin *gesetzt* –, bei dem der Angeklagte in einem, zuweilen sehr beträchtlichen, gewissen Ausmaß mitwirkt, so daß die Lösung des Konflikts, auch wenn sie als Bestrafung gefunden wird, Raum für mannigfaltige Grade des Ausgleichs, Kompromisses bietet. Der Anstand wird gesichert, da wir von dem Institut der Lynchjustiz als niemals pädagogisch vorbildlich völlig absehen können, ausschließlich durch soziale, physisch-psychische Beeinträchtigungen (verminderte Gesellschaftsfähigkeit, Verruf, Boykott), die indirekt auf ökonomische, also auf physische Beeinträchtigung, hinwirken können. Der Konflikt ist hier, ähnlich wie bei Verstößen gegen die Familientradition, konkret zwischen Einzelindividuen.

Dem Unfolgsamen stehen regelmäßig eine Anzahl von Mitteln zur Verfügung, die Beeinträchtigungen zu vermindern, gelegentlich sie zu verhindern. Seine Mitwirkung ist selten völlig ausgeschlossen. Auf beiden Seiten wirken affektive Faktoren sehr reichlich, wenn auch nicht so ausnahmslos wie bei der familiellen Disziplin mit. Der legale Konflikt hingegen ist der Idee nach in seiner Lösung völlig rationalisiert, *de facto* – eben durch die prinzipielle Mitwirkung des Unfolgsamen - weitgehenden Beeinflussungen der Lösung durch affektive Einstellungen zugänglich.

Wesentlich für die demokratische Disziplin ist die bürokratische, die behördliche Sicherung der Legalität durch Gericht, Polizei, Verwaltungsämter. Der Beamte hat keine Autorität, die über seine Amtskompetenz und -funktion hinausginge. Es ist durchaus jederzeit deutlich, daß der Konflikt zwischen dem Individuum und den Gesetzen (im weitesten Sinn des Wortes) spielt, und der Beamte nur ein beauftragtes Organ der *Demokratie* ist. Da aber auch in der Tätigkeit des Beamten ein reichlicher individueller Spielraum vorhanden ist, gibt es eine Macht der einzelnen Amtsperson und des Bürokraten-(Beamten-)standes, die zu einer Konkretisierung des Konflikts – wie in der familiellen und militärischen Disziplin – und einer affektiven Beeinflussung seiner Lösung führt. Doch untersteht der Beamte – im Prinzip – einer kontrollierenden Instanz (z. B. dem Parlament), an der, wenn auch *in praxi* nur sehr indirekt, jeder Bürger, also auch der „Unfolgsame", mitwirkt. Das hat die Folge, daß allgemein der Beamte (a) zu strengerer Legalität, (b) wo die Möglichkeit hierzu besteht, also im affektiven Spielraum, zu Konfliktlösungen, die dem Bürger günstiger sind, gedrängt wird, als etwa der Befehlshaber in der militärischen Disziplin; daß aber diejenigen Schichten der Bevölkerung, die der kontrollierenden Instanz näher sind, die Beamtenschaft und den einzelnen Beamten mindestens innerhalb des affektiven Spielraums zu Lösungen veranlassen, die für sie persönlich oder ständisch unverhältnismäßig günstig sind.

Der Idee der Demokratie liegt die Teilhaberschaft jedes Bürgers an der Gesetzgebung und der Kontrolle der Bürokratie zugrunde. Ideell fordert die demokratische Disziplin die Folgsamkeit gegenüber selbstgegebenen Gesetzen. Doch gilt das bloß für die „reine" Demokratie. Während das Kind in der familiellen, der Soldat in der militärischen Disziplin Geboten unterworfen ist, an deren Zustandekommen er nicht beteiligt war (Heteronomie), ist der Bürger in der Demokratie Geboten unterworfen, die unter seiner Beteiligung (Autonomie) zustande kamen – wenn auch bloß als Kompromiß zwischen seinen und den fremden Wünschen. In der familiellen Disziplin steht das Kind nicht eigentlich Geboten, sondern Personen gegenüber; in der militärischen der Soldat nicht Personen, sondern Geboten, die von befohlenen Befehlshabern getragen werden. In der demokratischen steht der Bürger seinen „eigenen" Geboten gegenüber, die von Beamten vertreten werden, welche er selbst bestimmt hat und kontrolliert. Die Folgsamkeit des Bürgers ist durch rationale Motive (Vermeidung gesetzlicher Beeinträchtigungen) *und* durch irrationale (Abhängigkeit von der öffentlichen Meinung) garantiert.

4. Die Werkstatt und Fabrik (Industrielle Disziplin)

Sie ist entweder (im Kleinbetrieb) der familiellen oder (im Großbetrieb) der militärischen Disziplin überaus ähnlich. Doch geht sie in beiden Fällen über das dort erreichte Maß von Rationalität hinaus und ersetzt die letzten physischen Gewaltmittel durch das Faktum und die Folgen des ökonomischen Interesses, der ökonomischen Abhängigkeit und ist kontrolliert (und beeinflußt) von den „disziplinären" Verhältnissen des Staates, in dem sie sich abspielen, also, als Vorbild heutiger Pädagogik, der demokratischen Disziplin. Dies gilt für sie viel weitgehender als für die familielle Disziplin, die hauptsächlich bloß durch einige Schutzgesetze in bezug auf die Anwendung der äußersten physischen Gewaltmittel, und weitgehender als für die militärische Disziplin, die sogar ihr eigenes Recht hat, und nur für dessen Gesamtheit und die obersten Befehlshaber bis zu einem gewissen Grade und unter gewissen Bedingungen der Kontrolle der Demokratie unterstellt ist. Doch sind diese komplizierten Verhältnisse für den Vorbildcharakter der Disziplinformen irrelevant.

5. Die Schule (Didaktische Disziplin)

Diese Disziplinform ist selbst ein höchst-verwickeltes, weitgehend nicht rationales Gemenge der familiellen und militärischen Disziplin. Doch enthält sie ein Sonderelement, das zwar empirisch eine geringe Rolle spielt gegenüber dem überwiegenden Gewicht der Faktoren, aber gerade für unseren Zweck einer scharfen Hervorhebung würdig ist. Die Aufgabe des Schulkindes ist neben der, allgemein das Wohlgefallen des Lehrers zu erzeugen, und der, seinen Befehlen, als Befehlen eben, zu gehorchen, auch noch, eine bestimmte Leistung zu vollbringen: es hat eine Reihe von Dingen zu können und zu wissen. Den Inhalt dieser Leistung bestimmt der Lehrer; hierin aber sehr weitgehend, ja prinzipiell, von der vorgesetzten Behörde abhängig. Die Unfolgsamkeit in bezug auf diese Leistung wird mit schlechten Noten, schließlich mit einer Verlängerung der Schullaufbahnzeit bzw. mit ihrem Abbruch bestraft, also letzten Endes mit ökonomischer und sozialer Beeinträchtigung. Insoweit ist die didaktische Disziplin rational. Dem Schulkind ist im Grunde jeder Weg gestattet, der ihm belieben mag, um die geforderte Leistung zu erwerben; die didaktische Disziplin ist auf die Erreichung der Leistung rational eingestellt.

Doch kommen hier schon prinzipiell eine Reihe von Einschränkungen in Betracht:

(1) Das beurteilungsfreie Verhalten des Kindes wird insoweit zum Gegenstand didaktischer Disziplin, als es (a) die Leistungserfüllung der anderen Schulkinder, (b) die Leistungserfüllung des Lehrers, sowohl sein Unterrichten als sein Prüfen, stört. Konsequenterweise wird Unfolgsamkeit gegen diesen Teil der Schulpflichten ebenso wie Leistungsunfolgsamkeit mit schlechten Noten bestraft, und zwar entweder durch entsprechende Verschlechterung der Leistungswertung oder durch Klassifizierung in einem „eigenen" Fach: Schulverhalten, Betragen.

(2) Nicht nur nach ihrem Inhalt ist die Leistung bestimmt formuliert gefordert, sondern auch die formalen Qualitäten werden normiert, mittels deren die Leistung vollzogen werden muß; also etwa genügt es nicht immer, die geforderten Kenntnisse im Rechnen z. B. nachzuweisen, sondern es wird verlangt, daß diese Kenntnisse durch „Aufmerken" in der Schulstunde erworben wurden.

(3) Fordert die Schule eine Anzahl bestimmt normierter Verhaltungsweisen, die zum Teil weder mit den geforderten Leistungen, noch auch mit dem Aneignen der Leistungen an sich verbunden sind, z. B. das Sitzen auf Holzbänken vor Pulten, die Einreihung von gleichaltrigen Kindern nach dem Alphabet ihrer Familiennamen in bestimmte Klassen (A-L Klasse a; M-Z Klasse b).

So wenig eine Reihe dieser Forderungen rational in bezug auf die geforderten Wissensleistungen sind, so sind sie doch eindeutig formulierte Normen vom Charakter des Gesetzes oder Befehls. Die Folgsamkeit gegenüber diesen Geboten wird nicht gewährleistet durch die ökonomische Beeinträchtigung, die mit ihr in einigen Jahren nach dem Disziplinbruch – als Auswirkung der schlechten Noten – verknüpft sein wird, weil diese Zusammenhänge dem Schulkind meistens unwichtig oder unglaubhaft sind. Sondern (a) durch Interesse an der geforderten Leistung; (b) durch Interesse am Lehrer (Liebe, Verehrung); (c) durch konkurrierendes Interesse an den Mitschülern, soweit gute Noten in einer Schulklasse soziales Ansehen zu verleihen vermögen; (d) durch die Folgen, welche schlechte Noten innerhalb der familiellen Disziplin herbeiführen.

Neben den schlechten Noten – die innerhalb der didaktischen Disziplin im engeren Sinne des Wortes an sich nur die Rolle einer Leistungsbewertung spielen und erst durch die eben genannten Motive zu Strafen werden – kommt als Strafe der Ausschluß der Unfolgsamen aus der Klasse, Schule, als Entfernung eines funktionell Störenden in Betracht. Was subjektiv bloß insoweit eine „Strafe" ist, als der Betroffene damit eine Beeinträchtigung verbindet, objektiv gleichfalls des Strafcharakters entbehrt, lediglich eine Schutzmaßnahme einer in ihrer gewollten Betätigung gestörten Gruppe bzw. eines hierzu mächtigen Funktionärs ist. Strafen im eigentlichen Sinne des Wortes kennt die didaktische Disziplin überhaupt nicht, soweit sie in engerem Sinn als rationale Regelung des Nachweises und des Erwerbs von Leistungen gedacht ist. Doch ist der empirische Schulbetrieb nur zum allergeringsten Teil didaktische Disziplin in diesem Sinn, sein weitaus überwiegender Anteil ist von familieller und militärischer Diziplinform in verschiedensten Mischungsverhältnissen gemengt.

II. Disziplin in Erziehungsanstalten[2]

In keiner Erziehungs-Anstalt ist bloß eines dieser Vorbilder wirksam; in keiner gelangen die Vorbilder ohne Modifikation zur Verwirklichung. Für die industrielle und didaktische Form ist dies schon deshalb selbstverständlich, weil sie nur für einzelne Zweige der in der Anstalt bedeutsamen Disziplinaufgaben in Betracht kommen. Die meisten Anstalten besitzen Disziplin, die aus einer Mischung der familiellen und militärischen Formen besteht. Dort, wo Bestrebungen der Reformpädagogen, die auf die Schülerselbstverwaltung oder Schulgemeinde zielen, ausreichend Boden gewannen, ist der Mischung aus diesen beiden Formen noch ein größeres oder geringeres Maß der demokratischen Form

2 Zwischenüberschrift vom Hg.

beigemengt. Aber auch jene Anstalten, die prinzipiell die demokratische Form eingeführt haben, sind genötigt, mehr Elemente aus der familiellen oder militärischen oder aus beiden in größerem Maße hinzuzufügen, als beim Vorbild der demokratischen Form ohnehin der Fall ist. Am ehesten ist noch die militärische Form als Anstaltsdisziplin rein verwirklicht.

Die Notwendigkeit von Modifikationen ergibt sich,

(1) weil die Anstalt und ihre Leiter in ein System von Verantwortlichkeiten eingereiht sind, das die autonome Ausbildung der Disziplin, wie es für Haushalt und Parlament gilt, verhindert. Der Anstaltsleiter ist einer – der Regel nach demokratisch-bürokratischen – Disziplin eingefügt, die ihn verhindert, (a) in dem Maße, das dem Haushaltungsvorstand gegeben ist, seinen eigenen Wünschen Gebotskraft zu geben; (b) dem Willen der Majorität der Schüler in dem Maße, das für die Demokratie bezeichnend ist, Gebotskraft zu geben. Bis zu einem gewissen Grade hat er die Befehle eines vorgesetzten Befehlshabers – oder einer im gleichen Sinn wirkenden demokratischen Behörde – durchzuführen. Den Kindern gegenüber ist der Anstaltsleiter ein befohlener Befehlshaber; die Behörden verlangen von *ihm*, daß die Kinder gewisse Gebote einhalten. Jede Anstaltsdisziplin wird daher sehr leicht ihre Disziplinform durch einen Einschlag militärischer Disziplinform färben, um so leichter, wenn keine starken Motive wirksam sind, die diesen Einschlag auf ein Minimum reduzieren möchten.

(2) Die familielle Disziplin ist nur in solchen Anstalten – rein – möglich, die eine sehr geringe Anzahl von Kindern beherbergen; die demokratische Disziplin ist um so weniger rein, um so uneigentlicher durchführbar, je geringer die Zahl der Teilnehmer ist. Wobei es noch überdies auf die Altersschichtung der Zöglinge sehr ankommt, indem die familielle Disziplin um so eher ihre Charakteristika verliert, als die unterworfenen Kinder nahezu gleichaltrig sind, die demokratische mit Kindern unter sechs Jahren etwa gar nicht, mit solchen unter zehn Jahren nur sehr unvollkommen durchführbar ist. Die militärische Disziplin ist im Prinzip mit jeder Zahl, aber nur mit stärkeren familiellen Einschlägen bei Kin-

dern bis zu sechs Jahren etwa verwendbar. So ist im wesentlichen die frühe Kindheit an familielle Disziplin gebunden; und jedes Kind frühen Alters wird auch in Anstalten mit strenger militärischer Disziplin Modifikationen erzwingen.

(3) Es fehlt den Anstalten ganz allgemein das Recht zur Ausübung äußerster physischer Gewalt. Die Anstalt pflegt hierin selbst noch weitergehend eingeschränkt zu sein als der Haushalt (selbstverständlich weitergehend als Kaserne und Parlament; weder die Todesstrafe, noch die langwährende Freiheitsberaubung, nicht einmal die ökonomischen Folgen sind Mittel, deren sich die Anstaltsdisziplin bedienen kann). Andererseits sind der Regel nach in ihr die Kinder seltener, weniger und anders in Liebesabhängigkeit an die Erwachsenen gebunden als im Haushalt. Es fehlen ihr diese affektiven Kräfte, und dies ist ein empfindlicher Mangel für die Durchführbarkeit der familiellen Disziplin, die in der Anstalt im Maße der Verschlingung der Disziplinarkonflikte mit Liebeskonflikten in der Regel weit hinter dem Haushalt zurückbleibt und daher leicht zur Hineinziehung von Bestandteilen der militärischen Disziplin führt. Das Fehlen der äußersten Gewaltmittel hat hingegen in der militärischen Disziplinform zur Folge, daß die Strafen, da sie ihrer äußersten Spitze beraubt sind, soweit sie gegeben werden dürfen, möglichst schmerzlich gestaltet werden, bzw. das ideologische Moment, der militaristisch-ständische Charakter, stark in den Vordergrund geschoben wird. In der demokratischen Disziplinform werden aus diesem selben Grunde die traditionellen Momente systematisch gestärkt, und die Autorität einzelner Personen durchbricht die Rationalität sehr wesentlich.

(4) Das völlige Fehlen des wirtschaftlichen Faktors, oder dessen Isolierung aus der Anstalts-Disziplin, hat für deren demokratische Form zur Folge, daß sie – ihres eigentlichen Sinnes geradezu beraubt – den teilweisen oder völligen Übergang in die familielle oder militärische Form, eventuell unter Beibehaltung demokratisch-bürokratischer Institutionen (Wahlen z. B.) sehr leicht, auch unbemerkt, vollzieht. Dies wird sogar regelmäßig der Fall sein, wenn nicht mäch-

tige Interessen diesen Übergang bewußt und zielgerecht verhindern, einerlei ob dies die ideologischen Interessen des Anstaltsleiters oder eines Teils der Schülerschaft sind. Es entstehen so häufig Scheininstitutionen, die den wirklichen Charakter der Disziplinform verschleiern. Es ist dies neben den Vermischungen der Formen die wichtigste Modifikation an den Vorbildern, die in der Anstaltsdisziplin tatsächlich statthat.

Es kann jede Form eine Fassade von Institutionen jeder anderen Form erhalten. Wenn z.B. der Anstaltsleiter für jeden Schlafsaal einen Präfekten ernennt, der innerhalb des Schlafsaals unbeschränkte Herrschgewalt hat, so ist das ein Akt militärischer Disziplin – auch dann, wenn als demokratische Fassade dieser Präfekt, unter dem bestimmenden Einfluß des Anstaltsleiters, gewählt wird. Denn keineswegs ist der Wahlgang für das Wesen der demokratischen Disziplin bezeichnend, sondern der Beamtencharakter des gewählten Funktionärs mit Kompetenzabgrenzung und Kontrolle durch die Wählerschaft. Der genannte Präfekt kann aber auch ein Bestandteil familieller Disziplin sein und der Offizierscharakter – und vielleicht auch -ton – bloß die Fassade militärischer Disziplin sein, wenn nämlich seine Herrschmethode ohne rationale Durcharbeitung lediglich in der Durchsetzung subjektiver Wünsche in bezug auf das Wohlverhalten der Untergebenen besteht und die gleiche Beziehung zwischen dem Anstaltsleiter und seinem Präfekten besteht. Ebenso ist der Name „Heimvater" für sich noch kein Stück familieller Disziplin, vielmehr häufig genug Fassade von militärischer Disziplin. Die Tatsache der Scheinformen – überaus weit verbreitet – ergibt eine sehr beträchtliche Schwierigkeit für die pädagogische Bewertung der einzelnen Disziplinformen, verlangt daher besonderer Betonung und Ausarbeitung in jeder konkreten Deskription.

Es liegt nicht im Plan dieses Bruchstücks einer erziehungswissenschaftlichen Analyse, die mannigfaltigen Spezialfälle zu schildern; das wäre nur an Beispielen möglich und würde einen recht beträchtlichen Umfang beanspruchen. Hier handelt es sich bloß um eine generelle Übersicht der vorhandenen Formen. Und zwar sind vermutlich alle konkreten Fälle auf ein bestimmtes Mischungsverhältnis (plus Fassadenbildung) der genannten Vorbilder und ihrer Modifikationen reduzierbar.

Diese theoretische und daher schematische Untersuchung findet ihre Rechtfertigung darin, daß sie uns instand setzen soll, die Formen der Disziplin auf ihre Tauglichkeit für Anstalten zu werten. Solche Wertung ist natürlich das Ziel einer erziehungswissenschaftlichen Überlegung. Das Kriterium dieser Wertung ist die Rationalität einer Disziplinform in bezug auf das ihr gesetzte Ziel. Welche Disziplinform ist am besten geeignet, ein gesetztes Ziel zu erreichen? Angewandt wurden diese oder ähnliche Disziplinformen seit je in der Absicht, gewisse pädagogische Zwecke zu erreichen. Auch ein gewisses Maß von – außerwissenschaftlichem – Raisonnement wurde zur Rechtfertigung der geübten Methoden verwendet. Doch kann man nicht behaupten, daß das *Pro* und *Contra* immer sehr schlüssig gewesen sei, indem meistens die Argumente philosophischen, politischen, weltanschaulichen, affektiven Sphären und Einstellungen entnommen wurden. Als Wissenschaft kann die Pädagogik, auf die Erziehung angewandt, kaum eine andere Funktion haben als jede Wissenschaft gegenüber ihrer Anwendung auf eine Praxis: die Rationalisierung des praktischen Verfahrens anzustreben, dessen Rationalität zu erhöhen. Die Pädagogik (als Wissenschaft) ist die Rationalisierungsinstanz der Erziehung (der Pädagogie, wie man die Erziehung als Praxis nennen könnte).

Prüfen wir die Rationalität der geschilderten Disziplinformen, so müssen wir uns vorweg hüten, die Rationalität der Vorbilder mit der ihrer Anwendung zu verwechseln. Gewiß ist das Parlament ein hochwertiger, die Kaserne ein höchstwertig rationaler und rationeller Betrieb, darum aber muß es deren Anwendung in der Erziehungsanstalt noch lange nicht sein. Denn Kaserne und Parlament sind rationell in bezug auf ihre Zwecke und die Kosten – Aufwand im weitesten Sinne des Wortes – ihrer Mittel. Erziehungsanstalten haben aber weitgehend andere Zwecke und Kosten. Bei der gedachten Prüfung der Rationalität gehen wir am besten von den nächstliegenden Zwecken aus, wenn sie auch im Sinne der philosophischen Pädagogik keineswegs als Ziel der Erziehung zu werten wären. Hierbei ist natürlich festzuhalten, daß die familielle Disziplin als Willkür- und Liebesherrschaft prinzipiell irrational, die militärische und demokratische prinzipiell rational gerichtet ist.

Jede quantitativ beträchtliche Zahl von Zöglingen drängt zur rationalen Disziplin. Entscheidend hierfür ist aber, ebenso wie für die spezielle Wahl unter den rationalen Formen: die Verantwortlichkeit der Autoritäten nach Maß und Inhalt. Denn die familielle und demokratische Disziplin ist, jede in anderer Art, jeweils in verschiedenem Maß, aber prinzipiell, autonom. Die militärische Disziplin kann – ihrem Wesen nach – heteronom sein; es braucht nur jemand als Höchstkommandierender Befehlsgewalt über den bisherigen Oberstkommandierenden zu gewinnen. Die militärische Disziplin ist sozusagen gliederhaft, die familielle und demokratische organisch; jene ist offen, diese sind geschlossen. Die familielle Disziplin ist nur soweit vorhanden, im reinen Fall, als der Hausvater selbständig wertet, wobei er *de facto* stark traditional gebunden ist; die demokratische ist rein nur soweit vorhanden, als die „Schulgemeinde" selbständig wertet. Der Anstaltsleiter kann daher eine dieser beiden Disziplinformen nur dann, nur insoweit durchführen, als er nicht einer übergeordneten Instanz (heute: einer vorgesetzten Behörde) verantwortlich ist für die Erreichung gewisser Ziele, die – bei entsprechender Zahl der Zöglinge – familiell nicht erreichbar, demokratisch nicht garantierbar sind.

Die familielle Form hängt also bei abhängigem Anstaltsleiter von dem Umfang der Anstalt, die demokratische von dem Willen, dem Verständnis der Behörde ab. Die allgemeine Chance für diese beiden Formen haben daher Anstalten, die (a) von einem Mäzen finanziert sind; die (b) einer Eltern-Aktiengesellschaft (oder ähnlicher juristischer Form) gehören und von einer stark bevollmächtigten Person geleitet werden; die (c) von einem karitativen Verein erhalten und von einer seinen Honoratioren gegenüber autoritativen Person geleitet werden.

Für Anstalten, die einer bürokratischen Behörde (Staat, Gemeinde, Kirche, Partei) unterstehen, ist die demokratische (familielle) Disziplin nur erreichbar, soweit diese Behörde aus besonderen Gründen gerade an dieser Form konsequent interessiert ist. Während die militärische Form in solchen Anstalten ohne dieses besondere Interesse unvermeidlich entsteht, ja im allgemeinen ohne besonderen

Kampf gar nicht zu verhindern ist. Dies hat seine Ursache darin, daß die militärische Disziplin die einfachste Modifikation der – an sich „natürlichen", d.h. jedem Erzieher ohne besondere Voraussetzung und Schulung einleuchtenden – familiellen ist, wenn zu einer größeren Zahl Zöglinge noch die Verantwortlichkeit des Leiters für die Erreichung gewisser formulierbarer, formulierter, kontrollierbarer und kontrollierter Zwecke hinzukommt.

Solche Zwecke sind: (1) Verteilung größerer Quantitäten von Nahrungsmitteln; (2) Aufrechterhaltung eines bestimmten Inventars an Wäsche, Kleidungsstücken, Möbeln, Geräten, Büchern; (3) Verantwortliche Vorsorge für die möglichst geringe Beschädigung dieses Inventars und der Baulichkeiten; (4) Verteilung eines bestimmten, immer knappen Raumes, Schlafsäle, Speisesäle; (5) Sicherung des Personals vor Überarbeit durch die Zöglinge; (6) Aufrechterhaltung einer – inspizierbaren und inspizierten – Ordnung (a) nach hygienisch-sanitären Prinzipien, (b) aus ökonomischen Gründen, (c) aus Gründen der Durchführbarkeit aller Zwecke (1–5), (d) aus ästhetisch-moralisch-pädagogischen Gründen; (7) Aufrechterhaltung geforderter Anpassungen an die Außer-Anstaltswelt: (a) Besuch und Erfolg in der Schule, (b) Überwachung der Lehre, (c) Rücksicht auf die Nachbarn, Eltern, öffentliche Meinung usw.

Alle diese Zwecke ergeben sich (a) aus der Tatsache des Eingegliedertseins in einen Instanzenzug überhaupt; (b) aus der Tatsache der wirtschaftlichen Abhängigkeit der Anstalt; (c) aus der Tatsache, daß die vorgesetzte Behörde nicht allein wirtschaftlich verrechnet, sondern auch inspiziert, d.h. aus Gründen der prophylaktischen wirtschaftlichen Kontrolle einen Augenschein vornimmt und dabei nicht allein rein kalkulierend verfährt, sondern nach ihren Prinzipien – bewußten oder unbewußten, fachmännischen oder laienhaften gilt gleich – die „Ordnung" bewertet, und aus Kontrolle, Inspektion, Bewertung Konsequenzen ziehen kann, die den Anstaltsleiter persönlich betreffen.

Diese Zwecke – abgesehen von 6d) – sind nur bei rationaler Disziplin durchführbar, und zwar sowohl bei militärischer als auch bei demokratischer; sie sind aber bei militärischer Disziplin rascher, prompter, einfacher, dauernder, gesicherter zu erreichen. Die militärische Disziplin ist – unter gewissen, sehr häufig zutreffenden Bedingungen – für den Anstaltsleiter in bezug auf seinen Arbeitsaufwand „rationell“. Erwägt man, daß die militärische Disziplin in der Anstalt eine wesentliche Vereinfachung erfährt, indem der oberstkommandierende Anstaltsleiter von den Kommandierten durch keine oder sehr wenige Zwischen-Befehlshaber getrennt ist, also sehr häufig in der Lage ist, seine Befehlsgewalt unmittelbar auszuüben, so erweist sich, daß die militärische Disziplin die geringste Entfernung vom Prinzip der familiellen Disziplin ist, welche die rationalisierenden Fakten gestatten. Sie ist daher auch in dem Sinne vom Anstaltsleiter her gewertet „rationell“, als sie den geringsten Aufwand an Überwindung gewohnter Anschauungen und Einstellungen fordert. Sie ist überdies – irrational – verankert in den subjektiven Wünschen nach Macht und Geltung, die mittels der militärischen Disziplin den Kindern gegenüber intensiv und leicht durchgesetzt werden können und durch sie nach außen – Erwachsenen gegenüber – demonstriert werden können, noch dazu (unter bestimmten politischen Bedingungen) in den Formen einer dem Anstaltsleiter sonst nicht zukommenden ständischen Ehre. Diese Wünsche haben ihre tiefste Wurzel in unbewußten infantilen Einstellungen, die im Anstaltsleiter in der als Kind erlebten familiellen Disziplin entstanden sind, und als Neigung, die Rolle des allmächtigen Vaters zu spielen, nachwirken. Solche Einstellungen finden in der militärischen Disziplin ihre volle Befriedigung, indem sie, in der gedachten vereinfachten Form, nicht nur der familiellen sehr nahe steht, sondern geradezu, was die Macht des Anstaltsvaters angeht, ihre Potenzierung ist. Überdies hat der Anstaltsleiter zu erwarten, daß die Behörde seine Disziplinführung materiell und ideell belohnen oder doch anerkennen wird.

Die Behörde muß schon lediglich funktionell auf eine rationale Disziplin dringen, und zwar von allen pädagogischen Zielen unabhängig. Sie ist entweder (a) pädagogisch inkompetent, wie bei den anstalts-vorgesetzten Behörden meistens der Fall, und hingegen wirtschaftlich-finanziell, sanitär, juristisch (vormundschaftlich z. B.), parteipolitisch, religiös kompetent. Motive 6d) werden dann bei ihr nicht maßgebend sein. Sie wird aber durchaus selbstverständlich oder ausdrücklich billigend hinnehmen, wenn ihre Rationalisierung erzwingenden Funktionen militärische Disziplin zur Folge haben, weil die in ihr tätigen Beamten – aus denselben subjektiven Gründen, die den Anstaltsleiter bewegten – militärische Disziplin als rationellste Modifikation der familiellen Disziplin erkennen und affektiv bejahen, bzw. bei ihr nicht befürchten, mit pädagogisch kompetenten Behörden und deren vorgesetzten und kontrollierenden Instanzen in Konflikt zu geraten.

Oder die Behörde ist (b) pädagogisch kompetent. Sie wird dann ihre subjektiven Motive, die ebenso wie bei der pädagogisch inkompetenten Behörde und den Anstaltsleitern zur militärischen Form der Disziplin neigen, ideologisch als Mittel zur Erfüllung bestimmter Ziele rechtfertigen, z.B. „Disziplin", „Ordnung" überhaupt, körperliche Tüchtigkeit, Charakterstärke, Patriotismus, Wehrhaftigkeit, Pflichterfüllung usw. und wird nötigenfalls ohne die Rationalisierung erzwingenden Fakten, welche die pädagogisch nicht kompetenten Behörden bewegen, die militärische Disziplin wegen ihrer vorgeblichen Eignung, solche Eigenschaften zu erzielen, fordern. Ob die militärische Disziplin diese Fähigkeit überhaupt hat, ob nur sie, ob sie hierfür am besten oder ohne unerwünschte Nebenerfolge geeignet ist, wird nicht rational geprüft, weil die pädagogisch kompetenten Fürsorgebehörden als solche ihre pädagogischen Wertungen der „öffentlichen Meinung" oder der Pädagogik entnehmen, jene aus psychologischen und politisch-tendenziösen Gründen der militärischen bzw. militaristischen Disziplin geneigt sind, diese die Disziplin bisher noch nicht wissenschaftlich erforscht oder die Resultate der Forschungen nicht zur Geltung gebracht hat. Beleg hierfür, daß in Ländern, in denen die öffentliche Meinung demokratischer Disziplin geneigt ist, z.B. Amerika, oder in revolutionären Perioden, die Behörden, pädagogisch kompetent oder nicht, die demokratische Disziplin als rationale fordern und fördern; freilich, wenn sie den Anstalten nicht das nötige Maß von Autonomie gewähren, bloß die Fassade demokratischer Disziplin erreichen.

Wieweit sind nun diese geschilderten Disziplinformen geeignet, pädagogische Ziele zu erreichen? Die Beantwortung dieser Frage kann in dieser ersten deskriptiven Arbeit noch nicht gegeben werden. Sie kann aber teilweise angedeutet werden, denn eine Anzahl von Fakten steht fest.

(1) Die militärische Disziplin als solche garantiert – in einer genügend überwiegenden Zahl von Fällen, also im normalen Fall – die Erzielung von *Handlungen*. Das Hinzutreten von charismatischen, ideologischen, libidinösen Faktoren *kann* darüber hinaus die Entstehung von Gefühlen, Einsichten, Haltungen, *Gesinnungen* bewirken. Soweit also die Ziele der Anstalt durch Handlungen erreicht werden können, ist die militärische Disziplin durchaus zielgerecht. Die Anstaltsordnung beruht zum größten Teil, die kontrollierbare, inspizierbare völlig auf solchen Handlungen der Zöglinge (bzw. deren Unterlassung). Da dem Anstaltsleiter die Aufrechterhaltung der Anstaltsordnung – wenn nicht die oben genannten Motive komplizierend eintreten – vor allem anderen wichtig ist, so erfüllt die militärische Disziplin diesen Teil der Anstaltsziele durchaus. Aber erfahrungsgemäß verlangt die militärische Disziplin von Befehlshabern und Untergebenen sehr beträchtliche Konzentration aller Kräfte auf die Erreichung einer verhältnismäßig geringen Anzahl von Handlungen, und zwar unter Anwendung scharfer Mittel. Daher erschöpft sich die gesamte pädagogische Tätigkeit in der Aufrechterhaltung der Ordnung, die aber nur ein Teil der pädagogischen Aufgabe ist.

Die Behauptung, daß zugleich höhere pädagogische Ziele miterreicht werden, ist nicht richtig. Die von militärischer Disziplin erreichte Ordnung wird von den Kindern als statische, gewillkürte erlebt; es ist kein Platz in ihr für Entwicklung einer *einsichtigen* Ordnung. Es wird daher oft die militärische Disziplin mit familiellen Elementen versetzt. Hierdurch verliert sie an Rationalität in bezug auf die „Ordnung“, diese wird also prinzipiell gefährdet; zugleich aber werden auch die Wirkungen der familiellen Disziplin gefährdet, indem dieselbe Person – überdies ohne scharfe Grenze – bald Befehlshaber, bald „Vater“ ist, was im ganzen zwar die Schärfe, Strenge der Atmosphäre mäßigen kann, aber trotzdem den Willkürcharakter aller disziplinären Maßnahmen erhöht. Oder es wird durch ideologische, charismatische, libidinöse Einmengungen die militärische Disziplin zur militaristischen gefärbt und damit in gewissem

Maß über die Anstaltsordnung hinaus ein Erziehungszweck erreicht. Die militaristische Disziplin ist also eine Sicherung der Anstaltsordnungszwecke durch Vergrößerung der Irrationalität der militärischen Form.

Eine weitere Möglichkeit ist selten durchgeführt worden, erweist sich aber als weitgehend rationell: die Eingliederung militärischer Disziplin in die demokratische; natürlich mit strenger Kompetenz und rein funktioneller Gültigkeit, eben zum Zwecke der Durchführung der Anstalts-Ordnung; wobei die Erreichung anderer Zwecke durch die demokratische Disziplin gesichert wird.[3] Allermeistens aber begnügt sich die Anstalt mit der erreichten Ordnung, und *behauptet* im Notfall, die anderen Ziele – durch welche Maßnahmen immer – auch zu erreichen.

(2) Die demokratische Disziplin als solche garantiert eine behördlich gewillkürte Anstaltsordnung nicht. Dies geschieht nur unter zwei Bedingungen: (a) wenn die behördlich verlangte Ordnung dem Demos der Anstalt einsichtig ist und seinen Interessen und Wünschen entspricht; (b) wenn die gewillkürte Ordnung, bzw. der nicht einsichtig bejahte Teil von ihr, der Demokratie entzogen wird und durch eine der anderen Disziplinformen gesichert wird. Beim Fall (a) verdient als spezielle Möglichkeit betont zu werden: der gewillkürte Ordnungsanteil wird als „Natur"-Tatsache, als gegebene nicht weiter beeinflußbare Bedingung der Anstaltsexistenz hingenommen. Dies wird jedoch im Rahmen demokratischer Disziplin erst bei einem gewissen Grad der Reife und einem gewissen Alter der Traditionen in der Anstalt erreichbar sein.

Es ist nicht zu leugnen, daß dieses Faktum der fehlenden Garantie für das sofortige Erreichen einer oktroyierten Ordnung, so sehr es auch durch verschiedene Maßnahmen gemildert werden kann, eine Schwierigkeit für die Einführung der vollen demokratischen Disziplin – wenigstens im Prinzip – ergeben kann. Dieser Schwierigkeit steht gegenüber:

(a) Die demokratische Disziplin entspricht einer dynamischen Auffassung des kindlichen und jugendlichen Seelen-

3 Vgl. „Kinderheim Baumgarten", im vorliegenden Band S. 56ff.

lebens, während die militärische auf einer statischen beruht. In der militärischen Disziplin wird eine oktroyierte Ordnung aufrechterhalten; in der demokratischen *entwickelt* sich jene Ordnung, die der Reife des Demos entspricht. Genauer: Da in der demokratischen Disziplin tatsächlich das erwachsene Mitglied einen größeren Einfluß hat, als seiner allen anderen gleichen Stimme entspricht, so ist die in ihr jeweils normierte Ordnung der jeweils erreichten Durchschnittsreife voraus; da andererseits die faktisch erreichte Ordnung zugleich abhängig ist von der Reife der zurückgebliebenen Mitglieder, bleibt sie andererseits in der Verwirklichung hinter der Durchschnittsreife zurück. Es entsteht eine Spannung zwischen Norm und Wirklichkeit, welche die Ordnungsentwicklung – und mit ihr die Reife des Durchschnitts – vorwärtstreibt. Alles, was an der behördlich geforderten Ordnung rational oder anders berechtigt ist (vom Standpunkt der Lebensbedingungen, der Interessen und Ideale des Demos – inklusive seiner jugendlichen und erwachsenen Führer), wird prinzipiell nach einer unbestimmten Entwicklungszeit der demokratischen Disziplin in einer Anstalt erreicht, sofern diese nur groß genug ist, um die Rationalitätsforderungen einer bürokratischen Behörde verstehen lassen zu können, um zwangsmäßig selbst zur Entwicklung bürokratischer Behörden zu gelangen. Die militärische Disziplin hält eine äußere Ordnung aufrecht; die demokratische bietet Chancen, daß sich in den Zöglingen Begriff und Gesinnung einer Ordnung entwickle.

(b) Die demokratische Disziplin hat Raum für militärische Disziplin, für familielle Disziplin und für irrationale Verhaltensweisen. Sie ist ja sogar prinzipiell nur teilweise rational; ein anderer Teil in ihr verläuft gemäß traditionaler Regelmäßigkeiten, nach den Anforderungen der „öffentlichen Meinung". Doch ist die Tradition – dies ist eine der wesentlichen Modifikationen gegenüber dem Vorbild – regelmäßig weitgehend ersetzt durch die Autorität einzelner charismatischer Führer, meist Erwachsener, oder wird getragen von Sonder- oder Untergruppen von annähernd familieller Struktur. Der rational-gesetzlich, bürokratisch zu regelnde Teil des Verhaltens tendiert zur Entstehung militärischer Disziplinform innerhalb der demokratischen Disziplin, also unter ihrer Kontrolle und Zielsetzung. So etwa die Bildung einer militärischen Bewachungs- und Polizeitruppe oder eines „Arbeitsheeres“ (in einem solchen würde sich industrielle Disziplin spontan entwickeln können). So läßt die demokratische Disziplin die Vorteile anderer Disziplinformen in sich, auf deren Gebiet beschränkt, mit zu. Sie ist mannigfaltig und vermeidet, nur rational oder nur irrational zu sein; und bleibt dabei doch eine in sich geschlossene reine und echte Form, während die Einfügung irrationaler Faktoren in die militärische, rationaler Faktoren in die familielle Disziplin beinahe unvermeidlich eine Erhöhung der verschleierten Willkürherrschaft herbeiführt.

(3) Die Ordnung kann mit bloß familieller Disziplin in einer Anstalt überhaupt nicht hergestellt werden. Sie wirkt am ehesten noch zur Erreichung der nicht rationalen, pädagogischen Aufgaben. Das Resultat, das von ihr zu erwarten ist, wäre wohl zu kennzeichnen als Neigung des Erwachsenen, in Beruf, Staat und Gesellschaft weitgehend Komplikationen aller „disziplinären“ Konflikte herbeizuführen, indem der Versuch – wenigstens unbewußt – bereitläge, sie als Liebeskonflikte aufzufassen und als solche zu lösen.

Das zu erwartende Resultat der militärischen Disziplin ist bereits genannt worden: beträchtliche Neigung zur Herrschaft und Willkürmachtentfaltung, wo sich Gelegenheit hierzu bietet, und blinde Gefügigkeit, wo jene Gelegenheit nicht besteht. Im allgemeinen wird dieses Resultat aber nur erreichbar sein, wo eine ideologische Verankerung der militärischen Disziplin, also militaristische, statthatte. Ohne diese ist als Resultat allgemein zu erwarten, daß der Zögling, so wie es möglich ist, also spätestens bei seiner Entlassung, des Zwanges ledig, sich in der neuen Umgebung so orientiert, wie es seine durch keine Erziehung veränderte psychische Struktur verlangt. Die militaristische Note aber enthält eine inhaltliche Bindung, Bestimmung und Fixierung des Zöglings, die entweder von den zielsetzenden Instanzen gewollt ist, oder ein unbeabsichtigter, aber unvermeidlicher Nebenerfolg ist. Wo sie gewollt ist, erscheint die militaristische Disziplin natürlich als in höchstem Maße zweckentsprechend. Wo sie nicht gewollt wird, ist diese unvermeidliche nicht gewollte Nebenwirkung ein Grund, die militärische

Disziplin als zweckwidrig zu bewerten. Dieser Nebenerfolg, der unvermeidlich ist, weil die militärische Disziplin, um wirksam zu sein, sich in militaristische verwandeln muß, fügt sich entscheidend den übrigen Unzulänglichkeiten der militärischen Disziplin ein. Die demokratische Disziplin hingegen bietet die Chance, daß der Zögling als Erwachsener die komplizierten Bedingungen der heutigen Gesellschaft – in der er nun heute zu leben hat – überschauen kann, und eine Neigung gewonnen hat, Konflikte durch Ausgleich (Kompromiß) zu lösen, zwischen legal und traditional geregelten, zwischen rationalen und irrationalen Gebieten zu unterscheiden, Bürokratie zu begreifen und zu kontrollieren.

Die Chance ist groß, daß er zugleich auch die Tendenz erworben hat, Rationalität bis an ihre äußersten Grenzen zu tragen. Seine inhaltlichen Stellungnahmen sind durch die demokratische Disziplin als solche nicht gebildet worden. Hierzu hätte die demokratische Disziplin besonderer Inhalte bedurft, die hier nicht zu erörtern waren. Er ist erzogen zur heutigen Gesellschaft, mit der Neigung, die in ihr liegende Tendenz, die Rationalisierung, zu vergrößern; während ihn die familielle Disziplin zur heutigen Ordnung erzieht mit der Neigung, sich ihrer notwendigen Entwicklungstendenz, der fortschreitenden Rationalisierung, zu widersetzen; die militärische [Disziplin] als solche [erzieht] überhaupt nicht, die militaristische zu einer nur von einigen Schichten gewünschten Tendenz. Soweit, heißt dies, als die in der Kindheit und Jugend erlebte Disziplin überhaupt für des Erwachsenen Verhalten von Einfluß ist. Was gewiß bis zu einem gewissen Grade der Fall ist. Bis zu welchem, ist nicht dieser Ort zu untersuchen.

DIE MÄNNLICHE GROSSTADT-JUGEND[1]

(1928)

Über „männliche Großstadtjugend" Systematisches zu sagen, erschwert der Zustand unseres pädagogischen Wissens und der pädagogischen Situation. Das einzige, was bei diesem Thema fruchtbar getan werden kann, ist, auf die wirklich tiefe und mächtige Problematik hinzuweisen, die männliche Großstadtjugend unserer Zeit allen unseren Erziehungsbemühungen entgegensetzt. Wir sind gegenüber der heutigen Jugend und der heutigen Großstadtjugend insbesondere eigentlich völlig ohne irgendeine pädagogische Tradition. Wenn Pädagogik als Wissenschaft und auch als Praxis heute zutiefst umstritten ist, so gilt für die Großstadtjugend-Pädagogik, daß es sie nicht geben kann. Denn in der Zeit, als die Pädagogik ihren eigentlichen Grundriß bekommen hat, gab es das Phänomen der Großstadt und der Jugend in ihr nicht. Pestalozzi, Herbart, Fichte kannten nicht Großstädte und Großstadtjugend. Das Problem, das die Großstadtjugend – ihre persönliche, moralische, geistige Entwicklung – bietet, war jenseits des Gesichtskreises der eigentlichen Pädagogik.

Eine Wissenschaft hat heute die Korrektur der Pädagogik übernommen: die Psychologie. Sie kann für das Gebiet der *Kindheit* weitgehend zur Berichtigung naiver und veralteter Anschauungen auf den Plan treten, nicht aber für die Päd-

1 Der Redner fand im Drang seiner Verpflichtungen keine Möglichkeit, ein Manuskript zu liefern. So muß dieser Bericht, für den die Herausgeber [s. Nachweis der Erstveröffentlichung] die Verantwortung tragen und der nach einem Stenogramm des Vortrages hergestellt wurde, als Ersatz hingenommen werden.
Die Bundestagung „Großstadt und Erziehung" des Bundes Entschiedener Schulreformer fand vom 30.9. bis 4.10.1927 in Berlin-Schöneberg statt.

agogik der *Jugend*. Denn die Jugend bietet nicht wie die Kindheit nur pädagogische oder psychologische Probleme, sondern *Wertungs*probleme. Man denke zum Beispiel an einen Vater, der entdeckt, daß sein Sohn unter dem Einfluß einer kommunistischen Jugendorganisation „verdirbt". Dieser wird vielleicht die Pädagogik als „Korrektur" zu Hilfe nehmen. Aber andere Menschen werden vielleicht sagen, es sei ihnen lieber, wenn der Junge seine Schule vernachlässigt, wenn er sich mit revolutionären Energien lädt und seinen Lebensberuf nicht in einer bürgerlichen Situation, sondern z. B. als Sekretär der kommunistischen Partei sucht.

Hier stehen zwei Wertungen gegenüber demselben Tatbestand. Die eine sagt: Hier liegt eine „Verwahrlosung", eine pathologische Entwicklung vor, irgend etwas ist in der geraden Linie der psychischen Entwicklung des jungen Menschen gebrochen und muß repariert werden. Ihr gegenüber die andere, die ganz eben dies reale Verhältnis als richtig, normal und wünschenswert erklärt.

Dieser klassische Fall im Rahmen der bürgerlichen Schichten ist *ein* Beispiel für viele hunderte viel kompliziertere, unklarere Fälle, das uns zeigen kann, wie bei der Beurteilung der männlichen Großstadtjugend Wertkonflikte entstehen, denen gegenüber die Erkenntnis des psychologischen Tatbestandes gleichgültig ist.

Ebenso liegt der Fall z. B., wenn ein junger Mann von vielleicht 18 Jahren, vielleicht noch Schüler, ein uneheliches Kind hat. Liegt hier Verwahrlosung, Sittenlosigkeit vor? Ist hier etwas gebrochen, was verändert werden muß, eine Lebenshaltung, ein Ereignis, ein Erlebnis, das Gefahr für die Zukunft stiftet – oder nicht? Verschiedene Ursachen und Weltanschauungen werden das verschieden beantworten. Oder: Was ist besser oder was ist „normal": wenn ein Jugendlicher mittels Masturbation seine sexuellen Bedürfnisse befriedigt oder etwa mit Hilfe der Prostitution, oder wenn er unter schweren Schuldgefühlen stattdessen eine Unmenge von seelischem Leid und von Schwierigkeiten akquiriert? Man sehe ab von etwaigen schlimmen Folgen. Sie brauchen nicht einzutreten; es gibt psychische Strukturen, die ohne besonderes Ausleben der Sexualität und ohne schwere neurotische Störungen auskommen. Aber nicht so sehr mit psychischen Tatbeständen haben wir es zu tun, sondern mit

Wertungen. Es gibt aber keine objektive Beurteilung von Masturbation, sexuellem Verkehr und Neurose, sondern das ist lediglich eine Angelegenheit der Wertung, die in den verschiedenen Milieus, unter verschiedenen Weltanschauungen, geistigen, politischen Aspekten verschieden ausfällt.

Das gleiche gilt gegenüber den zwei Typen von Jugendlichen, denen wir uns heute am häufigsten gegenüber sehen: dem Turner oder Sportjungen und dem träumerischen Dichter, dem sich mit geistigen Werten befassenden Jüngling. Bei welchen ist die pädagogische Beeinflussung nötig und bei welchen nicht? Es handelt sich nicht um irgendwelche objektiv feststellbaren Tatbestände, sondern auch hier wieder um Werte. Weite Schichten unserer heutigen Gesellschaft wünschen statt des träumerischen Dichters den feschen, gut ausgebildeten Sportjungen. Andere finden, daß der Sport Verflachung des Seelenlebens, Begrenzung in enge Horizonte herbeiführt und wünschen das nicht.

So ist uns im Laufe der letzten Jahrzehnte eine einheitliche Bewertung verlorengegangen. Dieser Verlust einer einheitlichen Ideologie, einer einheitlichen Weltanschauung einer Gesellschaft -- das ist das Problem gegenüber dem heranwachsenden Jugendlichen. Freilich gab es nie Kulturen oder Gesellschaftsformen, in denen eine einheitliche Lebensanschauung vorhanden war. Aber heute haben wir zwei verschiedene Lebensanschauungen, Lebenshaltungen, Ideologien, *gleichwertig* nebeneinander: die bürgerliche und die sozialistische. Beide haben genug Kraft, Macht und Tiefe, um einander ein gewisses Gleichgewicht halten zu können. Es geht nicht mehr an, den jugendlichen Sozialisten als verwahrlost zu bezeichnen, auch nicht den höheren Schüler, der völlig fern der wirklichen Welt und der Realität der Großstadt, eingesponnen ins klassische Altertum oder den Geist der Weimarer Zeit, als den Führer und eigentlichen Jugendtyp hinzustellen. Weder das eine noch das andere ist heute ausschließlich möglich. Dennoch hat keine der beiden Ideologien wirklich die Herrschaft erlangt. Nur wird die Sache dadurch komplizierter, daß einer von ihnen der ganze Herrschaftsapparat des Staates zur Verfügung steht: der bürgerlichen. Zwar können wir nun, solange wir pädagogisch denken, solange wir uns überlegen, inwiefern eine bestimmte geistige Haltung wünschenswert ist oder nicht, ohne definitiven Ausgleich auskommen. Wo aber immer ein Jugendlicher in Konflikte gerät mit dieser Gesellschaft oder einer ihrer Institutionen, wird er auf Verwerfung der sozialistischen Haltung, Ideologie und Lebensführung stoßen und zur Anerkennung der bürgerlichen gezwungen und genötigt – oder aber bestraft werden.

Diese ohnehin komplizierte Situation erfährt nun noch eine Vermannigfaltigung, die besonderes Interesse verdient. Zwar sind die Instanzen der pädagogischen Wissenschaft noch zu keinen formulierten Maßnahmen gegenüber Jugendlichen gelangt. Aber die Jugendlichen selbst haben eine Reihe von Institutionen erfunden und geschaffen, die so etwas wie einen Standard der Jugendlichen-Pädagogik darstellen: die Jugendbewegung, und zwar im engeren Sinne: die alte freideutsche Jugendbewegung. Hier hat eine eindeutige neue Wertung stattgefunden mit dem Appell an ihre Durchführung und auch mit der Möglichkeit hierzu, nämlich, daß jeder Jugendliche dieser Wertung entsprechend sich selbst erzieht und umgestaltet. Zwischen der bürgerlichen und der sozialistischen Lebenshaltung und Ideologie hat sich hier eine neue Lebenshaltung entwickelt. Diese ist zwar im wesentlichen bürgerlicher Natur, aber sie gleicht die Konflikte zwischen Bürgertum und Sozialismus für diese Jugend „zwischen den Klassen" aus, weil ideologische Elemente des Sozialismus in die bürgerliche Haltung eingebaut wurden. Hier stellt die Jugendbewegung als Tatsache und als Ideologie einen guten Kompromiß dar, der einerseits vom Bürgertum und seiner Pädagogik akzeptiert wird, andererseits der Jugendbewegung in ihrer oppositionellen Stimmung einen gewissen Ausdruck besonderer ideologischer Färbung gibt. Die Tatsache der Jugendbewegung hat aber die Lage nicht erleichtert, sondern erschwert, indem nun zwischen der bürgerlichen und der sozialistischen Ideologie und Lebenshaltung eine neue repräsentativ aufgetreten ist, die der Jugend gegenüber von ihr selber und von den Erwachsenen als wünschenswert, ideal, seelisch durchgearbeitet angepriesen wird, von der Masse der Jugend aber nicht akzeptiert werden kann.

Denn die Jugendbewegung umfaßt und kann nur umfassen einen seltenen, nur unter besonderen Bedingungen entstehenden Typus von Jugend.

Die von der Jugendbewegung, der freideutschen insbesondere, als gültig bewertete Lebensform ist eine asketische, d. h. sie legt den Akzent des Seelenlebens vom Genuß fort auf den *Sinn*. Der Jugendliche in der Pubertät sieht sich immer vor eine große Menge sehr intensiver Genuß- und Lustforderungen gestellt, die Sexualbedürfnisse, insbesondere in ihrer sinnlichen und zärtlichen Form, tauchen auf und wünschen Lustbefriedigung, und zwar auf eine Weise, die, gewertet vom bürgerlichen Standpunkt, niedrig ist. Die Jugendbewegung macht diese Bewertung vollständig. Sie verwirft zwar nicht den Eros. Aber in der Bewertung hat sie ungefähr die Haltung, daß sie die Befriedigung des Sexualbedürfnisses als niedrigwertig oder gar minderwertig ansieht. Was die Jugendbewegung verlangt, ist, daß der Jugendliche auf diese Lust verzichtet, um dafür eine sinnvollere Existenz einzutauschen, daß er auf schnell und leicht zu befriedigende Genüsse verzichtet, um der Reinheit seines Seelenlebens, der Schönheit seines Körpers, um der Idee der Jugendbewegung, um der Zukunft willen.

Verzicht auf eine reale, von den biologischen Trieben geforderte Lust für eine Hingabe an einen „Sinn": das ist in der Tat die einzige Situation, in der wirklich auf einen Genuß verzichtet werden kann. Niemals haben normale junge Menschen auf Genuß und Befriedigung verzichten können, ohne dafür eine Kompensation zu bekommen, ohne zu wissen, wozu sie den Verzicht vollzogen haben, und ohne diesen Verzicht in ein sinnvolles Ganzes eingliedern zu können. Wer an die Jugend mit asketischen Forderungen herantritt, wer verlangt, daß sie auf eine erreichbare Lust verzichtet, kann dies nur dann mit Aussicht auf Erfolg tun, wenn er ihr zugleich eine Vertiefung des Sinnerlebnisses gibt. Nur wenn er weiß wofür, verzichtet der Jugendliche, nur dann, wenn er den Sinn seines Lebens versteht und bejaht. In der Jugendbewegung sammelt sich nun freilich ein Typus Jugendlicher, der diesen Austausch: Verzicht gegen Erhöhung des Lebenssinnes, vollziehen kann. Die Masse der Großstadtjugend aber kann diesen Austausch nicht vollziehen aus Gründen, die zu erörtern sein werden. Sie kann auf gegenwärtigen Genuß nicht verzichten, weil sie an seiner Stelle keinerlei Sinn erhält. Dadurch nun aber, daß dieser Typus der Jugendbewegung zum Idealtypus gestempelt wird, daß man seine

Art zu leben als *die* Art jugendlichen Lebens hinstellt, wird die überwiegende Masse der Jugend deklassiert im Sinne der Wertung. Sie stellt eine rohere Masse dar, die von vornherein von den hohen Idealen abgeschnitten ist.

An welche Situation ist nun aber die eben gekennzeichnete Austauschmöglichkeit gebunden?

Hier ergibt sich die Notwendigkeit, einen Blick auf die Kindheitsentwicklung zu werfen. Wir vermögen einen gegenwärtigen Zustand nicht anders zu begreifen, als indem wir seine Entwicklung aus früheren Zuständen ableiten.

Für jene Jugend, die eine Pubertätsablaufsform bestimmter Art vornehmen kann, ist auch eine Kindheit typisch, die nach drei Richtungen gekennzeichnet ist.

(1) *Zum ersten* muß Gelegenheit bestanden haben, die *vitalen Bedürfnisse* des Kindes vollständig zu befriedigen, eine Voraussetzung, die im allgemeinen im Bürgertum, in den Mittelschichten und auch im gehobenen Proletariat erfüllt wird. Bedürfnis nach Speise und Trank, Licht und Bewegung muß ein beträchtliches Maß von Sättigung erfahren haben, soll jene seelische Stabilität in den tiefsten Schichten der Persönlichkeit hergestellt sein, die die erste Voraussetzung für jenen Ablauf der Pubertät ist, den die Jugendbewegung als ideal hinstellt. Bleibt in der Jugend das vitale Bedürfnis ungestillt, bleibt ein ewiger Hunger und Durst, eine ewige physische Unbefriedigtheit, so ist der Mensch schwersten Erschütterungen und Störungen ausgesetzt.

(2) *Zum anderen*: Entscheidende Bedingung für die Herstellung jener seelischen Lage ist, daß das *Bedürfnis nach Liebe und Zärtlichkeit*, das primitive Kinderrecht auf zärtliche Liebe durch Eltern, Geschwister oder sonstige Personen, befriedigt worden ist, daß das Kind unter einem ständigen liebevollen Rapport aufgewachsen ist. Kein Übermaß von Verzärtelung und Verhätschelung ist notwendig, nur die ständig vorhandene und spürbare Atmosphäre der Liebe. Diese zweite Bedingung wird in ganz großen Schichten der Bevölkerung nicht erfüllt.

(3) Und *drittens*: Die *sinnlich-sexuellen Bestrebungen*, die schon in frühester Kindheit auftreten und auch schon früh zu richtiger sexueller Betätigung führen, Regungen, die in gewissem Maße allen Kindern zukommen, sie müssen unter-

drückt werden, soll jene Pubertätsform zustande kommen, die von den Repräsentanten der Jugendbewegung gewertet wird. Neben der Befriedigung der vitalen Bedürfnisse und des Hungers nach Zärtlichkeit und Liebe muß diese Unterdrückung, und zwar die rücksichtslose und nachhaltige Unterdrückung dieser sinnlich-sexuellen Triebe, in der Kindheit stattgefunden haben. Wo dies alles in sinnvollem Wechselspiel stattfand, da ist die Chance außerordentlich groß, daß der Pubertätsverlauf von vornherein mit einer inneren Abwehr gegen die sinnliche Komponente der Liebe und der Sexualität einsetzt.

Der Jugendliche, der in seiner frühen Kindheit die vitalen Bedürfnisse und die zärtlichen ausreichend befriedigt, aber die sinnliche Komponente nur unter Schuldgefühlen und Zwang der Verdrängung, Verschleierung und Sublimierung erlebt hat, tritt, 15 bis 16 Jahre alt, den sinnlichen Regungen in sich mit einer eigenartigen unklaren Haltung gegenüber. Er akzeptiert, was an ihnen Liebe, Eros, Gemeinschaft, wahre sublimierte Liebesfähigkeit ist, und wehrt sich selbst gegen alle Ansätze sinnlicher Lust genau so, wie er in der Kindheit von außen her die Angriffe gegen seine sinnliche Komponente erfahren hat. Seine Situation ist geeignet, den Pubertätsverlauf auf viele Jahre zu erstrecken, diesem Verlauf Tiefe und Tauschfähigkeit zwischen Genuß und Sinn zu geben.

Die Pubertät ist keineswegs biologisch oder physiologisch ein Vorgang, der vom 11. bis 20. Lebensjahre dauert. Physiologisch ist es ein sehr kurzer Verlauf von eineinhalb bis zwei Jahren. So lange dauert es, bis die Sexualorgane ihr Wachstum intensiv durchführen und der seelische Apparat sich an die Situation der Erwachsenheit angepaßt hat. Nur wenn die Kindheit in bezug auf diese drei Komponenten so verlaufen ist, wie wir es geschildert haben, wird die kurze physiologisch gegebene Pubertät aus innerer Spannung heraus verlängert. Denn das Ich, die Persönlichkeit des Jugendlichen, wehrt sich gegen das Auftauchen und Lebendigwerden der Genuß-, Lust- und Sinnlichkeitskomponente in ihm selbst und braucht wilde und lange Kämpfe in sich selbst. In diesen Kämpfen entsteht die Bereitschaft, auf Genuß zu verzichten und Sinn in der Welt und in sich selbst zu finden.

Aber nur unter den genannten Bedingungen entsteht diese verlängerte, aus inneren psychischen Gründen *gestreckte Pubertät*, die alle die Chancen bietet, die wir in der Jugendbewegung als „den“ Typ aufgestellt haben.

Der Masse fehlt in der Kindheit schon die Befriedigung der vitalen Bedürfnisse. Das proletarische Kind wächst unter einem nie gestillten Hunger, Durst, Wärme- und Bewegungsbedürfnis auf. Vom ersten Tage an haben wir hier ein Defizit des körperlich-seelischen Haushalts. Diese in frühester Kindheit nicht befriedigten Bedürfnisse bleiben ewig, sind immer Untergrund des seelischen Aufbaus, auch mit 14, 16 und 40 Jahren so lebendig und unbefriedigt wie im Säuglingsalter. Die zweite Komponente, das zärtliche Liebesbedürfnis, ist bei denselben proletarischen Schichten meistens wesentlich zu kurz gekommen; nicht etwa, daß Vater, Mutter oder sonstige Verwandte sich nicht um das Kind gekümmert hätten, sondern daß die Intensität, die zärtliche und seelische, die Mutter, Vater dem Kleinkind bieten können, in den proletarischen Schichten wesentlich geringer ist, gebrochen durch Sorgen, Not, Elend und verteilt auf eine große Zahl von Kindern. Das proletarische Kind wächst also auch hier, wenn auch nicht immer mit so horrendem, aber mit beträchtlichem Minus an Sättigung auf.

Im Gegensatz zur bürgerlichen Erziehung aber steht gerade die Befriedigung der sexual-sinnlichen Bestrebungen der Kindheit unter geringerem seelischem Druck, gelegentlich unter gar keinem Druck. Nicht nur fehlende Aufmerksamkeit, sondern die geringere Prüderie der Erwachsenen, ihre selbstverständlichere Natürlichkeit und Unkompliziertheit gegenüber der Tatsache der Sinnlichkeit und Sexualität macht, daß sie dem Kind gegenüber mit geringerem Druck, Aufwand und Schuldgefühl arbeiten müssen und dürfen. Wie ganz anders die Situation des Kindes in beiden Schichten ist, schon wenn man an die Wohnungsverhältnisse denkt, um wieviel besser das proletarische Kind seine Neugier zu befriedigen vermag, um wieviel harmloser sich der Verkehr der Eltern, der älteren Geschwister vor den Kindern abspielt als in bürgerlichen Schichten, um wieviel selbstverständlicher der Ablauf aller Funktionen und Bedürfnisse vor den Kindern sich vollzieht, ist bekannt.

So erscheint die Erziehung dieser Kinder beinahe als völliges Negativ der Erziehung der Kinder im Bürgertum. Das proletarische Kind dieses Typs, in die Pubertät geraten, findet in sich zunächst keinen inneren Widerstand gegen Genuß, Sinnlichkeit und Ausleben jener Genußchancen, die das Alter bietet, sondern wächst während der kurzen Zeit der Anpassung des Körpers und des seelischen Apparats an die Entwicklungsvorgänge selbstverständlich in erwachsenes sexuelles Verhalten und Werten hinein. Dagegen bringt es aus seiner Kindheit von der unbefriedigten vitalen Situation her Bestandteile roherer, oppositioneller, feindseliger Einstellungen mit, so daß die Pubertät sich hier völlig anders entwickelt als bei dem komplizierten Kindheits- und Pubertätszustand des Jugendlichen der Jugendbewegung. Es ist hoffnungslos, einen Jugendlichen mit einem proletarischen Kindheitsverlauf in die Jugendbewegungssituation zu bringen. Das kann bei einzelnen Individuen gelingen und gelingt auch, wie Schichten der Sozialistischen Arbeiterjugend SAJ oder die Jungen Sozialisten beweisen, in einzelnen Fällen, nämlich wenn etwas an der Entwicklung der Kindheit eigenartig verlaufen ist. Aber im Massenmaßstab ist es undenkbar, die weitgehend gefestigte und geschlossene Struktur des 14- bis 16jährigen Jugendlichen mit proletarischer Kindheit noch durch irgendein Kunststück zum Austausch von Genuß gegen Sinn zu bringen, es sei denn, daß es uns gelingt, an vitale Bedürfnisse und reale Lebenssituationen des Jugendlichen anzuknüpfen und Sinnerlebnisse von hier aus zu gestalten.

Der jugendliche Proletarier, der in den Sozialismus gerät, hat vollgültigen Ersatz für alle jene Sinngebungen und findet Werte, die der Jugendliche in der Jugendbewegung hat. Hier hat er, anknüpfend an seine unbefriedigten vitalen Bedürfnisse, anknüpfend an die reale psychische Situation, ein Ganzes, dem zu dienen, für das Verzicht und Leid auf sich zu nehmen ihm sinnvoll erscheinen kann. Es wird nur darauf ankommen, ob es dem Sozialismus einem bestimmten Jugendlichen normaler proletarischer Entwicklung gegenüber gelingt, so mannigfaltig, individuell anknüpfend an die speziellen Bedürfnisse zu sein, daß der Jugendliche in ihm seine Sinnbestimmung finden muß. Ich finde es nicht nur wünschenswert, sondern einen *Grund,* einzuschreiten und die Ideologie so zu gestalten, daß mit Ausnahme kleiner Schichten die gesamte Jugend des Proletariats im Sozialismus Sinngebung, Ideologie und klare Einordnungsmöglichkeit findet.

Wir geraten aber mit dieser Behauptung sogleich in die zentrale Schwierigkeit aller heutigen Großstadtjugend-Pädagogik. Denn was mir wünschenswert und möglich erscheint, ist maßgebenden Schichten der Gesellschaft nicht wünschenswert, sondern ein Grund einzuschreiten und die Ideologie des Sozialismus zu entwerten und zu den Verwahrlosungserscheinungen zu rechnen. Ich glaube aber nicht, daß es möglich ist, anders als durch eine an die reale Situation anknüpfende Bewegung den proletarischen Jugendlichen in dem Konflikt zwischen Genuß und Sinn zum Verzicht auf den Genuß zu bringen. Gelingt dies nicht, dann ist aber fraglich, ob die bürgerliche Pädagogik imstande ist, irgendeine maßgebliche, umfangreiche Korrektur an dem heutigen Zustand der Großstadtjugend vorzunehmen.

Kehren wir zu der Kindheit zurück, die die Vorbedingung bildet für die Pubertätsentwicklung des Jugendlichen der Jugendbewegung, so dürfen wir nicht übersehen, daß diese Kindheit nicht nur die Chance bietet für den verlängerten und vertieften Pubertätsablauf, sondern zugleich auch die Chance für jene zahlreichen Fehlentwicklungen, die wir Neurosen nennen. Sie ist recht eigentlich der Nährboden für die Neurosen, ihre Entstehung und Entfaltung. Neurose und *verlängerte* Pubertät – beide sind einander sehr ähnlich und ihrer Entstehung nach grundsätzlich identisch, ihre Faktoren sind dieselben.

Wohingegen die proletarische Kindheit, *rasche* und *flache* Pubertät, wiederum Nährboden der Verwahrlosung und Kriminalität bilden, auf dem sie sich stark und entscheidend entwickeln können. Neurose und *vertiefte* Pubertät – Verbrechen und *flache* Pubertät, das sind miteinander verknüpfte Erscheinungen, nicht in dem Sinn, daß in ein und demselben Individuum beide zugleich sich finden müßten, sondern in dem Sinne, daß die proletarische Schicht sowohl für kurze und flache Pubertät als auch für Verbrechen und Verwahrlosung, die bürgerliche Schicht sowohl für verlängerte und vertiefte Pubertät als auch für Neurosen prädestiniert ist.

Sowohl Neurosen, als Verwahrlosung, als auch Kriminalität sind nicht so sehr psychische Fakten als vielmehr Wertungstatsachen. Denn man *hat* eine Neurose, die unter bestimmten Wertungsmaßstäben als Krankheit zu bezeichnen ist. Ebenso *ist* man nicht ein Verbrecher, sondern man befindet sich in einer seelischen Drucklage, die unter bestimmten gesellschaftlichen Verhältnissen als Verbrechen gilt. Daß wir aber auch hier bei diesen klar unterschiedenen Tatsachen nicht imstande sind, ohne Wertungen auszukommen, zeigt uns, wie wenig psychologische Kenntnisse allein uns zur Entscheidung pädagogischer Fragen gegenüber der Großstadtjugend befähigen. Denn wir dürfen durchaus sagen: Es kann mir gleichgültig sein, ob das „Neurose" heißt oder ob es „Verbrechen" heißt; mich kümmert nur, ob es in Zukunft zu jener geistigen Haltung führt, die ich bejahe. Eine solche Bejahung ist aber unmöglich, wenn nicht von einem bestimmten politischen Gesichtspunkt her.

Wenn man den Standpunkt vertreten kann, daß Pädagogik überhaupt ohne politisch gefärbte und letztlich politisch gerichtete Ziele unmöglich ist, so gilt das ganz bestimmt gegenüber der Großstadtjugend.

STRAFEN UND SCHULGEMEINDE IN DER ANSTALTSERZIEHUNG

(1929)

In einem Heim, das an die 150 Zöglinge, Knaben und Mädchen, Waisen, Gefährdete, Verwahrloste von 4 bis 14 Jahren umfaßt, wird ein Junge von sieben Jahren ertappt, der auf dem Schulweg in einem Laden Schokolade stahl. Die Leitung und Erzieherschaft dieses Heimes verpönt das alte System; sie kommt seit längerer Zeit ohne Prügelstrafe, ohne Arrest, ohne Essensentzug aus. Verweis, Ermahnung, Entzug kleiner Vergünstigungen reichen hin, die Disziplin aufrechtzuerhalten. Dieser Diebstahl ist ihnen eine schwere Enttäuschung; die Erzieher betrachten ihn als eine tiefe Erschütterung des moralischen Niveaus und glauben nicht, dagegen mit jenen milden Mitteln der neuen Erziehung ausreichend anzukämpfen. Sie sind aber unschlüssig, was zu tun sei, und berufen vorerst den Schülerrat ein, der seit kurzem besteht, ohne daß er irgendeine Lebendigkeit oder Bedeutung in der Anstalt erlangt hätte. Die Sitzung verläuft ohne innere Anteilnahme der Kinder und führt zu keinem definitiven Ergebnis. Die Erzieher hatten nicht verfehlt, ihren Abscheu vor der Handlungsweise des Jungen auszudrücken, und fanden durchaus die, wie nicht zu bezweifeln ist, heuchlerische Zustimmung der Zöglinge. Doch nachts wurde es unruhig im Knabenschlafsaal, es gab ein Reden, Aufstehen, Konferenzen im Abort – und morgens gestand ein Junge im Auftrag seiner Komplizen einem Funktionär des Schülerrats: Seit gut vier Wochen stehlen sie, ihrer etwa 12, mit bestem Erfolg in den Läden der Schulumgebung täglich Schokolade.

Dieser Fall verdient unsere Aufmerksamkeit, weil er durchaus typisch ist, weil er an zahllosen Anstalten ähnlich eintreten kann, und in der Tat oft so eingetreten ist. Gerade derjenige, der den Rückfall in die Prügel-, Kasernen- und

Arrestpädagogik verhindern möchte, muß ernst und deutlich zugeben, daß die Pädagogik der Humanität, der Kameradschaftlichkeit, der Liebe und des Nichtstrafens keineswegs ausreicht, um in jedem Fall auch nur die Ordnung in der Anstalt aufrechtzuerhalten, geschweige denn in schwierigen Fällen erzieherische Erfolge zu erzielen. Immer wieder finden sich die Erzieher enttäuscht, die den neuen Prinzipien huldigen. Von seltenen, besonders gearteten Ausnahmen abgesehen, erleidet diese Pädagogik allzu leicht Schiffbruch; früher oder später ereignet sich ein krasser und gefährlicher Fall, der die Erzieher ratlos findet und leicht den Stimmen Gewicht und Verwirklichung gibt, die ohnedies das alte Verfahren nur unwillig und ungläubig aufgegeben hatten. Es wäre eine gefährliche Illusion zu glauben, daß vermehrte Kameradschaftlichkeit und Liebe, größere Erzieherfähigkeiten auch in solchen schwierigsten Fällen zum Ziele geführt hätten. *Vielmehr* – soll ein wirklicher Fortschritt erreicht werden – *muß eingesehen werden, daß die Liebespädagogik ihre engen Grenzen hat, daß mit ihr allein die Anstaltserziehung nicht bestritten werden kann.* Gäbe es keine andere Wahl als Liebes- *oder* Kasernenerziehung, könnten auch die besten Anstalten auf die Dauer bloß eine regellose Vermengung beider Prinzipien leisten.

Es würde sich also darum handeln, neuartige Methoden einzuführen, um jeden Rückfall in die Kasernenpädagogik zu vermeiden. Aber vorher wäre zu erwägen, ob unsere Erzieher zu der ernsten Beurteilung der Sache auch wirklich berechtigt sind. Ist nicht vielleicht die ganze Diebstahlangelegenheit ein kleiner harmloser Streich? Sollten die Erzieher nicht mit einigen Worten zur Tagesordnung übergehen? Nun, es läßt sich allerhand zur Verteidigung der Kinder sagen. Diebstahl ist häufig genug ein vorübergehendes Symptom der Vorpubertät, und gerade der Schokoladen-Diebstahl entbehrt nicht der Verständlichkeit; Mut, Umsicht, Geschicklichkeit haben die Taugenichtse erwiesen. Wir wissen, daß Abenteurerlust, keckes Sich-Selbst-Behaupten, harmlose Büberei gelegentlich zu Handlungen drängen, die den objektiven Tatbestand der Asozialität oder Kriminalität darbieten, ohne daß die seelischen Motive, die zu ihnen führten, so negativ gewertet werden dürften. Die Psychoanalyse hat noch zu alledem gelehrt, daß nicht selten der Diebstahl bei Kindern die vorübergehende Folge einer an sich sehr wünschenswerten Entwicklung ist, nämlich gelungener Abgewöhnung der Onanie.

Aber alle diese Gründe zur Entschuldigung der Täter reichen nicht hin, ihre Taten als harmlos zu bewerten. *Das künftige Lebens- und Gesellschaftsschicksal der Täter ist keineswegs allein abhängig von ihren psychischen Motiven, von ihrem seelischen Zustand, sondern wird ausschlaggebend bestimmt von dem „sozialen Ort", an dem sie sich befinden.* Der Diebstahl kann im behüteten bürgerlichen Milieu ohne irgendwelche sozialen oder psychischen Folgen für das Kind bleiben, während dieselbe Tat, aus den gleichen seelischen Motiven in einem gefährdeten, proletarischen Milieu ausgeführt, ein völlig anderes Gewicht erhält. Tatsächlich hat die große Masse späterer Verwahrloster und Krimineller mit eben solchen kleinen, anfangs gelegentlichen, später systematischen Diebs-Bandereien begonnen, wie sie unsere Heimzöglinge tätigten. Diese entstammen gefährdeten proletarischen Schichten. Die Bildung der Diebsbande ist daher als objektives Verwahrlosungssymptom zu werten – was immer die subjektiven und gar die unbewußten Motive der Täter gewesen sein mögen. Das Heim kann also nicht wohl darüber zur Tagesordnung übergehen, und die Besorgnis der Erzieher ist nicht unbegründet. Freilich verbietet sich nach dieser Einsicht der Rückfall in die alten Methoden erst recht. Ganz gewiß ist: *Die Behandlung solcher ersten frühen Verwahrlosungssymptome mit Autorität, Prügel, Arrest, Gefängnis – kurz mit „Zuchtpädagogik" – hat fast unausweichlich die Folge, die Täter definitiv in die Verwahrlosung und Kriminalität zu treiben.*

Man könnte freilich sagen, die Erziehung ohne Strafen habe zwar bisher noch nicht genügend gewirkt; würde sie aber trotz des Zwischenfalls konsequent weitergeführt, so würde sie sicherlich ihre Früchte tragen. Diese Auffassung ist theoretisch wahrscheinlich richtig. Aber nun ist einmal etwas vorgefallen, das Konsequenzen hat, die nicht mehr ganz in der Hand des Erziehers liegen. Die Ladenbesitzer werden sich rühren, wenn die kleine Diebesbande ihre Untaten fortsetzt. Die Schule wird in irgendeiner Weise reagieren. Der Schülerrat selbst hat bereits die Verurteilung der Verbrecher gefordert; einzelne der Erzieher sind unsicher geworden. Es liegt eine dringende aktuelle Notwendigkeit vor, die bisher geübten Erziehungsmittel zu bereichern. Nach meiner Meinung kommt dafür in allererster Linie die *Schulgemeinde* in Frage. *Sie allein kann das Problem der Strafen in der Anstalt lösen; sie ist jene Bereicherung der Liebespädagogik, die auch in komplizierten Situationen den Rückfall in die Prügelpädagogik verhindern kann.*

Aber man muß unter Schulgemeinde das *Richtige* verstehen[1], und eine richtige Schulgemeinde will in der richtigen Weise gegründet sein. Das Heim hatte einen Schülerrat. Natürlich läge nahe, diesen Schülerrat zum Schülergericht und dann zur Schulgemeinde auszubauen. Aber dieser Weg wäre in unserem Fall doch nicht der richtige gewesen.

Denn die Erzieher hatten sich beeilt, ihre Enttäuschung, ihren Abscheu, die sittliche und soziale Verurteilung der Diebereien zu verkünden; die Einberufung des Schülerrates, ein seltenes und ungewohntes Ereignis, war den Kindern ein Beweis für die außerordentliche Schwere, welche die Erzieher dem Vergehen zumaßen. Die Kinder aber hatten in ihrer überwiegenden Mehrheit eine wesentlich mildere Auffassung des Vergehens, ja sie waren zum großen Teil mit den Verbrechern innerlich solidarisch. Bezeichnend ist hierfür: Eines der ältesten Mädchen, eine von denen, die im Heim die öffentliche Meinung lärmend dahin zu beeinflussen strebte, daß die Verbrecher schwer bestraft werden müßten, hatte bereits vor einiger Zeit auf dem Schulweg Kenntnis von den Diebstählen bekommen, aber ihre ganze sittliche Entrüstung hatte damals nur das Niveau gehabt: „Tut es nicht, denn ihr könntet erwischt werden!" Die Verurteilung der Verbrecher wäre also keineswegs der Ausdruck des von der Majorität bereits erreichten sozialen, sittlichen und Rechtsniveaus gewesen, sondern von deren Heuchelei, Streberei oder bestenfalls Friedfertigkeit. „Wir wissen, daß Ihr Erzieher solche Sachen höchst tragisch nehmt, so mögt Ihr euren Willen ha-

---

1 Siehe zu dieser Frage meine Bücher: Die Schulgemeinde und ihre Funktion im Klassenkampf. Berlin 1928; Kinderheim Baumgarten, Berlin 1921 (im vorliegenden Band S. 9–153); ferner meine Aufsätze: Psychische Typen von Anstaltszöglingen (im vorliegenden Band S. 157–168); Gibt es eine untere Altersgrenze für „Schwererziehbarkeit"? (im vorliegenden Band S. 169–171); Die Formen der Disziplin in Erziehungsanstalten (im vorliegenden Band S. 197–225).

ben; aber ganz unter uns gesagt: weder diese Beurteilung noch die sonstigen Ideale und Wertungen, die Ihr uns aufdrängen wollt, sind wirklich unsere." Ist das die, wenn auch nicht immer deutlich bewußte, Einstellung der Schulgemeindemitglieder, dann ist diese Institution natürlich um nichts wirksamer als die anderen Erziehungsmethoden.

Den vorhandenen Schülerrat als Keimzelle einer rettenden Schulgemeinde anzusehen, wäre demnach das Verkehrte gewesen; sondern wollte man die Schulgemeinde in Zukunft richtig aufbauen, so galt es, den drängenden aktuellen Fall zur Reinigung der Atmosphäre zu verwenden, eine künftige günstige Entwicklung vorzubereiten. Die Erzieher müßten die wirklichen sozialen und sittlichen Anschauungen der Kinder zunächst einmal als Faktum anerkennen; ja *vielen von ihnen überhaupt erst bewußt machen*. Die Distanz zwischen diesem wirklichen Niveau der Anstalt und der sittlichen Höhe der Erzieherschaft müßte klargestellt und sogleich verringert werden. Und da ja die Kinder nicht in einer Stunde emporgehoben werden können, so ist es Aufgabe der Erzieher, ein wenig herabzusteigen. Womit sie sich ja nichts vergeben, da sie tatsächlich einen Fehler gemacht hatten; sie hatten übertrieben. Denn so berechtigt ihre Sorgen und Wertungen auch sein mögen; in *einem* hatten sie entschieden den Kindern Unrecht getan: *Kinder haben ein Recht auf Schokolade*, auch arme proletarische Kinder, auch Heimzöglinge. Wenn die Erzieher erklärten: „Ihr habt ein Recht auf Schokolade – sie zu stehlen ist aber nicht der geeignete Weg; er führt zu allerhand Komplikationen, wie Ihr seht" (nicht aber: „er ist an sich verwerflich") – dann sind sie und die Zöglinge auf einer und derselben moralischen Ebene, dann sind Verständigungsmöglichkeiten offen.

Die Erzieher müssen zunächst einmal vom Piedestal sittlicher Autorität herabsteigen, *um sich mit den Übeltätern im Ziel ihrer Tat zu solidarisieren*. Sie gewinnen dann ihr Ohr für die *Kritik ihrer Methode*, dies anerkannte Ziel zu erreichen.

Die Anerkenntnis des Rechts auf Schokolade besagt nicht, daß die Heimleitung nun verpflichtet wäre, diese Näscherei den Kindern zu liefern. Zwar werden selbstverständlich diese Diebstähle aufhören, wenn die Kinder Schokolade oft und reichlich verteilt erhielten, aber damit wären sie noch lange nicht auf ein höheres seelisches Niveau gehoben, und durch nichts wäre ausgeschlossen, daß sich eine Bande bildete, die Kaugummi stiehlt.

Die Kost in der Anstalt war ausreichend und schmackhaft und abwechslungsreich; dies vorausgesetzt, wird die Leitung angesichts der Diebesbande weder Kostverbesserungen noch Taschengeld einführen, sondern die Zöglinge bleiben angewiesen, ihr Ziel (Näschereien) selbständig, aber mit zulänglichen Mitteln zu erreichen, die nicht wie der Diebstahl unpraktische und unangenehme Folgen außerhalb des Heims (Schule, Polizei, Jugendamt) haben. Ist der Zöglingschaft dies völlig bewußt geworden, dann haben die Erzieher die entscheidende Aufgabe, eine solche zulängliche Methode zu finden, vorzuschlagen und ihre Durchführung zu leiten. Solcher Wege gibt es zahlreiche und naheliegende; zum Beispiel könnte man den Kindern folgendes Mittel vorschlagen: Die kleine Diebesbande verwandle sich in eine Theaterspielbande, lade monatlich Gäste zu einer Aufführung ein, spiele vor ihnen auf Teilung des Eintrittsgeldes und schaffe so eine Kasse für legitime Schokoladekäufe. Wer derartiges je in einem Heim versucht hat, weiß, wieviel Interesse, Begeisterung, Hingabe aus einer solchen Komödientruppe herauszuholen ist; weiß, welch kräftige seelische Bindungen unter den Spielern und zu dem Anführer entstehen; kennt die Bedeutung, welche die Truppe für die ganze Anstalt gewinnen kann; zweifelt nicht, daß die Kasse schließlich zu edleren Zwecken verwendet werden wird, weil der ursprüngliche Zweck der Unternehmung vergessen sein wird, ehe noch die erste Aufführung stattfand.

Doch diese Perspektiven sind für uns hier unbedeutend. Uns interessiert *die pädagogische Situation*, die durch diese Einstellung des Erziehers und den, beispielsweise, neuen Vorschlag entsteht. Wir gehen ja von der Überzeugung aus, daß es jenseits der Kasernenpädagogik wirksame Kräfte in der Anstaltserziehung geben müsse, die über den engen Wirkungskreis der Liebespädagogik hinausreichen. Und wir hoffen, sie in gesellschaftlichen Einrichtungen innerhalb der Anstalt zu finden, die wir mit dem Namen „Schulgemeinde“ nur ungenau bezeichnen. Um die Luft rein zu machen, um die Ansatzkerne zu solchen Einrichtungen zu schaffen, haben wir die Ernährungsinteressen der Kinder anerkannt und diese Theater-Spiel-Bande vorgeschlagen.

Ihre Wirksamkeit zu verstehen, müssen wir uns von der üblichen pädagogischen Betrachtungsweise losmachen, die immer bloß den einzelnen Erzieher sieht und das einzelne Kind, auf welches er erziehend mit bestimmten Mitteln einwirkt.

Wir müssen die Beziehungen zwischen den Zöglingen untereinander und zu den Erziehern in einer pädagogischen Situation erfassen, ihre *Struktur* verstehen. Diese läßt sich dahin beschreiben, daß die Mitglieder der Theatertruppe ein gemeinsames Ziel haben (die Theateraufführung oder auch deren eigentlichen Zweck, den Schokoladekauf), das sie gemeinsam, arbeitsteilig organisiert, zu erreichen tätig sind. *Sie sind eine organisierte, solidarische Gruppe, die ein gemeinsames, erreichbares, konkretes Ziel mit den hierzu zulänglichen Mitteln anstrebt*. Insofern hat sich an ihrer Struktur beim Übergang von der Diebesbande in die Komödientruppe nichts geändert. Auch als Diebe waren sie in der Verfolgung eines gemeinsamen, erreichbaren, konkreten Zieles solidarisch verbunden; auch dafür hatten sie eine arbeitsteilige Organisation, die freilich nur in Ansätzen ausgebildet war, während sie in der Spieltruppe sorgfältig durchgearbeitet ist. Das Ziel, das sie solidarisch anstreben, ist in beiden Situationen annähernd dasselbe: Schokolade. Der grundsätzliche Unterschied besteht in der Stellung des Erziehers. Früher war er ihr *Gegner*, sie mußten sich vor ihm hüten, ihre Gruppe vor ihm verbergen, sie wußten, daß er ihr Ziel als ein niedriges (Näscherei), ihre Mittel als verbrecherisch (Diebstahl) verurteilt hätte – jetzt ist er ihr *Führer*, das heißt, er ist mit ihnen *im Ziel solidarisch;* er ist nicht durch Wertungen von ihnen differenziert, verurteilt nicht ihre Ziele (Wertungen) als kindische oder verwerfliche Naschhaftigkeit, Begehrlichkeit und setzt keine angeblich höheren Wertungen, sondern ist in Ziel und Wertung auf ihrem eigenen Niveau. Was ihn zum Führer macht, ist die Überlegenheit, die er in den Methoden der Zielerreichung besitzt. Er hat den praktischeren Weg des Theaterspielens, der sich auch sehr bald als der lustigere erwies, und ein ehrenvollerer zu werden verspricht, gewiesen, und er ist der überlegene Meister in der Organisierung und Verwirklichung der Mittel. Er gewinnt die Autorität des Meisters über die Mittel und Wege zum gemeinsamen Ziel, die *technische Autorität*. Er tritt damit an die Stelle jenes Knaben, der der Führer der Diebesbande war, der ihnen als erster den Weg zum gemeinsamen Ziel (Schokolade ohne Geld) gewiesen hatte, und der die arbeitsteilige Organisation durchgeführt hatte. Wenn sich auch an der Struktur der Diebsbande und an dem seelischen Zustand der Diebsgenossen nichts geändert hat, so ist doch der Eintritt des Erziehers in die Gruppe als ihr technischer Führer, die Übernahme der Wegführerschaft durch ihn von höchster Bedeutung. Denn alle Wirksamkeit, die ein Erzieher überhaupt gewinnen kann, wird vielfach erleichtert und vertieft, wenn er nicht von außen oder gar als Feind, auf sie einwirkt, sondern ein wichtiges Glied ihrer eigenen Gruppe ist.

Hierzu kommt aber noch eine bedeutsame Tatsache: Besteht eine solche Gruppe mit Wegführer zu gemeinsamem konkreten Ziel längere Zeit, so pflegt sich in ihr eine seelische, oft sehr bedeutsame Bindung der Mitglieder untereinander und an den Führer einzustellen, die allmählich das ursprüngliche konkrete Ziel in den Hintergrund treten läßt, während die seelischen Bindungen zum Hauptzweck, zum Selbstzweck der Gruppe werden; der Wegführer wird dadurch zum *Ideal* der Gruppengenossen; sie wollen so werden, wie er ist, oder so, wie er wünscht, daß sie seien. Sie entwickeln die Bereitschaft, alle seine Ziele und Wertungen zu übernehmen, auch dann, wenn sie ihnen ursprünglich fremd und wertlos erschienen sind. Nun erst wird er der *Führer zu neuem Ziel* und löst in den Gruppengenossen Selbsterziehungsversuche aus. Diese pädagogische Führergruppe hat also ursprünglich Ziel und Struktur der naturgewachsenen Diebesbande; sie behält deren Struktur und gewinnt ein neues Ziel erst im Laufe ihrer Entwicklung.

So sehr die Liebespädagogik und die Kasernenpädagogik voneinander verschieden sind, so haben sie doch gemeinsame Strukturmomente gegenüber der Führergruppenpädagogik. Sie sind ganz und gar auf die pädagogische Situation der Paar-Gruppe eingestellt: der einzelne Erzieher steht dem einzelnen Kind gegenüber. Die seelischen und sozialen Bindungen und Gruppierungen der Kinder bleiben völlig unberücksichtigt. Der Erzieher steht als moralische Autorität über allen Kindern, er setzt unbekümmert um den seelischen Zustand der Kinder allgemein gültige Werte und Ziele (Kinder haben so und so zu sein). Diese Autorität wird von den

Kindern oft innerlich anerkannt, indem der Erzieher diese Anerkenntnis durch Furcht erzwingt oder durch Liebe erwirbt. In der Führergruppenpädagogik hingegen ist der Erzieher bloß technische Autorität, er weist den Kindern die Wege, auf denen sie ihre eigenen Ziele erreichen können. *Er gewinnt moralische Autorität nur, wenn er sie durch seine Wegführerschaft sich verdienen kann.* Die durch Furcht erzwungene Autorität führt nur selten zu einer dauernden seelischen Veränderung, sondern allermeistens bloß zu einer klugen Regulierung von Handlungen. Die durch Liebe erworbene Autorität führt freilich zwar oft zu tiefen seelischen Veränderungen, sie ist aber meistens in der Anstalt nicht aufrechtzuerhalten: weil sie zu langer Zeit bedarf, um wirksam zu werden; weil die Erzieher vielfach einer Majorität ihrer Zöglinge nicht genügend liebenswert erscheinen; weil schließlich die Liebe verwahrloster, neurotischer, psychopathischer Kinder – also eben der Anstaltskinder – sich aller Regel nach in paradoxen, ordnungsstörenden Formen äußert, z.B. als Aggression, Trotz, Undankbarkeit.

Die durch Wegführerschaft verdiente Autorität führt im Gegensatz hierzu allermeistens sehr rasch und direkt zu nachhaltigen seelischen Änderungen. Sie kann von der überwiegenden Masse aller Erzieher ausgeübt werden, weil sie im Gegensatz zur Liebespädagogik erlernbar ist, und sie führt zu keinen ordnungsstörenden Schwierigkeiten, wenn sie in der richtigen Weise in das Gesamtleben der Anstalt eingebaut ist, in jenes System, das als „Schulgemeinde" bezeichnet wird. Diese *richtige Weise besteht darin, daß das Leben der Kinder nach deren Zielen von technisch überlegenen Führern (den Erziehern) organisiert wird*. Will man dies vorbereiten, so müssen in der Anstalt erst eine oder mehrere Gruppen der geschilderten Art aktiv sein; auch mit ihnen kann die Arbeit der allmählichen Umstellung der Zöglingschaft und der Disziplin-Einrichtungen geleistet werden. Bis dahin hätte in unserem konkreten Fall die Heimleitung gegenüber der Öffentlichkeit und der Partei der Heuchlerischen Aufhebung der Strafe auf vier Wochen zur Bewährung anzukündigen.

DIE ERNÄHRUNGSFRAGE IN ERZIEHUNGSANSTALTEN

Zur Psychologie der Revolten
(1929)

Es ist kein Zufall, daß alle künstlerischen Gestaltungen der Revoltenthemen den Ausbruch der Revolte an einen Konflikt um die Ernährung knüpfen. Die Empörung der Panzerkreuzer-Potemkin-Mannschaft in Eisensteins Film und die der Zöglinge in Lampels Theaterstück[1] bricht los wegen des Zwanges, Speisen zu essen, die ihnen nicht behagen oder nicht genügen. Tatsächlich kann die Geschichte bestätigen, daß alle Soldatenrevolten, was immer ihr tieferer Grund sei, die Ernährungsfrage zum Anlaß nehmen; bei den Zöglingsrevolten spielt sie regelmäßig eine große Rolle. Dabei handelt es sich meistens nicht um eigentliche Hungerrevolten; gewiß gibt es auch solche; aber gewöhnlich macht Hunger und Unterernährung die Menschen passiv und gefügig. Jedenfalls kann eine Revolte auch bei objektiv ausreichender Ernährung an einem Konflikt um die Mahlzeiten zum Ausbruch kommen. Immer wieder versichern die Revoltierenden, daß sie hungerten, während die Anstaltsleitungen (oder Truppenkommandanten) glaubhaft erweisen, daß die Nahrungs*menge* ausreichend war. Es handelt sich nämlich bei den Anstaltsrevolten nicht in erster Linie um die Menge der Nahrung, sondern um den Zwang, den Leitung und Küche auf den Lebenstrieb ausüben.

Jeder Praktiker weiß, daß Zubereitung, Mannigfaltigkeit und Verabreichung der Speisen einen Faktor von ebenso großer Wichtigkeit darstellen wie deren Menge. Eine ausrei-

1 Peter Martin Lampel: Revolte im Erziehungshaus. Im Herbst 1928 in Berlin uraufgeführt. – Vgl. von dems.: Jungen in Not. Berichte von Fürsorgezöglingen. Berlin 1928. – Über das Echo auf das Theaterstück und das Buch berichtet Karl Wilker: Die Krisis der Fürsorge-Erziehung. In: Das Werdende Zeitalter 8 (1929), S. 32–36.

chende Nahrungsmenge allein verhindert nicht, daß die Zöglinge sehr bald über das Essen murren, seine Qualität und (objektiv oft ungerecht) auch seine Menge ungenügend finden. Eintönige reizlose Nahrung erzeugt mit Sicherheit früher oder später mürrische Unlust, Gehässigkeit, gesteigerte Neigung zu Gewalttätigkeiten. Gilt dies schon für den erwachsenen Menschen, so steigert sich die Wirkung bei Kindern und Jugendlichen, bei Neurotikern und Kriminellen, bei Menschen auf primitivem seelischen und geistigen Niveau. Und zu äußerst heftigen Graden kann dieser Unwille anwachsen, wenn Massen von Menschen gezwungen werden, in der üblichen Form der kasernenartigen „Abspeisung" ihren Hunger zu befriedigen: Es entsteht dann sehr leicht, durch minimale Anlässe auslösbar, Massenstimmung der erbitterten, zu Trotz und Gewalttätigkeit neigenden Empörung, die Atmosphäre der Revolte. Anstalten, in denen die Zöglinge in dieser Weise, und wäre es noch so reichlich, mit einförmiger reizloser Nahrung in zugeteilten Rationen aus undifferenzierten Massengefäßen „abgefüttert" werden, schaffen sich nicht allein die Revolutionsatmosphäre, sondern verzichten ein für allemal auf jede Möglichkeit, ihre Zöglinge erzieherisch tiefer zu erfassen und zu kultivieren.

Aber die Mannigfaltigkeit der Speisen und ihrer Zubereitung, das Essen an gedeckten Tischen aus differenzierten Gefäßen, in „Speisegemeinschaften", verhindert auch nicht auf die Dauer das Umsichgreifen von Mißstimmung, Nörgelei und Auflehnung. Leider ist die Zahl von Anstalten, die den Fortschritt zu dieser untersten Stufe der Essenkultur gemacht haben, noch sehr gering und die Pädagogik noch zu hochmütig, diesem „niedrigen" Thema Aufmerksamkeit zu schenken. Die mangelnde Erfahrung der Pädagogen kann aber jeder aus seiner Selbstbeobachtung ersetzen, der längere Zeit etwa in einem Restaurant Menü essen mußte. Anfangs ist alles gut, ausreichend und billig, aber auch bei unveränderter Küche werden die Gerichte immer ungenießbarer, die Portionen immer kleiner und teurer, bis der Gast revoltiert und einen anderen Mittagstisch aufsucht.

Diese eigenartige psychologische Wirkung (Abscheu, Mißstimmung und Auflehnung) liegt am Moment des Zwanges. Daß sie gezwungen sind, eben dies zu essen, was die Küche ihnen vorsetzt, eben so zubereitet, wie die Küche es für richtig hielt, dies ertragen viele Menschen nicht, und ohne sich der Ursache bewußt zu sein, empfinden sie bloß ärgerlich, daß das Essen ihnen verleidet sei. Sie lehnen sich gegen die Diktatur der Küche auf und suchen den Grund für ihre Empörung in Menge und Zubereitung der Speisen.

Freilich sind nicht alle Menschen gleich empfindlich. Aber Kinder haben allgemein entsprechend ihrem größeren natürlichen Interesse für alles, was mit der Mundzone und der Ernährung zusammenhängt, eine sehr intensive Auflehnung gegen jede Diktatur der Küche; sie wollen teilhaben an der Zubereitung, sie wollen freie Wahl haben, sie wollen mitbestimmen bei der Verteilung. Die so überaus häufigen Eßstörungen aller Art bei Kindern, deren Nahrung nichts zu wünschen übrig läßt, all die sogenannten „Unarten" beim Essen sind entstellte Zeugen dieser Auflehnung, die an unscheinbarsten Verboten ausbrechen kann. In der Anstalt ist diese Diktatur der Küche verschärft, weil sie sich auch noch auf die Menge bezieht (Rationierung), weil alle möglichen pädagogischen Forderungen mit dem Essen verknüpft werden, die mit ihm an sich nichts zu tun haben, und für den Zögling die Zwangssituation nur noch fühlbarer machen, in der er sich bei der Befriedigung seines Lebenstriebes befindet: Gebete, Stille, Haltungsvorschriften usw. Sie wirkt schließlich geradezu revoltierend, wenn gar noch Neidmotive sich einschleichen können, wenn also etwa zweierlei Küche für Zöglinge und Erzieher geführt wird. (Hier berühre ich zwar einen heiklen Punkt der Erzieherpsychologie, aber es muß gesagt sein, daß zweierlei Küche im Rahmen einer Anstalt psychologisch absolut unzulässig ist. Eben der Widerstand, den diese selbstverständliche Forderung oft bei Erziehern findet, zeigt, wie groß die Bedeutung ist, die uneingestandenerweise jeder seiner Freiheit – und wäre sie nur relativ – gegenüber der Küche beimißt.)

All diese Tatsachen erhalten vermehrtes Gewicht, wenn es sich – wie in der Anstaltserziehung regelmäßig – um Zöglinge handelt, deren seelische Struktur primitiv oder gestört ist. Für sie kann der Zwang bei der Ernährung von überragender seelischer Bedeutung werden, weil sie den Ernährungsfragen bewußt und unbewußt, offen und heimlich, ein unvergleichlich hohes Maß von Intensität widmen. Bei ihnen ist insbesondere alles Lieben und Geliebtwerden in den „Dialekt" des Mundes und des Magens übersetzt: „Wer meine Essensfreiheit schützt, liebt mich; den liebe ich wieder. Wer meine Essensfreiheit einschränkt, der haßt mich; den hasse ich wieder" – so lautet die unbewußte Grundgleichung, mit der sie ihre Beziehungen zur Umwelt zu regeln pflegen. Zwang in Essensdingen führt bei ihnen leicht zu solcher Empörung oder Verzweiflung, zu Revolte oder stumpfer Depression, weil sie diesen Zwang wie einen Liebesmangel, wie Liebesenttäuschung oder Liebesentzug erleben.

Die Pädagogik pflegt gegenüber den Ernährungsinteressen der Zöglinge einen sehr einfachen Standpunkt einzunehmen: Maßlosigkeit, Gier, Naschhaftigkeit, Nörgelei, Disziplinlosigkeit usw. Nach dieser negativen Bewertung glaubt sie das Recht zu haben, sich ihren „höheren Aufgaben" widmen zu können. Aber Kinder und Jugendliche, bei denen sich die Ernährungsfrage unbewußt mit Liebesfragen verknüpft hat, bei denen sie also nicht nur zur körperlichen, sondern auch zur seelischen Lebensfrage geworden ist – und das ist bei vielen Anstaltszöglingen der Fall, bei allen möglich –, sind überhaupt nicht wirklich erziehbar, ehe nicht ihre Bindung an die Mund- und Mageninteressen aufgelöst wurde.

„Diese Bindung ist nicht wünschenswert"; „das Kind soll auf ein höheres Niveau gehoben werden"; „es sollte die Überempfindlichkeit gegen den nie ganz vermeidbaren Zwang überwinden" usw. – in diesen Zielen stimmen wir auch mit der landläufigen Anstaltspädagogik überein. Wie aber sind sie erreichbar? Nicht in der heute noch fast ausschließlich geübten Weise: Diese Lebensfrage der Zöglinge wird von den Erziehern entwertet und übersehen, die Kinder werden sich selbst überlassen, sie müssen mit ihren Trieben selbst fertig werden, und noch überdies unter dem erschwerenden Regime der harten Diktatur einer mageren Küche im empörenden oder deprimierenden „Massenabfütterungsbetrieb". Diese Methode hat lediglich zur Folge, daß die Kinder völlig unerzogen bleiben; eine dünne Dressurschicht überdeckt den pädagogischen Mißerfolg, bis eine Revolte beweist, daß nicht einmal die oberflächliche Dressur gelang.

Erfolg verspricht lediglich die radikale Abkehr von dieser unehrlichen alten Erziehungsgesinnung. Die Triebe des Zöglings müssen vor allem von den Erziehern offen als Recht anerkannt werden. Die Ernährungsfrage in der Anstalt ist weder Angelegenheit der Leitung noch der Verwaltung noch der Küche, sondern sie ist die gemeinsame Sache aller; eine Lebensaufgabe der gesamten Anstalt, die in arbeitsteiliger Organisation von allen zusammenwirkend bewältigt werden muß, die von allen mitbestimmt, kontrolliert und fortschreitend verbessert werden muß. An Stelle der Diktatur der Küche muß die Demokratie der Gesamtheit treten.

DER SOZIALE ORT UND SEINE BEDEUTUNG FÜR NEUROSE, VERWAHRLOSUNG UND PÄDAGOGIK

(1929)

Unter den Vorwürfen und Einwänden gegen die Psychoanalyse erscheint immer häufiger der, sie berücksichtige nicht die sozialen Determinanten des seelischen Geschehens. Der Einwand selbst ist alt; er hatte sich früher in die Formel gekleidet, „solche Dinge, wie sie Freud behaupte, gäbe es nur im sittenlosen Wien". Auch heute noch tritt er gelegentlich in dieser grotesk primitiven Form auf, so bei Jurinetz[1], wird aber doch auf höherem Formniveau energischer vertreten: Einerseits soll die Neurose eine bürgerliche Luxuserscheinung sein und demnach die Psychoanalyse eine bürgerliche Spezialangelegenheit – so hört man häufig Kommunisten reden; andererseits vertritt Prinzhorn[2] die – übrigens von Spranger[3], glaube ich, zuerst in die Diskussion gebrachte – Auffassung, die Psychoanalyse sei eine Sache nihilistischer, revolutionärer Politiker; sie sei übrigens veraltet und nur für die Zeit der längst verschwundenen lüsternen neunziger Jahre gültig.

Sehen wir von der gelegentlich kindischen polemischen Wendung dieses Vorwurfs ab, so trifft er einen Wahrheitskern. Die Psychoanalyse hat sich noch nicht gründlich genug mit den sozialen Bedingungen all jener seelischen Vorgänge befaßt, die sie entdeckte und ausführlich studierte. Wenngleich keine Rede davon sein kann, daß sie sie etwa völlig übersehen hätte. Im Gegenteil hat Freud sich sehr deutlich

---

1 W. Jurinetz: Psychoanalyse und Marxismus. In: Unter dem Banne des Marxismus 1 (1925/26), Wien/Berlin 1926, H. 1, S. 90–133.

2 Hans Prinzhorn (Hg.): Auswirkungen der Psychoanalyse in Wissenschaft und Leben. Leipzig 1928.

3 Eduard Spranger: Psychologie des Jugendalters. Leipzig 1924 (zahlr. Aufl.).

über diese Frage geäußert. Ja, die Setzung eines allgemeinen Rahmens für die sozialspychologischen Beziehungen gehört zu den Grundkonstruktionen der Psychoanalyse. Ist doch alles seelische Geschehen für Freud das Schicksal, das die Triebe in einer bestimmten Realität finden; die Triebe selbst mitsamt ihren Eigenschaften und Zielen sind der Niederschlag historischen Geschehens, und wo nicht die Realität, sondern innere Faktoren für das Triebschicksal entscheidend sind, da ist das Über-Ich wirksam, das selbst nur die Verinnerlichung eines bedeutsamen Stücks der Realität ist. Wer sich deutlich macht, daß „Realität" für den Menschen beinahe ganz durch die Gesellschaft gegeben ist – die „Natur" spielt hier eine geringe Rolle –, muß zugeben, daß Freud den sozialen Faktor gewiß nicht zu gering eingeschätzt hat.

In diesem Rahmen sind nun freilich eine ganze Reihe von Problemen enthalten, die näherer Behandlung harren. Die normalen und pathologischen Mechanismen haben je nach ihrem Auftreten in einer bestimmten Zeit ihren eigenen *historischen Aspekt*. Freud hat diesen Tatbestand keineswegs übersehen, sondern z.B. in „Totem und Tabu"[4] und in der „Teufelsneurose"[5] nachdrücklich formuliert.

Innerhalb desselben Zeitalters erfahren die Triebschicksale unbeschadet der Gültigkeit aller Freudschen Mechanismen und Dynamismen je nach dem *Milieu*, in dem sie ablaufen, ihre *eigenartige Prägung*. Freud hat dieses Faktum mit Berufung auf Nestroys „Zu ebener Erd' und im ersten Stock"[6] festgehalten.

Man kann die Fragestellung nach dem historischen Aspekt und nach der Milieuprägung eines seelischen Vorgangs als den *Gesichtspunkt des „sozialen Orts"* zusammenfassen und hervorheben. Man sagt damit gewiß nichts Neues, sondern der „soziale Ort" ist ein Sektor dessen, was

4 Sigmund Freud: Totem und Tabu. Einige Übereinstimmungen im Seelenleben der Wilden und der Neurotiker (1912/13). Leipzig/Wien 1913; Studienausgabe. Bd. 9, Frankfurt a.M. 1974, S. 287ff.

5 Sigmund Freud: Eine Teufelsneurose im 17. Jahrhundert (1922/23). Leipzig/Wien/Zürich 1924. Studienausgabe. Bd. 7, Frankfurt a.M. 1973, S. 283ff.

6 Johann Nestroy: Zu ebener Erde und erster Stock oder Die Launen des Glücks. Wien 1838.

die Psychoanalyse als Realität bezeichnet. Gegebenenfalls wird diese Realität verinnerlicht, und der „soziale Ort" wird dadurch zu einem Moment am Über-Ich. Dennoch ist zugegeben, daß dieser Gesichtspunkt bisher weniger intensiv beachtet wurde, als manche praktischen und theoretischen Bedürfnisse fordern.

I. „Sozialer Ort" und Neurose[7]

Belangvoll erscheint mir die Berücksichtigung des „sozialen Orts" für den Krankheitsbegriff der Neurose. Topisch, dynamisch, strukturell ist zwischen einer künstlerischen Leistung und einem neurotischen Symptom in gewissen Fällen kein Unterschied. Auch ökonomisch mag er fehlen; denn das Maß der Befriedigung, das der Künstler aus seinen sozialen Erfolgen zieht, ist nicht durchaus größer, als der sekundäre Krankheitsgewinn des Neurotikers sein kann. Der Unterschied, der auch in diesen Fällen aber gewiß besteht, ist der der Selbsteinschätzung und des Wertes. So schwer dieser Unterschied metapsychologisch faßbar ist, so minimal er sein mag, für das Ich ist er von höchster Bedeutung. Ob sich einer als „krank" wertet oder als „Künstler", ist für ihn selbst von ganz hervorragender Bedeutung. Und hierüber entscheidet eben der „soziale Ort": die Beziehung zwischen dem Ich, einem bestimmten Sektor der Realität und einem bestimmten Moment am Über-Ich. Die „Schwere" einer Erkrankung ist oft geradezu von ihrem „sozialen Ort" abhängig. Dies läßt sich an einem etwas klobigen Beispiel gut demonstrieren: Derselbe krankhafte Prozeß am Kehlkopf, der dem Metallarbeiter völlige Gesundheit bedeutet, ist dem Lehrer nicht ganz unbesorglich und veranlaßt ihn, eine Pille zu schlucken; für Caruso wäre er ein äußerst schweres Leiden von größter Bedrohlichkeit und rechtfertigt eine energische Therapie. Das Kriterium der Schwere liegt hier in der materiellen Gefahr (die Freuds Definition der Krankheit als verminderte „Arbeitsfähigkeit" mitumfaßt), aber eben sie ist durch den „sozialen Ort" gegeben. Überdies handelt es sich

7 Zwischenüberschrift vom Hg.

gar nicht nur um die materielle Gefahr. Denn jener Metallarbeiter wird sich wie Caruso krank vorkommen, wenn er hofft oder phantasiert, Opernstar zu werden und Carusos Ruhm zu verdunkeln. Er wird dann zwar nicht von materiellen Gefahren bedroht sein, dennoch den „sozialen Ort", an den er zu gelangen wünscht, bei der Bewertung seines Zustandes als „Krankheit" in Rechnung ziehen.

Ganz ähnlich mengen sich auch in Fällen, bei denen objektive – dynamische oder strukturelle – Kriterien der Krankheit vorhanden sind, kulturelle Faktoren ein. So Unterschiede der sozialen Bewertung, die etwa für die Homosexualität ausreichend gewürdigt wurden, welche in gewissen Kulturperioden als Verbrechen, in anderen als Krankheit und schließlich in einigen als repräsentativer Wert aufgefaßt wurde. Weniger deutlich ist, daß ähnliches auch für die subjektive Krankheitseinschätzung gilt. Die herabgesetzte Potenz empfinden Männer schärfer als Leiden an einem „sozialen Ort", der offene Einstellung zu den Sexualtatsachen pflegt und an dem die Potenz hochgeschätzt wird, als solche, deren Lebensmilieu alle Sexualfakten verheimlicht und andere Werte ausschließend schätzt. In der sakramentalen Eheform litt die sexuell unbefriedigte Frau an göttlicher Prüfung oder an körperlichen Krankheiten, in der bürgerlichen Ehe leidet sie an der Liebe und in der Kameradschaftsehe an der Sexualität. Das Maß des subjektiven Leidens wird zum guten Teil, sein Gegenstand (woran einer leidet) wird vor allem durch den „sozialen Ort" bestimmt. Was die Menschen Glück und Erfolg nennen, ist ohne sorgfältige Beachtung des „sozialen Orts" nicht metapsychologisch zu erfassen. Es spielt für die Ich-Psychologie eine hervorragende Rolle, wird aber gelegentlich auch in die Neurosenpsychologie hineinwirken und hat insbesondere seinen Anteil an der Bewertung „krank".

Selbstverständlich ist seelisches Leiden nicht nur vom „sozialen Ort" abhängig. Es gilt hier zu unterscheiden; aber der neue Gesichtspunkt ermöglicht diese Unterscheidung schärfer. Da ist etwa das Leiden einer Mutter beim Tod ihres kleinen Kindes. Es ist gewiß nicht vom „sozialen Ort" bedingt, sondern wird an jedem eintreten, wenn nicht besondere Bedingungen es verhindern. Und doch gibt es Unterschiede des Leids. Sie sind abhängig von der Bedeutung, die das Kind für die Mutter hatte, also dynamisch und ökonomisch erfaßbar. Sie sind abhängig von der Bedeutung des Todes für die Mutter, ob er etwa als Strafe oder Opfer wirkt, also strukturell erfaßbar. Es gibt aber überdies eine Nuance des Leids, die die Gesellschaft fordert, und diese ist recht anders in einer wohlbürgerlichen Familie des 19. Jahrhunderts, in einer heutigen proletarischen Familie, bei Patrioten des Weltkriegs, oder schließlich in einem australischen Negerstamm, der aus Nahrungsmangel die Opferung von Kindern verlangt.

Wir können seelischen *Schmerz* die Reaktion des Ichs nennen, mit der es Verlust beantwortet. Dies wäre der Kern alles seelischen *Leids*, wie wir das Leid nennen können, das der gegebene „soziale Ort" fordert. Ein beträchtlicher Teil hiervon ist im Über-Ich introjiziert, aber nicht alles; manches ergibt sich aus der Identifikation mit den Mitmenschen, manches mag noch unbekannten Mechanismen folgen. Als *neurotisches Leiden* wäre dann solches zu bezeichnen, das vom Über-Ich ausgeht, ohne daß es sozial gefordert wäre.

Diese Unterscheidung wird auch für den Krankheitsbegriff bedeutsam. Besonders deutlich wird die hier gemeinte Differenz wohl am Eheunglück. Die Enttäuschung am Partner wird wohl regelmäßig Schmerz zur Folge haben; aber je nach dem „sozialen Ort" wird sich ein sehr verschiedenartiges, verschieden intensives und verschieden lang andauerndes Leid aus dem Schmerz entwickeln, das z.B. davon abhängt, ob die Beziehung zwischen den Partnern lösbar ist (Ehescheidung) oder nicht, mit welchen sozialen, materiellen Folgen, wie leicht oder wie schwer ein geeigneter anderer Partner zu gewinnen ist usw. Soweit die Bedingungen des „sozialen Ortes" den Beteiligten unveränderbar, notwendig erscheinen, ist auch das Leid so unvermeidlich wie der Schmerz. Wem aber die sozialen Bedingungen änderbar erscheinen, der wehrt sich gegen das „sinnlose" überflüssige Leid. Vom Standpunkt der sakramentalen Eheform muß das Leid als sinnvolle Schickung ertragen werden. Die Ehereformer hingegen werden Gatten, die eine leidvolle Ehe nicht lösen, geneigt sein, als „neurotisch gehemmt" zu beurteilen. Oder: Wie sehr hat das Sehnsuchtsleid im Volksliedton für jene Schichten abgenommen oder sich verändert, die Post,

Telefon, Flugzeug, Bildfunk in den Dienst ihrer Liebe zu stellen vermögen.

Gewiß nicht unabhängig von diesem Leid, aber doch von ihm unterscheidbar, ist das neurotische Leiden, das sinnlos und überflüssig ist, auch im Rahmen des gegebenen „sozialen Ortes", da seine Bedingungen aufhebbar oder milderbar sind, etwa durch die Lösung der Über-Ich-Hindernisse, die der Scheidung einer standesamtlich geschlossenen kinderlosen Ehe wohlhabender Partner im Wege stehen. Der Psychotherapeut will den Patienten seelischen *Schmerz* und *seelisches Leid* ertragen lehren (ihm dies ermöglichen), er will *neurotisches Leiden* mindern. Der Politiker rechnet mit seelischem Schmerz und neurotischem Leiden als mit unvermeidbaren Fakten und will durch Gesellschaftsänderungen das seelische Leid verringern. Dem Patienten mangelt gar oft die Krankheitseinsicht, d.h. in diesem Zusammenhang: Er möchte von Schmerz und Leid befreit sein und dabei das neurotische Leiden behalten. Dem Wähler mangelt gar oft die politische Einsicht: Er erhofft von Reformen die Minderung seines neurotischen Leidens und widersetzt sich Revolutionen, die sein seelisches Leid verringern könnten.

Die sicherste Heilungsprognose bieten daher solche Neurosen, bei denen es sich manchmal bloß um „Nacherziehung" im engsten Sinne des Wortes handelt: die Aufhebung der Spannung zwischen den Wertungen des Kindheitsmilieus und den Wertungen des erwachsenen Realmilieus, eine Spannung, die in diesen einfachsten Fällen durch die Änderungen des „sozialen Ortes" seit der Kindheitszeit (sozialer Aufstieg oder Abstieg) oder durch rasche Entwicklung der Ideologie einer Zeit oder Schicht entstand. Wenn andererseits die Individualpsychologie Adlers, die Psychagogie[8] und die „Psycho-Synthese"[9] für den Patienten „Weltanschauung" fordert, so ist sie von ihrem Standpunkt aus konsequent. Wer die gegebene Gesellschaftsordnung, die so

8 Individualpsychologisch orientierte pädagogisch-psychologische Intervention, besonders bei Jugendlichen. Bernfeld denkt hier wohl an Aichhorn s.u. Anm. 14.

9 Ein tiefenpsychologisches Konzept von Roberto Assaglioli (1889 bis 1974), heute bekannt als eine Form der transpersonalen Psychologie.

viel Leid stiftet, absolut akzeptiert, daher die Änderbarkeit dieses Leids nicht lehren kann und auch das neurotische Leiden wegen unzulänglicher Methode nicht zu verringern vermag, muß versuchen, den Patienten mit Leid und Leiden abzufinden, indem er ihm einen Sinn seines Lebens, eine Aufgabe für sein Leben zu vermitteln trachtet.

II. „Sozialer Ort und Verwahrlosung"[10]

Die Nützlichkeit des Gesichtspunktes „sozialer Ort" mag mit diesen Erörterungen bereits überschätzt sein. An einer Stelle der psychoanalytischen Arbeit scheint mir seine Einführung aber unumgänglich: in der psychoanalytischen *Pädagogik*. Wenn hier bei Diskussionen kaum überbrückbare Gegensätze unter Psychoanalytikern auftreten, so sind sie Symptome für eine Lücke in unserer Betrachtungsweise. Jede Erziehung verlangt Ziele, Wertungen. Jede Wissenschaft (Naturwissenschaft) sucht auf ihrem Forschungsgebiet wertfrei zu sein. Hier ist eine beträchtliche Schwierigkeit für jede Erziehungswissenschaft, die nicht zu lösen, sondern eigentlich erst deutlich aufzuzeigen unser neuer Gesichtspunkt helfen kann.

Die Schwierigkeit zeigt sich am konkreten Fall: Der Sohn einer hochfeudalen Familie soll wegen sehr bedrohlicher Symptome in die Analyse kommen. Die Mutter schildert weitgehende menschliche Verwahrlosung; Vernachlässigung aller äußeren Formen, Sitten, der Kleidung; Flucht aus dem Elternhaus; Herumtreiben in mehr als bedenklicher Gesellschaft und dergleichen. Der Fall scheint klar. Ein Hindernis ist die schlechte Erfahrung, die die Familie mit der Analyse einer nahen Verwandten gemacht hatte. Die Analyse ist trotz langer Dauer „völlig mißglückt". Worin sich der Mißerfolg bewiesen habe? Das Mädchen weigerte sich, nach beendeter Analyse ins Kloster zu gehen. Hier konnte der konsultierende Analytiker der Dame klar machen, daß man diese Weigerung schlechterdings nicht als krankhaft bezeichnen könne, da das Mädchen sich keineswegs einer

10 Zwischenüberschrift vom Hg.

unbedingt gültigen Forderung widersetzte, sondern einem sehr begrenzt gültigen Standesgebot. Sie war geheilt, weil sie überflüssiges Leiden nicht mehr als notwendiges Leid hinnahm. – Die erste Besprechung mit dem Sohn gab ein überraschendes Resultat. Der junge Mann bekannte sich als Kommunist. Das „Herumtreiben" sei seine politische Tätigkeit. Die „bedenkliche Gesellschaft" sei eine Ortsgruppe der kommunistischen Partei. Seine „Verwahrlosung" entspringe der Einsicht, daß in seinen Kreisen ein unberechtigtes Maß von Energie und Geld auf Kleidung, Gesellschaft usw. verschwendet werde. – War die Bewertung bei jenem jungen Mädchen jedem Analytiker sehr selbstverständlich, so ist sie vor diesem jungen Mann nicht ganz so einfach. Denn die weltanschaulich-politische Entscheidung, die jede Wertung hinter sich hat, ist im Weltanschauungskreis der Psychoanalyse eindeutig gegen feudalkirchlichen Zwang, aber darum noch keineswegs einheitlich in der Bewertung der Vorbereitungen zum bewaffneten Bürgerkrieg (Kommunismus). Aber immerhin hat der Therapeut hier dem Pädagogen gegenüber den Vorteil, sich bis zu einem gewissen Grad von seinen eigenen Anschauungen distanzieren zu dürfen. Der Therapeut wird vermuten, daß der junge, feudale Kommunist nicht ohne neurotische Motive zu seiner politischen Überzeugung kam; er kann sich die Aufgabe stellen, ihn von seinem neurotischen Leiden zu befreien und kann im übrigen ganz kühl der Zukunft überlassen, welches Milieu sich der geheilte Patient zur Erfüllung seiner Lebensaufgaben wählen wird. – Der psychoanalytische Therapeut wird diese Haltung leichter durchführen als der individualpsychologische oder psychagogische. Denn nach Freuds Formel strebt er die Erziehung zur Realität an, erstrebt er, seinen Patienten an die Realität anzupassen und ihm die Fähigkeit zu geben, die Realität zu verändern – soweit dies durch Abbau der neurotischen Hemmnisse möglich ist. Welcher Realität er angepaßt sei, bleibt dem Patienten überlassen. An jedem „sozialen Ort" können neurotische Prozesse die Realitätssicherheit vermindern, deren Behebung sie vergrößern. Der psychoanalytische Therapeut ist theoretisch dem „sozialen Ort" gegenüber neutral. Praktisch freilich wird es von seiner eigenen Lebenseinsicht, Welterfahrung, von seiner Einsicht in gesellschaftliche Fakten, von seiner politisch-weltanschaulichen Bildung abhängen, wie weit er selbst die „Realität" eines bestimmten „sozialen Orts" versteht und dessen Realbedingungen gegenüber neurotischen Verzeichnungen richtig abzuschätzen weiß.

Der Pädagoge kann diese grundsätzliche Toleranz nicht üben. Auch nicht der psychoanalytische Pädagoge. Natürlich ist hier nicht der Kindertherapeut gemeint, der zwar in vielen Dingen sich vom Erwachsenentherapeuten unterscheidet, aber bis zu einem gewissen Grad die Gesamteinstellung des Therapeuten behält: er befreit Kinder von ihrem neurotischen Leiden. Der Pädagoge aber hat es mit der Realitätsfähigkeit des Kindes, und zwar mit einer bestimmten Realitätsfähigkeit, zu tun. Das Kind muß in die kulturellen Werte eingepaßt werden, die seine Eltern fordern, die der „Staat", die „Gesellschaft" für notwendig halten. Es ist ganz unmöglich, daß der Pädagoge selbst für seine Person die Einordnung in eine wertende Gruppe verweigere. Er muß sich selbst auf den Boden bestimmter Werte stellen; er kann keine Werte von sich aus setzen, oder er bleibt ein Eigenbrötler, dem der Regel nach auch Objekte für seine Erziehungskünste fehlen werden – oder sie werden ihm bald von Eltern oder gesellschaftlichen Instanzen entzogen. Diese Tatsache mag manchem verborgen bleiben; er mag sich einbilden, höchst eigenartige Werte zu vertreten oder völlig wertungebunden zu sein, in Wahrheit befindet er sich an einem bestimmten, deutlich bezeichneten „sozialen Ort". In der heutigen gesellschaftlichen Situation ist die vermeintlich „wertfreie", die sogenannte „neutrale" oder „wissenschaftliche" Erziehung, die Illusion einer bestimmten, in Wahrheit eng wertgebundenen, bürgerlichen Gruppe. Die Freudsche Formulierung von der *„Erziehung zur Realität"*, die für die *Neurosentherapie* gedacht ist, ließe sich *nur unter der einen Bedingung auf die Erziehung anwenden*, daß die Gesellschaft eine *einheitliche* und – wenigstens für einige Jahrzehnte – *stabile Wertrealität* darstelle. Diese Bedingung ist aber in der heutigen Ordnung nicht erfüllt.

Der Erzieher kann es nicht dem Zögling überlassen, ob er sich als seinen „sozialen Ort" die Schicht des organisierten revolutionären Proletariats wählt oder die Hochadelsfamilie. Er muß selbst das eine wünschen und das andere *nicht* wünschen und dementsprechend einzuwirken trachten. Es sind nicht allein praktische Gründe, die ihn dazu zwingen. Diese praktischen Gründe sind, daß er *fremde* Kinder zu beeinflussen hat, die ihm anvertraut wurden. Er muß sich vor dem Auftraggeber verantworten. Im Konfliktfall muß er sich auf eine höhere Wertinstanz berufen können. Gelangt der Erzieher (nicht der Therapeut) mit seinem feudalen Auftraggeber in Konflikt, weil das Mädchen, das ihm anvertraut war, den Eintritt ins Kloster verweigert, so wird er vor den repräsentativen heutigen Kulturträgern gerechtfertigt erscheinen. Aber außerhalb der Kommunisten selbst wird keine Schicht die Erziehung zum Kommunismus ernstlich billigen. Der Erzieher bliebe an sein eigenes Gewissen gewiesen, dessen Freispruch nicht ausreicht, um Lebens- und Wirkungsmöglichkeiten zu geben. Im allgemeinen nicht; und da wir hier die allgemeine Anwendbarkeit der „Erziehung zur Realität" prüfen, dürfen wir die Frage, wie weit für große Neuerer des öffentlichen Gewissens oder der Erziehung Ausnahmen gelten, völlig außer acht lassen.

Aber, wird eingewendet, es gibt gewisse formale Qualitäten, die für jeden „sozialen Ort" gültig sind, und diese hat der Erzieher zu entwickeln; der religiöse, der politische, ja der beruflich-bürgerliche Standpunkt, den der Zögling schließlich gewinnt, kann dem Erzieher, muß vielleicht gerade dem psychoanalytischen Erzieher weitgehend gleichgültig sein, wenn der Zögling nur an seinem Ort ein „tüchtiger Kerl" wird. Es läßt sich leicht zeigen, daß dieser liberale Standpunkt in der heutigen pädagogischen Realität bloß ein höchst bescheidenes Plätzchen eingeräumt findet. Kraß wird dies deutlich am Fürsorgeerzieher. Er habe etwa einen jungen Dieb zu erziehen, dessen Vergangenheit, dessen „sozialer Ort", dessen Begabungen ihn auf die Bahn des Berufsverbrechens gebracht haben. Angenommen, der Junge stellt hohe Ansprüche an das Leben, aber nicht unberechtigte. Sie seien bemeßbar mit 400 Mark monatlich. Tatsächlich gibt es für ihn keine erdenkliche Weise, um legal je mehr als 200 Mark zu erwerben. Und auch das sei für alle absehbare Zukunft – Arbeitslosigkeit – unerreichbar. Was könnte der Erzieher, der zur Realität erzieht, anderes tun, als seinen Zögling zur Realität des Berufsverbrechers zu erziehen, d.h. ihn sorgfältig zum Tresoreinbrecher zu schulen und zu erziehen und so den höchsten Aufstieg, den sein „sozialer Ort" – objektiv! – gestattet, zu ermöglichen? Ich fürchte, der Liberalismus wird hier illiberal werden und wird doch finden, daß der Zögling den falschen „sozialen Ort" gewählt hat – also den Ort doch werten – und wird, wenn er nicht Psychose, Degeneration usw. annehmen will, argumentieren, der Zögling müsse zur Realität erzogen werden, indem er verzichten lerne auf jene übermäßigen Genüsse, die jeweils x Mark übersteigen.

Gewiß, der Erzieher wird sich mit Recht in dieser Richtung bemühen, denn dafür ist er angestellt; aber es ist ungerecht, von gefährdeten Jugendlichen einen Verzicht zu verlangen, den Tausende andere nicht zu leisten brauchen. Und der Erzieher, der ihn verlangt, ist nicht liberal-tolerant, nicht „wertfrei", sondern bejaht ein ganz bestimmtes Wertsystem, das sein Zögling verneint; und das die sozialistischen Gegner dieses Wertsystems – in anderer Weise – auch verneinen. Und damit wären wir in der Politik. Aber eben: in der pädagogischen Realität gibt es den Toleranzstandpunkt des formalen Ziels nicht. Von der Kindergärtnerin in der Privaterziehung, vielleicht, und von vereinzelten Spezialisten abgesehen, durchdringt das Werten praktisch das ganze Erziehungsgeschäft. Und *„Erziehung zur Realität"* wird unerbittlich Erziehung zur *heutigen sozialen Realität*; dies Ziel führt also zur *konservativen Erziehung* und ist für alle jene *nicht akzeptabel*, die – in welcher Weise immer – *diese heutige soziale Realität ablehnen und bekämpfen.*

III. „Sozialer Ort" und Pädagogik[11]

Kehren wir zu unserem feudalen Kommunisten zurück. Kein *Psychoanalytiker* wird der „politischen Einsicht" getraut haben, mit der der junge Mann sich rechtfertigte, sondern es war von vornherein zu vermuten, daß die Analyse neurotische Motive dieser politischen Aktivität aufzeigen würde; sie waren sogar überreichlich und überdeutlich. Der *Therapeut* ist da wieder um einen Konflikt ärmer als der Pädagoge,

11 Zwischenüberschrift vom Hg.

denn er hat zur Aufgabe, die Symptome aufzulösen, auch wenn sie einen wertvollen Gehalt hätten. Der *Pädagoge* wird Wertwidriges abschaffen wollen, auch wenn es nicht neurotisch ist, und sich fragen müssen, ob er nicht Werte schonen muß, selbst wenn sie neurotisch sind. Alles wird also für den Pädagogen davon abhängen, ob und wie weit er des Aristokraten kommunistische Gesinnung wertschätzt.

Der *Therapeut* hat einen Patienten vor sich und fragt, ob er *leidet*. Unser Patient litt offensichtlich an zwangsneurotischen Symptomen, die seine Familie nicht kannte; aber er war glücklich in seinem Kommunismus, an dem nur seine Familie litt. Was ihm der Kommunismus bedeutete, war leicht zu durchschauen. Es ersparte den Aufwand zu dauernder Bewältigung von Haß gegen Vater, Mutter, Onkel, Bruder; Haß, der natürlich aus dem Ödipuskomplex stammte. Aber die ökonomische Situation war etwas komplizierter, als man von vornherein annehmen durfte. Ein Teil seines Hasses gegen Vater und Bruder war seit frühester Kindheit manifest geblieben. Auf die Mutter richteten sich sadistische Strebungen, deren libidinöse Ziele unbewußt geworden waren, deren libidinöse Natur stets Konflikte und Abwehrversuche erweckte, von denen einer in oberflächlicher Umdeutung als Haß gegen die Familie bestand. Die zwangsneurotischen Symptome, die neben dem manifesten Haß standen, wiesen unter anderem Vernachlässigung der Kleidung und Reinlichkeit und Armutswünsche auf, die, wie sich regelmäßig vorfindet, feindlichen Haltungen gegen die besorgte Mutter und die (geld- und adelsstolze) Familie dienten. Seit frühester Kindheit hatte er politischen Ehrgeiz, für den insbesondere ein mütterlicher Onkel vorbildlich war. Auf diesem Feld wäre eine Sublimierung seines Hasses durchaus im Sinne der Familientraditionen möglich gewesen. Auch der Offiziersberuf und das Jagdvergnügen, die in seiner Pubertät real und phantasiert eine große Rolle spielten, hätten die Sublimierung ermöglicht. Er aber wählte die kommunistische Partei und begann seine politische Laufbahn mit einem Angriff auf jenen Onkel und brachte seine Familie geradezu ins „Unglück". Diese besondere Note seiner „Sublimierungswahl" scheint uns beachtenswert. Gewiß ist der politische Ehrgeiz eine Zielablenkung, aber unter allen möglichen politischen Aktionen war die kommunistische die direkteste Befriedigung seines manifesten Hasses. Ihm eröffnete der Kommunismus die Möglichkeit, Onkel und Familie sogleich zu schädigen, und gab ihm die Hoffnung, für den Fall des Sieges seiner Partei, den er eifrig phantasierte, den gehaßten Onkel „hinzurichten". Da der Vater bereits vor Jahren gestorben war, kann dieser Onkel und Vormund als realer Vaterersatz gelten. Das Verdrängte kehrt hier aus dem Verdrängenden unentstellt oder wenig entstellt wieder. Es liegt hier also eigentlich überhaupt keine Sublimierung vor, sondern eine nur wenig zielabgelenkte reale Befriedigung, und der Kommunismus dient hier als Umweg, den die Realität gebietet, bloß als Aufschub der Befriedigung. Ohne diese Ideologie hätte er sich vor Mordimpulsen gesehen; mit ihr war er ein Revolutionär, der seine Familie dem höheren Gut aufopfert.

Die subtile Entscheidung, wie weit hier von Symptom oder von Sublimierung oder von Befriedigung zu reden wäre, dürfen wir ungefällt lassen. Für uns ist wichtig, daß jedenfalls dieses halbgeglückte Symptom, diese halbgeglückte Sublimierung einen „sozialen Ort" fand, an dem sie als volle Sublimierung gewertet wurde. Ja, es erwies sich, daß manches der analen Trotzsymptome (Armut, Unordnung) an diesem selben „sozialen Ort", der kommunistischen Gruppe, als selbstverständlich oder als geduldet gilt. Der junge Aristokrat wechselt den „sozialen Ort", anstatt die Sublimierung zu vollenden oder durch einen gesteigerten Abwehrkampf, durch fortschreitende Entstellung völlig zu „erkranken".

Dieser *Wechsel „des sozialen Orts"* verdient als eigene Unterart der Zielablenkung oder der Triebbefriedigung eine gewisse Beachtung. Wir kennen den Vorgang gut genug, er erscheint uns aber erst mit dem neuen Gesichtspunkt von anderen schärfer unterscheidbar, beschreibbar. Er ist nicht gerade selten bei Jugendlichen aus bürgerlichem Milieu, die Verwahrlosungssymptome aller Art zeigen. Man findet bei ihnen geglückte oder auch weniger geglückte Versuche, den „sozialen Ort" zu wechseln, natürlich im Sinne verringerten Verdrängungs- oder Sublimierungsaufwands. Die meisten aber können diesen Wechsel nicht real vornehmen. Die libidinöse oder soziale Anziehungskraft ihres Ursprungsmilieus bleibt zu groß. Gerade die finanziellen Vorteile, die es für Gegenwart und Zukunft bietet oder verspricht, spielen dabei oft entscheidend mit. Der „soziale Ort", der die größte, leichteste, libido-ökonomisch bedeutsamste Befriedigung verspricht, wird dann in der Phantasie festgehalten oder in mannigfaltigen Kompromißversuchen angestrebt. Dieses Zielmilieu, wie wir im Gegensatz zum Ursprungsmilieu und zum Realmilieu sagen können, wird aber auch gelegentlich real erkämpft und erarbeitet. Für die Wahl des Zielmilieus ist nicht immer die Chance der Befriedigung entscheidend, die es verspricht. Infantile Liebesbindungen an Personen niedrigeren Standes, an Angehörige der proletarischen Klasse, an Bettler und Zigeuner, können daran beteiligt sein. Und schließlich hat gelegentlich das Über-Ich mit Straftendenzen auch seinen Einfluß.

Auffallend wird der Wechsel des „sozialen Orts" besonders dann, wenn das Zielmilieu vom Ursprungsmilieu aus gewertet als „niedrig" erscheint, wenn der reale Wechsel ein Absinken wäre, die Versuche dazu als Sittenlosigkeit, Verwahrlosung, Kriminalität imponieren. In den komplizierten Fällen, wo alte Libidobindungen und Selbstbestrafungstendenzen mitspielen, wird das Ich den Wechsel selbst als Absinken bewerten und sich in irgendeiner Weise damit auseinanderzusetzen haben. Unter anderen strukturellen Bedingungen wird es selbst „aufzusteigen" vermeinen. Dieser Konflikt mit dem Ursprungsmilieu spielt keine kleine Rolle in den Jugendbewegungen und bei sozialistischen und kommunistischen Politikern, die bürgerlichen Familien entstammen (früher bei Adligen, die an Revolutionen des Bürgertums teilnahmen). Sehr eigenartige Auseinandersetzungen bietet die zionistische bürgerliche Jugend, die zum Landarbeiterleben in Palästina „aufsteigen" will.

Aber derselbe Mechanismus ist uns so geläufig, daß wir ihn bisher kaum wissenschaftlich würdigten, wenn das Zielmilieu vom Beobachter (oder vom Ursprungsmilieu) aus als „höheres", als schlechthin erstrebenswertes erscheint. Wir vermeinen dann vor dem selbstverständlichen „Drang nach oben", zum Aufstieg, zu stehen, den Alfred Adler sogar zu einer „kausal-finalen" Kategorie erhoben hat. Aber „oben" ist nichts anderes als jener „soziale Ort", der einem Individuum die leichteste und vollkommenste Befriedigung seiner bedeutsamen Bedürfnisse verspricht. Ihn erhebt es zu seinem Zielmilieu und, wenn es ihn zu erreichen bereits verzichten muß, zum Idealmilieu, mit dessen Nutznießern es sich identifiziert. In einer gegebenen Gesellschaftsstruktur wird für die überragende Masse der Menschen derselbe Ort zum Idealmilieu, im allgemeinen der der meistbesitzenden, der herrschenden Schicht der Gesellschaft. Die elendeste Ordnung erhält dadurch eine glänzende, allbegehrte, aber kaum erreichbare, daher allverehrte Spitze und kann sich oberflächlicher Betrachtung als homogener Körper mit einer einzigen Wertrealität, *den Werten*, präsentieren.

Nicht bei allen Individuen gelingt die Erhebung des allgemeinen Zielmilieus zum Ideal, um dessentwillen man, wenn der Wechsel des „sozialen Orts" in die Richtung zum Ideal unmöglich wurde, die Einschränkungen der Befriedigung, die am gegebenen „sozialen Ort" auferlegt sind, auf sich nimmt. Viele widersetzen sich dieser Identifikation. Ich habe einige Motive hierzu bei bürgerlicher Jugend angedeutet.[12] Die gleiche Entwicklung unter den sozialen Bedingungen des Proletariats zu studieren, wird Aufgabe der Zukunft bleiben müssen, die im psychologischen Zusammenhang die Aufklärung der Phänomene Verbrechen, Revolution, Verwahrlosung, „Verbürgerlichung des Proletariats" bringen wird.

IV. Der „soziale Ort" in der psychoanalytischen Theorie[13]

Kriminalität und Verwahrlosung sind bisher psychoanalytisch so schlecht verstanden, daß man Mut hat, sie mit dem neuen Gesichtspunkt zu betrachten; sie stehen in so enger Verbindung mit Wertfragen, daß man sich auf ihn ohnedies hingewiesen sieht.

Aichhorn hat – in voller Übereinstimmung mit meinen eigenen Erfahrungen – die Verwahrlosung als mangelhafte

---

12 Zur Psychologie der „Sittenlosigkeit" der Jugend (1927), im vorliegenden Band S. 183–195.

13 Zwischenüberschrift vom Hg.

Über-Ich-Entwicklung von der Neurose unterschieden.[14] Beachtet man noch die Rolle, welche die orale und die anale Zone im Leben und in der Liebe dieser Kinder spielen, die Bedeutung, die depressive Zustände mit Besitz- und Trotzkonflikten für sie haben, so ist, scheint mir, der Rahmen für die Psychologie eines Typs von Verwahrlosung gegeben. Aichhorn kennt noch den anderen Typus, die „neurotische Verwahrlosung"[15].

Ich sehe außer diesen beiden Typen von Verwahrlosung noch einen dritten deutlich, der durch Fehlen neurotischer Symptome ausgezeichnet ist, bei dem eine volle Ödipusentwicklung statthatte, die ihren Niederschlag in einem Über-Ich gefunden hat, der Schuldgefühle besitzt und bei genügender Intelligenzentwicklung durchaus realitätsfähig ist, oder besser, realitätsfähig wäre, wenn er nicht in schwer vermeidliche Realkonflikte mit der Polizei, dem Jugendamt und dem übrigen Staatsapparat kommen müßte. Diese Jugendlichen sind fleißig und gut eingefügt, leicht beeinflußbar und führbar. Aber plötzlich, ohne ersichtlichen Grund, verlassen sie die Arbeitsstätte oder die Schule oder das Heim, vagabundieren, stehlen, werden in mancherlei Art delinquent und „verkommen" bald. Bei günstiger Gelegenheit sind sie dann wieder leicht einfügbar, bis die Vagabundageperiode neu beginnt.

Die – allzu kurze – Analyse eines solchen Falles und das Studium der Lebensgeschichte zahlreicher ähnlicher scheint mir zu ergeben: Weder die Vagabundage noch die mannigfaltigen Delikte, die nach außen für diesen Typus charakteristisch zu sein scheinen, sind neurotische Symptome,

14 August Aichhorn: Verwahrloste Jugend. Die Psychoanalyse in der Fürsorgeerziehung. 10 Vorträge. Zuerst 1925, zahlreiche Aufl. (mit einer biograph. Skizze von Kurt R. Eissler, S. 201 ff.); Erziehungsberatung und Erziehungshilfe. 12 Vorträge über psychoanalytische Pädagogik. Aus dem Nachlaß. Bern/Stuttgart 1959; Psychoanalyse und Erziehungsberatung. (Reprint von Veröffentlichungen in der Zeitschrift für psychanalytische Pädagogik 1932 und 1936.) München/Basel 1970. – Über Aichhorn zahlreiche Beiträge in: Erik Adam (Hg.): Die österreichische Reformpädagogik 1918–1938. Wien/Köln/Graz 1981.

15 In: Verwahrloste Jugend, 6. Kap.: Die Übertragung, S. 102 ff.; Erziehungsberatung und Erziehungshilfe, S. 167 ff.: Kategorien der Verwahrlosung; Psychoanalyse und Erziehungsberatung, S. 111 ff.

sondern sie sind die Realfolgen des eigentlichen Symptoms; Folgen, die sich an dem „sozialen Ort" des Großstadtproletariats, bei Polizei, Schule, Jugendamt, Arbeitslosigkeit mit absoluter Notwendigkeit ergeben, schon aus den Folgen der Ernährungs-, Wohn- und Lebensbedingungen dieses Jugendlichen. Das Symptom selbst wird verborgen gehalten und ist bis zu einem gewissen Grade dem Verwahrlosten selbst verborgen. Es besteht in der Neigung zu sehr intensiven Depressionen oder Wutanfällen, vor denen sich das Ich aus der deprimierenden und Haß und Schuldgefühl erzeugenden Stätte, aus der Affektstätte, flüchtet. Nicht die Neigung zur Depression und Wut erstaunt uns und auch deren Ausbruch bei minimalen, vom Verwahrlosten selbst als minimal gewerteten Anlässen, ist nichts Unbekanntes. Es sind dies Übertragungen der Ödipussituation von oft klassischer Klarheit. Merkwürdig ist die Intensität des *Zwanges zur realen Flucht*. Der Unterschied zur Neurose liegt hier darin, daß die neurotische Reaktion voll in die Realität umgesetzt wird.

Und hierfür darf man den „sozialen Ort" verantwortlich machen, an dem sich diese Reaktion abspielt. Zunächst *kann* der zehn-, zwölf-, vierzehnjährige Junge diesem Milieu der Affektstätte entfliehen; er *kann* bettelnd, vagabundierend, gelegenheitsarbeitend, stehlend existieren, Hunger, Schlaf usw. befriedigen, während sein Alters- und Leidensgenosse im bürgerlichen Milieu dies aller Regel nach nicht kann. Er verliert auch nichts im Heim, im Elternhause, wenn er die Liebe verloren hat: keine Nahrungs- und Kleidungsprämien, keine geliebten Phantasierplätze, kein Eigentum, Spielzeug, Bücher, keine geliebten Erzieher. Die Ichtriebbindungen, die sublimierten Bindungen, die Ichziele und -hoffnungen, all das bindet das bürgerliche Kind an die Affektstätte, all das verlöre es bei einer Flucht, während das proletarische Kind nur direktere libidinöse Befriedigungen im Heim findet; sind sie in Frage gestellt, so sind tatsächlich Scheune und Straße nicht schlechter. *So setzt der „soziale Ort" für das bürgerliche und proletarische Kind je eine andere Chance der Entwicklung.*

Aber diese für das proletarische Kind so sehr viel größere innere und äußere Möglichkeit der realen Flucht aus der Affektstätte erklärt noch nicht den intensiven Zwang zu dieser Flucht, aus dem die Verwahrlosung unseres dritten Typs entsteht. Mir scheint dieser Zwang verständlich als Wiederholung des Ödipuserlebnisses, wie es sich an diesem „sozialen Ort“ abzuspielen pflegt. Denn das an der Mutter enttäuschte Kind dieses Milieus „floh“ schon drei- oder vierjährig auf die Straße und lebte dort seiner Trauerarbeit; dort tobte es auch seinen Vaterhaß aus; dort lernte es, sich selbständig oralen Libidoersatz zu erwerben (stehlen) und anale Trotzhandlungen zu begehen. Während das Kind im bürgerlichen Milieu durch Zwang zuerst, durch sublimierte Libidobindungen sodann, durch Ichtriebinteressen schließlich bis ans Ende der Pubertät an die Affektstätte gebunden ist, kann und muß das proletarische sie schon sehr früh fliehen. Jenes vollzieht die Flucht „innerlich“, dieses führt sie real aus. Bei jenem wird das Ich zum Schauplatz der Kämpfe zwischen Über-Ich und Es, bei diesem die Realität. Darum hat der Verwahrlosungstyp, den ich hier meine, Psychosencharakter für die Deskription, nicht aber für die Prognose. Diese scheint mir im Gegensatz zur herrschenden Ansicht sogar sehr günstig, wenn es gelingt, den Kindern (und Jugendlichen) eine Umwelt zu schaffen, die sie allmählich so bindet, daß sich in ihr Triebverzichte lohnen, *Verinnerlichungen* jener Flucht notwendig werden.[16]

Selbstverständlich entwickeln sich solche psychose-ähnlichen Verwahrlosungen gelegentlich in jedem Milieu, andererseits entstehen auch in proletarischen Verhältnissen reine Neurosen; aber der „soziale Ort“ setzt Häufigkeitschancen für die Entwicklung nach der einen oder nach der anderen Richtung.

---

16 Vgl. „Kinderheim Baumgarten“, im vorliegenden Band S. 9ff.

VERWAHRLOSTE JUGEND

(1929)

Die[1] reichlich vorhandene Literatur zum vorliegenden Thema entstand ausnahmslos im Geiste religiöser, politischer oder weltanschaulicher Betrachtung und ist darum für den wissenschaftlichen Forscher wie für den Praktiker unbrauchbar. Vor allem der Forscher kann nur unter vollem Verzicht auf vorweg gesetzte Wertungen zu allgemeingültigen Ergebnissen kommen.

Das Verwahrlosungsproblem liegt auf der Grenze zwischen Soziologie und Psychologie. So wurde bislang der Forscher immer wieder durch seine – soziologisch bedingte – Weltanschauung gehindert, die eigentliche wissenschaftliche wertfreie Psychologie der Verwahrlosung zu erkennen und ihre jeweiligen Erscheinungsformen richtig zu deuten.

---

1 Dieser Text ist durch Anführungszeichen innerhalb eines Zeitungsberichts (im Braunschweiger „Volksfreund", 58. Jg., Nr. 262 von Freitag, 8.11.1929, 2. Beilage) als (Teil-)Abdruck des Bernfeldschen Vortragstextes kenntlich gemacht worden. – Dem Text wurde folgende Eingangsbemerkung vorangestellt:
Die Allgemeine Freie Lehrergewerkschaft Braunschweig veranstaltete am Sonnabend, dem 2. November [1929], im „Haus der geistigen Arbeit" einen Vortragsabend mit dem Genossen Dr. Siegfried Bernfeld, dem bekannten Berliner Psychologen und Pädagogen, über das Thema „Verwahrloste Jugend". Die Veranstaltung gewann dadurch besondere Bedeutung, daß Gäste aus den verschiedensten Berufs- und Lebenskreisen anwesend waren. So sah man in dem überfüllten Saale neben den zahlreichen Lehrern die Dozentenschaft der akademischen Lehrerbildung [der Pädagogischen Hochschule in Braunschweig], vertreten durch die Professoren Riekel, Gehlhoff und Jensen, Vertreter des städtischen und des Landes-Jugendamtes, ferner den Helferkreis der Braunschweigischen „Kinderfreunde", die sozialistische Studentengruppe, Lehrerstudenten, Funktionäre des Weltlichen Elternbundes, Schulaufsichtsbeamte, Ärzte und andere Gäste, die mit der Jugend in Verbindung stehen.

Beispiel eines Mädchentyps im dreifachen sozialen Standort

Nehmen wir den Typ eines jungen Mädchens von etwa 18 Jahren, hinlänglich ansehnlich, nicht sehr gescheit, aber keinesfalls schwachsinnig, ohne bestimmte Interessen und sinnlich so beschaffen, daß wir zwar nicht wissenschaftlich, aber für populäres Verständnis annähernd genau das Wort „leichtfertig" auf sie anwenden können.

Gehört ein solches Mädchen der wohlhabendsten Oberschicht an, so wird von der „Heldin des Salons" ihr Lebensweg etwa über eine reiche Heirat, Scheidung, Wiederverheiratung und Wiederscheidung schließlich in jenen Normaltypus der „führenden Dame der Gesellschaft" einmünden, der durch wechselnde Bindungen mehr oder weniger erotischer Art ohne dauernde Festlegung bestimmt ist.

Ein Mädchen gleichen psychischen Typs in der sozialen Lage etwa einer Stenotypistin oder Verkäuferin wird ein sehr viel anderes Schicksal haben: Sie wird ihr Ideal sehen in Putz, Kabarett, Bar, guten Speisen und Getränken, Autofahren, netten *weekends* u.dgl. Selbstverständliche Lebensgrundlagen der reichen Frau sind für sie Ziel aller Wünsche und zentrale Angelegenheit ihres Lebens. Leicht können hier Zufall und Urteil der Umwelt dieses Mädchen als sittlich oder gar kriminell „gefährdet" abstempeln.

Ganz anders wird das Schicksal eines Proletariermädchens sein aus jenen Schichten, wo Arbeitslosigkeit und Elend herrschen. Besteht zudem Verbindung zu Verbrecherkreisen, so ist berufsmäßige Prostitution ihr wahrscheinliches Schicksal. In voller Übereinstimmung mit ihrem Milieu ist sie jedoch keinesfalls ein „gefallenes" Mädchen im Sinne bürgerlicher Moral.

So führen Wertungen zur Vortäuschung komplizierterer seelischer Formen, wo nur ein und derselbe Typus im jeweiligen sozialen Milieu sein entsprechendes Gesicht gewann.

Beispiel eines Männertyps in zweierlei Milieu

In der Sprechstunde beklagt sich eine Aristokratin, ihr Sohn zeige beängstigende Symptome fortschreitender Verwahrlosung. Er wolle nicht mehr Diplomat werden, treibe sich nachts herum, verrohe in seinen Umgangsformen und vernachlässige völlig sein Äußeres. Bildungsmöglichkeiten lehne er ab. – Rücksprache mit dem Sohn ergibt, daß er aus theoretischen Einsichten Kommunist geworden ist. Sein „Herumtreiben" war seine Teilnahme an politischen Zusammenkünften und seine Kleidung nichts anderes als natürliche Anpassung an das proletarische Milieu. Was der Aristokratin als Verwahrlosung erschien, würde ein Sozialdemokrat z.B. allenfalls als politische Abweichung gewertet, niemals aber als „Krankheit" aufgefaßt haben.

Dagegen das andere Beispiel: Ein 18jähriger Junge aus dem ärmsten Proletariat, gelegentlich Hilfsarbeiter, meist aber arbeitslos, habe Wünsche und Ansprüche, deren Befriedigung etwa 350 Mark monatlich erfordern würde. Als pathologisch kann ein solcher Anspruch noch keinesfalls gelten, bedenken wir doch, daß mancher Sohn aus reichem Hause diese Summe als Taschengeld bekommt. Unser Prolet hat aber legalerweise höchstens 80 Mark im Monat, und das für seine gesamte Lebenshaltung. Der wertfrei denkende Psychologe könnte nun den „Heilungs"-Vorschlag machen, dem jungen Mann irgendwie monatlich 350 Mark zu verschaffen. Gesetzt aber den Fall, er sei durch sein Milieu zum berufsmäßigen, vielleicht unzulänglichen Einbrecher geworden. Sein „Einkommen" ist naturgemäß schwankend, in jedem Falle unsicher. Man gebe ihm also eine gute Ausbildung zum Einbrecherberuf und ein ausreichendes Ausgangskapital! – Natürlich ist diese Konsequenz unter jeder Gesellschaftsordnung unmöglich.

Es sollte nur gezeigt werden, wie soziale Milieueinflüsse Verwahrlosung und Kriminalismus erzeugen können, die vom Standpunkt wertfreier Wissenschaftlichkeit keinesfalls krankhaft genannt werden können.

Zur ersten Gruppe gehören die an sich psychisch Normalen aus – bürgerlich – mißachtetem Milieu. So wird das Kind einer Dirne und ihres Zuhälters sich milieugerecht zu Prostitution oder Verbrechertum hin entwickeln. Einzige und zuverlässige „Heil“-Methode ist hier: Versetzung in ein sozial und wirtschaftlich günstigeres Milieu. Freilich ist das unter dem heutigen gesellschaftlichen System unmöglich. Wenn die karitative Fürsorge solche Menschen etwa als Dienstmädchen in „gutem Hause“ unterbringt, so schlägt diese gut gemeinte Maßnahme deswegen regelmäßig fehl, weil sie Versetzung in ein wünschenswidriges Milieu bedeutet.

Die zweite Gruppe bilden die konstitutionell Kranken. Pflegt in bürgerlichen Kreisen leichter Schwachsinn kaum zu stören, in der Hocharistokratie nicht einmal die Karriere zu verderben, so ist dieser Defekt von entscheidender Wirkung auf das Lebensschicksal eines Proletarierkindes.

Krasser noch zeigt sich die milieubedingte Benachteiligung beim „neurotischen Ausreißer“ proletarischer Herkunft. Ist er durch längeres Schulschwänzen erst einmal straffällig geworden („Zwangs“-Erziehung!), so ist schon durch diese äußere Tatsache der weitere Verlauf seines Lebens zwangsläufig bestimmt.

Damit sind wir bei der letzten Gruppe angekommen, die wir nach der Entstehungsursache der psycho-pathologischen Symptome ganz allgemein etwa als „krank durch zuviel oder zuwenig Liebe“ bezeichnen können. Hierzu eine wissenschaftliche Vorbemerkung:

Selbst die sozialistische Erziehung muß gelegentlich Triebverzichte verlangen. Der junge Proletarier ist infolge seiner ungünstigeren wirtschaftlichen Lage in jeder Hinsicht zu größeren Triebverzichten gezwungen als das Kind aus bürgerlichem Hause. Das betrifft auch die Sexualtriebe; denn etwa von zwei an sich gleichwertigen Liebhabern wird ein Mädchen denjenigen wählen, der sie ins Kino führen kann und der den besseren Schlips trägt. Dem Proletarier stehen zudem im Falle unvermeidlicher Triebverzichte nicht die Ersatzbefriedigungen zur Verfügung, die sich der Bürger gegen Geld verschaffen kann.

Neben den äußeren vereiteln noch *inner-psychische* Kräfte die Erfüllung zahlreicher Triebwünsche. Das „Über-Ich" (so nennt Professor Freud die seelische Instanz, die den Triebhaushalt überwacht und reguliert) bildet sich allmählich schon im kleinen Kinde, ist aber keinesfalls von vornherein vorhanden. Es baut sich auf, wenn *geliebte* Personen die Befriedigung körperlicher „frühsexueller" Lustansprüche verbieten und „Verinnerlichung" diese Verbote als zwingendes „Gewissen" in der eigenen Seele konserviert. So entsteht z. B. durch Verinnerlichung des „Pfui" der erziehenden Personen das später völlig unwillkürliche Gefühl des Ekels gegenüber gewissen Dingen und Situationen. Der Verzicht wird als solcher nicht mehr bewußt erlebt.

Es wirkt grotesk, daß man gerade für das proletarische Kind ein besonders empfindliches und starkes Über-Ich fordert, sind doch im Proletariat die Erziehungsbedingungen besonders ungünstig.

Es ist verständlich, daß das Über-Ich vielen Fehlentwicklungen ausgesetzt sein kann. So sind die „Neurotisch-Verwahrlosten" infolge *„zuviel Liebe"* die Opfer der *einen* Fehlentwicklung. Nicht ist in diesen Fällen gemeint, daß das Kind etwa eine „liebevolle" Erziehung im üblichen Sinne genoß, sondern bei selbst brutalster Behandlung bildet sich diese seelische Verkümmerung durch Ausbleiben *notwendiger Verzichtforderungen zur rechten Zeit*. Körperliche Lustbefriedigung veschiedenster Art, sexuelle Beobachtungen und eigene, oft inzestuöse Sexualerlebnisse in frühester Jugend lassen diesen psychopathischen Typus entstehen. Daneben fällt Mangel an Licht, Luft, Nahrung, Wärme, Sauberkeit und dergleichen als Ausgleich überhaupt nicht ins Gewicht. Dieser Gruppe gehören erfahrungsgemäß die gefährlichsten Kriminellen an. Wurden auch gelegentliche Selbstausheilungen solcher Verwahrlosungsneurosen festgestellt, so fehlt hier doch bisher jedes bewußt anwendbare heilpädagogische Verfahren.

Viel günstiger steht es um die letzte, zahlenmäßig stärkste Gruppe, die Verwahrlosten aus *„zuwenig Liebe"*.

Verwahrlosung aus Mangel an Liebe[2] – Diese Kranken sind restlos heilbar

Hier feiert die moderne Heilpädagogik ihre großen Triumphe. Das Über-Ich dieser Menschen ist lückenhaft und brüchig. Geringste Versuchung wirft beste Vorsätze über den Haufen. Wir nennen diese Gruppe die „trotzig Verwahrlosten“ nach ihrer periodisch wiederkehrenden typischen Verhaltungsweise.

Trotzperioden treten auch in der normalen Entwicklung des Kindes jedesmal nach neu erzwungenen Triebverzichten auf. Aus Liebe zu seiner Umgebung hält aber normalerweise das Kind seine Trotzhaltung nur vorübergehend aufrecht. Regelmäßig sind diese Perioden von Phantasien begleitet: „Ich gehe weg!“, „Ich suche mir andere Eltern!“ Alle Robinsonaden haben hier ihren seelischen Ursprung; Erlebnisse aller Art, heldenmütige Kämpfe, Selbständigkeit sind die immer wiederkehrenden Wunschbilder. Nie aber werden diese Phantasien normalerweise zur Tat, immer bildet Verinnerlichung des Verbots den schließlichen Kompromiß. Anders beim Kinde, dem häusliche Liebe fehlt, das aber Gelegenheit hat, seine trotzigen Phantasien im Kreise von Kameraden auf der Straße und anderswo zu realisieren. Hier verewigt sich die Trotzhaltung, und die Verwahrlosung ist da.

In modernen Fürsorgeerziehungsanstalten wird immer wieder die Erfahrung gemacht, daß der „Ausreißer“, nach seiner Rückkehr über die Flucht befragt, antwortet: „Ich weiß nicht“, und schließlich: „Es war mir langweilig.“ Langeweile ist aber das Zeichen einer ansetzenden „melancholischen Depression“ (psychopathischer Trauerzustand). Beim leisesten Triebverzicht läuft der junge Mensch unter unwiderstehlichem Zwang auch aus der liebevollsten Fürsorgeerziehung fort, weil er das Verbleiben in dem Milieu nicht ertragen kann, in dem er den schmerzlichen Verzicht erlebte.

Intuitiv haben schon große Pädagogen, wie etwa Pestalozzi in Stans, den richtigen Weg zur Heilung beschritten.

---

2 Die erste Zeile der Überschrift wurde vom Hg. eingefügt.

Voraussetzung war und ist immer: Dem kranken Kinde muß seine Umgebung zum Paradies gemacht werden, und vor allem muß es fortlaufen dürfen, solange und sooft es will. Nur so beginnt es langsam, in der Umgebung zu verwurzeln. Ist es erst seinem neuen Milieu in Liebe verbunden, dürfen allmählich und vorsichtig Triebverzichte verlangt werden, aus denen sich dann nachträglich das gesunde Über-Ich gestaltet.

Notwendig sind Lebensstätten der Jugend

Ein praktischer Vorschlag[3] zum Schluß. Wollen wir jede Verwahrlosung schon im Keime verhüten, so müssen wir an Stelle der heutigen Aufsplitterung des Jugendlebens in Haus, Schule, Straße, Jugendverein usw. ein *einheitliches Erziehungsmilieu* schaffen. In Lebensgemeinschaften muß die *jugendliche Gesellschaft* ihr eigengesetzliches Leben entwikkeln.[4]

---

3 In der Vorlage steht „Versuch".

4 Dem Text folgt eine redaktionelle Schlußbemerkung:
Man folgte dem Vortrag mit gespanntester Aufmerksamkeit. Eine ausgedehnte Diskussion ließ besonders die Frage nach Bedeutung und Zerfall der bürgerlichen Familie hervortreten.
Zum Schluß behandelte Bernfeld die Ausführungen der Diskussionsredner und erklärte u.a.: Schulreform ist so wenig Selbstzweck wie Fürsorgereform. In beiden darf über der aktuellen Arbeit nicht das ferne Ziel ihrer Überwindung vergessen werden: *die Gestaltung der allgemeinen, gleichen, freien Erziehung in jugendlichen Lebensgemeinschaften in einer vollkommeneren Gesellschaft*!

LÉONARD BOURDONS SYSTEM DER ANSTALTSDISZIPLIN 1788–1795

(1930)

Eine zulängliche Geschichte der Anstaltserziehung und des Jugendfürsorgewesens ist bisher, trotz der sehr reizvollen kulturpsychologischen Probleme, die sie böte, und trotz des beachtlichen praktischen Nutzens, den sie für die Entwicklung des heutigen Sozialerziehungswesens brächte, nicht unternommen worden. Das liegt wohl vor allem daran, daß es noch sehr an den vorbereitenden Einzeluntersuchungen mangelt, die freilich längst nicht mehr gänzlich fehlen. Aber insbesondere die Zeit der Französischen Revolution, in der all unsere heutigen Erziehungs- und Sozialprobleme zum erstenmal in moderner Prägung sich entfalten, und die, wie mir scheint, auch für die Entwicklung in Deutschland von wesentlicher Bedeutung ist, hat in der deutschen Erziehungsgeschichtsschreibung nur ganz ungenügende Beachtung gefunden. So ist es vielleicht gerechtfertigt, wenn ich in Folgendem eine, soviel ich sehe, bisher von den deutschen Bearbeitern des Themas völlig übergangene, sehr charakteristische Einzelheit darstelle: den Plan einer Erziehungsanstalt mit Schulgemeinde aus dem Jahre 1788 und dessen Verwirklichung mit Kriegswaisen im Rahmen der Fürsorgemaßnahmen des revolutionären Frankreich.

Diese interessante Episode korrigiert gleichzeitig Buddes Ansicht (12)[1], daß in der Französischen Revolution bereits alle pädagogischen Probleme und Vorschläge diskutiert wurden, die in Deutschland 1918/19 aktuell waren, bis auf die Idee der Schulgemeinde, der Schülerselbstverwaltung. Dieser Irrtum rührt daher, daß Budde für seine Schrift keine zeitgenössischen Quellen studiert zu haben scheint; denn im

1 Die Ziffern in ( ) verweisen auf das Quellen- und Literaturverzeichnis am Schluß dieser Abhandlung S. 300f.

offiziellen Projekt der Organisierung des französischen Schulwesens, das Talleyrand im September 1791 der Nationalversammlung (*Constituante*) vorlegte, liest man folgende recht aktuellen Sätze[2]:

Unter der alten Regierung [der absoluten Monarchie] war die Disziplin in den Schulen von derselben Tyrannis beherrscht, die ganz Frankreich bedrückte. Ein Haufen von unzusammenhängenden Reglements, umgangen nach Gelegenheit, geändert nach Laune; Willkürakte an Stelle des Gesetzes; Strafen, die auf bloßes Brechen des Willens ausgingen; erniedrigende Rangeinteilungen, die den geheiligten Grundsatz der Gleichheit beleidigen; blinder Gehorsam; kurz, kein Vertrauensband zwischen den Regierenden und den Regierten: so waren die Erziehungsanstalten; so war ganz Frankreich.

Heute hat Frankreich eine parlamentarische Regierung. Warum sollte diese nicht auch in den Schulen, den Unterrichtsgesellschaften bestehen? Natürlich sind Lehrer und Schüler nicht Gleiche. Der Unterrichtende steht über dem Unterrichteten. Aber darüber hinaus, und insbesondere in der Schuldisziplin, darf die Autorität des Lehrers nicht unumschränkt sein. Vielmehr muß man sie in andere Hände legen, denn hier, wie im Staat, ist die Teilung der Regierungsgewalt der Wall gegen die Despotie. So unzulänglich der Wille der Jugend ist, er richtet sich leicht nach dem Wahren und Rechten. Für Schüler und Lehrer ist es nützlich, wenn die jugendliche Willenskraft sich übt in der Bewältigung der mannigfaltigen administrativen und richterlichen Aufgaben, deren jede Gesellschaft zu ihrer Erhaltung bedarf.

Eine parlamentarische Disziplin, in der die Schüler zur Teilnahme an den gemeinsamen Verwaltungsaufgaben berufen werden, in der sie Wähler, Richter, Geschworene, Schiedsrichter sind, wo sie abwechselnd Vergehen verhindern, richten, strafen, Mißhelligkeiten ausgleichen, begierig werden, in Ausübung dieser reizvollen Funktionen die Achtung aller zu verdienen, ohne gefallsüchtig zu werden, lehrt die Jugend beizeiten, mit den Menschen und ihren Schwächen umzugehen, alle Tugenden des privaten und öffentlichen Lebens, Achtung vor dem Gesetz und prägt ihr ein, was man nie zu früh wissen kann, und was sie bisher nie erfahren hat, daß der Mensch, wie alt er auch sei, sich zwar dem Gesetz, der Notwendigkeit, der Vernunft unterwerfen muß, aber niemals dem Willen eines Beliebigen. Nur dies ist der wahre Moralunterricht.

Der Lehrer wird in diesem System auf seine eigentliche Aufgabe, den Unterricht, eingeschränkt und behält über das übrige Schulleben die Oberaufsicht. Aber dadurch wird es ihm ermöglicht, das für seinen Unterricht so nötige Vertrauen seiner Schüler ungetrübt zu erhalten. Keine private Rache, kein persönlicher Vorwurf wird es mehr zerstören. Die Schüler werden frei und doch gehorsam sein einer Ordnung, deren Notwendigkeit sie verstehen, die sie hinfort sichert vor zahlreichen Ungerechtigkeiten, welche Empörung und zeitlebens Ressentiment hervorrufen.(20)

---

2 Diese Stelle, ebenso wie die Zitate aus Bourdon, sind von mir [S.B.], zum Teil etwas verkürzt, aus dem französischen Original übersetzt worden.

Auffällig ist, daß diese Auffassung des Problems der Disziplin keineswegs der Aufklärungspädagogik entspricht, die das Denken der fortschrittlichen Kreise in der zweiten Hälfte des 18. Jahrhunderts völlig beherrschte und auch im übrigen dem Talleyrand'schen Projekt die Prägung gibt. Wir sehen hier deutlichst den Einfluß politischer Formen und Ziele auf die Pädagogik. Sogleich mit dem Übergang vom absolut monarchistischen System zum konstitutionell-repräsentativen entstehen Bemühungen, die Schuldisziplin nach dem neuen gesellschaftlichen Vorbild umzuändern, so sehr auch solche Gedanken vor der politischen Umwälzung der Pädagogik fremd waren. Dieser Vorgang hat sich ähnlich in Deutschland 1848 und 1918 vollzogen.[3]

Die Idee der Schulgemeinde ist keine Konzeption Talleyrands. Sein Entwurf ist fast wie ein Kommissionsbericht auf den Vorschlägen, Memoranden, Petitionen zahlreicher Autoren aufgebaut. Die meisten dieser Vorschläge bewegen sich im Rahmen der Ideen der Aufklärungspädagogik, Lockes und Rousseaus; es fehlt ihnen demnach völlig der Gedanke einer überindividuellen, kollektiven Autoritätsbildung und Regierung in Schule und Anstalt, wie sie Talleyrand nachdrücklich vertritt. Er folgte dabei einem Memorandum Léonard Bourdons[4], den man in gewissem Sinn als „Erfinder" dieses Systems bezeichnen kann[5]. Aber es würde sich kaum rechtfertigen, Bourdons Priorität, die übrigens von den Zeitgenossen nicht bestritten wurde, hier

3 Vgl. hierüber Näheres in den Arbeiten (3) und (4).

4 Léonard Jean Joseph Bourdon de la Crosnière (1758–1807). Vgl. (24) und (25). – Neuerdings: Frauke Stübig: Erziehung zur Gleichheit. Die Konzepte der „éducation commune" in der Französischen Revolution. Ravensburg 1974 (darin das Bourdon-Kapitel S. 433–487); Hans-Christian Harten: Elementarschule und Pädagogik in der Französischen Revolution. (Ancien Régime, Aufklärung und Revolution, Bd. 19.) München 1990.

5 Trotzendorfs „Schulgemeinde"-System ist zwar älter als Bourdons, unterscheidet sich aber auch so viel mehr vom heutigen Begriff der Sache, daß die Bezeichnung Bourdons als „Erfinder", die übrigens nicht sehr wichtig ist, sich rechtfertigt. – Zu Trotzendorf vgl. den Artikel von R. Schäfer, in: W. Rein (Hg.): Encyklopädisches Handbuch der Pädagogik, 2. Aufl., 9. Bd., Langensalza 1909, S. 231–237. – Neuere Literatur beim Artikel „Trotzdendorf", in: Alfred Rach (Hg.): Biographien zur deutschen Erziehungsgeschichte. Weinheim/Berlin 1968, S. 66f.

ausdrücklich festzustellen, wenn die Gedankengänge dieses Mannes und ihr Schicksal nicht allgemeineres Interesse verdienten. Bourdons ganzes pädagogisches Gedankengebäude unterscheidet sich in wesentlichen Punkten von der herrschenden zeitgenössischen Aufklärungspädagogik, und sein neues System der Disziplin ist in diesem Zusammenhang zu verstehen. Bourdon ist zu seiner Zeit einer der wenigen grundsätzlichen Vertreter der Anstaltspädagogik. Sie ist ihm das einzige wirksame Mittel der Sozialerziehung, wie wir heute sagen würden. Die Disziplinform der Anstalt scheint ihm ein wesentliches Stück ihrer Wirksamkeit. Mit dieser Verbindung der Gedanken steht Bourdon in Frankreich vor 1793 allein, und es ist sicher seinen Schriften, Reden und seiner Anstalt mit zu danken, wenn in der Folge Anstaltserziehung nicht als Gefängnis und Bewahrung, sondern als geeignetes Mittel der Sozialerziehung gefordert und verwirklicht wurde.

Im Frankreich des 18. Jahrhunderts – und ähnlich in Deutschland – stand die Anstaltserziehung in den Kreisen der politisch und geistig vordringenden Schicht des Bürgertums in heftigstem Verruf. Die Gründe hierfür kann man zunächst im Zustand der damaligen Anstalten sehen. Die weit überwiegende Masse waren Schulen mittleren Grades, von katholischen Orden und Instanzen geleitet, und die Collèges vom Charakter der Hochschulen gleichfalls mit einem starken katholischen Einschlag. Das freigeistige Bürgertum hatte allen Anlaß, diese Anstalten zu bekämpfen. Ihre Unterrichtsweise so gut wie ihr Bildungsgehalt und das innere Schulleben waren als verdummend, verzopft, schulmeisterlich verschrien. Dazu kam der sehr erschreckende Vorwurf der Sittenlosigkeit, der Masturbation und perversen Neigung. Fauler Schlendrian und Ausschweifung galten als weitest verbreitete Eigenschaften der Anstaltsschüler. Vermutlich hätten aber die Erziehungshäuser auch bei einem höheren geistigen und moralischen Niveau wenig Gefallen finden können. Ging doch Affekt und Ideologie des aufgeklärten Bürgers auf die, von Locke und Rousseau geprägte, sorgfältige Erziehung der Kinder durch ihre Eltern, auf philanthropisch aufgeklärtes Familienleben. Und legte doch das geschäftlich-soziale Interesse dieser Schicht den Wunsch nahe, ihre Söhne weder in höfischem noch in kirchlichem

Sinn erzogen zu sehen, sondern sie an die kaufmännischen, industriellen und gewerblichen Interessen des Vaters zu binden, sie zu deren Vervollkommnung, Festhaltung und Förderung geneigt zu machen. Das unbestrittene Ideal der Erziehung war die aufgeklärte Familienerziehung.

Aber dies Ideal war nicht durchführbar. Nichts spricht dafür, daß seit 1750 der Umfang der Anstaltserziehung zugunsten der Familie abgenommen hätte. Im Gegenteil waren es gewichtige Gründe, die trotz aller ideellen Opposition, trotz aller Unzufriedenheit die Eltern weiterhin veranlaßten, ihre Kinder den Erziehungshäusern anzuvertrauen. Die sorgfältige Familienerziehung durch Privatlehrer und Hofmeister ist kostspielig und bleibt unzulänglich; das immer umfangreicher und immer wohlhabender werdende geistig interessierte Bürgertum lebte zum guten Teil in kleinen Städten, die zu wenig Bildungsmittel besaßen, so daß die Verschickung wenigstens der Söhne in die großen Provinzorte und nach Paris nötig war; die alten berühmten Erziehungsstätten hatten Privilegien oder boten doch Sicherheiten für den künftigen Aufstieg, mit denen die Familie nicht konkurrieren konnte; und nicht zuletzt war für ärmere Schichten, für das Kleinbürgertum, für kinderreiche und Beamtenfamilien entscheidend, daß die Anstalten Freiplätze, Stipendien, Beihilfen aller Art zu bieten hatten, auf die schlechthin nicht verzichtet werden konnte. Die Mißstände in den Anstalten führten daher – so wie dies ähnlich in der Erziehungsgeschichte immer wieder geschieht – zu lebhafter Gegnerschaft, aber diese wirkte sich nicht in entsprechender realer Reform der Anstalten, die doch unentbehrlich waren, aus, sondern förderten die Entwicklung einer rein ideologischen Familienpädagogik, die Aufmerksamkeit, Hoffnung, Bemühung an sich band, ohne Beträchtliches an der pädagogischen Wirklichkeit zu ändern.

Dieses Faktum wird um so bedeutsamer, als eben in den letzten Jahren des *Ancien Régime* von einer anderen Seite her das Problem der Anstaltserziehung mit Nachdruck gestellt wurde. Die Riesenaufgabe, die Kinder des nach Millionen zählenden „armen Volkes", des Stadt- und Landproletariats, der Bettler und Vagabunden zu erziehen und so Verwahrlosung, Kriminalität und Revolten zu verhindern, begann sich in seinen ersten Umrissen dem öffentlichen bürgerlichen Bewußtsein zu präsentieren. Indes sich in den Jahren 1770–1788 als offizielle Theorie für die Bewältigung dieses gigantischen Problems die Forderung nach Vertiefung des Familienlebens, der Aufklärung der Eltern, der aufgeklärten Familienpädagogik allmählich durchsetzt (7) – abgesehen von den Findelkindern, den Waisen und den kriminell Verwahrlosten, für welche Anstalten empfohlen und auch gegründet wurden –, vertreten vereinzelte, so Morelly[6] (17) und Philipon de la Madelaine[7] (18), beredt den Standpunkt, daß die Erziehung des gesamten armen Volkes nur außerhalb der Familie gesellschaftlich in zahllosen großen Erziehungshäusern möglich sei. Von hier aus sollte die Anstaltserziehung später kräftige Impulse empfangen, aber diese Problemstellung hat damals eher dazu beigetragen, daß die führenden Schichten die Anstaltspädagogik, als Sache des „niederen" und „verkommenen" Volkes, vernachlässigten.

Bourdon hat allen diesen Argumenten für die Anstalt sehr geistreich und nicht erfolglos ein neues hinzugefügt. Seine Gedanken entstammen praktischer Erfahrung aus den Jahren 1780–88 und wurden von ihm fast zwei Jahre vor der Revolution publiziert (8). Ihm erscheint die Anstaltserziehung als die einzig richtige, weil Kinder und Jugendliche nur in Gemeinschaft mit Gleichen, mit Altersgenossen, wirklich erzogen werden können, weil das Ziel der Erziehung sein muß, den jungen Menschen für die Gesellschaft zu entwikkeln, ihn in die Gesellschaft einzupassen und dies niemals geschehen kann durch die Einzelerziehung, auf die auch die beste Familie eingeschränkt bleibt:

„Der Mensch trägt von Geburt an in sich den Keim zu allen Leidenschaften, dieser Keim gärt unmerklich in seiner Seele mit den ersten Augenblicken seiner Existenz, bald entfaltet er sich und erwartet die Einwirkung der Außenwelt und die Triebhandlungen (*l'action des passions*) der andern, um sich

---

6 Morelly (geb. um 1715, gest. nach 1778), Abbé in Vitry-le-François, früher Vertreter des utopischen Kommunismus, einflußreicher Vordenker der Französischen Revolution, von Babeuf, Saint-Simon und Louis Blanc. Sein anonym 1755 erschienenes Hauptwerk „Code de la Nature" wurde Diderot zugeschrieben.

7 Louis Philipon de la Madelaine war Jurist und Finanzintendant, während der Revolution engagierte er sich für Erziehungsfragen, später war er Bibliothekar. Neben der erwähnten Schrift erschien von ihm: De l'éducation des collèges. London/Paris 1784. – Vgl. das Philipon-Kapitel bei Stübig (s.o.Anm.4), S. 21–81.

nach außen zu zeigen. Die Triebe sind uns von der Natur als Werkzeuge des Glücks gegeben. Die Erziehung besteht darin, uns die Fähigkeiten zu verschaffen, diese Werkzeuge zu verwenden und sie am zweckmäßigsten zu handhaben. Unerfahrenheit wird hier ebenso verhängnisvoll für uns selbst wie für die Gesellschaft, in der zu leben uns bestimmt ist, und dies ist die Quelle aller inneren Unruhe, die die Harmonie der Gesellschaft bedroht. Andererseits sind die Kinder sehr viel weniger die Schüler ihrer Lehrer, als vielmehr die ihrer Umgebung. Die große Aufgabe ist also, sie nur mit solchen Dingen zu umgeben, die sie zu anmutigen und nützlichen Gestalten formen und sie beizeiten lehren, welchen Vorteil sie aus den mannigfachen Beziehungen ziehen dürfen und können, die sie eines Tages mit den anderen in der Gesellschaft haben werden. Aber wie diesen doppelten Zweck erreichen? Wird dies durch Einzelerziehung geschehen können oder durch Gemeinschaftserziehung?

Die erstere scheint nicht für ein Wesen, das für die Gesellschaft geboren ist, zu passen. Bestimmt, unter den Menschen zu leben, muß es sie kennenlernen und zwar niemals durch die Theorie, sondern nur durch ununterbrochene Übung im Zusammenleben mit Gleichaltrigen, mit den *Gleichen* kann es dies erreichen. Welche Aufklärung über diese so schwierige Wissenschaft kann ein Kind erlangen, umgeben von Stärkeren, Älteren, deren Bedürfnisse seinem Alter fremd sind, die seine noch unsicheren Auffassungen nur verwirren können. Diese Erziehung entfernt überdies geradezu vom wahren Ziel: alle Dinge, die die reichen Kinder umgeben, vermitteln ihnen falsche Vorstellungen. Alles lehrt sie, daß der größte Teil der Menschheit ausschließlich für sie vorhanden ist, daß sie allen ihren Wünschen freien Lauf lassen können. Ohne Arbeit, ohne Mühe können sie alles genießen. Von Personen umgeben, die durch Zwang mit ihnen vereinigt sind (*environné d'êtres réunis autour d'eux par le besoin*) und die ein Interesse daran haben, sie und sich selbst zu täuschen; Spielzeuge der Leidenschaften anderer, welche zu ihren eigenen werden, wie könnten sie dem Irrtum entgehen? Ebenso treten sie meistens in die Gesellschaft mit falschen Begriffen und oft mit schädlichen Neigungen. Die Selbstachtung (*amour-propre*), mißverstanden, ist zur Eitelkeit, zu Hochmut, Egoismus, Widerwillen gegen jede nützliche Tätigkeit geworden und der Trieb, der durch Mäßigung mit den wahren Bedürfnissen in richtigem Gleichgewicht gehalten, ein Werkzeug des Glücks sein sollte, durchbricht die Schranken, die ihm Gerechtigkeit und das Wohl der anderen ziehen und kennt keine anderen als die des Überdrusses, des Ekels und der Erschöpfung.“ (8)

Wir müssen beachten, daß diese Ausführungen aus dem Jahre 1788 stammen und im Bemühen formuliert wurden, die königliche Zustimmung zu einem neuen Erziehungsinstitut für die Söhne vornehmer Eltern zu erlangen. Bourdon, der sich immer als geschickter Diplomat erwiesen hat, verbirgt hier wohl bereits den Gedanken, den er nach der Revolution auszusprechen nicht müde wird: daß die Errichtung einer neuen, auf Freiheit, Gleichheit und Menschenwürde aufgebauten Gesellschaft nur durch Erziehung gesichert werden kann, und daß für diese Erziehung die Familie ungeeignet ist, da in ihr Leidenschaften, Interessen und Anschauungen herrschen, welche der alten Ordnung entstammen und der neuen feindlich sind.

Aus diesen Gesichtspunkten erscheint es Bourdon bedauerlich, daß die Anstaltserziehung „bisher keine überlegten Grundsätze hat", sondern „der Laune und der Willkür" überlassen ist. Obwohl nur sie die wesentlich richtige ist (*essentiellement bonne*), ist die bestehende allerdings völlig schlecht (*absolument mauvaise)*; er ist aber überzeugt, daß sie völlig gut werden kann (*absolument bonne*) durch eine überlegte und kindgemäße, würden wir heute sagen, Disziplinform. Als deren Prinzip formuliert er:

„Die Schüler dürfen nie von *Personen*, sondern nur von *Dingen* abhängig sein; ihre Erziehung, bisher völlig *passiv*, muß völlig *aktiv* werden... Die Abhängigkeit von den Dingen ist eine naturgegebene Abhängigkeit, die in nichts die Selbstachtung, Freiheit und Gleichheit kränkt; gegen sie lehnt man sich nicht auf. Wer nur von Dingen abhängt, hat die innere Genugtuung, sich nur von sich selber abhängig zu fühlen; hat das Gefühl, daß sein Schicksal in seiner eigenen Hand ist. Die Abhängigkeit von Personen, d.h von der Willkür anderer, empört die Selbstachtung (das Selbstgefühl), zerstört das Vertrauen, erzeugt Ungerechtigkeiten..., ist ein Sklavenzustand. Die Seele des Sklaven... fällt in tiefe Inaktivität, in Lethargie, verliert ihre Empfindlichkeit und alle Lust zur Tugend, deren Vorteile sie nicht kennenlernt... Ein unfehlbares Mittel, die Selbstachtung, Quelle alles Guten, zu ihrer höchsten Höhe zu steigern, ist, sie immer aktiv zu erhalten, sie durch die eigene Person (*personellement*) zu binden an alle Ereignisse des öffentlichen Lebens."(8)

Die Lehrer müssen daher in der Disziplinführung nach Bourdons System mehr zurücktreten. Sie behalten nur die Überwachung in letzter Instanz und sind im übrigen auf ihre eigentliche Funktion, den Unterricht, eingeschränkt. Die Lehrer und Werkmeister – die Bourdonsche Schule sieht Werkstätten vor – sind in Komitees zusammengefaßt. Sie erlassen die Grundsatzung für die Anstalt. Die Schüler sind in einer Gesellschaft organisiert, die Bourdon „Gesellschaft für Wetteifer" (*société d'émulation*) nennt. Die Gesellschaft hat allgemeine Versammlungen, in denen die Schülerchefs (*chefs élèves*) und die Unterchefs (*sous-chefs*) bei allgemeinem und gleichem Wahlrecht gewählt werden. Die Chefs bilden unter Zuziehung von jeweils zwei anderen Lehrern den Rat (*conseil*), der in täglichen Sitzungen die Durchführung, Überwachung und Leitung der ganzen Disziplin im Sinne der Satzung in Händen hat und die richterlichen Funktionen ausübt. Die eventuelle Bestrafung erfolgt erst am folgenden Tag, um dem Angeklagten Zeit zu schriftlicher Rechtfertigung zu geben. In dringenden Fällen erbittet der Lehrer eine sofortige Ratssitzung, damit ein Urteil auf der Stelle ermöglicht werde. Ausgeschlossen sind körperliche Strafen (ausdrücklich: Züchtigung, Arrest und Essensentzug). Die Aufsicht des Rates erstreckt sich auch auf die Schulleistungen, ihre Zensurierung und das ganze Schulverhalten. Das Komitee der Lehrer und Werkmeister übermittelt dem Rat wöchentlich seine Aufzeichnungen über die Schüler, die vom Rat mit seinen eigenen verglichen werden und nur von ihm mit Tadel und Belohnung den Schülern übermittelt werden. Die Belohnungen sind, wie der Name der Gesellschaft, ganz im Geiste der Aufklärungspädagogik gedacht als umständliches System von Punkten, Karten, Epauletten.

Die Wahl der Chefs ist verbunden mit einem System des Aufstiegs nach Maßgabe der Strafpunkte und Epauletten. Bourdon spinnt dieses System in zahlreichen Einzelheiten aus und berücksichtigt sorgfältig die Altersunterschiede vom sechsten bis zum achtzehnten Jahr. Diese Einzelheiten sind wesentlich bestimmt von der Aufklärung und den Vorstellungen, die die radikaleren Geister an der Schwelle der Revolution von Staat, Gesellschaft, Freiheit und Verfassung hatten.

Von einer Anstaltserziehung, die dieses Disziplinsystem mit eifriger physischer Erziehung, mit Werkstättenarbeit und einem mannigfaltigen Unterricht nach Begabung und Neigung, ähnlich dem heutigen Kurssystem, verbindet, erhofft Bourdon die Vermeidung aller Mängel der Anstaltserziehung und verspricht, sie, die die wesentlich richtige ist, auch zur völlig richtigen zu machen. Insbesondere erwartet er, daß in solchen Anstalten die sexuelle „Sittenlosigkeit" keinen Raum haben würde. „Begreiflicherweise muß die Satzung in dieser Hinsicht stumm sein, da man den Schülerchefs die Aufsicht hierüber nicht überlassen kann. Aber die neue Ordnung wird die Schüler in all ihrer Reinheit erhalten. Die Erzieher werden, allen sichtbar, keine andere Funktion ihnen gegenüber haben, als die, sie zu unterrichten und sie aufzuklären; sie werden, den Schülern deutlich sichtbar, keine Polizeifunktionen haben, welche notwendigerweise zu Ungerechtigkeiten führen."

Es ist, als spürte Bourdon die große Bedeutung, die Trotz, Feindschaft, Auflehnung gegen Willkürautoritäten für die Masturbation in Anstalten haben, was die Psychoanalyse unserer Tage feststellte. Denn die gleiche merkwürdige stilistische Verbindung zwischen den „schlechten Sitten" und den empörenden Polizeifunktionen der Erzieher bringt auch die ausführliche Erörterung dieses Problems, einige Seiten hinter der eben zitierten kurzen Bemerkung: „Die Tischordnung wird wöchentlich gewechselt. Man vermeidet so Bindungen, die zu intim und daher gefährlich sind. Man mischt die Schüler... Die Sitten verderben hauptsächlich durch Langeweile, Müßiggang, Sorglosigkeit. Unsere Schüler, die ständig abwechselnd von Arbeit zum Vergnügen übergehen, immer mit sich selbst und den anderen zufrieden sind, unabhängig sowohl von Laune als von Willkür der Erzieher, werden rein bleiben."

Von dieser Ahnung eines tieferen Zusammenhangs zwischen Masturbation und Disziplinform abgesehen, vertritt Bourdon den Standpunkt der Sexualpädagogik der Aufklärung. Er ist gegen Einsperrung der Zöglinge bei Nacht und meint schließlich: „In den Momenten, in denen man den Jugendlichen nicht überwachen kann, wenn er notwendigerweise sich selbst überlassen ist, in der Stille der Nacht, ist es die Überzeugung, daß die Dunkelheit uns nicht vor dem Auge der Gottheit verbirgt." Dies ist übrigens die einzige Stelle, an der Bourdon, der wenige Jahre später aktiv an der Dechristianisierungsbewegung beteiligt sein wird, sich trotz seines Atheismus genötigt sieht, höhere Kräfte als die einer vernünftig geordneten Gesellschaft für die Erziehung zu Hilfe zu rufen. Auch hierin mit der Aufklärungspädagogik übereinstimmend, die, auch bei extremen Freigeistern, der Religion für die Bekämpfung der Masturbation nicht entbehren zu können vermeinte.

Bourdons Abhängigkeit und Abweichungen von der Aufklärungspädagogik und andererseits von Helvetius[8] im einzelnen nachzuweisen, ist nicht meine Absicht. Uns inter-

8 Claude Adrien Helvetius: De l'homme, de ses facultés et de son éducation. Zuerst 1772, erste deutsche Übersetzung 1785; zuletzt hg., übers. und mit einer Einleitung von Günther Mensching. Frankfurt a.M. 1972.

essiert hier seine zentrale Abweichung von dem geistigen Boden, auf dem er wuchs, seine energische Opposition gegen die sonst einstimmig geforderte Familienerziehung. Bourdons Opposition gegen die Familie ist ein Moment seines Charakters. Wir sehen dieselbe Opposition in seinem ganzen Verhalten während der Revolution.[9] Einer Adelsfamilie entstammend (De la Crosnière), vor der Revolution Advokat, hielt er es vom ersten Revolutionstage an nicht allein mit dem aufgeklärten Bürgertum, sondern mit dessen radikalem demokratischen Flügel, mit der Pariser Kommune. Er begnügt sich auch nicht bloß mit warmer Sympathie für die kämpfenden Massen, sondern nimmt als Kombattant am Sturm auf die Bastille teil (14. Juli 1789), ist unter den aktiven Führern des Aufstandes der Pariser Kleinbürger und Arbeiter, 10. August 1792, als Delegierter einer der radikalsten Sektionen (*Gravilliers*). Er gehört zu den frühen Mitgliedern des Jakobinerklubs, geht bei dessen Spaltung mit der Bergpartei (*Montagne*), die die Revolution fortsetzen will, gegen die großbürgerliche *Gironde*, die sie liquidieren will.[10] In den Auseinandersetzungen zwischen den Robespierristen und den Ultralinken (Hébertisten) innerhalb der Pariser Kommune neigt er zu diesen, nimmt an der Dechristianisierungsbewegung teil, verteidigt verhaftete Hébertisten im Jakobinerklub und ist am 9. Thermidor der erfolgreiche Führer der Truppen gegen Robespierre. Da aber der Sturz Robespierres sehr gegen die Hoffnungen Bourdons und seiner Parteigänger zu immer schärfer werdender Reaktion führte, wird Bourdon als Terrorist verfolgt und Mitte Prairial des 4. Jahres der Republik (April 1795) verhaftet, aber alsbald amnestiert. Für das Ansehen, das der „Leopard", wie er bezeichnenderweise genannt wurde (22), bei

9 Bernfeld verweist auf das Fehlen einer Biographie und die lückenhaften Angaben in (24) und (25) und fährt dann fort: Die folgenden Angaben zu Bourdons Biographie sind unter Ergänzung bzw. Richtigstellung dieser Artikel gegeben nach Bourdons eigenen Schriften (8–11), den Protokollen des Jakobinerklubs (1), den Protokollen der Conventsdebatten im „Moniteur" (16), nach Tuetey (23), den Protokollen des Unterrichtskomitees des Convents (13), nach Jaurès (14) und Mathiez (15). – Zur Bioghraphie von Bourdon vgl. Stübig (s.o.Anm.4).

10 Eine ausgezeichnete deutsche Darstellung dieses Kampfes findet sich in dem Buch von Hedwig Hintze (26).

dem Volk genoß, zeugt seine wiederholte Wahl zu bedeutenden Funktionen in der Kommune, seine Wahl in den Konvent und zur Zeit des Direktoriums in den Rat der Fünfhundert. Im Konvent wurde er von der Bergpartei nicht nur als pädagogischer Fachmann geschätzt und als solcher in das Unterrichtskomitee (*Comité de l'Instruction Publique*) sowie in die Sechserkommission entsandt, die den Plan eines öffentlichen Erziehungswesens vorzubereiten hatte, sondern auch als zuverlässiger Revolutionär geachtet. Ein Attentat, dem er in Orléans ausgesetzt gewesen war, hatte seine Popularität nicht wenig gesteigert. Kurz, er erwies sich im ganzen Verlauf der Ereignisse als konsequenter Revolutionär, sehr viel weiter links auf dem radikal-demokratischen Flügel als die meisten Mitglieder des niederen Adels, die mit der Entwicklung der Revolution zur Republik, zur Demokratie, zur „Republik des armen Volkes", zur Diktatur nicht Schritt zu halten vermochten.

Diese eigenartige Entwicklung, die der Ideologie und den Interessen seines Ursprungmilieus so sehr entgegenläuft, kann nicht erst in der Revolution entstanden sein, sie äußert sich vielmehr bereits an deren erstem entscheidenden Datum (Bastillesturm) und muß an der individuellen psychischen Situation Bourdons liegen. Über sie wissen wir nun freilich nicht viel mehr, als sich aus seinem Lebenslauf erraten läßt. Aber die Psychoanalyse hat uns ein bedeutsames Moment der Psychologie jener Revolutionäre aufgedeckt, die ihre eigene Klasse verlassen und sich mit einer „niedrigeren" solidarisieren.[11] Diese Haltung entspringt regelmäßig den frühen Konflikten mit den Autoritäten der Kinderstube, mit den Eltern und den ersten Erziehern. Werden in diesen Konflikten die feindselig trotzigen Regungen des Kindes von ihm nicht psychisch bewältigt, so bleibt als Grundhaltung eine oppositionell-feindliche Stimmung bestehen, die sich in der Folge auf alle Autoritätspersonen ausdehnen kann und sich in mannigfaltiger Weise zu äußern vermag. Soll diese Grundhaltung sich aber zum revolutionären Charakter entfalten, so muß sie sich von den Eltern – und den anderen ursprünglichen Objekten der Feindschaft – ablösen und sich idealistisch, verallgemeinert und objekti-

11 Hierzu Näheres in meiner Arbeit (5).

viert „in tyrannos“ wenden. Der junge adelige Revolutionär ist nun weit entfernt vom kleinen Kind, das gegen seine Eltern aufbegehrte, und doch sind sie es, die er – sublimiert – durch seinen Haß gegen die Aristokratie überhaupt mitbekämpft, ja wie im Falle der Terroristen der Französischen Revolution physisch vernichtet. Vor der Revolution äußerte sich Bourdons revolutionärer Charakter in der mutigen, vom Herkömmlichen abweichenden Originalität seiner pädagogischen Gedanken und im Inhalt dieser seiner Forderungen, die eine Anklage gegen die Familie sind und die Familie wenigstens in einer Funktion bekämpfen und abzuschaffen versuchen. Die ausbrechende Revolution erlaubt seinem „unbewußten Elternhaß“, wie die Psychoanalyse eindringlich, wenn auch nicht ganz korrekt sagt[12], bedeutsamere Sublimierungen und tiefere Befriedigung; er erobert nun die Zwingburg der Aristokratie, die Bastille, er gehört zu den unversöhnlichen Feinden des Königs, er fordert bezeichnenderweise, daß dem im Temple gefangenen König der Verkehr mit Frau und Kindern verboten werde, er bekämpft sogar Gott in der Dechristianisierungsbewegung, er fällt schließlich den „Tyrannen“ Robespierre.

Daß seine pädagogischen Ideen nicht allein Resultat objektiven Nachdenkens über Erziehungstatsachen sind, zu denen er als juristischer Ratgeber einer erziehenden Kongregation seit 1780 Gelegenheit hatte, verrät nicht allein die affektive Diktion der entsprechenden Teile seiner Schrift, sondern wird klar durch seine eigene Bemerkung: „Die Erinnerung an meine Kindheit war in meinem Gedächtnis lebhaft… Wie oft hatte ich mich empört über den Gebrauch und gelegentlich über den Mißbrauch der Willkürmacht meiner Erzieher“. (8)

Dies alles erwogen, erhält die Vermutung viel Wahrscheinlichkeit, daß Bourdons Stellung zur Familienerziehung und zur Revolution demselben psychischen Boden entstammt: den Konflikten des Kindes und Jugendlichen in der Elternfamilie. Diese individual-psychischen Schicksale

12 Nicht ganz korrekt, weil mißverständlich: Weder muß diese Regung an den leiblichen Eltern erworben sein, noch bleibt immer im Unbewußten der Haß gegen die Eltern bestehen, sondern der revolutionäre Charakter ist aus jenen infantilen Regungen *entstanden*.

dürfen wir dafür verantwortlich machen, daß Bourdon seine eigenen Gedanken produzierte, die sich von dem seinerzeit allgemein gültigen Niveau abhoben. Allerdings waren schon einige Jahre später so veränderte soziale, politische, kulturelle Bedingungen vorhanden, daß nicht mehr bloß vereinzelte Eingänger aus ihren individuellen psychischen Strukturen heraus, sondern breite Schichten der Gesellschaft aus ihren ökonomischen, politischen und ideologischen Bedürfnissen sie aufnehmen und verbreiten konnten, daß sehr viele Individuen verschiedenster psychischer Struktur sie finden konnten, daß sie, wie man zu sagen pflegt, „in der Luft lagen".

Dies gilt für Bourdons System der Anstaltsdisziplin in den Jahren 1790–1797, für seine Gegnerschaft zur Familienerziehung 1793/94 (während der sogenannten Terrorperiode). Andererseits ist nicht anzunehmen, daß Bourdons individuelle psychische Motive so eigenartig waren, daß er ganz allein vorzeitig zu pädagogischer Familiengegnerschaft gelangt wäre. Im Gegenteil finden sich durch das ganze 17. und 18. Jahrhundert Stimmen dieser Art, aber bezeichnenderweise nur bei revolutionären oder satirischen Köpfen. So macht Swift in „Gullivers Reisen" kein Hehl aus seiner Feindschaft gegen die Familie und erlaubt den Eltern in Liliput, ihre Kinder nur zweimal im Jahr je eine Stunde lang zu sehen und gemäßigt zu küssen (19); so schildert Cyrano de Bergerac de Savinien die Mondpädagogik als verkehrte pädagogische Welt, in der die Väter ihren Söhnen blind gehorsam zu sein haben (2). Schließlich boten die eifrig studierten klassischen Autoren, Platos „Staat", die antiken Überlieferungen über die Erziehung der Perser und Spartaner familienfeindlichen Affekten Nahrung. All dies führte aber nicht zu pädagogischer Durchdringung des Problems Anstalts- oder Familienerziehung. Die Pädagogen waren traditionsgebunden oder Aufklärer. Den anderen fehlte aber das entscheidende Motiv für die gedankliche Befassung mit den „Kinderfragen": die ungebrochene seelische Bindung an die eigene Kindheit, die Voraussetzung für den „schöpferischen" Pädagogen ist. Bourdon besaß diese und bekennt sie klar als sein entscheidendes Motiv. Die „angeborene Neigung", die er zu Kindern hatte (*inclination naturelle*), bestimmt ihn, seine Erziehungsgedanken zu verwirklichen.

Seinen Schülern sollten die schlimmen Erfahrungen erspart bleiben, die er in seiner eigenen Kindheit gemacht hatte (8).[13]

Daher bleibt Bourdon auch trotz seiner aktiven Teilnahme an der Revolution eifrig bemüht, seine pädagogischen Forderungen in Wirklichkeit umzusetzen. 1788 hatte er für sein geplantes Erziehungsinstitut die königliche Approbation erhalten und ihm den Namen „Königliche Gesellschaft für Wetteifer" gegeben (*Société Royale d'Emulation*). Aber der Minister hielt sein Versprechen, Bourdons Vorhaben zu fördern, nicht, und die Anstalt konnte nicht eröffnet werden (9). Bourdon übersandte der Nationalversammlung seinen Plan, er wurde mit Auszeichnung zur Kenntnis genommen und hat – wie wir sahen – in Talleyrands *Rapport* Berücksichtigung gefunden, aber die Konstituante hatte zur positiven Förderung von Erziehungsprojekten keine Zeit mehr gehabt. Da von der Konstituante nichts zu erwarten war, warb Bourdon, von der Pariser Kommune unterstützt, um die Förderung des Jakobinerklubs, die ihm reichlich zuteil wurde. Am 11. März 1791 wurde sein Bericht von einer hierzu eingesetzten Kommission des Jakobinerklubs überaus günstig beurteilt, und offenkundig auf Grund der zugesagten Hilfe seiner Parteifreunde gründet Bourdon Ende 1791 seine Anstalt. Die Pariser Jakobiner setzten sich in einem Rundschreiben an alle angeschlossenen Gesellschaften (am 7. Oktober 1891 und am 4. Juni 1792) für Bourdons Unternehmung ein, vom Konvent schließlich, in dessen Unterrichtskomitee Bourdon ein tätiges Mitglied war, erhielt die Schule im August und November 1793 Waisen nach den Kriegsfreiwilligen zugewiesen und dementsprechend finanzielle Unterstützung. Die Krise des Thermidor überstand Bourdons Schule, da ihr Leiter kein Parteigänger Robespierres war, aber mit der einsetzenden Reaktion unter dem Direktorium wurde am 2. April 1795 die Anstalt aufgelöst.

Diese Anstalt trägt bezeichnenderweise nicht mehr den Namen „Gesellschaft für Wetteifer", sondern heißt „Gesell-

---

13 Es zeigt sich hier bei Bourdon das Motiv der „Rettungsphantasie", das ich bei Pestalozzi nachweisen zu können glaube (6) und das für einen Typus von pädagogischen Denkern bezeichnend zu sein scheint.

schaft der jungen Franzosen" (*Société des jeunes Français*). War das vorrevolutionäre Projekt Bourdons ziellos von allgemeinen Gedanken und Gefühlen der Freiheit und Gleichheit getragen, so hatte diese neue Gründung ein präzises politisches Erziehungsziel: Glühende Kämpfer für die Revolution, wie die Pariser Kommune sie verstand, zu erziehen. Dementsprechend wurden die Schüler unmittelbar an der revolutionären Aktion interessiert und mit den revolutionären Instanzen in Kontakt gebracht. Sie petitionierten z. B. am 24. März 1793 beim Konvent sogar um die Erlaubnis, sich bewaffnen zu dürfen. Unterricht, Selbstverwaltung, revolutionäre Feste, Theateraufführungen, öffentliche Prüfungen – alles diente dem einen politischen Erziehungszweck. So gaben die Schüler im Theater der Gleichheit (*Théâtre de l'Egalité*) öffentlich nach einer „Wilhelm Tell"-Aufführung ein selbstverfaßtes Stück, von dem der „Moniteur" berichtet:

„ein neuartiges Schauspiel, aber interessant. Es waren die Schüler Léonard Bourdons, die der Öffentlichkeit in einem Nachspiel zeigten, was die Erziehung unter der alten Herrschaft war, und was sie unter der neuen Herrschaft der Freiheit sein kann. Das Stück hatte drei Akte. Der erste ist eine groteske Parodie auf die alte Erziehung. Die zwei letzten haben uns ein wirkliches Vergnügen gemacht. Mit welcher Genugtuung haben die Zuschauer die jungen Menschen in ihren Werkstätten gesehen, mit ihrer täglichen Arbeit beschäftigt! Wie haben sie ihren militärischen Übungen zugejubelt, die mit einer Präzision ausgeführt waren, die nur langgeübte Männer zu erreichen vermögen".[14]

Oder folgende Einladung ergeht im „Moniteur" vom 3. Februar 1793 (16):

„Die Gesellschaft der jungen Franzosen... hat zur Aufgabe, die besten Erziehungsmethoden zu versuchen und zu bewähren durch die Tatsache, daß die jungen Menschen sich ihren Aufgaben um so mehr hingeben, als sie im vollen Genuß ihrer Rechte stehen. Siebzig Schüler der Nation oder Internisten sind in ihr gegenwärtig vereinigt und regieren sich selbst nach den Grundsätzen der Menschenrechte (*Déclaration des Droits*) unter der Aufsicht einiger Freunde der Jugend, die ihr Vertrauen genießen, da sie weder tadeln noch strafen, noch belohnen. Das Unterrichtskomitee des Konvents wünscht sich, ein Urteil über die Fortschritte dieser jungen Republikaner zu machen, über das Maß von Hingabe, das ihre soziale Organisation ihnen für die Wissenschaften gibt, die man sie lehrt. Daher wird Sonntag, den 24. Februar, eine allgemeine Wiederholung in Gegenwart des Komitees stattfinden. Die gegenwärtigen Studien umfassen die Pflichten und Rechte des Menschen in der Gesellschaft; die Mathematik, die Naturgeschichte, Physik, Astronomie,

14 Moniteur (16), 4. vendémiaire des Jahres III (25. September 1794).

Geographie, Geschichte, die französische, lateinische, deutsche und englische Sprache; Modellzeichnen, Landschaftsmalerei, Perspektive, Architektur und Ornament; Vokal- und Instrumentalmusik und Tanz-(Turn)übungen. Alle Bürger sind eingeladen, diesen Übungen beizuwohnen. Beginn 9 Uhr."

Die Anstaltsdisziplin ist nun konkreter geworden, als sie 1788 gedacht war, deutlich beeinflußt von der neuen politischen Organisation und den Einrichtungen der Nationalversammlung Frankreichs. „Vom 12. Lebensjahr an..., der Zeit, in der Gefühl und Vernunft sich zu entwickeln beginnen, sind die Schüler frei unter der Herrschaft des Gesetzes, lediglich abhängig von Dingen und niemals von Personen... Die Gesellschaft wird verwaltet von drei Komitees: das *erste* mit der Leitung der Studien, das *zweite* mit der Überwachung der inneren Polizei beauftragt, und das *dritte* mit der Korrespondenz, sei es mit den Eltern, sei es mit den anderen Schulen des Reiches. Die Eltern der Schüler haben Sitz in diesen Komitees." Mit der Heranziehung der Eltern folgt Bourdon nicht allein einer damals sehr populären Forderung, die wir mit der modernen Institution der Elternbeiräte vergleichen können, sondern versucht mit diesem Mittel, die Arbeit an der politischen Volksaufklärung intensiv fortzusetzen, die in den Sektionen von Paris und in den Volks-Gesellschaften eifrig gepflegt wurde.

Bourdon glaubte aber keineswegs, daß mit *einer* Anstalt, und wäre sie auch noch so vorzüglich, etwas getan sei. Seiner Meinung nach waren große Anstalten das Mittel der Volkserziehung überhaupt. In diesem Sinne trat er im Konvent energisch für den Lepeletier-Robespierreschen Plan[15] ein, der für alle Kinder vom fünften bis zum zwölften Lebensjahr die staatliche Erziehungsanstalt vorsah. Nur mit diesem gi-

15 Dieser Plan ist im Jahre 1848 deutsch übersetzt erschienen (21). Das Original ist bei Guillaume (13) am zugänglichsten zu erreichen. Merkwürderweise hat dies, wie ich glaube, höchst merkwürdige Projekt in der Geschichtsschreibung der Pädagogik so gut wie keine Beachtung gefunden. Ich komme darauf in einer demnächst erscheinenden besonderen Arbeit zurück [nicht erschienen]. – Der Plan von Lepeletier jetzt in: Robert Alt (Hg.): Erziehungsprogramme der Französischen Revolution. Berlin/Leipzig 1949, S. 119–147. – Vgl. die in Anm. 4 ergänzte Literatur sowie: Ulrich Herrmann/Jürgen Oelkers (Hg.): Französische Revolution und Pädagogik der Moderne. Weinheim/Basel 1990.

gantischen Werk sei die kulturelle Aufgabe, die ganze Jugend zu Republikanern zu erziehen, möglich; nur mit ihm könne eine wirkliche Erziehung der proletarischen Jugend, wie es bereits in dem Gesetzentwurf heißt, den Robespierre und Bourdon vertraten, überhaupt durchgeführt werden; nur mit ihm steuere man der Verwahrlosung entgegen. Da aber schon in den ersten Tagen der Konventsdebatte deutlich wurde, daß dieser Plan der allgemeinen Pflicht-Staatserziehung nicht angenommen würde, hat Bourdon einen Kompromißvorschlag vertreten und zur Annahme gebracht. Nach diesem Projekt sollte die Staatserziehung neben der öffentlichen Schule als freiwillige Institution bestehen, und Bourdon hatte die Hoffnung, daß die Häuser der Gleichheit (*Maisons d'Egalité*), wie die Erziehungsanstalten heißen sollten, auf der Basis der neuen Disziplin aufgebaut, so einleuchtende Vorbilder sein würden, daß ohne alle Zwangsmaßnahmen sehr bald das ganze Schulwesen sich in Anstaltsformen entwickeln würde. Lediglich als Musteranstalt wollte er seine eigene Gründung ansehen, die zur Nachahmung anregen sollte, aber auch, in der Art des Jakobiner-Klubs, mit den verwandten Schulen und Heimen in steter Verbindung, eine Zentrale der Jugenderziehung des ganzen republikanischen Frankreich, der revolutionären Erziehung, wie man seit 1793 sagte, werden sollte.

In dieser Hoffnung wurde Bourdon betrogen, seine Anstalt wurde nirgends nachgeahmt. Auch sein Grundgedanke, den er mit Lepeletier, Robespierre, St. Just teilte, daß die Volkserziehung staatliche Anstaltserziehung sein müßte, hat keine Verwirklichung gefunden. Nach der kurzen Episode der Diktatur der radikalen Demokraten des Robespierre-St.Just'schen Wohlfahrtsausschusses hat die Entwicklung des Erziehungswesens eine völlig andere Linie eingehalten. Das öffentliche Erziehungswesen beschränkte sich auf die Schule, den Unterricht, während die Erziehung der Familie überlassen blieb. Mit dem fortschreitenden Versagen der Erziehungsfunktionen der Familie entwickelt sich im Kampf gegen Verwahrlosung und Kriminalität als Jugendfürsorge ein Anstaltswesen, für das jahrzehntelang völlig, nicht zu geringem Teil auch heute noch das gilt, was Bourdon 1788 von der Anstaltserziehung charakterisierend sagte: daß sie keine „überlegten Grundsätze" habe.

Die Einheit von Schule, Erziehung, Armenerziehung und Kampf gegen Verwahrlosung als Sozialerziehung in großen gegliederten, auf „Freiheit und Gleichheit" aufgebauten Anstalten, ist seit dem Thermidor aus den bürgerlichen Erziehungsgedanken und Forderungen völlig verbannt, während sie im Programm der Sozialisten von Babeuf bis zum „Kommunistischen Manifest" in Fortsetzung der Tradition aus der Zeit Robespierres festgehalten wurde, seit 1848 auch dem sozialistischen Gesichtskreis entschwand, bis erst wieder in neuester Zeit, vornehmlich in der Sowjeterziehung, diese Forderung und Realisierungsversuche auftauchen. (In Deutschland ist als bedeutsamster Vertreter des Bourdon-Lepeletier'schen Programms Fichte zu nennen, dessen „Nationalerziehung" direkt von den Jakobinern beeinflußt ist[16].) Hingegen ist Bourdons eigenster Gedanke, sein System der Anstaltsdisziplin, weit über den engen Kreis der radikalen Jakobiner hinaus und schon vor ihnen akzeptiert worden. Denn dieses System ist an sich nicht radikal demokratisch, sondern schlicht demokratisch, hatte bereits Talleyrands Zustimmung gefunden und wurde, auf die Schuldisziplin eingeschränkt, fast einstimmig bis 1795 gefordert und wohl auch gelegentlich durchgeführt. Erst mit der immer schärfer werdenden Reaktion unter dem Direktorium verlor es seine Anziehungskraft, um in den Ideen und pädagogischen Versuchen der Liberalen zu Anfang des 19. Jahrhunderts, modifiziert als „Methode des gegenseitigen Unterrichts"[17], Anhänger zu finden.

---

16 Bourdon war im Auftrag des Direktoriums einige Zeit in Deutschland. (Bourdon war als *Directeur principal des hôpitaux militaires* Begleiter des napoleonischen Feldzugs gegen Preußen 1806/7 und starb im Mai 1807 in Breslau.)

17 Gemeint ist das *monitorial system* von Bell und Lancaster.

Quellen und Literatur

(1) Aulard, F.A.: La Société des Jacobins. Recueil de documents pour l'histoire du Club des Jacobins de Paris. Bde. I-VI: 1791–1794, Paris 1889–1897.

(2) Bergerac, Cyrano de: Mondstaaten und Sonnenreiche. Phantastischer Roman. Dt. übers. München 1913.

(3) Bernfeld, Siegfried: Die Formen der Disziplin in Erziehungsanstalten. In: Zeitschrift für Kinderforschung 33 (1927), S. 367–390; im vorliegenden Band S. 199ff.

(4) Bernfeld, Siegfried: Die Schulgemeinde und ihre Funktion im Klassenkampf. Berlin 1928.

(5) Bernfeld, Siegfried: Der soziale Ort und seine Bedeutung für Neurose, Verwahrlosung und Pädagogik. In: Imago 15 (1929), S. 299–312; im vorliegenden Band S. 257ff.

(6) Bernfeld, Siegfried: Der Irrtum des Pestalozzi. In: Zeitschrift für psychoanalytische Pädagogik 1 (1926/27), S. 136–142.

(7) Bloch, Camille: L'Assistance et l'Etat en France, à la veille de la Révolution (1764–1790). Paris 1908.

(8) Bourdon, Léonard: Plan d'un établissement d'éducation nationale, autorisé par Arrêt du Conseil du 5 octobre 1788 sous le titre de Société royale d'émulation. Orléans 1788.

(9) Bourdon, Léonard: Société des jeunes gens français, base d'une école centrale d'expériences, établie au ci-devant prieuré de Saint-Martin-des-Champs, Rue Saint Martin à Paris. Abgedruckt in (1), Bd. 2, Paris 1891, S. 167–172.

(10) Bourdon, Léonard: Projet de décret sur l'éducation nationale. Abgedruckt in (13), Bd. 2, Paris 1894, S. 114–128.

(11) Bourdon, Léonard: Discours sur l'instruction commune, prononcé dans la séance du 30 juillet 1793. Abgedruckt in (13), Bd. 2, Paris 1894, S. 178–185.

(12) Budde, Gerhard: Erziehungsfragen zur Zeit der Französischen Revolution. (Friedrich Mann's Pädagogisches Magazin, Heft 707.) Langensalza 1919.

(13) Guillaume, M. (Hg.): Procès verbaux du Comité d'Instruction Publique de la Convention Nationale. Bde. I–VI, Paris 1891–1907.

(14) Jaurès, Jean: Histoire socialiste de la Révolution Française. Bde. I–VIII, Paris 1922–23.

(15) Mathiez, Albert: La Révolution Française. Bde. I–III, Paris 1922–27.

(16) Moniteur Universel. Paris 1789ff.

(17) Morelly: Code de la Nature. 2 Bde., 1755/60.

(18) Philipon de la Madelaine, Louis: Vues patriotiques sur l'éducation du peuple, tant des villes que des campagnes. Lyon 1783.

(19) Swift, Jonathan: Reisen in verschiedene ferne Länder der Welt. Dt. übers. Berlin 1916.

(20) Talleyrand (-Périgord), Charles-Maurice de: Rapport sur l'instruction publique. [In der Nationalversammlung am 10., 11., 19. September 1791.] Abgedruckt in: Célestin Hippeau: L'instruction publique en France pendant la Révolution. Bd. 1, Paris 1881; jetzt zu zitieren nach: Baczko, B. (Hg.): Une éducation pour la démocratie. Textes et projets de l'époque révolutionnaire. Paris 1982, S. 107–173.

(21) Lepeletier (de St. Fargeau), Michel: Plan d'éducation nationale (1793). Übers. von Gustav Thaulow: Plan einer National-Erziehung. Kiel 1848. Jetzt zu zitieren nach: Baczko, B. (Hg.): Une éducation pour la démocratie. Textes et projets de l'époque révolutionnaire. Paris 1982, S. 345–387; dt. übers. in: Alt, Robert (Hg.): Erziehungsprogramme der Französischen Revolution. Berlin/Leipzig 1949, S. 121–147.
(22) Thibaudeau, Antoine: Extrait des Mémoires, relatif à son adjonction au Comité d'instruction publique le 19 frimaire. Abgedruckt in (13), Bd. 3, Paris 1897, S. 110f., 318, 487ff., 528.
(23) Tuetey, Alexandre: Répertoire général des sources manuscrites de l'histoire de Paris pendant la Révolution Française. Bd. 7, Paris 1906.
(24) Artikel „Bourdon", in: Nouvelle Biographie Générale. Bd. 7, Paris 1855, Sp. 65f.
(25) Artikel „Bourdon", in: Le Nouveau Larousse. Bd. 2, Paris o.J., S. 217.
(26) Hintze, Hedwig: Staatseinheit und Föderalismus im alten Frankreich und in der Revolution. Stuttgart 1928.

DIE TANTALUS-SITUATION

Bemerkungen zum „kriminellen Über-Ich"
(1931)

Die Erforschung der Verwahrlosung und Kriminalität ist aus der Alternative erwachsen: Liegt Schuld des Verbrechers oder der Gesellschaft vor? Und wenn die Wissenschaft auch gelernt hat, diese Wertungsfrage bis zur Aufdeckung der Sachverhalte zurückzustellen, so macht sich doch auch in den modernen Erklärungsversuchen der alte theologische oder kulturkritische Standpunkt deutlich geltend. Die Theorienbildung ist von ihm nachhaltig beeinflußt, von der gar nicht zu überschätzenden Bedeutung, die er in der täglichen Praxis des Strafvollzugs und der Verwahrlosungsbekämpfung hat, zu schweigen.

Spricht man zwar heute nicht mehr von Schuld, so wird doch die Ursache der Verwahrlosung (Kriminalität) entweder im einzelnen oder im Milieu gesehen. In der *biologischen Theorie* der Kriminalität ist die Schuld des Individuums in eine Schuld der Vorfahren verwandelt; in der *psychologischen Theorie* die Schuld des einzelnen durch die Haltlosigkeit seines Charakters, durch Triebhaftigkeit oder Erregbarkeit ersetzt; in der *Milieutheorie* die Schuld der Gesellschaft in die Schuld des engeren Familienkreises gemildert; in der *marxistischen Theorie* zur notwendigen Folge der kapitalistischen Produktionsweise erweitert.

An Versuchen, diese Antithetik „Individuum – Gesellschaft" zu überwinden, fehlt es nicht; aber sie sind, soweit meine Literaturkenntnis reicht, nicht sehr weit gediehen. Der Psychologe gesteht dem Milieu fördernde, hemmende, auslösende Kräfte zu; der Milieutheoretiker wird schwer überschaubare, individuelle Motive und typische Dispositionen nicht ganz leugnen. Es ist kein Geheimnis, daß dies ganze Wissensgebiet bisher nur sehr ungenügend bewältigt ist. Diese Ratlosigkeit verursacht wohl, daß die Psychoanalyse, neben der obligaten Ablehnung, doch unter den Fachleuten und vor allem im Publikum der Kriminalistik und Verwahrlosungskunde großes Interesse und starke Hoffnungen erweckt. Man erwartet von der Psychoanalyse selbstverständlich Hilfe für den psychologischen Standpunkt; ich zweifle auch nicht, daß sie diese bis zu einem gewissen Grade wird bringen können, aber merkwürdigerweise überrascht sie zunächst, indem gerade sie den psychologischen Gesichtspunkt als nicht ausreichend erweist. Alle Psychoanalytiker, die sich bisher mit diesem Problem befaßten, konstatieren die Bedeutsamkeit sozialer Faktoren und gewähren ihnen im Grundsätzlichen reichlich Raum. Wenn etwa Aichhorn[1], Alexander/Staub[2] und ich hierin übereinstimmen, so drängt die psychoanalytische Erfahrung selbst recht verschiedene kulturpolitische Einstellungen zur gemeinsamen Auffassung: neurotische und psychotische Mechanismen führen zwar zur Kriminalität und Verwahrlosung, aber sie allein reichen, mindestens bei manchen Typen, nicht hin; ja, es gibt normale „Persönlichkeiten", die nicht nur gelegentlich, sondern habituell kriminell handeln oder nach ihrer Lebensführung als Verwahrloste zu beurteilen sind. Wie überraschend solche psychoanalytischen Aufstellungen demjenigen sind, der von der Psychoanalyse nur das Geläufigste weiß, erhellt aus der gelegentlich geäußerten Erwartung, der Psychoanalytiker werde eine fahrlässige Tötung als eine unbewußt beabsichtigte verurteilen oder die

1 August Aichhorn: Verwahrloste Jugend. Die Psychoanalyse in der Fürsorgeerziehung. 10 Vorträge. Zürich 1925 (zahlreiche Auflagen, mit einer biographischen Skizze von Kurt R. Eissler, S. 201 ff.). – Vgl. in diesem Band die Abhandlung „Der soziale Ort...", dort S. 269, Anm. 14.

2 Franz Alexander und Hugo Staub lehrten seit 1925 bzw. 1929 am Berliner Psychoanalytischen Institut, wo Bernfeld seit 1926 die Unterrichtskurse für Pädagogen gab. – Zehn Jahre Berliner Psychoanalytisches Institut. (Poliklinik und Lehranstalt.) Hg. von der Deutschen Psychoanalytischen Gesellschaft. Wien 1930 (dort die Veranstaltungsverzeichnisse); Gerhard Maetze: Psychoanalyse in Deutschland. In: Dieter Eicke (Hg.): Tiefenpsychologie, Bd. 2 (Kindlers „Psychologie des 20. Jahrhunderts". Reprint Weinheim/Basel 1982, S. 408–438, hier S. 420 ff. – (Bild-)Dokumente in: Karen Brecht, u.a. (Hg.): „Hier geht das Leben auf eine sehr merkwürdige Weise weiter..." Zur Geschichte der Psychoanalyse in Deutschland. Hamburg 1985.

Psychoanalyse würde auch an Notdelikten und politischen Vergehen die sexuelle, also die individuell-psychologische, Ätiologie betonen. Tatsächlich ist die Einschätzung des sozialen Faktors innerhalb der Psychoanalyse umstritten. Vielleicht fördert es die Diskussion, wenn ich an dem Buch von Alexander/Staub[3] seine Bedeutsamkeit zu erweisen versuche.

Alexander/Staub geben eine Übersicht aller kriminellen Handlungen. Neben akzidentell-kriminellen Handlungen (Fehlleistungsdelikte und Situations-[Affekt]delikte) und neben den „Folgen toxischer und organisch-pathologischer Vorgänge" ergeben sich: „neurotisch-psychotisch bedingte" kriminelle Handlungen und: „normale Handlungen, die das Über-Ich, zwar normal gebildet, dennoch infolge seiner kriminellen Inhalte gestattet". Die Aufstellung dieses „normalen Verbrechers" und vor allem seine Verwandtschaft mit dem normalen Menschen ist ein wesentliches und kriminalpsychologisch bedeutsames Stück der Ansicht der Autoren. Aber was erklärt sie? Offenkundig, daß kriminelle Handlungen, wie alle andern Handlungen auch, neurotisch, psychotisch, normal, und je nach dem Bau des Über-Ichs inhaltlich verschieden sein können, daß es schließlich auch unter den kriminellen Handlungen, wie bei allen andern, Fehlleistungen und Affekthandlungen gibt. Es ist den Autoren gern zuzugestehen, daß für die menschliche Beurteilung des einzelnen Verbrechers, für die Rechtsprechung, für den Strafvollzug, für Strafrechtstheorie und Rechtsphilosophie dieser Nachweis von großer Wichtigkeit sein kann. Er ist aber doch zugleich der klare Beweis dafür, daß es eine spezifische Ätiologie des Verbrechens nicht gibt – abgesehen von dem Fall des Verbrechers aus Strafbedürfnis, den Freud beschreibt, und der eine, freilich seltene, spezielle Verbrechergruppe repräsentiert. Gewiß haben die Autoren diese spezifische Ätiologie gar nicht erst gesucht. Darin zeigt sich der beträchtliche Unterschied der psychoanalytischen Betrachtung gegenüber der kriminal-psychologischen. Diese forscht eben nach den spezifischen individuellen Ursachen des Verbrechens überhaupt. Selbstverständlich finden wir in jedem

3 Franz Alexander/ Hugo Staub: Der Verbrecher und seine Richter. Wien 1929.

kriminellen Fall – wie eben in jedem personalen Verhalten – die determinierenden Kräfte des Es, des Ichs, des Über-Ichs; wir finden, je nachdem, neurotische oder andere Mechanismen am Werk, kurz, wir sind – im idealen Falle – in der Lage, die Psychologie *eines* Verbrechens oder *eines* Verbrechers zu geben. Damit ist sicher *das* Verbrechen überhaupt keineswegs restlos erklärt. Jedoch gehört vielleicht „alles übrige in die Soziologie".

Alexander/Staub verneinen dies. Sie versuchen, doch mehr zu geben als die Psychologie der einzelnen Verbrechen und deren typologische Einordnung. „Unsere Aufgabe ist die Erforschung der Bedingungen, die dafür verantwortlich sind, daß bei gewissen Menschen und in gewissen Situationen das Zusammenwirken von Realangst und Gewissensangst nicht ausreicht, um die asoziale Tat zu verhindern." Ich habe den Eindruck, als wäre mit diesem Satz eine sehr fruchtbare Fragestellung formuliert, die aber an einigen wichtigen Stellen zu Konsequenzen führt, die die Autoren nicht genügend berücksichtigen und die aus dem unzulänglichen Begriff „asozial" entspringen. Mit wenigen Zeilen übergehen die Autoren die Affekt- und Situationsdelikte, in denen eine recht komplizierte Problematik verborgen ist. Es handelt sich hierbei um „die nicht kriminellen Menschen, die in gewissen Situationen, besonders im Affekt, kriminell handeln". Man müßte in diese Gruppe eine sehr große Anzahl von Delikten zählen, die mit dem üblichen Sprachgebrauch der Affekthandlung nicht zu decken wären, nämlich z.B.: lang erwogene und vorbereitete, unter Konflikten dem „Über-Ich" abgerungene Handlungen (etwa Abtreibungen oder Landesverrat); Eigentumsdelikte aller Art, aus mehr oder minder großer Not entstanden, wobei durch das subjektive Leiden die Gewissensangst, durch die Hoffnung, unentdeckt zu bleiben, die Realangst gemindert ist; Leichtfertigkeitshandlungen (so zahllose Meineide) und die gewiß nicht zu verachtende Gruppe von Verbrechen, die – ohne kriminelles Über-Ich – doch subjektiv als gerechte oder gefahrlose Handlungen ausgeübt wurden. Ganz zu schweigen ist dabei von Vergehen, die kurze Gefängnisstrafen (wegen Uneinbringlichkeit der Geldstrafe) zur Folge haben und die zwar keineswegs Verbrechen sind, den Täter aber, besonders den Jugendlichen, in seinem Familien-, Nachbars- und Berufskreis als Verbrecher diffamieren. Wohin gehören schließlich diejenigen, deren Real- und Gewissensangst die asoziale Tat nicht verhindert haben, deren Umsicht, Glück, Stellung aber deren Bekanntwerden verhindern?

Diese Hinweise mögen genügen. Sie zeigen, daß die Gleichsetzung von asozialer Tat mit Kriminalität = Gesetzesübertretung zu beachtlichen Schwierigkeiten führt. Jede bedeutsamere Strafrechtnovelle, ja Zivilrechtsänderung, verschiebt die kriminalpsychologische Typologie empfindlich. Der Begriff der Kriminalität ist in Abhängigkeit von dem der Legalität. Es scheint mir aussichtslos, anders als kasuistisch, anders als auf ein einzelnes Verbrechen gerichtet, die Bedingungen anzugeben, unter denen Realangst und Gewissensangst nicht ausreichen, Legalität zu sichern. Asozialität – mindestens wenn sie an der Kriminalität, also letzten Endes an der Nicht-Legalität, gemessen wird – ist ein *sozialer* Tatbestand, an dem unter gegebenen Umständen jede psychische Struktur, jedes Libidoschicksal, jeder psychische Mechanismus teilhaben kann. „Sozialität – Asozialität" ist, wie Alexander/Staub sie auffassen, eine *soziale* Beurteilung jedes beliebigen psychischen Verhaltens unter Dominanz juristischer Kriterien.

Auch die Neurose ist ein aus sozialen Bedingtheiten beurteiltes Verhalten; und auch in der Neurosenlehre gibt es eine psychoanalytische Betrachtung, die *eine* Neurose *eines* Menschen erforscht. Aber es gibt darüber hinaus eine psychoanalytische Neurosenlehre, die *die* Neurose als Resultat spezifischer psychischer Prozesse erkennen läßt, wenngleich auch hier soziale Tatbestände mitwirken. Solche psychoanalytische Verbrechenslehre scheint unmöglich zu sein. Alexander/Staub geben sie nicht; ja, ich gewinne den Eindruck, als bewiesen sie die These, ohne sie zu vollem Bewußtsein zu erheben, daß es eine solche rein psychoanalytische Verbrechenswissenschaft gar nicht geben kann.

Als „normalen Kriminellen mit kriminellem Über-Ich" beschreiben Alexander/Staub einen Typus, der gewiß existiert. Alexander/Staub zählen hierzu die „Menschen, die einer besonderen Gemeinschaft mit eigener, von der herrschenden abweichenden Verbrechermoral angepaßt sind". Befreien wir uns von dem psychologisch unfruchtbaren Legalitätsgesichtspunkt, so gehört hierher, weit mehr als das

Berufsverbrechertum, Vagabundentum, Zuhältertum und Anhang, auf die Alexander/Staub hinweisen. Ein sehr großer Teil der sogenannten „verwahrlosten" Jugend, ein beträchtlicher Teil der jugendlichen Erwerbslosen, ja, in gewissem Sinne breite Schichten der politisch Organsisierten (von den Gegnern jeweils Rowdies, Lumpenproletariat usw. genannt), sind in fließenden Übergängen, die nur durch juristische und verwaltungstechnische Grenzen markiert werden (Kriminelle, Hehler, Verwahrloste, Gefährdete, Schutzbedürftige usw.) diesem normalen Verbrechertum in vielen psychologischen Beziehungen verwandt. Nähere Analyse scheint übrigens zu ergeben, daß anderseits der Typ des „normalen Verbrechers mit kriminellem Über-Ich" sich keineswegs mit der sozialen Tatsache des Berufsverbrechertums oder „der wilden Cliquen" der Großstadtjugend[4] deckt, da unter ihnen auch Neurotiker und Psychotiker reichlich vorkommen. Wenn man die heutige soziale Wirklichkeit betrachtet, so wären jedenfalls die Besitzer eines „kriminellen Über-Ichs" nach der Alexander/Staubschen Definition keine kleine Gruppe, die deutlich von der Gesamtheit des Volkes abgesetzt wäre, sondern eine sehr breite Schicht der gesamten Bevölkerung, in der in bezug auf die „Inhalte" dieses „kriminellen Über-Ichs" sehr imponierende Unterschiede bestehen. Die „herrschende Moral" herrscht in sehr viel geringerem Maße und sehr viel weniger einheitlich, als nötig wäre, um eine einzelne Gruppe dadurch scharf charakterisierbar zu machen, daß man deren „eigene" Moral hervorhebt. Dies geht nur einigermaßen unter der Herrschaft des Legalitätsgesichtspunktes. Man ist versucht zu behaupten, auch hier handle es sich neuerlich um die Tatsache, daß alle möglichen psychologischen Mechanismen den gleichen sozialen Effekt bewirken, also auch „Verbrechermoral" entwickeln können. Andererseits sind doch Typen deutlich, die bestimmte, wenn auch schwer faßbare gemeinsame psychologische Züge besitzen. Ich habe versucht zu zeigen, daß diese widersprüchlichen Eindrücke durch Berücksichti-

4 Christine Fournier: Ringvereine der Jugend. In: Die Weltbühne 27 (1931), Nr. 3, S. 89–95. – Weitere Nachweise jetzt in: Hellmut Lessing/ Manfred Liebel: Wilde Cliquen. Szenen einer anderen Arbeiterjugendbewegung. Bensheim 1981.

gung des „sozialen Orts“ innerhalb der Psychologie vielleicht bewältigbar werden.[5]

Ehe ich diesen Gedanken weiterentwickle, sei erwogen, was die Aufstellung eines „kriminellen Über-Ichs“ eigentlich meinen kann. An dieser Aufstellung ist doch recht auffällig, daß sie „Inhalte“ zum Über-Ich zählt, was nicht ohne weiteres dem in der Psychoanalyse bewährten Begriff des Über-Ichs entspricht. Alexander/Staub mögen etwa einen Mörder vor Augen haben, der ganz zu seiner Tat steht, weder Reue noch Schuldbewußtsein empfindet; sei sogar angenommen, daß auch keine unbewußten Über-Ich-Reaktionen bei ihm auftreten – so werden wir doch kaum sagen können, daß sein Über-Ich die Morderlaubnis als Inhalt enthält, sondern doch wohl nur, daß sein Über-Ich mangelhaft oder gar nicht entwickelt oder in bezug auf diese Triebkomponente wenig mächtig ist. In solchem fiktiven Fall hat aber das „kriminelle Über-Ich“ noch einen präzisen Sinn. Im wirklichkeitsnäheren Fall etwa des gewohnheitsmäßigen Taschendiebes, der aber Kameradschaftsdiebstahl verpönt und – nehmen wir an – unterläßt, ist doch gewiß der Taschendiebstahl eine Angelegenheit seines Ichs; und wenn er diese Tätigkeit möglichst real-angepaßt vollzieht und keine unbewußten Selbstbestrafungen erfolgen, während ihn Gewissensangst vom Kameradschaftsdiebstahl abhält, so besagt dies, daß die Objekte jener Handlungen nicht mit Inzestlibido besetzt sind, während diese ihr angehören. Wäre es anders, so würde er „neurotisch erkranken“. Sein Ich ist kriminell, sein Über-Ich, das sich auf die Abkömmlinge der Ödipussituation bezieht, könnte völlig in Ordnung sein. Das Über-Ich ist eine unscharf abgegrenzte Instanz, die mit Hilfe bestimmter Mechanismen (Depressionsauslösung, Gewissensangst, Selbstbetrafung) auf die Abwehr oder Wiedergutmachung bestimmter ödipaler Triebregungen gerichtet ist. Die Auslese der bewußten Inhalte, auf die sich Über-Ich-Reaktionen des Erwachsenen beziehen, ergibt sich aus den, zum Teil zufälligen, Libidoschicksalen, die sich mit diesen Inhalten verbinden. Auch ein völlig intaktes Über-Ich hat

5 Zur Psychologie der „Sittenlosigkeit“ der Jugend, im vorliegenden Band S. 183ff.; Der soziale Ort und seine Bedeutung für Neurose, Verwahrlosung und Pädagogik, im vorliegenden Band S. 255ff.

keinen Anlaß, Diebstahl zu bestrafen, wenn und soweit er sich nicht mit ödipalen Phantasien, Triebimpulsen usw. vollzieht. Das Über-Ich allgemein für die ich-gerechten Leistungen verantwortlich zu machen, klärt das Problem nicht, das z.B. ein vom Vater zum Diebstahl erzogener Knabe böte. Er gehört sicher in die von Alexander/Staub richtig gesehene, aber wie mir scheint weder richtig erklärte noch richtig benannte, Gruppe der „normalen Kriminellen mit kriminellem Über-Ich".

Daß die etwas starre Auffassung, die Alexander vom Über-Ich hat, jenem Typus des „normalen Verbrechers" nicht gerecht wird, zeigt sich an einem wirklichen Fall, der fast in alle der Alexander/Staubschen Gruppen gleich gut hineinpaßt. Ich gebe das Nötige dieses Falles in typisierender Entstellung.

Ein achtzehnjähriger Jugendlicher, A., unterschlägt 200 Mark, die ihm bei gelegentlicher Aushilfstätigkeit nach längerer Erwerbslosigkeit anvertraut worden waren. Er lebt seit mindestens 5 Jahren in den kümmerlichsten Verhältnissen, selbst erwerbslos, in völlig proletarisierter, vielköpfiger, kleinbürgerlicher Familie; der Vater hat sehr geringe und überdies unsichere, durch längere Erwerbslosigkeit unterbrochene Einkünfte.

Mit der unterschlagenen Summe reist A. in eine benachbarte Großstadt, „amüsiert" sich dort, weder übermäßig verschwenderisch, noch zügellos oder „unvernünftig", mehrere Tage, kehrt dann in seine Heimatstadt zurück, begibt sich zu einem – ihm von früheren, harmlosen Schwierigkeiten her bekannten – Jugendpfleger und erbittet von ihm Hilfe. Er war sich der Folgen seiner Handlungsweise durchaus bewußt, hatte diese auch vor und bei der Tat vor Augen gehabt, allerdings die Chancen, die ihm der Pfleger zu bieten schien, daß er ohne Strafe durchkommen würde, recht überschätzt. Motiv und Entschuldigung war ihm in mehrfachen freundschaftlichsten Gesprächen mit dem der Analyse nicht unkundigen Pfleger, er habe der Versuchung, einmal Ferien genießen zu können wie Tausende andere auch, nicht widerstehen können. Der Kampf gegen die Versuchung war freilich weder sehr lang noch sehr intensiv gewesen. Zum Verständnis des Jugendlichen sei betont, daß er subjektiv mit vollem Recht die sorgenvolle und von Arbeitssuche und Gelegenheitsverdienst angefüllte Zeit der Erwerbslosigkeit nicht als „Ferien" ansehen mochte.

Ich weiß über diesen, hier stark typisierten Fall genug Konkreta, um überzeugt zu sein, daß seine Analyse keine besonderen Überraschungen bringen würde. Tat, Ausführung, Reaktion auf sie würden sich wohl als neurotische verstehen lassen, also als entstellte Befriedigung verdrängter Ödipuswünsche mit der bekannten Rolle des Über-Ichs. Aber auch die Einreihung unter die Situations- und Affektverbrecher macht kaum Schwierigkeiten. Sexuelle Spätpubertätsschwierigkeiten sind manifest; sie liegen trotz ihrer neurotischen Züge in der Breite des altersgemäß Normalen; zu einer sexuellen Beziehung mit seiner Freundin war A. noch nicht gelangt. Bei Prostituierten potent, der Onanie abgeneigt, bedeutete der Besitz von Geld die Möglichkeit, den aus ökonomischen Gründen viel zu seltenen Verkehr sorgenfrei und unter günstigeren Vorlustbedingungen zu erlangen. Die anvertraute Geldsumme ist demnach einer für sein Alter und seine sonstigen Bedingungen sehr starken sexuellen Verführung äquivalent, der Sachverhalt des Affektdelikts leicht konstruierbar.

Aber es fehlen schließlich auch keineswegs Momente, die wir nach Alexander/Staub dem „kriminellen Über-Ich" dieses verhältnismäßig normalen Jugendlichen zuschreiben müßten. Die „herrschende Moral" ist im Über-Ich von A. deutlich genug durchlöchert und durch die Ansätze einer „Verbrechermoral" ersetzt. „Gefängnis ist keine Schuld, sondern ein Unglück", mag man ein Stück der Weltanschauung formulieren, die A. beherrscht. Den Vorwurf, daß er seine Zukunft aufs Spiel setze, hätte er mit einem andern Stück seiner Weltanschauung beantwortet, daß er nämlich ohnehin keine Chancen habe, je ein vernünftiges Leben zu führen, weil aus der Not der Erwerbslosigkeit kein Ausweg sei und der günstige Fall eines sehr kümmerlichen und immer sehr unsicheren Erwerbs nicht viel Entbehrungen lohne. Vor allem aber ist ihm das Argument entscheidend, *daß andere es so sehr viel besser und leichter haben.*

Sehr weit ist diese Weltanschauung von dem kriminellen Über-Ich der Berufsverbrecher, wie sie nämlich in Wahrheit vermutlich in überwiegender Mehrzahl sind, kaum entfernt. Trotzdem reagiert dasselbe Über-Ich sehr deutlich bei der Spaltung von Zärtlichkeit und Sinnlichkeit des A. Man muß freilich erwägen, ob diese Weltanschauung nicht bloß Rationalisierung der uns wohlbekannten Art ist.

Gehört nicht die Auswegslosigkeit, Hoffnungslosigkeit, Selbstgerechtigkeit und vor allem der allzu durchsichtige Liebesneid zu den Symptomen einer zu gering eingeschätzten Neurose von A., die dann auch das entscheidende ätiologische Moment der Tat abgäbe? Hat dieser Einwurf recht, dann gibt es wahrscheinlich jenes „kriminelle Über-Ich" überhaupt nicht oder in einer praktisch ganz irrelevant kleinen Gruppe. Nun ist es zweifellos, daß sich in einer Analyse von A. nachweisen ließe, daß seine Weltanschauung entstanden ist aus infantilem, oralem und ödipalem Neid gegen seine Geschwister, also sein jetziges Verhalten einer Wiederholung infantilen Verhaltens gleichkommt. Von hier aus gesehen ist die Weltauffassung eine Rationalisierung. Aber wir müssen A. zugestehen, daß sie für seine reale Situation weitgehend, vielleicht sogar ganz zutrifft; daß er „richtige Rationalisierungen" hat. Tatsächlich ist seine Situation ausweglos; die Chance, daß er es in absehbarer Zeit zu einer Beschäftigung bringt, die auch nur bescheidenen Wünschen befriedigend erscheint, ist praktisch gleich Null; ob sie in einer ferneren Zukunft sich erfüllen kann, bleibt völlig ungewiß. Noch richtiger ist, daß er gegenüber wohlhabenden Jugendlichen seines Alters, Wissens, seiner Qualitäten ganz enorm benachteiligt ist. Eine so weitgehend „richtige" Rationalisierung heißen wir eine „Einsicht". Ich übersehe nicht, daß es den Fall keineswegs erschöpfte, und erst recht nicht das Verbrechen überhaupt erklärte, wollten wir nun etwa behaupten, die Unterschlagung sei auch die richtige Konsequenz einer richtigen „Einsicht".

Versetzen wir den Täter in ein wohlhabendes Milieu; betrachten wir den gleichfalls wirklichen – aber ebenso typisierten – Fall Z.

Z., neunzehnjährig, begeht eine ähnliche Handlung; er leiht von seinem Onkel, um einen neuen Gesellschaftsanzug zu bezahlen, über 200 Mark, die er von seinem Monatswechsel zurückgeben will. Der Monatswechsel in ausreichender Höhe geht ein; Z. zieht unter allerlei Lügen und Ausflüchten den Onkel hin, bis sich ergibt, daß er weder einen Anzug brauchte noch bestellte, daß er die geliehene Summe und noch viel mehr in Trinkgelagen mit Prostituierten ausgegeben hatte, bei denen er sich nicht nur langweilte, sondern durch die er seine Freundin, mit der er seit längerer Zeit regelmäßigen Sexualverkehr pflegte – wenngleich durch gelegentliche *ejaculatio praecox* gestört –, empfindlich kränkte. Auch Z. weiß geltend zu machen, daß seine Lage ohnedies hoffnungslos sei, weil er nicht reich genug sei, um ohne Arbeit „gut zu leben", er daher bei überaus langweiliger Arbeit in dem Unternehmen von Vater und Onkel, ohne Aussicht, eine führende Rolle zu spielen, sein Leben würde verbringen müssen. Auch er fühlt sich in tausend Dingen gegenüber Glücklicheren benachteiligt und zieht Rechtfertigung seines Tuns aus diesem Faktum. Ganz offenkundig ist hier – trotz möglicherweise sehr ähnlicher Neurose – die Tat nicht nur moralisch anders zu beurteilen, sondern auch ihre psychische Gesamtstruktur ist infolge der verschiedenen „sozialen Orte" in einem wichtigen Moment verschieden.

Von „Verbrechermoral" scheinen mir A. und Z. beide nicht sehr weit entfernt; für beide trifft aber nicht zu, was nach Alexander/Staub ein wichtiges Kriterium zu sein scheint, daß sie in dieser Moral mit ihrem Milieu identifiziert sind. Die Eltern von A. verabscheuen die Tat nicht minder als die von Z., sie sind eher noch mehr verzweifelt, weil sie den Jungen doch „verstehen" und völlig hilflos sind, während die Z.s den Sohn schärfstens und ungehemmt verurteilen, aber einen Psychotherapeuten zu Rate ziehen. Der Gesichtspunkt der Übereinstimmung des normalen Verbrechers mit seiner Umgebung scheint in eine Sackgasse zu führen.

Ich prüfe daher zunächst die Frage, inwieweit man berechtigt ist, A.s Weltanschauung als „Einsicht" zu bezeichnen. Wir haben zwei Schwierigkeiten, dieses Wort anzuwenden. Die eine hat uns eben beschäftigt: Sie gilt nicht als „Einsicht" in A.s Milieu, sie ist also nicht als vom Milieu übernommene, „über-ich-gerechte", subjektiv „richtige" Einsicht zu beurteilen. Sie gilt natürlich nicht für die von Alexander/Staub sogenannte „herrschende" Moral- und Gesellschaftsauffassung. Diese wird nämlich mit Recht darauf hinweisen, daß zahllose Leidensgenossen von A. in völlig gleicher Lage doch die Versuchung überwinden, daß also an A. etwas nicht in Ordnung sei; das Wohl der Gesamtheit fordert von A., daß er ausharre oder sich in erlaubter Weise befriedige, sich nach seiner Decke strecke. Die anderen in A.s Lage beweisen, daß auch für ihn ausreichende Lustmöglichkeiten vorhanden seien.

Diese „herrschende" Auffassung hat zur Voraussetzung eine weitgehend homogene „Gesamtheit", in der Differenzen bloß als leichte „Milieu"schattierungen der Familienzustände, Wohnverhältnisse, Berufsbedingungen usw. bestehen. Diese Voraussetzung trifft aber zweifellos für die heute bestehende Ordnung nicht zu. Wollen wir psychoanalytisch in ein Gebiet vordringen, in dem offenkundig soziale Tatbestände eine wichtige, im einzelnen noch unbestimmte, Rolle spielen, so müssen wir uns vor allem eine der sozialen Wirklichkeit voll entsprechende Vorstellung von der Gesellschaft bilden. Um die Übernahme von Theorien über die Gesellschaftsstruktur, für deren Beurteilung wir als Psychoanalytiker nicht kompetent sind, zu vermeiden, halten wir uns dabei an die kaum bestreitbare Tatsache, daß die heutige Gesellschaft über höchst verschiedenartigen „sozialen Orten" errichtet ist, zwischen denen zum Teil mächtige Spannungen bestehen. Da sowohl Realangst wie Gewissensangst in irgendeiner Weise von dem „sozialen Ort" beeinflußt sind, an dem der Mensch aufwuchs und an dem er lebt, so bedarf es zur befriedigenden Antwort auf Alexander/Staubs so richtig formulierte Frage nach den Bedingungen, unter denen diese Mächte nicht ausreichen, gewisse Taten zu verhindern, der objektiven – wertfreien – Analyse des „sozialen Ortes" des Täters. Ich füge hinzu, daß die Begriffe der „Asozialität", „Kriminalität" „Verwahrlosung" in wertfreier, objektiver, aber nur annähernder Formulierung ersetzt werden müßten durch die Umschreibung: Taten, die an dem „sozialen Ort" der „herrschenden Moral" als asozial, kriminell, verwahrlost *beurteilt und geahndet werden.*

Die sehr reizvolle Aufgabe, beispielshalber die Analyse auch nur eines „sozialen Orts" zu geben, muß ich mir versagen, sie würde den Rahmen dieser Arbeit sprengen. Ich möchte bloß eine Eigentümlichkeit hervorheben, die jenem „sozialen Ort" zukommt, der den mannigfaltigsten psychischen Strukturen größte Chance gibt, „asoziale" Taten zu begehen.

Daß in unseren Großstädten Luxus und Elend nahe beieinander wohnen, wird immer wieder beklagt und zum Verständnis des Verbrechers herangezogen – auch Alexander/Staub räumen diesem Moment einen gewissen Platz in den Ursachen der Vertrauenskrise der Justiz ein. Aber die Wirkungen dieser Tatsache werden doch meines Erachtens zu schematisch in die Theorien eingesetzt. Das Vorhandensein der sehr großen Gegensätze zwischen Entbehrung und Genuß reicht zwar hin, den Verbrecher menschlich zu verstehen, ist aber gewiß keine einfache „Ursache" des Verbrechens. Psychologisch besagen diese Unterschiede, daß an verschiedenen „sozialen Orten", infolge der Gesamtstruktur der Gesellschaft, eine beträchtliche Differenz in Art und Größe der Aufgabe der Triebbewältigung gesetzt ist. Es ist nicht an jedem „sozialen Ort" gleich „leicht", Taten zu vermeiden, die die „herrschende Moral" als gesamtheitsschädlich verbietet. So hat eine gewisse Schicht der großstädtischen Bevölkerung buchstäblich Hunger; und eine noch sehr viel breitere Schicht hat, ohne vollen Hunger zu leiden, doch sehr beträchtliche Einschränkungen aller physischen Bedürfnisse zu ertragen, soll sie nicht asozial werden. Wir wissen, daß Bedrohungen der Selbsterhaltung, daß Einschränkungen des Ernährungstriebs, der vitalen Bedürfnisse, Bewältigungsaufgaben stellen, die besonders hart sind und nicht leicht glücken, vielleicht nie ohne gewisse narzißtische Kränkungen mit deren nachhaltigen Konsequenzen. Wenn die Psychoanalyse bisher zur Kenntnis dieser Triebgruppe nur sehr wenig beigetragen hat, so liegt dies eben an der imperativen Natur dieser Bedürfnisse. Doch weiß man, daß der Mensch auch sehr weitgehende Entbehrungen dieser Triebbefriedigungen zu ertragen vermag; wobei die Konsequenzen keineswegs starr, eindeutig und einförmig sind. Die gleiche Entbehrung kann je nach den äußeren und inneren Bedingungen sehr verschieden hart und psychisch wirksam sein. Besonders schwierig für das Erleben und, wie mir scheint, besonders nachhaltig auf die ganze psychische Struktur wirkend, ist jene grausamste Erschwerung, die arg beleidigte Götter dem unglücklichen Tantalus auferlegt haben: mitten in der erregendsten Fülle machtlos entbehren zu müssen. Die Sage vermeldet nichts von der Charakterentwicklung, die Tantalus unter der Wirkung dieses Leidens erfuhr. Sie berichtet bloß die Schuld, deren volles Gegenstück die Strafe darstellt: er hatte bekanntlich die Götter zu kannibalischem Genuß verführt.

Diese Tantalussituation ist keinem Menschen fremd, wenn wir sie in vager allgemeinster Bedeutung nehmen; denn jedermann hat auf Wünsche zu verzichten, die sich andere zu erfüllen gestatten. Die Psychoanalyse hat oft Anlaß, diese Situation und ihre Wirkungen zu studieren, soweit es sich um die Ödipuswünsche handelt, und es wäre weder schwierig noch wohl unrichtig, die Tantaluslegende in dieser Ebene zu deuten. Ich möchte sie wörtlich nehmen und mit ihr symbolisch das Schicksal eines sehr großen Teils der heutigen Menschheit bezeichnen, der seine vitalen oralen Bedürfnisse sehr ungenügend befriedigen kann, während sein Nachbar keinerlei Entbehrungen zu erleiden hat. Daß breiteste Schichten des Proletariats und Kleinbürgertums dieses Schicksal erleiden, ist ein wesentliches Stück der Struktur unserer Gesellschaft. Es ist nicht etwa Anzeichen der persönlichen Unfähigkeit, Faulheit oder Folge zufälligen Unglücks – obzwar dergleichen gewiß vorkommt –, sondern bei der heutigen Produktionsweise notwendiges Massenschicksal. Dabei interessiert in unserem Zusammenhang die extremste Entbehrung, die zum Tode führt, am wenigsten, weil in ihr für Psychologie kein Raum mehr ist. Für uns ist der „soziale Ort" bedeutsam, bei dem man noch „gerade zu essen hat", manchmal sogar physiologisch ausreichend. Auch hier, ja gerade hier, wird die Tantalussituation bedeutsam.

Die Größe der Entbehrung bemißt sich nicht bloß nach der Stärke der Triebregung, sondern, von den extremsten Entbehrungszuständen abgesehen, auch nach den erreichbaren Befriedigungsmitteln. Triebeinschränkungen sind an jedem „sozialen Ort" gefordert, und es wäre durchaus falsch, dem üblichen soziologischen Schema: Proletariat, Kleinbürgertum (Mittelstand), Bourgeoisie eine Skala vermehrter oder verminderter Triebeinschränkungen zuzuordnen, wie sie etwa populäre Formeln von den „armen Reichen" oder von „den Reichen, die es gut haben" nahelegen. Für die Psychologie sind diese soziologischen Einteilungen nicht ganz zulänglich; Proletariat und Bürgertum sind in bezug auf die Einschränkungen, die sie fordern, die Befriedigungsmittel, die sie bieten, und die Libidoökonomie, die daraus für den einzelnen folgt, keineswegs einheitliche Schichten, sondern sie zerfallen je in eine Reihe psychologisch wohl charakterisierbarer verschiedener „sozialer Orte", die freilich durch eine große Zahl von Übergängen miteinander verbunden sind. Immerhin läßt sich sagen, daß der Klasse des Bürgertums eine sehr charakteristische Nuance der Triebeinschränkung ganz allgemein fehlt: Entbehrungen vitaler, besonders oraler Bedürfnisse, die angesichts ausreichender Befriedigungsmittel ertragen werden müssen, angesichts einer ganzen Bevölkerungsschicht, die von diesen Mitteln für sich reichlichen Gebrauch macht. Die Tantalussituation fehlt jedenfalls den „sozialen Orten" – sie mögen übrigens sehr unterschiedlich sein –, die der sogenannten Bourgeoisie entsprechen. Hingegen wirkt eine ganze Reihe von sozialen Tatsachen und Einrichtungen zusammen, die dieser spezifischen Situation im Proletariat und im Kleinbürgertum größte Verbreitung sichern.

Zunächst drängt die Erziehung schon in frühester Kindheit auf eine Legierung des „Freßtriebes" mit libidinösen Komponenten, indem die Sättigung an eine Reihe von Formen, Folgsamkeitsgeboten, Bravheitsanforderungen gebunden wird. Durch die Übernahme dieser Formen erfährt das Kind bei der Sättigung libidinöse Befriedigung, und die von Anfang an dem Freßtrieb zugehörigen Aggressionstendenzen erdulden eine Zähmung.

Es gibt im heutigen Großstadtproletariat kaum eine Schicht, in der nicht mindestens ein Ansatz zu dieser Zähmung an den Kindern erreicht würde. Diese Tatsache des erzogenen Appetits, der gezähmten Aggressionen, hat eine wichtige Konsequenz: Der erzogene Appetit befriedigt sich nicht nur an einer gewissen Speisenquantität, sondern auch an ihrer Mannigfaltigkeit, Zubereitung, Wahlfreiheit, an den

Formen des Essens – vom Tischgebet bis zur Sitzordnung: „Tantalusqualen" erleidet auch der quantitativ befriedigte Appetit, wenn seine Befriedigungsformen „erniedrigt" sind angesichts Prassender und kultiviert Speisender. Dem Erlebnis der Unbefriedigung, des Unbehagens oder des Neides liegt dabei sicher zum Teil freigesetzte Aggression zugrunde, die sonst in den Formen und in der libidinösen Befriedigung, die sie gewähren, bewältigt würden.

Der Lebensstandard, die Kultur der herrschenden Schicht, also die Befriedigungsmittel und Befriedigungsformen ihrer vitalen Bedürfnisse, gelten ganz allgemein in jeder Gesellschaftsordnung als erstrebenswert. In unserer Zeit wird durch Schule, Presse, Kino, aber nicht minder durch Industrie und Handel dafür gesorgt, daß die Kultur der herrschenden Schicht allgemein bekannt und anreizend wird. Sie wird zur absolut wertvollen und „moralischen". Ein sehr großer Teil der vitalen Einschränkungen, die vom Kind und Jugendlichen, aber auch vom Erwachsenen gefordert werden, geschehen im Namen dieser Kultur und Moral, also dieses Lebensstandards. Ihr anzugehören, „reich und glücklich" zu werden, winkt als Lohn für Bravsein, als Kompensation für Verzichte in Schule, Haus und Beruf.

Schließlich wirkt der demokratische Charakter, nicht allein der politischen, sondern auch vor allem der wirtschaftlichen Institutionen – und wäre es auch bloß „Fassadendemokratie" – dahin, jedem Menschen den Standard der Bourgeoisie als auch für ihn erreichbar erscheinen zu lassen. Dieses Faktum scheint mir für die Beurteilung der modernen Formen der Kriminalität und Verwahrlosung besonders wichtig. Die Gesetzgebung, vor der jeder Staatsbürger gleich ist, die persönliche Freiheit, die jeder einzelne genießt, die Wirtschaftsfreiheit, die für die heutige Produktionsweise noch charakteristisch ist, scheinen eine Gesellschaft zu fundieren, in der jeder einzelne, von an sich nicht bedeutsamen legalen Einschränkungen abgesehen, tun und lassen kann, was er will, in der der Tüchtige, Begabte, der „Brave und Glückliche" jede beliebige Stufe sozialen Ansehens und kultivierter Triebbefriedigung erreichen kann. Die Lebenserfahrungen, die der einzelne macht, widersprechen zwar weitgehend diesem Bild der Gesellschaft; aber da durchschnittliche Intelligenz nicht imstande ist, die eigenen Lebenserfahrungen richtig zu verallgemeinern und zu deuten, da zudem die Struktur der heutigen Gesellschaft überaus undurchsichtig und kompliziert ist, so vermag der einzelne die Erfahrungen, die er in seinem sozialen Lebenskreise macht, nicht zu gültiger Einsicht zu erheben. Als solche gilt ihm vielmehr das durch die Schule und die anderen ideologischen Mächte geprägte und tradierte liberal-demokratische Bild der Gesellschaft. Gerade weil die heutige Gesellschaftsordnung keine Herrenschicht besitzt, die ihren Lebensstandard als von Gott und Natur ihr allein reservierten, den anderen unerreichbaren hinzustellen vermag, wirken die ökonomisch und sozial bedingten Entbehrungen im Proletariat und Kleinbürgertum als „ungerecht" oder selbstverschuldet. Und die Aufrechterhaltung dieser Triebeinschränkungen hat die spezifische Note und die Schwierigkeiten der Tantalussituation.

Wenn Alexander/Staub von „Verbrechermoral" sprechen und für sie ein besonders strukturiertes „kriminelles Über-Ich" in Anspruch nehmen, so scheint mir dies, wenigstens soweit es sich um Delikte handelt, die in der Tantalussituation geschehen, eine unzulängliche Vereinfachung des Tatbestands. Was hier als „Verbrechermoral" imponiert, dürften doch kaum Struktureigentümlichkeiten des Über-Ichs sein, sondern sind nach dem Gesagten durch den „sozialen Ort" bewirkte, zum Teil richtige Beurteilungen der Realität. Unser Fall A. zum Beispiel scheint mir besser verstanden, wenn wir sein Verhalten, soweit es in seiner „Weltanschauung" zum Ausdruck kommt, aus geringer Realangst erklären. Diese geringere Realangst entspricht aber einer Einsicht in die soziale Wirklichkeit, widerspricht freilich dem von Schule und sonstigen ideologischen Mächten vertretenen Bild der Gesellschaft, das im Milieu von A. noch vollen Glauben findet. A. hat objektiv recht mit seiner Hoffnungslosigkeit und dem Gefühl des Zurückgesetztseins; während dies gerade für unseren Fall Z. und seinen „sozialen Ort" nicht zutrifft. Wir sehen nun ganz allgemein, daß in den letzten Jahrzehnten die ideologischen Kräfte schwächer werden, daß eine wachsend größere Zahl von Menschen an dem „sozialen Ort" der Tantalussituation das tradierte Bild von der Gesellschaft als falsch oder als nicht verbindlich behandeln. Vor dem Verlust der Aufstiegschancen, der durch ein Delikt eintreten kann, vor allen ökonomischen und sozialen Folgen der Strafe, haben sie daher keine genügende Angst mehr. Sie werden weniger abgeschreckt, weil in ihrer Situation rechtschaffen zu sein real nicht lohnt; es bringt keine entsprechenden sozialen Kompensationen. Die Triebeinschränkungen an diesem Ort werden in wachsendem Maße nur mehr durch das Über-Ich, also durch die Gewissensangst und immer weniger auch durch die Realangst gesichert. Es scheint, daß ein Über-Ich von normaler Stärke allein, ohne die Realangsthemmungen, nicht ausreicht, um das Verhalten des Individuums am „sozialen Ort" der Tantalussituation in die Grenzen zu bannen, die am „sozialen Ort" des Gesetzgebers und Richters als sozial beurteilt werden.

Das Verhalten der Kriminellen und Verwahrlosten, soweit es durch die geringer gewordene Realangst determiniert wird, hat sein Gegenstück in den politischen Tendenzen zur radikalen Änderung der Gesellschaft. Bis vor kurzem waren diese Gesellschaftskräfte durch den Sozialismus (die Arbeiterbewegung) repräsentiert. Wir sehen in den letzten Jahren die Anerkennung der radikalen Änderungsbedürftigkeit der Gesellschaft weit über diesen Kreis hinauswachsen, zum Beispiel als Faschismus. Die Verbrechermoral, wie sie unser Fall A. entwickelt hat, kann als objektiv unzulängliches, subjektiv unbefriedigendes Äquivalent radikaler politischer Gesinnung betrachtet werden.

Vermutlich wird man diese Bemerkungen für zu oberflächlich-rational halten und finden, daß sie der Wirksamkeit neurotischer Mechanismen eine zu geringe Rolle zuschreiben. Wenn es der Rahmen dieses Aufsatzes nicht verbieten würde, könnte leicht durch Erörterung der Eigentümlichkeiten der Identifizierung, die durch die Tantalussituation bestimmt werden, eine weniger rationale und wesentlich vertieftere Darstellung gegeben werden. Was aber die Einschätzung der neurotischen Mechanismen angeht, sei im folgenden dem Mißverständnis vorgebeugt, als handelte es sich darum, an Stelle der Wirksamkeit der uns so gut bekannten Mechanismen Einwirkungen des „sozialen Ortes" zu setzen. Der Sachverhalt verlangt vielmehr statt einer Alternativfrage die Berücksichtigung beider Momente.

Menschen, die andauernd die Befriedigung ihrer vitalen

und insbesondere oralen Bedürfnisse entbehren müssen, ohne diese Entbehrung als eine absolut notwendige und allen Menschen gleich auferlegte zu erleben, entwickeln eine Reihe von Charakterzügen, die der Psychoanalyse als Symptome oraler Libidostruktur oder auch als neurotische und depressive Mechanismen bekannt sind. Wenn im Charakter, Leben und Leiden eines Menschen intensive Begehrlichkeit ohne bestimmtes Ziel der Wünsche bei verhältnismäßig schwacher Befriedigung am Erreichten, leidvolle Aggressivität, Neid und Wut die beherrschende Rolle spielen, so werden wir eine orale Libidostruktur erwarten. Wir werden darin um so mehr bestärkt sein, wenn in den rechtfertigenden Gedanken dieses Menschen die Wendung immer wiederkehrt, er wolle bloß auch haben, was allen andern gewährt ist, wenn er Gerechtigkeit verlangt, der Menschheit Ungerechtigkeit vorwirft, wenn er mit Genußstreben und Begehrlichkeit eine schwer zu beschreibende Hoffnungslosigkeit verbindet, wenn er im engeren Kreise der Kameraden und Freunde liebenswürdig sozial, allen andern Menschen gegenüber feindlich und gegebenenfalls rücksichtslos aggressiv eingestellt ist. Eine geringe Fähigkeit, die Zukunft richtig einzuschätzen, auf gegenwärtige Befriedigung zugunsten künftiger zu verzichten, Ungeduld und Unfähigkeit, Aufschub zu ertragen, werden zu diesem Bild gut passen. Die Fälle A. und Z. fügen sich, wenn auch keineswegs restlos, beide gut in diesen Rahmen. Eine sehr große Zahl verwahrloster krimineller Individuen gehört unzweifelhaft in diese Gruppe.

Soweit wir solche Fälle aus der analytischen Behandlung kennen, finden wir Kindheitserlebnisse, die eine frühe, ungewöhnlich starke und konfliktreiche Besetzung der oralen Zone oder der oralen Begehrungen vermuten lassen. Wo diese früheste Kindheitsgeschichte zum Verständnis der Symptomatik nicht ausreicht, werden wir eine spezifische Konstitution, konstitutionelle Verstärkung der oralen Zone voraussetzen. Diese Ätiologie reicht aber meines Erachtens nicht aus für diejenigen Menschen, die Kindheit und Jugend an dem „sozialen Ort" der Tantalussituation verbracht haben oder die als Erwachsene sich dauernd in ihr befinden. Diese uns sonst als Abkömmlinge der infantilen oralen Erlebnisse oder besonderer oraler Konstitution bekannten

Symptome entstehen hier als Reaktionen des Ichs auf die durch die reale soziale Situation gesetzten Erschwerungen und Eigentümlichkeiten der Triebbewältigung. Diese Reaktion wird gewiß besonders heftig bei jenen Individuen ausfallen, die an diesem „sozialen Ort“ auch noch mit jenem konstitutiven Faktor oder jener Kindheitsgeschichte belastet sind. Aber sie wird auch bei allen anderen genügend bemerklich sein können, um gegebenenfalls zu Handlungen zu führen, die als kriminelle oder asoziale bewertet werden.

Konstitution und Kindheitsgeschichte, die an einem andern „sozialen Ort“ nicht zur Entwicklung von übermäßigen narzißtischen Reaktionen und Aggressionen führen würden, sondern sich dort vermutlich normal entwickeln und äußern würden, nehmen an dem der Tantalussituation eine Färbung an, so als ob konstitutionelle oder historische Verstärkung der oralen Libido stattgefunden hätte. Freud hat uns gelehrt, die konstitutionellen Faktoren und die Niederschläge der Kindheitsgeschichte in ihrer gegenseitigen Bedeutung als zwei Faktoren einer Ergänzungsreihe anzusehen. Bei gewissen Problemen ist es nötig, die Tatsachen des „sozialen Orts“ als einen dritten Faktor der ätiologischen Ergänzungsreihe einzuschätzen.

Anzeigen

Das proletarische Kind. Internationale Monatsschrift für Leiter und Helfer der kommunistischen Kindergruppen. Wien VII., 6. Juni 1927.

G.G.L. Alexander, „Der Verteiler". Berichtet über die in Moskau getroffenen Maßnahmen zur Erziehung der Horden verwahrloster Kinder, die seit der Hungersnot 1921 eine überaus schwierige pädagogische und soziale Situation geschaffen haben. Zwangserziehung wird nicht angewendet. Die Kinder werden durch eigenartige Methoden für das Leben in Heimen gewonnen (nicht ohne Erfolg). Die Wanderlustigen – aus denen sich die Ausreißer und Rezidiven rekrutieren – wurden in Gruppen unter pädagogischer Leitung auf Wanderschaft geschickt, und nach Alter und Geschlecht suchten sie Arbeit als Fischer, Waldarbeiter, Gartenarbeiter usw.; sie schlossen regelrechte kollektive Arbeitsverträge gegen Entlohnung und haben sich so bewährt, daß dieser Typ von Arbeitskollektiven zur Sammlung und Erziehung der wanderlustigen Verwahrlosten im Sommer ausgebaut werden soll. (Im Winter suchen sie ohnedies in großer Zahl die Heime auf.)

Herbert Francke: Jugendverwahrlosung und ihre Bekämpfung. (Schriftenreihe der Vereinigung für Jugendgerichte und Jugendgerichtshilfe, Heft 8.) Berlin 1926.

Knapp und doch nicht abstrakt gibt hier der bekannte Berliner Jugendrichter aufgrund langjähriger Erfahrung einen sehr beachtenswerten Überblick über das Problem und die erprobten Methoden zu seiner Bewältigung. Die philosophische Zielsetzung (Plato/Spranger) hindert Francke nicht, die Wirklichkeit und die in der gegebenen Ordnung ruhenden Grenzen aller pädagogischen Maßnahmen zu sehen. Die Ursachen der Verwahrlosung sieht er in inniger Verschlingung sozialer und psychischer Faktoren. Die Bedeutung der Sexualität (und allem Anschein auch der Ödipussituation) wird voll anerkannt und den psychoanalytischen Versuchen der Verwahrlostenerziehung freundlich zugestimmt, während die individualpsychologischen Einseitigkeiten bestimmt abgelehnt werden. Die kleine, aber sehr reichhaltige Schrift sei wärmstens empfohlen.

Margarete Rada: Das reifende Proletariermädchen. Ein Beitrag zur Umweltforschung. (Wiener Arbeiten zur pädagogischen Psychologie. Herausgegeben von Charlotte Bühler und Viktor Fadrus, Heft 8.) Wien/Leipzig 1931.

Aufgrund von Beobachtungen (in Schule, Haus, Spielleben), Umfragen, Aufsatzthemen, zwanglosen Gesprächen mit ungefähr 100 Mädchen des Alters von 11 bis 13 Jahren, versucht Rada die Beziehung des Proletariermädchens zu seiner Umwelt zu erfassen. Häusliches Milieu, Wohnraum, Lernplatz und Aufgaben, Berufe der Eltern, Familienleben am Abend, Kinobesuch, häusliche Arbeiten, Freizeitbeschäftigung, Einstellung zur Schule, zu den Unterrichtsfächern, Bewertung der Schule, Turnverein, katholische Kongregation, Rote Falken, Bücherbesitz, Lektüre, Park, Gasse und Wiese – werden dargestellt. Die statistischen Tabellen machen die Darstellung plastischer, aber sie haben, worüber sich Rada nicht klar zu sein scheint, keinen Wert als „exaktes" Erkenntnismittel. Die engen Grenzen, die der von Rada angewandten Methode gezogen sind, werden besonders deutlich an dem Kapitel „Die Einstellung des Mädchens zu sexuellen Problemen" (S. 67–74). Es bringt im einzelnen manches interessante Material. Zusammenfassend meint Rada: „Die Rolle, die das Sexuelle spielt, ist allgemein eine recht geringe. Nur bei vier Kindern von sechzig, drängt die Beschäftigung mit dem Sexuellen alle anderen Interessen in den Hintergrund. Es sind diejenigen, für die schon Flirt und Liebschaft begonnen haben. Im allgemeinen birgt das Sexuelle für die Mädchen dieser Gesellschaftsschicht keine ungelösten Fragen, da sie mit den hierhergehörigen Fragen von Kind auf vertraut sind... Daneben ist in manchen Fällen noch Mangel jedes feineren Schamgefühls dafür verantwortlich zu machen." So bringt dieses Kapitel, wie das ganze Buch, mehr Einsicht in das, was die Verfasserin bemerkte und beobachtete, als in die Struktur des Mädchens dieses Alters. Aus der psychoanalytischen Literatur wird nur Aichhorn erwähnt.

NACHWEIS DER ERSTVERÖFFENTLICHUNGEN UND EDITIONSBERICHT

Kinderheim Baumgarten. Bericht über einen ernsthaften Versuch mit neuer Erziehung. Berlin: Jüdischer Verlag 1921. 126 Seiten.

Den Faksimiles im Text liegen folgende Vorlagen zugrunde:

Die Abbildung Seite II zeigt Siegfried Bernfeld in den 20er Jahren. Aus Privatbesitz.

Nach Seite 32: Kinder- und Jugendheim Baumgarten. Handschriftliche Zusammenstellung von Bernfeld. Hs. Orig., YIVO-Institute for Jewish Research, New York NY, Fasz. 3947, ohne Foliierung.

Nach Seite 75: Beschlüsse der VI., VII. und VIII. Schulgemeinde, 30.11., 4.12., 13.12.1919. Hs. Orig., YIVO-Institute, Fasz. 3960 A, ohne Foliierung.

Nach Seite 85: Ergebnis der Gerichtsverhandlung vom 13.1.1920. Hs. Orig., YIVO-Institute, Fasz. 3960 A, ohne Foliierung.

Nach Seite 133: Leitungsbesprechung am 23.12.1919. Original-Typoskript, YIVO-Institute, Fasz. 3960 A, ohne Foliierung.

Die Abbildung Seite 155 wurde der Abhandlung von Willy Hoffer entnommen: Siegfried Bernfeld and „Jerubbaal". An Episode in the Jewish Youth Movement. In: Year Book X of the Leo Baeck Institute, London 1965, S. 150–167.

Psychische Typen von Anstaltszöglingen. In: Arbeiterwohlfahrt, 1. Jg., Berlin 1926/27, S. 77–80, 113–116.

Gibt es eine untere Grenze für „Schwererziehbarkeit"? In: Blätter für das Wohlfahrtswesen, 25. Jg., Wien 1926, S. 35f.

Die Unehelichen. In: Das Tagebuch, 7.Jg., Berlin 1926, Nr. 39 vom 25.9.1926, S. 1428–1430.

Die psychologischen Grundlagen der Gefährdetenfürsorge. In: Arbeiterwohlfahrt, 1. Jg., Berlin 1926/27, S. 522–526.

Zur Psychologie der „Sittenlosigkeit" der Jugend. In: Zeitschrift für psychoanalytische Pädagogik 1 (1926/27), S. 319–328.

Die Formen der Disziplin in Erziehungsanstalten. In: Zeitschrift für Kinderforschung 33 (1927), S. 367–390.

Die männliche Großstadtjugend. In: Paul Oestreich/ Wilhelm Hoepner (Hg.): Großstadt und Erziehung. Tagungsbuch der Entschiedenen Schulreformer Herbst 1927. Berlin/Itzehoe 1928, S. 25–32.
Strafen und Schulgemeinde in der Anstaltserziehung. In: Arbeiterwohlfahrt, 4. Jg., Berlin 1929, H. 17, September 1929, S. 513–520.
Die Ernährungsfrage in Erziehungsanstalten – Zur Psychologie der Revolten. In: Arbeiterwohlfahrt, 4. Jg., Berlin 1929, H. 20, Oktober 1929, S. 614–617.
Der soziale Ort und seine Bedeutung für Neurose, Verwahrlosung und Pädagogik. In: Imago 15 (1929), S. 299–312.
Verwahrloste Jugend. In: Der Volksfreund [Tageszeitung], 58. Jg., Braunschweig 1929, Nr. 262 vom 8.11.1929.
Léonard Bourdons System der Anstaltserziehung 1788–1795. In: Zeitschrift für Kinderforschung 36 (1930), S. 153–169.
Die Tantalus-Situation – Bemerkungen zum „kriminellen Über-Ich“. In: Imago 17 (1931), S. 252–267.
Anzeige: Das Proletarische Kind. (In: Internationale Monatsschrift für Leiter und Helfer der kommunistischen Kindergruppen. Wien VII., 6. Juni 1927.) In: Zeitschrift für psychoanalytische Pädagogik 1 (1926/27), S. 378.
Anzeige: Herbert Francke: Jugendverwahrlosung und ihre Bekämpfung. Berlin 1926. In: Imago 14 (1928), S. 522f.
Anzeige: Margarete Rada: Das reifende Proletariermädchen. Wien/Leipzig 1931. In: Zeitschrift für psychoanalytische Pädagogik 7 (1933), S. 43f.

***

Der Wiederabdruck der Texte erfolgt grundsätzlich unverändert. Offensichtliche Versehen und Druckfehler wurden stillschweigend korrigiert, vergessene Wörter eingefügt. Sprachliche Eigentümlichkeiten wurden beibehalten, Interpunktion und Orthographie jedoch dem heutigen Gebrauch angeglichen.

Längere unübersichtliche Sätze wurden durch eine neue Interpunktion gegliedert; längere Absätze wurden, der Gedankenführung folgend, weiter untergliedert. Alle Zitate wurden überprüft und korrigiert. Das zitierende Referat aus dem Buch von Kollontay in der Abhandlung „Zur Psychologie der ‚Sittenlosigkeit' der Jugend" wurde in der von Bernfeld gewählten Form belassen.

Die Quellen- und Literaturnachweise in den Anmerkungen erfolgen in der heute üblichen Titelaufnahme. Bei den Anmerkungen wurden diejenigen Bernfelds übernommen, gfls. durch erläuternde Zusätze des Herausgebers ergänzt. Außerdem wurden, wo sachliche Erläuterungen erforderlich erschienen, zusätzliche Anmerkungen des Herausgebers eingearbeitet. Die Anmerkungen wurden, auch abweichend von den Vorlagen, für jede Abhandlung durchlaufend numeriert.

Die bibliographischen Recherchen besorgte Erhard Hoffmann, M. A., Tübingen

SIEGFRIED BERNFELD
SÄMTLICHE WERKE

Siegfried Bernfeld (1892–1953) ist in der psychoanalytischen Bewegung und in der Pädagogik als ein ungewöhnlich kreativer und produktiver Kopf hervorgetreten. Da hier nicht der Ort sein kann, sein Wirken und sein Gesamtwerk zu würdigen, sei nur in Stichworten hervorgehoben, warum es gerechtfertigt erscheint, seine *Sämtlichen Werke* herauszugeben. Einzelne seiner Schriften sind seit dem Ende der 1960er Jahre wieder nachgedruckt worden. Es gab die von Lutz von Werder und Reinhart Wolff herausgegebene dreibändige Auswahlausgabe, unter dem irreführenden Titel „Antiautoritäre Erziehung und Psychoanalyse" und unter Editionsgesichtspunkten wenig befriedigend. Diese Ausgabe hatte immerhin das Verdienst – neben der separaten Ausgabe des „Sisyphos" in der „Theorie"-Reihe bei Suhrkamp –, erneut zur – bis heute immer intensiver sich gestaltenden – Beschäftigung mit Bernfelds Forschungen und ihren häufig provozierenden Ergebnissen angeregt zu haben.

Eben dieser Aneignung des Bernfeld'schen Werkes soll mit den *Sämtlichen Werken* eine solide Grundlage gegeben werden. Sie wollen keine historisch-kritische Ausgabe sein, enthalten aber doch Texte aus dem Nachlaß (in der Handschriften-Abteilung der Library of Congress, Washington D.C.), denen Bernfeld eine abschließende Textgestalt gegeben hat.

Die Anordnung der einzelnen Bände der *Sämtlichen Werke* folgt den Schwerpunkten des Bernfeld'schen Wirkens, wie sie sich in seiner Lebensgeschichte herauskristallisiert haben.

Als Student in Wien suchte Bernfeld vor dem Ersten Weltkrieg Anschluß an den kulturkritischen Flügel der deutschen Jugendbewegung (die Jugend*kultur*bewegung um

Gustav Wyneken) und die Bewegung der freistudentischen Sprechsäle. In Wien gründete Bernfeld einen eigenen Sprechsaal für (jüdische) Gymnasiasten und Studenten, ein Akademisches Comité für Schulreform (A.C.S.) und eine Arbeitsgemeinschaft zum Studium und zur Erforschung des Jugendlebens („Archiv für Jugendkultur"). Er war Mitherausgeber der Zeitschrift „Der Anfang", dem Organ der Jugendkulturbewegung, das Pfemfert in Berlin verlegte (1913/14). Diesem Studien- und Wirkungskreis sind die drei ersten Bände der *Sämtlichen Werke* gewidmet.

Band 1 – Theorie des Jugendalters. Schriften 1914–1938
u. a. Erstveröffentlichung der Wiener Dissertation „Über den Begriff der Jugend" (1915) und die grundlegenden Abhandlungen zu einer psychoanalytischen Theorie der Pubertät und der Adoleszenz. – Band 1 ist 1991 erschienen.

Band 2 – Jugendbewegung und Jugendforschung. Schriften 1909–1930
u. a. Bernfelds Programmschriften und Beiträge zu diesem Bereich, Vorträge aus dem Nachlaß, Texte zur Begründung des „Archivs für Jugendkultur" und aus der Arbeit des „Jüdischen Instituts für Jugendforschung". – Band 2 ist 1994 erschienen und enthält auch zahlreiche Dokumente und Texte aus dem Nachlaß.

Band 3 – Reprint des „Anfang" (1913/14)
Die Zeitschrift „Der Anfang" wurde von Öffentlichkeit und Regierungen, Schulverwaltungen und etablierten Pädagogen als Skandal empfunden: Junge Menschen nahmen kein Blatt vor den Mund und äußerten sich ungeschminkt über die Schul- und Erziehungsverhältnisse, die sie als unerträglich empfanden. Zu den Autoren gehörte u. a. Walter Benjamin, Schüler in Wickersdorf bei Wyneken, der als Herausgeber fungierte.

In den Jahren nach dem Ersten Weltkrieg beteiligte sich Bernfeld an der Weiterentwicklung der psychologischen Jugendforschung, wobei für ihn Fragen der Jugendkultur, der lebensgeschichtlichen Orientierung und damit der psychoanalytischen Akzentuierung dieser Forschungen im Vordergrund standen. Wiener Freunde beteiligten sich an diesen Studien, Dokumentationen und Forschungen, aus denen drei Sammelbände hervorgingen, die als Reprint vorgelegt werden:

Band 4 – Vom Gemeinschaftsleben der Jugend (1922)
Band 5 – Vom dichterischen Schaffen der Jugend (1924)
Band 6 – Trieb und Tradition im Jugendalter. Kulturpsychologische Studien an Tagebüchern (1931)

Während des Ersten Weltkriegs engagierte sich Bernfeld in der österreichischen zionistischen Bewegung und war im Zionistischen Zentralrat für Niederösterreich für Jugendfragen zuständig. Aus diesem Umkreis stammen die Texte des nächsten Bandes:

Band 7 – Zionismus und Jugendkultur
u. a. „Das jüdische Volk und seine Jugend" (1919), die Grundschrift für Theorie und Praxis der Kibbuz-Erziehung, die bisher unbekannten Beiträge Bernfelds aus der Wiener „Jüdischen Zeitung", das Programm einer jüdischen Jugendbewegung und die „Blätter aus der jüdischen Jugendbewegung" (1918). – Eine weitere in diesem Zusammenhang von Bernfeld ins Leben gerufene Zeitschrift wird als Reprint gebracht:

Band 8 – Jerubbaal. Eine Zeitschrift der jüdischen Jugend (1918/19)
Die folgenden drei Bände dokumentieren Bernfelds Beiträge zur Theorie-Entwicklung in der Erziehungswissenschaft der zwanziger Jahre, sein Engagement für eine sozialistische Bildungs- und Schulpolitik sowie seine sozialpädagogischen Forschungen und Anregungen. Jeder dieser Bände enthält eine größere Veröffentlichung von Bernfeld als Kern, um den sich kleinere Studien und Diskussionsbeiträge gruppieren.

Band 9 – Theorie und Praxis der Erziehung
Der zentrale Text ist die zuerst 1925 erschienene Monographie „Sisyphos oder die Grenzen der Erziehung", Bernfelds eigenständiger und origineller Beitrag zur Diskussion über die Grenzen der Erziehung in der Mitte der 20er Jahre in

Deutschland, wo Bernfeld gegen die „geisteswissenschaftliche" Betrachtungsweise von Erziehungsprozessen die psychoanalytische und die gesellschaftskritisch-ideologiekritische geltend zu machen suchte.

Band 10 – Sozialistische Pädagogik und Schulkritik
Die zentrale Schrift ist das Büchlein „Die Schulgemeinde und ihre Funktion im Klassenkampf" von 1928, in dem Bernfeld seine Auffassung von den Voraussetzungen und Perspektiven einer gesellschaftskritisch-progressiven Bildungs- und Schulpolitik niedergelegt hat.

Band 11 – Sozialpädagogik
Bernfeld gehört mit Karl Wilker und Curt Bondy zu den bahnbrechenden Reformpädagogen auf dem Gebiet der Sozialerziehung und der Sozialpädagogik. 1919/20 war Bernfeld in Wien Gründer und pädagogischer Leiter eines Kinderheims für jüdische Waisenkinder, wo er seine (damals im wesentlichen von Gustav Wyneken inspirierten) Erziehungsmaximen und -praktiken verwirklichen konnte. „Kinderheim Baumgarten" (1921) ist ein Klassiker der Reformpädagogik und im Wirken Bernfelds der Beginn intensiver Beschäftigung mit sozialpädagogischen Fragen, deren Erträge dieser Band vereinigt.

Bernfeld war Mitglied der Wiener und der Berliner Psychoanalytischen Vereinigung, und zu seinen hauptsächlichen Aufgaben gehörte es in Wien und in Berlin, im Lehrinstitut Kurse zu geben für Pädagogen (Lehrer, Sozialarbeiter, Fürsorger). Bernfeld beschäftigte sich intensiv mit den Konsequenzen der Psychoanalyse für pädagogische Probleme und Fragestellungen und entwickelte in seinen Lehrkursen die Grundzüge einer psychoanalytischen Pädagogik; seine prominenteste Schülerin war Anna Freud. Die beiden folgenden Bände sind diesem Themenbereich gewidmet:

Band 12 – Pädagogik und Psychoanalyse
Kleinere Abhandlungen, dazu die Protokolle von Arbeitsgemeinschaften in Berlin (1931/32) und die Manuskripte von Vorträgen in Wien (1934) über „Psychoanalytische Pädagogik".

Band 13 – Psychologie der frühen Kindheit
u. a. Bernfelds umfangreiche Monographie „Psychologie des Säuglings“ (1925) als Reprint und ein umfangreiches Fortsetzungsmanuskript aus dem Nachlaß als Erstveröffentlichung.

Die beiden folgenden Bände enthalten Bernfelds eigenständige Beiträge zur Diskussion des Verhältnisses von Psychologie und Psychoanalyse sowie seine Forschungen zur Psychophysiologie, mit denen er – von Haus aus Biologe – einen experimentell-naturwissenschaftlichen Zugang zu psychoanalytisch relevanten psychophysiologischen Vorgängen zu gewinnen suchte – ein bisher kaum beachteter und gewürdigter Aspekt in Bernfelds Gesamtwerk.

Band 14 – Psychoanalyse und Psychologie
Beiträge zur Wissenschaftstheorie der Psychoanalyse als Teildisziplin der wissenschaftlichen Psychologie und seine Auseinandersetzung mit dem Thema „Psychoanalyse und Marxismus“.

Band 15 – Psychoanalyse und Psychophysiologie
Bernfelds und Feitelbergs Untersuchungen und Diskussionsbeiträge zu den Themenbereichen „Psychische Energie“, „Libidometrie“ und „Bioanalyse“.

Band 16 – Freud-Biographik
In seinen letzten Lebensjahren in San Francisco, wo Bernfeld als Lehranalytiker legendären Ruhm erwarb, beschäftigte sich Bernfeld mit der Lebensgeschichte von Sigmund Freud. Die Ergebnisse dieser zum Teil mit seiner Frau Suzanne Bernfeld-Cassirer durchgeführten Studien und Analysen wurden von Ilse Grubrich-Simitis vor einigen Jahren zum ersten Mal in ihrem Zusammenhang deutsch übersetzt präsentiert (Bausteine der Freud-Biographik, Frankfurt a.M. 1981). Diese Studien, Bernfelds letztes Forschungsfeld, schließen auch die *Sämtlichen Werke* ab.

Der Herausgeber hat sich – trotz naheliegender Bedenken – entschlossen, in diesen *Sämtlichen Werken* zunächst nur die Texte Bernfelds zu präsentieren und in knappen Nachworten auf ihre Bedeutung und auf ihre Stellung in Bernfelds Gesamtwerk einzugehen. Es wurde davon abgesehen, in jedem Band Erläuterungen und weiterführende Literaturhinweise zu geben und zu den Quellentexten ergänzende Dokumente, Materialien und Briefe abzudrucken. Lediglich Bernfelds eigene Anmerkungen wurden an einigen wenigen Stellen durch Sacherläuterungen und Querverweise ergänzt. Ein anderes Verfahren hätte nicht nur den Umfang einiger Bände gesprengt, sondern auch für die Gesamtausgabe ein aufwendiges Verweissystem erforderlich gemacht. Es ist daher beabsichtigt, in Zusammenarbeit mit anderen Bernfeld-Forschern den Textbänden einige Bände mit Materialien und Erläuterungen folgen zu lassen.

NACHWORT VON ULRICH HERRMANN

Siegfried Bernfeld war seinem Selbstverständnis nach kein Sozialarbeiter oder Sozialpädagoge im heutigen Sinne. Seine Aktivitäten in dem von ihm gegründeten „Sprechsaal" 1913/14 in Wien würden wir heute als „offene Jugendarbeit" in einem „Jugendtreff" bezeichnen können, damit aber das Eigentümliche dieser geselligen Aussprachen junger Juden eher *ver*zeichnen: Es ging nicht um „Jugendarbeit" im Sinne der Bearbeitung sozialer Probleme oder Defizite, sondern um die intellektuelle und kulturelle *Selbstfindung* junger Menschen in Wien an den konflikthaften Milieugrenzen und -übergängen assimilierter Juden innerhalb der bürgerlichen Gesellschaft der späten Donaumonarchie. Bernfeld organisierte in seiner zionistischen Phase in den Jahren 1917 bis 1920 jüdische Jugendorganisationen und -publikationen, aber auch hier nicht aufgrund eines genuin sozial- und jugendarbeiterischen Motivs und Impulses, sondern für die Förderung einer zionistischen Jugendkultur. Und gewiß waren bei der Gründung des Kinderheims „Baumgarten" *auch* fürsorgerische Momente im Spiel, aber eigentlich ging es Bernfeld um ein *Erziehungsexperiment*[1]: um einen „ernsthaf-

1 Jüdische Kinderheime, besonders auch für die Kriegswaisen des Ersten Weltkriegs, die aus dem Osten vertrieben worden waren, gab es in Wien schon seit 1915; eines dieser Heime wurde geleitet von Erna Patak, mit der Bernfeld in „Baumgarten" in so heftige Konflikte geraten sollte. Vgl. Unsere Hilfsaktion – der Kinderhort. In: Jüdische Zeitung (Wien) IX (1915), Nr. 8 vom 26.2.1915, S. 2. – Dieser Nachweis regt dazu an, den von Bernfeld in seinem „Baumgarten"-Bericht (und in aller Sekundärliteratur) profilierten Konflikt von „Pädagogik" und „Verwaltung" zu relativieren und in die Perspektive *„traditioneller* Kinderhort" versus „Erziehungs*experiment*" zu rücken. – Über die kommunalen Aktivitäten im Umfeld der „Baumgarten"-Gründung berichtet: Wiener Kommunal-Kalender und Städtisches Jahrbuch für

ten Versuch mit neuer Erziehung", wie der Untertitel seines Buches über „Baumgarten" lautet. Der erste Bericht von der Arbeit in „Baumgarten", den die Mitarbeiterin Dr. Hilda Geiringer im Frühjahr 1920 publizierte, trug den bezeichnenden Titel „Eine proletarische Schulgemeinde"[2] und wurde von der Redaktion der Zeitschrift „Die junge Schweiz" folgendermaßen eingeleitet: „Dieser Aufsatz berichtet von dem ersten Versuch junger Lehrer und Lehrerinnen, die aus der Jugendbewegung hervorgegangen sind, die Schul- und Erziehungsideen der Jugendkultur innerhalb einer prolaterischen Schulgemeinde zu verwirklichen."[3] Dem „Sprechsaal" lag eine *Bildungs*idee zugrunde, dem Engagement für die jüdische Jugend eine *Kultur*idee für Palästina, der Arbeit im Kinderheim eine *Erziehungs*idee für eine „neue Gesellschaft"[4].

Diese drei Akzentuierungen – Kultur, Bildung, Erziehung – entsprachen dem, was im Rahmen der europäischen und amerikanischen Reformpädagogik „neue Erziehung" genannt wurde. Die „alte Erziehung" wurde – in ihrer Tradition seit der Aufklärung – als Zweier-Beziehung gedacht und dementsprechend organisiert. Den Anfang machte Rousseau mit seinem „Emile" als der klassischen Konstruktion des (fiktiven) gesellschaftsfernen Erzieher-Zögling-Verhältnisses; daran orientierte sich alle nachfolgende Hauslehrerpädagogik – von Herbart bis Schleiermacher –, die dieses Modell unter der Hand theoretisch universalisierte. Diesem Modell folgte die Vorstellung häuslich-familialer Erziehung in der bürgerlichen Familie als Mutter-Kind-Beziehung; der

---

1918 (= 56. Jg.) und 1919 (= 57. Jg.), Wien 1918, S. 593ff., ebd. 1919, S. 481ff. – Vgl. die zahlreichen Berichte in der Wiener „Jüdischen Zeitung" (z.B. „Das Wiener jüdische Kinderelend" im XIII. Jg. 1919, Nr. 18 vom 2.5.1919, S. 4) und die Dokumentation von Bruno Frei: Das Elend Wiens. Wien/Leipzig 1921.

2 In: Die junge Schweiz, 2. Jg. 1920, Heft 3/4, S. 47–58; Heft 7, S. 112–117.

3 S. 47, Fußnote.

4 Bernfeld stand hier in einem zeitgenössischen Handlungs- und Erwartungshorizont, der den gesellschaftskritischen „linken" Flügel der Reformpädagogik im ganzen auszeichnete. Vgl. Ulrich Herrmann (Hrsg.): „Neue Erziehung" – „Neue Menschen". Weinheim/Basel 1987, darin die Einleitung S. 11–32.

Vater blieb marginal, und die Geschwister blieben als Miterzieher außer Betracht. Schulischer Unterricht wurde als Lehrer-Schüler-Verhältnis gedacht; die Schulklasse als *soziale* Organisation mit ihren Auswirkungen auf das individuelle Lernen wurde gar nicht wahrgenommen. Mehr noch: Lehrer und Erzieher wurden pädagogisch-konzeptionell für das Kindes- und Jugendalter als *die* ausschlaggebenden Instanzen der Vermittlung von Erfahrung und von deren Deutung installiert. Die selbständige und selbsttätige Lebens- und Welterfahrung der Kinder und Heranwachsenden, ihr kreativer Umgang mit ihrer Alltagserfahrung, ihre von *innen* gestaltete Erlebniswelt und Persönlichkeitsentfaltung, ihre geistige Eigenständigkeit und kulturelle Individualität existierte gar nicht im Wahrnehmungs- und Argumentationshorizont der „alten Erziehung". Denn sie wurde gedacht – so bei Schleiermacher – als ein Generationenverhältnis, das charakterisiert ist durch ein Gefälle von Erfahrung und Bildung von den Älteren zu den Jüngeren; das vornehmlich durch die Aktivitäten der älteren Generation im Umgang mit der jüngeren ausgeglichen werden sollte, um die junge Generation auf „die Höhe der Zeit" zu bringen. In dieser Perspektive war Erziehung – überspitzt formuliert – Bearbeitung und Beherrschung von Unmündigen; ihr Grundzug war belehrend autoritär, ihr Verfahren in Konfliktfällen zumeist gewaltförmig. Die Ziele der „alten Erziehung" waren Anpassung und Einpassung des Einzelnen an vorgegebene Verhaltensformen und in tradierte Lebensformen; in diesem Sinne war die „alte Pädagogik" eine traditionsorientierte eindimensionale *Individualpädagogik*.

Die „neue Erziehung" hingegen verstand sich im Unterschied dazu – wie es zum Beispiel Paul Natorp und Hermann Lietz formulierten – als *Sozialpädagogik*: Aufwachsen und Reifen, Lernen und Unterricht, Erziehung und Bildung vollziehen sich immer in vielfältigen mehrdimensionalen *sozialen* Beziehungen, die ihrerseits geprägt sind durch ihre Zugehörigkeit zu kulturellen Milieus. Die pädagogische Konstruktion der Zweier-Beziehung – Bernfeld spricht später von „Paar-Beziehung" - ist eine ungeschichtliche, ungesellschaftliche, kulturlose Abstraktion; sie entspricht faktisch nicht der Lebenslage und Lebenserfahrung der jungen

Generation.[5] Sie ist zwar geeignet, den Aspekt der personalen Verantwortung in dieser Beziehung herauszustellen, in die pädagogische Theoriegeschichte eingegangen als Theorie des „pädagogischen Bezugs" bei Martin Buber und vor allem bei Herman Nohl.[6] Aber diese Konstruktion ist nicht geeignet, die geschichtlich-gesellschaftlichen Kontexte von Erziehungs- und Bildungsprozessen sowie die lebensweltlichen kulturellen Horizonte und Herausforderungen für Lernen und Unterricht sichtbar zu machen. Ansätze dazu finden sich zwar im ausgehenden 19. Jahrhundert schon bei Otto Willmann, Wilhelm Dilthey und Wilhelm Rein, aber erst die Vertreter einer radikalen Reformpädagogik – die Gründer der Landerziehungsheime und der Freien Schulgemeinden – formulierten und praktizierten eine konsequente *Sozial-* und *Kulturpädagogik*. Das Erziehungskonzept der „alten Erziehung" – Führen, Korrigieren, Strafen – wird durch das der „neuen Erziehung" ersetzt: das Ermöglichen des Lernens der *Selbstregulierung* in der *Gruppe* und durch die Gruppe. Die Lernorganisation der „alten Schule" – individuelles Memorieren – wird ersetzt durch die neuen Lernformen des *Arbeitsunterrichts* in der *Arbeitsschule*. Das überkommene Bildungskonzept – Aneignung eines Kanons von sogenannten „Bildungsgütern" – wird ersetzt durch die Ermöglichung von Bildungs*erlebnissen*: in Musik und Kunst, Theater und Literatur, auf Reisen und bei Festen, durch neue Natur- und Körpererfahrung (Tanz!), mit Hilfe von Koedukation und kameradschaftlicher Geselligkeit. Das pädagogische Credo dieser Reformpädagogen lautet, daß *Lebensformen* als *Stile* und *Bildungserlebnisse* als *innere Erfahrung* die werdende Persönlichkeit formen, und daß Lehrer und Erzieher durch ihre *Vorbild*wirkung dabei zwar beträchtliche Einflüsse ausüben und Wirkungen erzielen können, aber die *dauerhafte* Persönlichkeitsformung nur durch *diese selbst* geschieht und auch

---

5 In der (akademischen) Pädagogik wurde dies später von denjenigen Theoretikern korrigiert, die durch die Erfahrung der Jugendbewegung als einer Lebensreform- und Kulturbewegung gegangen waren, so besonders von Wilhelm Flitner in seiner „Systematischen Pädagogik" von 1933 (später „Allgemeinen Pädagogik").

6 Horst Scarbath/ Hans Scheuerl: Martin Buber; Georg Geißler: Herman Nohl; beides in: Hans Scheuerl (Hrsg.): Klassiker der Pädagogik. 2. Bd., 2. Aufl. München 1991, S. 212–224, 225–240.

nur geschehen kann. Alles andere wäre leere und belanglose Imitation.

Die „neue Erziehung" legt es also darauf an, *Motive* fürs Lernen zu wecken und *Interesse* und *Neugier* bei den Lernenden; die in den Heranwachsenden vorhandenen Fähigkeiten *hervorzulocken* und sie auf die Bahn des *entdeckenden Lernens* und des *kulturellen Erwachens* zu setzen; soziale Regeln – Kooperationsfähigkeit durch *Selbstbegrenzung* – durch Selbstorganisation *erfahrbar* zu machen, *Korrekturen* (anstelle von Strafen) zu üben und dadurch zu stabilisieren; *Bildungsprozesse* als *kontingente* zu ermöglichen: als *Ereignisse* in „fruchtbaren Momenten", als „Erweckungen", an Zeithorizonte gebunden, als etwas, was zwar von außen behindert oder befördert werden, aber weder erzwungen noch vorweggenommen werden kann.

Was aber war das *Spezifische*, das Bernfeld diesen Konzepten der „neuen Erziehung" hinzufügte? Es war die *psychoanalytische* Sichtweise auf das Seelenleben und die Entwicklung des Kindes, auf *seine* Ich-Erfahrung, auf die kindliche Stellung der Triebe und Affekte. Bernfeld war vom Studium her Naturwissenschaftler, und deshalb war für ihn die Psychoanalyse eine „Natur"wissenschaft: jene Erfahrungswissenschaft vom Menschen, deren Aussagen über die grundlegenden Sachverhalte der menschliche Natur – d.h. über ihre Trieb- und Affektstruktur – die *empirische* Grundlage bilden müssen für alle Versuche, diese Natur im Laufe der lebensgeschichtlichen Entfaltung und Differenzierung zu gestalten oder zu modifizieren. Ausgangstatsache ist dabei, daß das Kind – der Erzieher übrigens ebenso – seine eigene Natur – seine psychische Struktur – nicht kennt und nicht kennen *kann*. Jeder Versuch der Einflußnahme auf diese psychische Struktur – Entwicklungsförderung, Beratung und Erziehung – muß daher anknüpfen an die faktische situative Affektlage des Kindes. Diese aber kann man nur kennen, wenn man sie zur Selbstäußerung bringt. Die Erziehung folgt den immanenten Tendenzen der psychischen Struktur – das wußte schon Rousseau – und muß versuchen, dem Kind eine Einsicht in seine eigene Trieb- und Affektstruktur zu vermitteln, damit es nach und nach lernt, diese Struktur *selber* zu gestalten, d.h. ein zustimmungsfähiges *Selbstkonzept* zu entwickeln. Die Individualpsychologie und die Psychoanalyse enthalten mithin das *Grundlagenwissen* einer jeden Erziehungslehre, deren *operatives Wissen* nur praxeologisch aus der pädagogischen Interaktion und Kommunikation selber gewonnen werden kann.

***

Im Sinne dieser Überzeugungen und Maximen der „neuen Erziehung" ist Bernfeld *Sozialpädagoge* gewesen. Deshalb lassen sich mit einigem Recht die Texte in diesem Band unter dem Titel „Sozialpädagogik" versammeln, zumal der Bericht vom Kinderheim „Baumgarten" längst als einer der klassischen Texte der modernen Sozialpädagogik gilt.[7] „Baumgarten" steht hier neben Karl Wilkers „Lindenhof", mit dem Schulgemeinde-Konzept zugleich neben Gustav Wynekens „Freier Schulgemeinde Wickersdorf". „Sozialpädagogik" bedeutet dann soviel wie die Lehre vom „sozialen Lernen", und Bernfelds Schriften sind Beiträge zur Soziologie der Erziehung bzw. zur Sozialisationstheorie und in *diesem* Sinne grundlegend für die moderne Sozialpädagogik. Prozesse und Strukturen der Erziehung und Bildung werden demzufolge in Bernfelds Praxisberichten und -reflexionen sowie in seinen Theorien in mehreren Perspektiven sichtbar:

- zunächst – wie soben ausgeführt – in der Beachtung der *Sozialität* aller Lern-, Erziehungs- und Bildungsprozesse; Erziehung als Struktur und Prozeß, Handlung und Erfahrung ist immer auch als *soziales Handeln* bestimmt und charakterisiert, Erziehungs- und Bildungstheorie muß daher immer auch als Theorie von *Sozialisations*prozessen gelesen und entworfen werden; dies gilt für den Bericht aus „Baumgarten" ebenso wie für den späteren „Sisyphos" von 1925;
- sodann in der Analyse der subjektiven, kollektiven,

7 Vgl. Horst Scarbath im V. Abschnitt seines Artikel „Karl Marx", in: Hans Scheuerl (Hrsg.): Klassiker der Pädagogik. 2. Bd., 2. Aufl. München 1991, S. 32f. – Vgl. Ulrich Herrmann: Pädagogische Klassiker und Klassiker der Pädagogik. In: Zs. f. Pädagogik 41 (1995), S. 161–165.

schicht- und milieuspezifischen *Standortgebundenheiten* sozialen Handelns, sozialer Wahrnehmung und gesellschaftsbezogener Wertungen; Bernfeld formulierte für diesen Sachverhalt die analytische Kategorie des „sozialen Orts" und gelangte mit ihrer Hilfe zu damals bahnbrechenden innovativen Interpretationen grundlegender sozialpädagogischer Sachverhalte (Gefährdung, Verwahrlosung, „Sittenlosigkeit", Kriminalität usw.), wodurch Bernfeld im übrigen auch die psychoanalytische Theoriebildung in sozialkritischer Absicht soziologisch-sozialpsychologisch erweiterte;[8]
- schließlich in sozial- und gesellschafts*politischer* Dimension als Option für eine *sozialistische* Pädagogik: als politisch legitimierte Strategie der Erfahrungs- und Bewußtseinsveränderung der jungen Generation in Richtung auf zunehmende Selbstbefreiung und Selbstbestimmung als Lernprozeß auf dem Weg in eine „neue Gesellschaft".

Werden die Tatbestände der Erziehung aufgefaßt als soziale *Beziehungen*; werden die Aufgaben und Ziele der Erziehung verstanden als sozial-kulturelle *Konventionen und Wertungen*; werden die Normenbegründungen der Erziehung charakterisiert als *Werturteile* – dann fällt es (mit Bernfeld) nicht schwer, die Aufgabe der Erziehungswissenschaft dreifach zu definieren:

- als Beschreibung und Analyse von sozialen Strukturen und Prozessen, Handlungen und Wirkungen, die – um Max Weber zu zitieren – pädagogisch *intendiert, relevant* und *bedingt* sind bzw. als solche gelten;

---

8 Deshalb nahm Helmut Dahmer die einschlägigen Abhandlungen Bernfelds (Sublimierungstheorie, Tantalus-Situation) in seine Quellensammlung zur psychoanalytischen Sozialpsychologie auf, vgl. Ders.: Analytische Sozialpsychologie. 2 Bde., Frankurt a.M. 1980. – Vgl. auch Ders.: Libido und Gesellschaft. Studien über Freud und die Freudsche Linke. Frankfurt a.M. 1982. – Vgl. zuletzt Mario Erdheim: Siegfried Bernfeld, Erik H. Erikson und die zwei Kulturen der Psychoanalyse. In: Hörster, Reinhard/ Müller, Burkhard (Hrsg.): Jugend, Erziehung und Psychoanalyse: Zur Sozialpädagogik Siegfried Bernfelds. Neuwied/Berlin 1992, S. 75–88, sowie dort den Beitrag von B. Müller: Sisyphos und Tantalus – Bernfelds Konzept des „sozialen Ortes" und seine Bedeutung für die Sozialpädagogik, S. 59–74.

- als ideologiekritische Rekonstruktion von pädagogischen Konventionen und Wertungen, der Rückführung ihrer *Genese* auf ihren „sozialen Ort" und die Darlegung ihrer sozial-kulturell limitierten *Geltung* in den Diskursen ihres jeweiligen Sozialmilieus;
- als Rekonstruktion von *Sachurteilen* – dieses oder jenes ist empirisch der Fall – in ihrer logischen Begründungsfunktion für die *überindividuelle* Geltung von Werten, so daß *Werturteile* dem *Rationalitätsgebot* wissenschaftlichen Argumentierens (Theorie) Genüge tun.

Die ideologiekritischen Schriften des vorliegenden Bandes erschließen sich durch Bernfelds Texte selber: die klaren Expositionen der Fragestellungen, die sprechenden Beispiele, die schlüssigen Ableitungen. Komplizierter ist der Zusammenhang von Empirie, Werturteil und wissenschaftlicher Rationalität; oder anders gesagt: der Konstitutionsprozeß von (erziehungswissenschaftlicher) *Theorie*. Er läßt sich an Bernfelds Bericht über das Kinderheim „Baumgarten" nachvollziehen. Das Ergebnis sei hier – zum Zwecke einer Einführung in das Verständnis und den Ertrag des Textes - in folgender Weise zusammengefaßt:

- Es gibt tradierte Erziehungserfahrung *vor* der eigenen Erfahrung; sie modelliert und instrumentiert den Entwurf und die Bedeutung der eigenen Erziehungspraxis und -erfahrung. Diese Erfahrungstradition beinhaltet *Wertungen* im Hinblick auf die eigenen als wertvoll bezeichneten pädagogischen Zielsetzungen. Deshalb erinnert Bernfeld an die Auffassung von der Anthropologie des Kindes bei Maria Montessori, das Konzept des selbsttätig lernenden Schülers bei Berthold Otto, an die Organisation der Sozialerziehung durch Schulgemeinde und Kameradschaften bei Gustav Wyneken.[9] – Aus psychoanalytischer Sicht ist aber ein weiterer Erfahrungsbestand höchst wichtig, weil er das Handeln des Erziehers prägen und leiten kann: die Erziehungserfahrungen der *eigenen* Kindheit. Das *Selbstbild* von sich als Kind ist – bewußt oder unbewußt - immer auch eine Wahrnehmungs- und Deutungsfolie für die

9 Vgl. die Fußnote oben S. 9 in diesem Band.

Wahrnehmung und den erziehenden Umgang mit Kindern, und deshalb geht die Bewertung der eigenen Kindheit immer ein in die Bewertung von pädagogischen Normen und Zielen.

- Indem diese Erfahrungen zum Gegenstand analytisch-kritischer Reflexion werden, lassen sie sich zugleich als *Werturteile* formulieren. In ihnen sind nämlich die *empirischen Begründungen* enthalten (Sachurteile) für das zielgerichtete Erreichen von pädagogisch erwünschten *Wirkungen* und zwar in der operativen *Verknüpfung* von Strukturen, Zielsetzungen und Handlungsformen. Was damit gemeint ist, läßt sich an einfachen Überlegungen leicht nachvollziehen: Lernen als Befähigung zu intelligenten Problemlösungen formuliert eine bestimmte pädagogische Intention (zum Beispiel im Unterschied zu Lernen als Memorieren), zu deren Verwirklichung ein adäquates Lernarrangement erforderlich ist (zum Beispiel Fehler und Umwege machen dürfen, um das eigene Lernen zu lernen), und daraus muß das Selbstverständnis des Lehrers als eines Lernberaters (und nicht eines Instruktors) resultieren. Die pädagogische Intention erfordert zu ihrer Realisierung relevante Strukturen und Prozesse, und sie ist in ihren Realisierungschancen bedingt von zielerreichenden pädagogischen Interaktionsformen. – Umgekehrt: Wenn bestimmte Bedingungen für Lernen *nicht* geschaffen werden können und die Relevanz bestimmter pädagogischer Maßnahmen nicht eingesehen wird, bleiben pädagogische Intentionen hinsichtlich der gewünschten Wirkungen in der Regel wirkungslos (bzw. erzeugen nach dem Gesetz der ungewollten Nebenwirkungen *andere* Wirkungen als die intendierten). Am Beispiel des Unterrichts in „Baumgarten“: Konnte sich ein Lehrer nicht auf die Bedingungen freien selbstbestimmten Lernens einstellen, führte er wieder den Frontalunterricht ein und erzeugte ungewollt wieder jene Schülerunarten, die er gerade zu vermeiden getrachtet hatte: Störungen, Aggressivität, Unlust. – Oder: Wie soll man Kinder und Jugendliche mit unterschiedlich schweren Schädigungen ihres Sozialverhaltens in eine *gemeinsame* Lebensform bringen können? Wenn sich die pädagogisch wünschenswerten und wirksamen Strukturen und Faktoren im pädagogischen Umgang nicht aktivieren lassen und ein „pädagogischer Bezug" nicht zustande kommt, dann ist die „sozialpädagogische" Bearbeitung *dieser* Situation erzieherisch aussichtslos; und Bernfeld (wie Wilker) meinten völlig zu Recht, daß für solche Kinder und Jugendliche, die eine Störung des Gemeinschaftslebens der anderen darstellen, ein *anderes* Treatment vorzusehen sei.

- In den hermeneutisch-pragmatischen Wissenschaften, die sinnhafte Handlungsformen und -strukturen analysieren, um sie auf eine mögliche Lebenspraxis hin auszulegen, kann die Reflexion von (Selbst-)Erfahrung nicht losgelöst vollzogen werden von der sprachlichen Präsentation derjenigen Sachverhalte, die es zu analysieren gilt.[10] Geläufig ist dieser Umstand vor allem für das Verhältnis von Geschichte und Geschichtswissenschaft: Geschichte ist uns nur gegeben als Erinnerung, und die hermeneutisch-kritische Erinnerungsarbeit nennen wir Geschichtswissenschaft. So auch im Verhältnis von Erziehung und Erziehungswissenschaft: Erziehung ist uns nur gegeben als innere Erfahrung, und die empirisch-analytische Aufarbeitung dieser inneren Erfahrung nennen wir Erziehungswissenschaft. Deshalb sind Berichte und Erzählungen als sprachliche Präsentationen dieser Erfahrungen eine konstitutive empirische Basis jeder erziehungswissenschaftlichen Reflexion und Theoriebildung.
- Reflektierte Fremd- und Selbsterfahrungen lassen sich in empirisch-theoretisch kontrollierten Wenn-Dann-Sätzen formulieren, und damit lassen sich individuell-subjektive Wertungen in rational kontrollierte Werturteile überführen, d.h. in erziehungs- und wirkungstheoretische Aussagen darüber, was unter bestimmten Bedingungen mit großer Wahrscheinlichkeit pädagogisch erreichbar ist oder was mit ziemlicher Sicherheit *nicht* erreicht werden kann. Denn Theorie im strengen Sinne zeichnet sich aus

10 Hier sei nur beiläufig darauf hingewiesen, daß diese Wissenschaften einer Zirkularität ihrer Selbstbegründung nicht entgehen können: Der Sachverhalt, dem man auf die Spur kommen will, muß in Grenzen immer auch schon bekannt sein, sonst bliebe der Gegenstand der Reflexion unklar. Das erklärt das Erfordernis der begrifflichen Genauigkeit bei der sprachlichen Annäherung an den Gegenstand der Reflexion bzw. Forschung.

durch ihre *Praxis*relevanz: die präzise Bezeichnung derjenigen strukturellen und situativen Kontext- und Prozeßbedingungen und Handlungsformen, die gegeben bzw. beachtet sein müssen, damit das eintritt, was theoretisch vorausgesagt wurde, d.h. was *nicht zufällig* eingetreten ist und was nicht auf *okkulte* Wirkungen zurückgeführt werden müßte. Die Regelmäßigkeit von Wirkungen ist aber gebunden an die Regelhaftigkeit psychischer Prozesse innerhalb gelernter psychischer Strukturen. Diese pädagogisch-psychologische Theorie Wilhelm Diltheys ist im Grunde auch diejenige der Psychoanalytischen Pädagogik, nur daß der durch Erfahrung und Lernen fixierte „erworbene Zusammenhang des Seelenlebens" (Dilthey[11]) rückgebunden wird an eine dahinterliegende tiefere Trieb- und Affektstruktur. Die Logik und Rationalität psychischer Prozesse fundiert somit die Rationalität der erziehungswissenschaftlichen Theorie und sichert zugleich deren *Praxis*relevanz. (Dies läßt sich besonders schön in der Abhandlung über die Tantalus-Situation nachvollziehen; im vorliegenden Band S. 303ff.)

- Die Formulierung dieser Erfahrungen in Theorien erfolgt demzufolge durch die Darlegung der Determinanten und Faktoren der *jeweiligen* pädagogischen Handlungschancen und -formen innerhalb der jeweiligen *Situation* und *Beziehung* oder der spezifischen *Struktur* des betreffenden pädagogischen *Feldes*. Das heißt: Eine jede empirisch-kritische pädagogische Theorie-Aussage limitiert sich selber gemäß den genannten Indices sowie in psychoanalytischer Sicht durch die Bezugnahme auf die jeweilige individuelle bzw. kollektive Affektlage zum Zeitpunkt einer pädagogischen Interaktion oder Intervention.
- Die Wirkungskontrolle – Erfolg oder Mißerfolg – besteht dann in der Feststellung derjenigen Verhaltens- und Bewußtseinsänderungen bei den Lernenden, durch die *sie selber* dauerhaft die intendierten Struktur- und Prozeßänderungen in ihrem Selbstkonzept herbeiführen, indem sie (zunächst) fremde Intentionen und Verkehrs*formen* (zum Beispiel „Schulgemeinde", „Schülergericht") im eigenen

---

11 Vgl. Ulrich Herrmann: Wilhelm Dilthey. In: Hans Scheuerl (Hrsg.): Klassiker der Pädagogik. 2. Aufl., 2.Bd. München 1991, S. 72–84.

Verhaltensrepertoire assimilieren und als eigene Verkehrs*normen* stabilisieren.

- Dabei gilt der pädagogische Grundsatz, daß der *Weg* das *Ziel* ist; denn es gibt keine operativ wirksamen pädagogischen *Ziel*-Setzungen, die Verhalten und Erleben, Denken und Handeln nachhaltig modifizieren können sollen, wenn sie nicht durch emotional und kognitiv vermittelte *Weg*-Erfahrungen in subjektiv persistenten Orientierungsmustern und -standards angeeignet werden konnten.

Das Verhältnis von Tun und Denken, Erfahrung und Reflexion, Praxis und Theorie muß immer als *experimentell* betrachtet werden. Für Bernfeld und seine Helfer gab es nur zwei Fixpunkte. Zum einen war es die Erfahrung der großen Bedeutung von *Selbstentwicklung*, die sie alle aus der Jugendbewegung mitbrachten: „Wir kamen alle, oder doch die Maßgebenden unter uns, aus der Jugendbewegung. Die dort erworbene, wenn auch unklare und wissenschaftlich nicht fundierte Idee vom Wesen und Wert der Jugend lebte in uns ein lebendiges Leben. Es war ... nur wenige Jahre her, daß wir selber mitten in den Problemen und Kämpfen jugendlichen Lebens gestanden waren, daß wir selbst als Anhänger Wynekens seine Worte vom Sinn der Jugend und der Gestaltung jugendlichen Lebens aus der Eigenart der Jugend in uns hatten verwirklichen wollen. Aus diesem lebendigen Bewußtsein und Verständnis heraus wollten wir unsern jungen Schülern und Kameraden ein jugendgemäßes Leben ermöglichen."[12] Zum anderen war es die Orientierung am Konzept einer „neuen Erziehung" – ohne daß es diese als ausformulierte Erziehungslehre bereits gegeben hätte. „Als Ausgangspunkt unserer pädagogischen Einstellung können wir am ehesten das sokratische Wissen um unser Nicht-Wissen bezeichnen. Es gibt keine wissenschaftliche Pädagogik, die uns, wenn auch nur mit der in Erfahrungswissenschaften üblichen Sicherheit, Leitsätze für unser pädagogisches Handeln geben könnte, sondern die heutige Pädagogik gleicht im besten Falle der guten alten Volksmedizin, wo der eine dies, der andere das anempfiehlt, und wenn der Patient bei der Kur nicht stirbt, so ist das im wesentlichen seiner gesun-

12 Hilda Geiringer (vgl. Anm. 2), S. 52f.

den Konstitution zu verdanken. Bloß an wenigen Stellen schien uns das allgemeine Dunkel bereits durchbrochen, und in dem Lichte dieser wenigen erhellten Stellen haben wir unsere pädagogische Arbeit geführt. So erschien vor allem die Freud'sche Psychoanalyse, bisher ungeahnte Eröffnungen über die Psyche des Erwachsenen und vor allem des Kindes bietend, die mannigfachsten Anwendungen dieses neuen Wissens zu eröffnen."[13]

Diese „wenigen erhellten Stellen" sind:[14]

- Die Selbstentwicklung der Intelligenz im Kindes- und Jugendalter und das daraus resultierende Lern- und Unterrichtskonzept von Berthold Otto.
- Die Selbstentwicklung des Sozialverhaltens im Kindes- und Jugendalter unter den Bedingungen des Schulgemeinde-Konzepts von Gustav Wyneken.
- Die Zurücknahme der Erziehungswünsche und -projektionen auf seiten der Erzieher und – angeleitet durch die psychoanalytische Trieb- und Libido-Theorie von Sigmund Freud – die Einstellung auf die Affektlage und Triebregungen der Kinder.
- Freisetzung von Trieben und Affekten, um Bindungsfähigkeit zu ermöglichen.
- Innere Ruhe, Entspannung und Zurückhaltung des Erziehers bei den Versuchen der Kinder, aufgrund der Erfahrung von Chaos die innere Einstellung zur Schaffung von Ordnung zu finden.

---

13 Ebd., S. 53.

14 Die Zusammenfassung erfolgt im Anschluß an die Darlegungen von Siegfried Bernfeld und Hilda Geiringer. – In den beiden einzigen größeren Sekundärtexten zu „Baumgarten" wird leider auf eine ausführlichere Rekonstruktion des erziehungs*theoretischen* Ertrags der dortigen Erfahrungen verzichtet. Vgl. Annette Koch: Siegfried Bernfelds Kinderheim Baumgarten. Voraussetzungen jüdischer Erziehung um 1920. Diss.phil. Hamburg 1974. – Verena Wolfrum: Anspruch und Wirklichkeit im Werk von Siegfried Bernfeld anhand von ausgewählten Schriften aus den Jahren 1912–1933. Diss.phil. Würzburg 1983. – Ein Versuch in dieser Hinsicht bietet die Abhandlung von Reinhard Hörster: Zur Rationalität des sozialpädagogischen Feldes in dem Erziehungsexperiment Siegfried Bernfelds. In: Hörster/Müller (Hrsg.) 1992 (vgl. Anm. 8), S. 143–162.

- Die Erfahrung der Freiheit als Voraussetzung für selbstbestimmte Selbstbegrenzung und Verzicht auf unberechtigten Egoismus: Hilfsbereitschaft und Solidarität.
- Vertrauen und Kameradschaft im Umgang mit den Kindern und Jugendlichen, Aufrichtigkeit, Geradheit und Ehrlichkeit bei Meinungsverschiedenheiten und Konflikten mit ihnen.

Hilda Geiringer schließt ihren Bericht mit folgenden Sätzen:[15] „Wir glaubten, daß Erziehung als Einordnung in eine gegebene und sich stetig neu gestaltende Kultur ihre feste Basis haben muß. Wir glaubten an Sinn und Recht von Kindheit und Jugend. Wir suchten unsere pädagogische Einstellung nach den derzeit wissenschaftlich am besten fundierten Ideen – mit dem Bewußtsein der vorläufigen Unzulänglichkeit dieser Fundamente – zu gestalten und möglichst wenig nach der Willkür unserer eigenen, nach Austobung verlangenden Affekte. So kamen wir zu der (noch sehr unvollkommenen) Anwendung der Psychoanalyse, zu dem (noch sehr vagen) Begriff der freien Erziehung und des freien Unterrichts und zu der auf wahrhaft kameradschaftlicher Einstellung beruhenden Gestaltung des kindlichen Gemeinschaftslebens. Dies sind Einstellungen, die ihrer ganzen Anlage nach dazu bestimmt sind, allgemeinste pädagogische Einstellungen zu werden. Sie erfordern keine besondern Verhältnisse und keine besondern Menschen. Sie sollen und werden ausgebaut, vertieft und schematisiert werden nicht als Grundlage für einzigartige Kunstwerke, sondern als breite Basis allgemeiner Erziehung in der sozialistischen Gesellschaft."

Die Erfolge mit „freier Erziehung" waren binnen weniger Monate ganz außerordentlich. Der Bericht von Erfolgen und Mißerfolgen, von Chancen und Dilemmata rekonstruiert die Logik und Technik der pädagogischen Prozesse und Probleme als Basiswissen *allgemeiner* Erziehung. Entgegen der damaligen Selbstwahrnehmung und der seitherigen Tradierung eines Selbstmißverständnisses war das Kinderheim „Baumgarten" und seine Erziehungsidee ein voller Erfolg!

15 Vgl., Anm. 2, a.a.O., S. 114.

PERSONENREGISTER

SACHREGISTER